义素分析与刑法解释

YISU FENXI YU
XINGFA JIESHI

胡先锋◎著

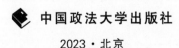

中国政法大学出版社

2023·北京

图书在版编目（ＣＩＰ）数据

义素分析与刑法解释 / 胡先锋著. —北京：中国政法大学出版社，2023.12
ISBN 978-7-5764-1200-0

Ⅰ.①义… Ⅱ.①胡… Ⅲ.①刑法－法律解释－中国 ②汉语－词义学－研究
Ⅳ.①D924.05②H13

中国版本图书馆CIP数据核字(2023)第225041号

出　版　者　　中国政法大学出版社

地　　　址　　北京市海淀区西土城路 25 号

邮　　　箱　　fadapress@163.com

网　　　址　　http://www.cuplpress.com (网络实名：中国政法大学出版社)

电　　　话　　010-58908435(第一编辑部) 58908334(邮购部)

承　　　印　　北京旺都印务有限公司

开　　　本　　720mm×960mm　1/16

印　　　张　　24

字　　　数　　380 千字

版　　　次　　2023 年 12 月第 1 版

印　　　次　　2023 年 12 月第 1 次印刷

定　　　价　　99.00 元

序一

蒋筱悦

　　早几年，我收到胡老师赠予的《刑法的历史与逻辑》一书，犹记他在扉页提诗的场景。本科毕业后，2016 年秋冬之交，我又在浙江大学杭州之江校区收到老师寄的《刑法教学的宏旨与技术》一书。前日，老师邀我为其新作《义素分析与刑法解释》作序，初觉诚惶诚恐。但想起老师曾说我有学刑法的"天赋"，且与刑法相伴也有 7 年之久，便鼓起勇气应了下来。

　　经过一番粗浅考究，发现义素分析远非想象的复杂，是一种分析方法，通过明确分析的对象，在确定最小的语义场后，进行比较分析。《义素分析与刑法解释》详尽介绍义素分析法及其与刑法解释的关系，在深入挖掘义素分析之于刑法解释的意义后，将义素分析法应用于刑法解释之中，对刑法中的暴力及强迫等行为、寻衅滋事罪与故意伤害罪等罪名、秘密情报及财务财产等法益进行了深入精确的解读，对刑事犯罪的追惩意义重大。

　　书中"义素挖掘""义素分析实践""义素运行"等内容颇具新意，"增加义素""删除义素""隐性义素"等与具体行为、罪名及法益等的融合也别出机杼，论证往往曲而畅之。其中，关于构成要件"户"，从司法解释的变迁讲到学界观点的对立，进而对"户"进行了体系解释，并得出结论，我个人对"生活起居场所"观点十分认同。

　　兜兜转转，流光飞舞，现在我在单位日夜加班。电脑前，不禁想起，当时在文泰楼教室头一排听胡师口吐莲花的情景。衷心希望这本著作能推进刑法解释学的发展。

　　是为序，学生蒋筱悦 2022 年 11 月于成都。

序二
靳益群

  2021 年孟春，东风解冻，蛰虫始振，我的大一下学期。胡先锋老师在首义校区 30 号楼讲授刑法学总论。

  时间其实过去得并不算久，课堂上关于强迫劳动的含义、关于湖南货拉拉司机周某某案的唇枪舌剑仍历历在目。菲才寡学的我，为胡师灼见所深深震撼："如果以狭义的暴力迫使他人劳动，那可是奴隶罪。""周某某的过失是哪一种过失？都难以证成啊。即便认为司机具有预见危害结果发生的义务，也难以认定司机具有预见危害结果发生的能力，不可能是疏忽大意的过失，更不会是过于自信的过失。所以，我认为该案是意外事件，无罪。""刑法研究需要把自身置于汉语史的怀抱中，否则就是背离现实与传统，只会与真理渐行渐远。只有真正做到把刑法研究扎根于汉语言所构建的意义世界中，才会形成中国品格与汉语风骨。"

  有学者说过，当今刑法学的现状是热点轮转快，刑法具体构成要件的解释总是沦为刑法理论的附庸，这是一种偏颇的观念在作祟，更是总体研究水平低下的征表。本书致力于将刑法分则教义以中华文化瑰宝之方式展开，将汉语语义学与刑法解释学结合在一起，下探至义素层面，在义素分析、义素运行、义素场景、刑法观的义素瑕疵、刑法语义场等领域踽踽独行，大大开拓了刑法研究的微观深度，充分表达了其刑法理想。确如胡师所言，现行刑法学的某些术语，并未真实传达出其意旨，所以本书是去寻找对一个构成要件进行刑法解释的最佳答案，是去潜心发掘刑法汉语背后的无限可能，是将刑法解释学所隐蕴的葳蕤之思为学界所知晓考涵。

  卓然独立廿载过，未应墨染是初心。胡师始终保持着对学术的纯真和坚持，在将刑法解释植根于汉语这条独具匠心的研究道路上诚挚发微，秉持着踏实的心态，恪守着对刑法学的探索精神和反思勇气，形成了独到的学术品格。润滑理论的滞涩，建构实务难题的新方案，为推进刑法研究作出新贡献。我希望自己在未来刑法研习的途中，也能与这种从容于知识探索过程的精神同行在草色新雨中。

　　昔李元礼风格秀整，岳峙渊清。胡师常心向往之。

　　是为序。

前　言

一、深入义素

从汉语语义角度切入，从义素分析视角研究刑法解释，这是本书进行刑法言说、刑法解释的新尝试。

在过往刑法解释研究的基础上，刑法解释可以向义素层面深入。文理解释、体系解释[1]、客观解释等的"交叉地带"是语义，是语义中的义素。语义研究、义素分析的价值并不限于文理解释这么狭窄的领域，其在刑法解释体系[2]中具有广泛的适用空间。

刑法解释归根结底是语言问题（包括以语言传达的逻辑）。无论哪一种解释方法，无论哪一个释义主体，归根结底都是语言的运行、语义的阐发、义素的分合。法律在语言中存在。刑法以汉语表达。书面语是法律存在的寓所。[3] 而语言问题、语义问题，归根结底是义素问题。刑法解释向义素深入，是合乎逻辑的研究路径。

二、本书架构

第一章是义项与刑法释义。这是本书的逻辑起点。这是因为，从词汇学、词典学或者语言学角度看待刑法解释的话，刑法解释的结果或者结论是呈现

---

〔1〕 本书主张的体系解释，是在全部语料中寻找解释资源，包括：以其他学科知识资源解释刑法，以历史资源、考据方法解释刑法，以文字、词汇、词源解释刑法，以语义、语法解释刑法，以外文、翻译解释刑法，以域外法知识解释刑法，以国际刑法解释刑法，以常识、常情、常理解释刑法，以逻辑、推演解释刑法，以类型、诠释解释刑法。凡此种种，皆属之，以证成构成要件真实语义。

〔2〕 目前，我国刑法解释体系尚不够稳定，社会学解释、合宪性解释等尚未成为刑法解释体系的一部分。参见王利明：《法律解释学导论——以民法为视角》，法律出版社 2017 年版。

〔3〕 王政勋：《刑法解释的语言论研究》，商务印书馆 2016 年版，第 78、88、91 页。

为一个个义项的。刑法教科书、学术论文、学术著作，概莫能外。从义项入手，解析、剖决具体的刑法解释及其结论，是合适的。构成要件的含义首先应确立其义项。尤其是有多个义项的情况下，更应明确哪一个义项，然后才可能开展下一步的解释工作。

第二章是义素的存在场景。义素存在的场景，也是义素分析的场景，包括语义场与解释循环两类。语义场是义素存在的静态场景，解释循环是义素存在的动态场景。没有语义场，义素分析无由生根，二者是皮与毛的关系，是土壤与植株的关系。而没有解释循环（也就是一个个刑法解释过程），刑法解释就得不到应得的那个解释结果，语义场中的义素运行就不畅通。本章还包括高度抽象的位移动词语义场的组建。

第三章是义素分析原理。义项确定之后，语义场确定之后，其微观部分就是义素了。组成义项的就是义素。本章内容包括义素分析的优缺点、义素分析的原则、语义分类等。

第四章是义素挖掘。这包括共同义素与区别义素，这是义素分析法中更深一步的内容；还包括寻找上义词、语义场中的义素挖掘、隐性义素、定量义素等。

第五章是义素分析实践。这包括我国部分刑法学者的义素分析实践、本书的义素分析实践、语境与新义素生成等。

第六章是义素分析与词典义。义素分析不是无源之水，义素分析与词典义及其义素具有内在高度关联。词典义既是刑法义素分析的基础，也为刑法解释划定范围、指明方向。内容涉及词典义及其义素的安定性、冲突性与变动性等。

第七章是义素运行。内容包括增加义素、删除义素、刑法观中的义素运行、解释限度与文义边界中的义素运行。通过这些内容阐述刑法解释中义素运行的实景。

综上所述，第一章义项与刑法释义是义素的来源与基础。第二章义素的存在场景，主要是语义场和解释循环两个场景。第三章义素分析原理、第四章义素挖掘、第五章义素分析实践，属于义素分析原理与实践。第六章义素分析与词典义。第七章义素运行，是义素在刑法解释中的运行。

三、刑法解释转型

第一，刑法解释需要再出发。无论是研究方法，还是刑法观念，还是刑法解释资源，都需要转型。研究方法转型的重点，包括样本分析、案例演习、历时整合等。刑法观念转型的重点，包括保护法益与保障人权的平衡、风险社会提法的可疑性〔1〕、预防刑法的危害性、实行行为的逻辑起点性质等。解释资源转型的重点，包括域外司法的资源、我国律学历史资源、语言学语义学语用学资源等。单一解释的结论往往不够稳妥，以最广泛语料为资源的体系解释恐怕是刑法解释最重要的转型目标。

第二，语言即世界，世界只有进入语言之中才具有意义。语言的界限就是世界的界限。"语言决定一切事物，语言是它们的基础，它们都出自语言。语言不实……在一切事物上都是虚伪的。"〔2〕对于刑法解释来说，解释限度、文义边界、禁止类推、义素分析、符合性的判断、实行行为及其着手与终了、同类解释规则等重大命题，以及学科的每个概念，都与汉语密不可分。刑法解释不是远离现实世界的东西，更不是风花雪月般的轻飘之举，它面对的不是混乱的、无意义的命题，而是与人的命运（罪与非罪）紧扣在一起的重大命题。因此，追寻构成要件真实语义（即确定其语义边界）恐怕是刑法解释的终极任务。

第三，义素分析的历史视野与历史意识。语言发展演变、罪名设立后的分化整合、词义演变导致义素变动、语义场的义位变化，这些都是刑法解释应高度关注的。例如，广义的敲诈勒索罪包括绑架勒索行为、部分抢劫行为和恐吓行为等在内。狭义的敲诈勒索仅仅指的是恐吓他人使之交付财物或财产利益的行为。〔3〕而实际上，我国历史上的恐吓犯罪，最早仅限于"以威力

---

〔1〕 1986 年，乌尔里希·贝克出版了著作《风险社会》，"风险社会"迅速成为人文社会科学各领域的热词。而刑法学者理性认识到，"风险社会的刑法"本身所存在的风险是传统的刑法教义学框架在法治国家的最大程度的灵活化，因此对此刑法理论持否定态度。参见 ［德］Eric Hilgendorf：《是否存在"风险社会的刑法"？》，苏青译，载赵秉志主编：《刑法论丛（2016 年第 2 卷·总第 46 卷）》，法律出版社 2016 年版，第 399~416 页。

〔2〕《摩奴法典》，［法］迭朗善译，马香雪转译，商务印书馆 1982 年版，第 113 页。

〔3〕 刘明祥：《财产罪比较研究》，中国政法大学出版社 2001 年版，第 288 页。本书按：该著作引用敲诈勒索罪的历史资料始于唐律，不妥。该罪"至迟可以上溯汉魏"之"恐猲"。参见刘俊文撰：《唐律疏议笺解（下册）》，中华书局 1996 年版，第 1398 页。

挟之",而不涉及以名誉、荣誉、隐私等威胁的情形。也就是说,恐吓的词义是在演变之中的,其义素也自然是在不断演变。

四、刑法论证与充足理由

刑法论证根本不可能回避充足理由律。

因此,刑法解释者应竭尽全力、发掘各个角度、找寻各种资源,以维护自己的见解,达至最佳的结论。基于此等理念,本书尽力而为,务求贯彻充足理由律的技术理性要求。例如,对于入户、食品、文义边界、间谍、邮件、卖淫、掳人、公务、生产作业、英烈等构成要件、犯罪类型或学术主张,极力搜求解释资源,尽量引用各种文献,务求充分说理。

论证宁可"繁琐"不可简单,与刑法学科特点有关。学界往往将价值判断、刑事政策偏好、立法原意等作为论证构成要件含义的逻辑起点,过于注重理论论据、原理论据、观念论据、原则论据甚至与本学科关联不大的泛泛而谈的哲学原理,而不太在意具体构成要件含义证成过程中的技术色彩、技术理性、科学属性、事实类论据、充足理由、逻辑关系。刑法是一门科学,犯罪与否需要证成。但是遗憾的是,刑法解释学界尚未深刻认识到"无征不信",不少论证、命题、见解难言有效证成。刑法解释需要更多地学习借鉴历史学科、数理科学、语言学科,更加关注经验与归纳,将更多的注意力用于求真与证成。[1]

五、刑法解释与诗学领悟

刑法学是世俗的学科,需要严肃理智地、竭尽所能地论证。而终极意义上的学科,似乎是无须论证的,例如宗教、神学、诗学、哲学、音乐、语言

---

[1] 在这方面历史学科的成果很多,兹举几例。李树辉:《瀚海新考——兼论〈辞源〉、〈辞海〉相关词条的释义》,载《中国边疆史地研究》2017年第4期;刘安志:《"比古死刑,殆除其半"与唐贞观年间的死刑减免问题》,载《历史研究》2019年第4期;蔡副全:《〈妙胜院敕碑〉释考——兼论天水、昧谷、西、邽之地望》,载《中国边疆史地研究》2016年第4期;郭子健:《从私人制售到计划生产:领袖像在上海的出版、流通及国营化(1949–1954)》,载《党史研究与教学》2021年第1期;曹庆晖:《徐悲鸿〈放下你的鞭子中之王莹女士〉再研究——基于情境实践与图像考古的认识与讨论》,载《文艺研究》2020年第10期;杨瑞:《北京大学法科的缘起与流变》,载《近代史研究》2015年第3期;等等。

等。"真理就是其反面是不可能的事物。"〔1〕"是通于有，非是通于无。"〔2〕"谁此时没有房屋，就不必建筑。谁此时孤独，就永远孤独。"〔3〕这些都无须论证。

维特根斯坦的《逻辑哲学论》与艾略特的《荒原》几乎同时问世。两部著作不仅同样让人生畏，内容也惊人地相似。《荒原》用诗的节奏将《逻辑哲学论》"逻辑空间"中发生或未发生的一切予以固定。论证已显得无谓，取而代之的是那种无可辩驳而又刻意为之的口气。〔4〕的确，有时候，过于繁琐的论证、阐发，似乎不敌刑法解释者的直觉、诗人的顿悟、自然法则。不得做假见证陷害人，这是训诫。证不言情，这是刑律。二者有何分别？直觉、偈语、箴言、戒律有时候可以一句直抵人心、令人开悟，但却无法彻底平息世俗社会的纷扰争端、利益拉扯。利害、是非、荣辱、忠奸、善恶、真伪、安危等世俗价值与毫厘界限，仍需先经过辩驳和解释，才有机会成为箴言。

况且，技术理性与直觉顿悟并不绝对冲突，完全可以相辅相成。例如，本书论证职务便利的范围时，以"职，主也"为论据，否定随意扩大职务便利外延的见解，否定"职务关联性"主张，便是源自文字直觉。再如，本书以"神，信也"为论据，论证会道门、邪教、迷信三者的共同义素。进一步而言，会道门、邪教、迷信的共同义素是两个——非法、神信，即非法、神灵。

无论如何，在刑法解释中，终极真理是存在的。不论刑法解释者能否找到、感知到、表达出那个真理，真理始终在其所在。通向刑法解释的终极真理之路，可以是世俗的繁琐论证辩驳之路，也可以是神圣的惜字如金的箴言之路。自由真理之路早已铺就，就看刑法解释者愿意不愿意迈出第一步，就看能不能靠着语言、逻辑、信念走到终点、步入圣坛。

---

〔1〕 陈艳波：《康德对莱布尼茨充足理由律的理解和改造》，载《东岳论丛》2015年第9期。
〔2〕 [古希腊] 亚里士多德：《形而上学》，吴寿彭译，商务印书馆1995年版，第56页页下注。
〔3〕 里尔克诗歌《秋日》。
〔4〕 刘云卿：《〈逻辑哲学论〉的沉默与孤寂》，载《厦门大学学报（哲学社会科学版）》2006年第6期。

目　录

第一章　义项与刑法释义

第一节　义项与刑法解释

一、刑法解释与义项

如果将刑法解释学与语言学结合起来看的话，一般而言，对于构成要件进行刑法解释的结果就是被解释项的一个义项。刑法解释中的释义模式与词典义的释义模式是完全相同的。[1] 例如，所谓变造乃指无权修改文书内容者，擅自更改真实文书之内容。[2] 这是一个主谓宾齐全的陈述句，含有主谓依附关系（无权者擅自更改）、动宾支配关系（擅自更改内容）、定中修饰关系（真实文书之内容）等。其中，刑法解释运用最多的是动宾支配关系。罪名表述基本上采用动宾支配关系，像故意杀人罪、故意毁坏财物罪、猥亵儿童罪、虚开发票罪等。

刑法学者在对一个具体的构成要件进行解释的时候，如果解释结论中有"或者"等情形出现，就意味着该构成要件的释义存在多个义项的可能性。无论是采用什么方法进行刑法解释，解释结果一定都是呈现为汉语语言的表达式，即词典义的表达方式。例如，《中华人民共和国刑法》（以下简称为《刑法》）第 367 条第 1 款规定："本法所称淫秽物品，是指具体描绘性行为或者露骨宣扬色情的诲淫性的书刊、影片、录像带、录音带、图片及其他淫秽物品。"该释义中，作为被解释项的构成要件淫秽物品就只有"具体……描绘淫

---

〔1〕　释义模式包括主谓依附关系、动宾支配关系、定中关系（形名修饰关系）、状中关系（疏状关系）等。解释者根据不同的构成要件（被解释项或者被定义项），选择不同的释义模式。

〔2〕　林山田：《刑法特论（中册）》，三民书局 1979 年版，第 594 页。

秽物品"这一个义项。这一点是汉语常识，无须多作交代和说明。

（一）刑讯逼供

例如，对于刑讯逼供罪的解释，有学者认为是"必须采用刑讯方法，即必须使用肉刑或者变相肉刑"。[1] 这句话的语义结构与释义模式即刑讯是使用肉刑或者使用变相肉刑的讯问。[2] 也就是说，对于"刑讯"的解释结果有两个义项，一个是使用肉刑的讯问，一个是使用变相肉刑的讯问。[3] 刑事司法者再结合具体案件，选择该具体案件应该对应前一个义项还是后一个义项即是使用肉刑的讯问还是使用变相肉刑的讯问。"刑讯"的词典义中，"通过折磨肉体逼供审讯"[4] 表明"刑讯"只有一个义项，那么，使用肉刑或者使用变相肉刑的表达方式与折磨肉体的表达方式，二者之间应该是一致的。即都是折磨身体、折磨肉体。可见，即便刑法学者把"刑讯"的词典义的义项拆分为两个，也并没有对该词语的语义有任何改变。唯一不同的是，词典义更为精炼与整合，更为概括与抽象。

（二）礼拜场所

例如，日本刑法中的不敬礼拜场所罪，礼拜场所为神道、佛教的礼拜场所、墓地以及其他（如基督教）的礼拜场所。尽管并非某特定宗教的相关设施，但和原子弹爆炸慰灵碑、姬百合塔等一样，只要是基于一般宗教感情而被尊崇之物，就可以认定相当于礼拜场所。[5] 这里的"相当于"，就属于刑法解释中的一种技术措施。那么，今后也许还会出现一些"相当于"礼拜场所的事物，如各国的英烈纪念碑、英烈纪念馆、殉难地、殉难纪念物等明显带有供世人景仰、拜谒、凭吊意义和价值的世俗场所或者世俗事物。这些世俗场所或者世俗事物已经"相当于"宗教场所或者宗教事物了。

本书认为，上述日本刑法的解释，使得"礼拜场所"的外延从宗教领域扩张到了世俗领域，实际上是对"礼拜场所"自身的消解。因为"礼拜"的

---

[1] 张明楷：《刑法学》，法律出版社 2011 年版，第 813 页。

[2] （东汉）许慎：《说文解字》之"讯，问也。"

[3] 当然，这也完全可以理解为一个义项，但是需要整合"肉刑""变相肉刑"这两个词语为一个（对肉体的折磨；injury；the physical punishment of people）。

[4] 中国社会科学院语言研究所词典编辑室编：《现代汉语词典》，商务印书馆 2016 年版，第 1465 页。

[5] ［日］西田典之：《日本刑法各论》，刘明祥、王昭武译，武汉大学出版社 2005 年版，第 281 页。

词典义是"宗教徒向所信奉的神行礼",〔1〕"礼拜""礼拜场所"都含有"宗教"这个义素。所以，上述日本刑法学者的解释是对"礼拜"等语言文字自身指称对象明确性、固定性的一种僭越，是过于灵活的解释，也是错误的解释，从根本上模糊了宗教事物与世俗事物的界限，当然是违背罪刑法定主义的。〔2〕进一步来看，在我国，即便人们对于某个伟大人物、某个著名人物、大师宗师甚至偶像明星等怀有"一般宗教感情"而尊崇其纪念馆、出生地、纪念堂、用过的物品、旧居、故居等，这些也绝不能被解释为宗教场所。无论是从语言上还是从逻辑上，无论如何进行刑法解释，这些都不能被解释为宗教场所。英雄纪念碑也好，升起国旗的地方也好，伟大人物的大型露天造像〔3〕所在地也好，无论人们对其怀有多么深沉炽热的感情，都不宜也不能被解释为宗教场所。在我国，宗教场所的主管机关是国家宗教事务局，而英烈纪念设施等的主管机关是民政部，前者中的"宗"是宗教，后者则属于世俗，二元分离，井水不犯河水。〔4〕国家宗教事务局官网有"宗教活动场所基本信息"可供查询，这些场所并不含有英烈纪念设施等。《宗教事务条例》第19条规定：宗教活动场所包括寺观教堂和其他固定宗教活动处所。寺观教堂和其他固定宗教活动处所的区分标准由省、自治区、直辖市人民政府宗教事务部门制定，报国务院宗教事务部门备案。

（三）随意

有学者指出："随意殴打他人一般发生在公共场所，具有扰乱公共秩序的因素，而且犯罪人一般不会精心挑选犯罪地点……随意殴打的犯罪对象往往是不特定的。而故意伤害行为的对象一般是特定的。"〔5〕这段话是分析寻衅

〔1〕　中国社会科学院语言研究所词典编辑室编：《现代汉语词典》，商务印书馆2016年版，第797页。

〔2〕　上述日本学者的解释很有趣，前面说是"特定宗教"，后面进行扩张的时候又说是"基于一般宗教感情"。这种泛化特定概念外延的刑法思维是普遍的。今天，刑法实质解释更偏好这样的思维与语言。即"英雄纪念碑实质上相当于宗教设施"。在刑法解释领域，这种思维与语言很有市场。

〔3〕　这个表述是根据《宗教事务条例》中的"大型露天宗教造像"而来的。伟大人物的大型露天造像的本质是"大型露天世俗造像"。但是在今天的中国，本属于世俗社会的伟大人物的大型露天造像已经被部分人、部分团体、部分组织、部分地方有意无意地宗教化、神化了。

〔4〕　当然，仍能发掘、探查到宗教场所与英烈保护地之间的隐性共同义素，如神圣、庄严、肃穆等文化内涵义素。参见张廷远：《隐含义素的剖析及其语用价值》，载《汉语学报》2007年第3期。

〔5〕　谢望原、赫兴旺主编：《刑法分论》，中国人民大学出版社2016年版，第344页。

滋事罪与故意伤害罪的区别，行文中反复出现的词汇"一般""往往"，就是为了避免一旦出现特例这段话不致于导致全部错误的尴尬处境。例如，随意殴打他人一般发生在公共场所，也不排除可能发生在私人空间的特例。

有时候，"或者"是以顿号的形式出现的。也就是说，顿号也能起到释义的时候增加义项的作用。把顿号换成"或者"，其意义是一样的。这样的实例很多。例如，《中华人民共和国公路法》（以下简称为《公路法》）第 2 条第 2 款规定："本法所称公路，包括公路桥梁、公路隧道和公路渡口。"把这句话改为"本法所称公路，是指公路道路，或者公路桥梁，或者公路隧道，或者公路渡口。"其意义是一样的。其实，无论是公路桥梁、公路隧道，还是公路渡口，都是有路面的。在形式逻辑上，就意味着公路这一个构成要件，实际上有四个义项，一个是公路道路（非桥梁隧道渡口的道路），一个是公路桥梁，一个是公路隧道，一个是公路渡口。

二、义项的各种情形

一般而言，在对刑法具体构成要件进行解释的时候，义项的选择并不难，也不会产生争议。这是因为，本书涉及的构成要件的义项与义素基本上是在同一个义位的基础上展开的，这就大大减少了探讨的难度。在语义学中，往往严格区分义位与义项。但是由于本书涉及的刑法具体构成要件的语义，其义位往往都是确定和单一的，一般并不存在多个义位、并不存在需要先进行义位辨析的情形。所以，固定的、单一的构成要件语义的义位就有利于本书的研究走向深入。所以，本书一般并不涉及义位问题，只是在某些时候为了说明特定问题才涉及义位、字源、文字学、古文字学等。例如，现代汉语中的"面"，它有两个义位，一个是头的前部，与人体有关；一个是粮食磨成的粉，与食物、加工方式、食物的外观形态有关。[1] 而刑法解释中涉及的"面"，例如，故意伤害、毁人容貌而涉及的人的面部，众所周知，指的就只会是"面"的前一个义位——头的前部，而与其后一个义位没有任何关系。

---

[1] 中国社会科学院语言研究所词典编辑室编：《现代汉语词典》，商务印书馆 2016 年版，第 903 页。

但即便刑法解释中的义位很确定、义项选择一般并不困难，[1] 当前刑法学界也还存在着不顾文理、不顾文义、随意曲解文义、生造文义、滥用论理解释方法、随意选择义项等方面的不正常现象。其中，比较典型的有生造义项、错选义项、增加义项、模棱两可的义项等。一般而言，一个概念中的每个具体的词典义就是一个义项，[2] 组成义项的各个零部件就是义素。

（一）生造义项

生造义项指的是词典义本来没有某个义项，是刑法解释者自己以为有这个义项，是解释者自己生造、杜撰出来的。例如，有学者对刑法中的"冒充"一词具有的义项进行生造，想当然地认为抢劫罪中冒充军警人员抢劫的"冒充"，除了"假冒"这一义项，还有"充当"这一义项。即认为，冒充包括假冒与充当。[3] 其实，冒充在现代汉语中根本没有充当这个义项。这当然是该学者为了解决真正的军警实施抢劫的刑事责任难题而采用的非常规的解释策略。但是，这样的解释策略与解释路径不可能，也不应该逾越现代汉语的公共知识。

生造义项是"硬解"，即强行解释，本质上是不具备充足理由的解释，违反了基本逻辑规律。这样的解释要想证实、证成很难，证伪却很容易。

（二）错选义项

错选义项指的是对于具有多个义项的一个具体的构成要件，解释者错误以为只有一个义项，或者错误选择了义项的情形。在这一点上，一部分主张实质刑法观的学者既有成功的例证，也有失败的例证。

1. 收买

例如，收买被拐卖的妇女、儿童罪中的"收买"的释义。有刑法学者认为：在日常用语中，"收买"这个词往往是指用一定的方法讨好某人。[4] 难

---

〔1〕 例如，"烈士"一词的两个义项，一个是为正义事业而牺牲的人，一个是有志于建立功业的人。刑法文本、刑法解释自然会选择第一个义项。参见中国社会科学院语言研究所词典编辑室编：《现代汉语词典》，商务印书馆 2016 年版，第 823 页。

〔2〕 在普通汉语中，一个词语的多个义项可能属于同一义位，也可能属于不同义位。而在刑法汉语中，因为受到语境的限制，一个构成要件一般只出一个义义。即便存在多个义项，也属于同一义位。

〔3〕 中国社会科学院语言研究所词典编辑室编：《现代汉语词典》，商务印书馆 2012 年版，第 624 页。

〔4〕 张明楷编著：《刑法的私塾》，北京大学出版社 2014 年版，第 37 页。

道能将这里的"收买"按照它在日常生活中所具有的含义来理解吗?[1] 难道那些给妇女、儿童购买贵重物品来讨好妇女、儿童的行为也能认定为这里的"收买"吗？该学者的这种理解，显然是存在着很明显的错误。因为，现代汉语中的"收买"，其实有两个义项，一个是收购；一个是用钱财或其他好处笼络人，使其受利用。[2] 收买被拐卖的妇女、儿童罪中的"收买"，当然应该选择收购这个义项。如果义项选择错误，刑法解释的逻辑起点就错了，后续的说理与阐发当然只会是错上加错，越错越离谱。在刑法解释的过程中，或者在论证自己的观点的过程中，如果使用的论据是错误的，论点岂能是正确的？

　　"收买"一词，其历史演变的大致途径是：首先出现的是单音节的买，随后才出现双音节的收买。在中国传统刑法的立法历史上，最早出现的是单音节词汇——"买"。如后魏律所规定的知掠卖凡人之情而故买者[3]。如唐律所规定的知略和诱和同相卖而买[4]。都是"买"，单音节。大致是宋代以后，才出现双音节词汇——"收买"。如北宋司马光所著《乞罢保甲札子》曰："及陛下践祚听政，首令京东西路保甲养马，并依元降年限收买。"如《元典章·户部五·典卖》曰："又有权豪势要人等，不问有无告官凭据，辄便收买。"明代以后，不仅官方文书使用"收买"，民间白话、俗文学等更是经常使用"收买"，表达的都是买的意思。例如，明末冯梦龙纂辑《警世通言·小夫人金钱赠年少》曰："况且五十两一锭大银未动，正好收买货物。"辛亥革命之后的中国现代历史时期中，就有作家沙汀所著《丁跛公》提到："他很便宜地收买了八分地的烟苗。"以上不同历史时期出现的"收买"，显然都应解释为收购或者购买，也就是买。至于现代汉语中"收买"的后一个义项，则尚未出现。

　　2. 枪支

　　天津的赵春华摆设气球摊所涉及的非法持有枪支一案，其所支配、使用

的那些"枪形物",是不是枪支、弹药、爆炸物中的"枪支"?是不是符合"枪支"的构成要件?案发后,刑法学者们的争论一度很激烈。一审法院认定的事实有:"当场查获涉案枪形物9支及相关枪支配件、塑料弹。经天津市公安局物证鉴定中心鉴定,涉案9支枪形物中的6支为能正常发射以压缩气体为动力的枪支。"[1]

在词典中,枪有四个义项:第一个义项是旧式兵器,在长柄的一端装有尖锐的金属头,如红缨枪、标枪。第二个义项是口径在2厘米以下发射枪弹的武器,如手枪、步枪、机关枪。第三个义项是性能或形状像枪的器械,如发射电子的电子枪、气焊用的焊枪。第四个义项是姓。[2] 显然,天津赵春华一案所涉及的,要么是第二个义项(即枪性物与枪形物),要么是第三个义项。所涉的是性能或形状像枪的器械。更多的则是"形状像枪的器械"而不是"性能像枪的器械"。由于案件所涉及的重要概念——枪口比动能——是一个很专业的公安机关才比较熟悉的东西,一时之间,刑法学界对不是很熟悉的"枪形物"可否符合构成要件"枪支",众说纷纭。最终,案件仍旧以非法持有枪支罪定罪量刑。

本书认为,在义项的选择上,案件所涉的"枪形物"(或者是"枪"),应该选择第三个而不是第二个义项。即,性能或形状像枪的器械。因此,案件不应以非法持有枪支罪定罪,案件所涉物品只是一种器械罢了。二审法院认为"涉案枪支外形与制式枪支高度相似,以压缩气体为动力、能正常发射、具有一定致伤力和危险性,且不能通过正常途径购买获得,上诉人赵春华对此明知,其在此情况下擅自持有,即具备犯罪故意。至于枪形物致伤力的具体程度,不影响主观故意的成立"。[3] 但是,"高度相似"不等于就具有符合性。"不能通过正常途径购买获得"也不能当然判断为具有符合性。当然,该案件的审理仍具有一定的意义,至少在义项选择的时候,刑事司法机关应该更加慎重,至少应更多地去熟悉词典义。同时,作为构成要件出现在刑法典中的"枪支",其涵摄范围应仅限于词典义第二个义项项下的事物。

---

〔1〕 天津市第一中级人民法院(2017)津01刑终41号刑事判决书,赵春华非法持有枪支案。

〔2〕 中国社会科学院语言研究所词典编辑室编:《现代汉语词典》,商务印书馆2012年版,第1040页。

〔3〕 天津市第一中级人民法院(2017)津01刑终41号刑事判决书,赵春华非法持有枪支案。

（三）增加义项

语言是与时俱进的，其义项也会随时代而变化。或者增加义项，或者减少义项。例如，"八卦"一词，在1978年版《现代汉语词典》中，只有一个义项——我国古代的一套有象征意义的符号。而在2012年版《现代汉语词典》中，又新增加了一个义项——没有根据的；荒诞低俗的。[1] 这就是今天人们经常说的，如某某喜欢八卦等。

语言是时代的征表，它的身上全是时代的烙印。义项的增加成为现代汉语词汇的一个突出特征。汉语词汇的本来意义与泛指意义之间，后者就是在前者基础上增加的义项。例如，品级，原指古代官吏的等级。后来泛指各种产品、商品的等级。品味，原指官吏的品级、官阶。后来泛指人或事物的品质、水平。[2] 而增加义项，必然会导致词语的涵摄力增强，外延扩张。

再加上网络的飞速发展、网络的日益普及、网络的无处不在、"网络是最重要的基础设施"等论断，使得传统的刑法构成要件的解释面临巨大挑战。公众场所、公共交通工具、当面、当众、信息、传播、破坏、生产、财物、社会秩序、淫秽物品、淫秽表演、聚众淫乱、起哄闹事、追逐、拦截等一大批刑法构成要件，是否应扩张其语义外延至网络世界、网络空间？

概念的外延虽经不断扩张，但是其核心组成部分仍旧还是义素。例如，"公害"一词，第一个义项是各种污染源对社会公共环境造成的污染和破坏。第二个义项是泛指对公众有害的事物。[3] 可见，第一个义项是本来意义上的，其适用范围一般限制在环境、生态、健康、公共卫生等领域与场景中。而第二个义项则是该概念的外延扩张与泛化后的结果，其适用范围已经不限于环境生态等领域。如今，在网络世界和网络空间成为人们生活中的日常化事物之后，公害就已经泛化蔓延到了包括网络中的各种有害事物、有害行为、有害现象，如人肉搜索对他人个人信息的侵犯，恶意删帖对公众知情权的侵犯，网络刷单对商业交易数据真实性的破坏，职业差评师或者好评师、水军

---

〔1〕 中国社会科学院语言研究所词典编辑室编：《现代汉语词典》，商务印书馆2012年版，第16页。

〔2〕 中国社会科学院语言研究所词典编辑室编：《现代汉语词典》，商务印书馆2016年版，第1004页。

〔3〕 中国社会科学院语言研究所词典编辑室编：《现代汉语词典》，商务印书馆2012年版，第450页。本书按：这两个义项属于同一义位。

等对信息自由的操纵、对公平竞争环境的破坏，某个机构或者个人对新闻的选择性报道披露造成的信息误导和真相隐瞒等。这些也是新的公害。

网络时代义项的动态变化，包括义项数目增加和义项数目减少。而义项数目增加则表现得更为明显。正如语言学者主张的那样："新意义以义项增加的途径进入词义，新旧意义成为词义中两个独立的义项，在言语实践中发挥着各自的作用。在新旧意义之间存在引申的关系。"[1] 因此，选择构成要件义项的时候需要注意新旧意义的差别，但是一般而言，刑法中的构成要件会选择旧意而非新意，主要是因为立法者是在构成要件含义尚未扩张的时候来加以使用的。例如，在网络时代，账号[2]、装备[3]、游客[4]、空间[5]等都具有新的含义、新的义项。这些义项，有的已经被词典所收录，有的虽然还没被收录，但的的确确在语言环境中被人们实际使用着。例如，在人际交往中被使用，或者进入资产流通和商品流通环节等，并具有财产价值。例如，空间，词典义是物质存在的一种客观形式，由长度、宽度、高度表现出来，是物质存在的广延性和伸张性的表现。[6] 而在网络世界中的空间，指的是存放信息、数据、文字、图片、视频等的一个地址而已，也不是由长度、宽度、高度表现出来的。这就是本意与引申义的关系，或者近引申义与远引申义的关系，等等。如果词典加以收录，就会成为一个新的义项。

而增加义项的技巧能否被刑法解释者任意使用呢？或者说，刑法解释者可以根据自己的个人化的理解来为一个构成要件增加义项吗？本书是持否定见解的。极端的增加义项，只会导致刑法解释异化成为绝对的自由裁量，会严重违背罪刑法定主义原则。只有符合历史潮流与保障人权大趋势的增加义

---

[1] 魏慧萍：《汉语词义发展演变研究》，内蒙古大学出版社 2005 年版，第 199 页。

[2] 中国社会科学院语言研究所词典编辑室编：《现代汉语词典》，商务印书馆 2012 年版，第 1652 页。

[3] 中国社会科学院语言研究所词典编辑室编：《现代汉语词典》，商务印书馆 2012 年版，第 1724 页。

[4] 中国社会科学院语言研究所词典编辑室编：《现代汉语词典》，商务印书馆 2012 年版，第 1587 页。

[5] 中国社会科学院语言研究所词典编辑室编：《现代汉语词典》，商务印书馆 2012 年版，第 740 页。

[6] 中国社会科学院语言研究所词典编辑室编：《现代汉语词典》，商务印书馆 2012 年版，第 740 页。

项，才能经得起历史的检验。

（四）模棱两可的义项

所谓模棱两可的义项，指的是进行刑法解释的时候，语词的义项选择面临困难，有两个或者更多的义项似乎都可供选用的情形。此时，若无权威解释，则任意一个义项的选用都不违背预测可能性，都是适宜的解释。实践中，这样的情形实际上并不多见。但是，一旦遇到，则一般会成为刑法解释的典型例证。

例如，强令违章冒险作业罪中的"强令"，不应限定解释为仅包括胁迫、命令、指使、恐吓、威胁等对他人造成心理强制的各种犯罪手段，而完全可以将其文义边界扩张到暴力的领域之内。这是因为，现代汉语的"令"具有两个义项，一个是上级对下级发出指示，命令；一个是使，让。[1]可见，选用任何一个义项，都可以得到比较合理的结论。前者，自然是对他人的心理压制、心理强制。后者，则可能含有简单暴力或者轻微暴力。例如，施工队长甲某为了赶工期，对工人乙某扇耳光，令其违章发动缆车、运输3名作业人员，结果导致安全事故发生，致死致伤。本案中，甲某已经构成强令违章冒险作业罪。即，强令，既可解释为强行命令，也可解释为强使、强让。其解释限度来自"强令"一词可能的文义边界。指使、教唆、怂恿、唆使[2]等与强令构成一个语义场，互相参照之后，其各自含义才能比较清晰地浮现出来。不仅如此，为了更合理地解释构成要件的真实语义，还不得不扩大语义场的范围，增加历史解释（沿革解释）方法会涉及的法条修改前后使用的各种构成要件，如修正之前的"职工""不服管理""强令""工人""违章冒险作业"等，修正之后的"他人"等，尤其是"工人"改为"他人"，"不服管理"的删除。这样，才能更好理解构成要件，发掘立法者的原意。

之所以会出现这样的情形，是因为后一个义项可被解释为上位概念，其涵摄力大于前一个义项。即，"使，让"的涵摄力大于"发出指示"，它包括任何导致下级实施违章作业的行为，既包括语言上的，也包括身体动作手势

---

[1] 中国社会科学院语言研究所词典编辑室编：《现代汉语词典》，商务印书馆2012年版，第829页。

[2] 《玉篇》曰：唆，小儿应。《正字通》曰：唆，俗云使唆。明清时期古籍才出现"唆使"义。例如："澳夷盘据内地，近且匿养倭奴以为爪牙，则驱逐之难。闽、广奸人窜入澳中，撺唆教诲，则隄防之难。"（清）庄廷鑨撰：《明史钞略》显皇帝纪四，四部丛刊三编景旧钞本。

上的，也包括暴力的，等等。例如，前述案件中的施工队长甲某，如果他对着下级做手势（指鼻子、瞪眼、跺脚、挥舞拳头等），使（让）其实施违章行为从而导致安全事故发生，此时，即便甲某既无语言威胁，也无暴力压制，但其做手势的行为仍旧符合"强令"这一构成要件。当然，刑事立法者选择"强令"一词好不好，是另外一个问题。本书认为，由于生产、作业中的上级人员天然具有强势地位或者支配地位（下级居于从属地位或者被支配地位），他发出的"令"已经蕴含着"强"的义素，再使用"强令"一词似乎没有太大的必要，反倒使得强令的解释变得很复杂。

（五）两可的义项

两可的义项，指的是一个构成要件的释义，在刑法文本中都出现过，在具体罪名中，需要结合缩小为其他构成要件、语境等予以选择，确定最终的义项。例如，遗弃有两个义项：一个是抛弃；一个是对自己应该赡养或抚养的亲属抛开不管。[1] 在遗弃武器装备罪中，应选择前一个义项——抛弃。因此，遗弃武器装备罪不同于遗失武器装备罪。而在遗弃罪中，应选择后一个义项。

三、语料中的义项与义素

（一）合成词中的义项与义素

由于现代汉语中的词汇主要是双音节词语，这就使得组成它的两个字的语义都成为这个双音节词语的义素，进而才形成这个双音节词语的义项。此时的义素选择直接决定了双音节词语的义项。

例如，刑法中的偷渡、盗掘这两个构成要件的解释。偷渡，其汉语词典义是偷偷通过封锁的水域或区域，现多指偷越国境。[2] 而偷偷，其词典义是表示行动不使人觉察。[3] 盗掘，其词典义是非法挖掘，[4] 是偏正式的合成

---

〔1〕　中国社会科学院语言研究所词典编辑室编：《现代汉语词典》，商务印书馆 2012 年版，第 1536 页。本书按：这两个义项属于同一义位。

〔2〕　中国社会科学院语言研究所词典编辑室编：《现代汉语词典》，商务印书馆 2012 年版，第 1311 页。

〔3〕　中国社会科学院语言研究所词典编辑室编：《现代汉语词典》，商务印书馆 2012 年版，第 1311 页。

〔4〕　中国社会科学院语言研究所词典编辑室编：《现代汉语词典》，商务印书馆 2012 年版，第 268 页。

词。所以，盗掘不应解释为盗窃和挖掘，这样解释就成了联合式的合成词了。在选择这两个双音节词语中的偷、盗的义项的时候，应该特别慎重。本书认为，偷渡的真实语义实际上是非法越过国境或者边境，词典义中的义素"偷偷"没有完全揭示偷渡行为的本质——非法越境、私自越境、无合法手续越境。词义是在时间和空间里面逐渐积累而成的，应该说，好的刑法解释是对词典义的完善发展。因此，偷渡、盗掘尽管往往是"偷偷地"行为，是非法的行为，但是，即便行为人是大张旗鼓进行越境行为和挖掘文物行为，依然符合偷渡、盗掘的本质，但未必就还是"偷偷地"越境和"偷偷地"挖掘。

又如，偷税。偷税的偷，在词典中最合适的义项是私下里拿走别人的东西，据为己有。当然，偷税并不完全等于拿走了税收，拿走了别人的东西，而指的是不缴应缴税收或者骗取退税两大类行为。而前一种中的偷税，并不符合词典义。后一种才符合词典义。这当然涉及税收犯罪的观念的迭代，不过这是另一个问题了。

（二）短语中的义项与义素

短语中的义项与义素比较复杂。首先，短语的使用不像合成词那样严格，各种词典收录的是语词，一般不会收录短语。于是，比较而言，短语的语义确定比词语的语义确定更为艰难。其次，短语的语义容易与相关的合成词发生混淆。这样的例子包括英雄烈士、未公开信息、家庭成员、独立生活能力等。下面以英雄烈士为例予以说明。

《现代汉语词典》中收录了英雄、烈士、英烈三个词语，并未收录"英雄烈士"这个短语。[1]那么，英雄烈士的语义确定就成为问题，给刑法构成要件"英雄烈士"的解释带来许多障碍。2022年1月，最高人民法院、最高人民检察院、公安部发布了《关于依法惩治侵害英雄烈士名誉、荣誉违法犯罪的意见》，其中规定：根据英雄烈士保护法第2条的规定，刑法第299条之一规定的"英雄烈士"，主要是指近代以来，为了争取民族独立和人民解放，实现国家富强和人民幸福，促进世界和平和人类进步而毕生奋斗、英勇献身的英雄烈士。司法适用中，对英雄烈士的认定，应当重点注意把握以下几点：①英雄烈士的时代范围主要为"近代以来"，重点是中国共产党、人民军队和

---

[1] 英雄烈士是口语、习惯语，不属于规范的语言，泛泛而用没问题，规范使用则不宜。

中华人民共和国历史上的英雄烈士。英雄烈士既包括个人，也包括群体；既包括有名英雄烈士，也包括无名英雄烈士。②对经依法评定为烈士的，应当认定为刑法第 299 条之一规定的"英雄烈士"；已牺牲、去世，尚未评定为烈士，但其事迹和精神为我国社会普遍公认的英雄模范人物或者群体，可以认定为"英雄烈士"。③英雄烈士是指已经牺牲、去世的英雄烈士。对侮辱、诽谤或者以其他方式侵害健在的英雄模范人物或者群体名誉、荣誉，构成犯罪的，适用刑法有关侮辱、诽谤罪等规定追究刑事责任，符合适用公诉程序条件的，由公安机关依法立案侦查，人民检察院依法提起公诉。但是，被侵害英雄烈士群体中既有已经牺牲的烈士，也有健在的英雄模范人物的，可以统一适用侵害英雄烈士名誉、荣誉罪。[1]

可见，上述司法解释将"英雄烈士"这一构成要件解释为了"英烈"，而非一般人所理解的"英雄+烈士"。于是，"英雄烈士"这一构成要件的义素大致包括：近代以来，已经牺牲或者去世，为了正义事业，主要是中国共产党、人民军队和中华人民共和国历史上的牺牲的人。那么，这样解释后产生的义素是不是可靠呢？本书认为，并不算是很可靠。

如果从各种解释方法的视角看待上述解释过程，实际上是解释者（司法解释制定者）根据立法原意进行主观解释，根据立法目的进行目的论解释，从而达到了对客观解释结果进行限缩解释的效果。即，对于"英雄烈士"的客观解释，应该包括词典义揭示出来的少量的义素——为正义事业英勇斗争而牺牲的人。但是，特定的解释者给出的义素数量比客观解释的义素数量多得多，从而达到了限缩解释的效果。显然，这也许是比较危险的。因为，这样的解释过程不当缩小了构成要件的涵摄范围，不利于保护更多的法益。也就是，不利于保护外延即为宽广的"英雄烈士"。例如鸦片战争以后，为抗击帝国主义列强而牺牲的中国人民的群体与个体。众所周知，天安门广场上的人民英雄纪念碑[2]碑文是：

"三年以来，在人民解放战争和人民革命中牺牲的人民英雄们永垂不朽！

三十年以来，在人民解放战争和人民革命中牺牲的人民英雄们永垂不朽！

---

〔1〕 包括健在的英雄模范人物，恐怕不妥。另外，"英雄模范人物"的提法，使得构成要件更加难以解释。

〔2〕 这里的"英雄"实际上指的是"英烈"，即牺牲的英雄。

由此上溯到一千八百四十年，从那时起，为了反对内外敌人，争取民族独立和人民自由幸福，在历次斗争中牺牲的人民英雄们永垂不朽！"

第二节　构成要件的释义模式

义素分析法是现代词汇学、现代语义学[1]的重要研究方法，已经广泛用于各国语言的研究之中。汉语也不例外。一般来说，进行义素分析的前提是词典释义、词典义。一个概念中的每个词典义就是一个义项，组成义项的是义素。一般而言，义项是义位的同义语。但是有时，多个义项也可能属于同一义位。除非该义项能够权威到相当高的地步和相当经典的程度，能够为公众所广泛认同，否则以学者自己给出的义项为基础进行义素分析，则需要非常慎重。可惜的是，目前来看，刑法解释者们的义项并未超出词典义给出的义项。而义项的释义模式是什么样子的，直接关系到刑法解释的方法与结论、义素的增减等问题。

一、释义模式

解释词语、解释概念，包括解释刑法的构成要件，都属于释义，或曰定义。释义其实是采取了"义素+义素+义素……"这样的模式，其基本单元就是义素。例如，《刑法》第420条规定："军人违反职责，危害国家军事利益，依照法律应当受刑罚处罚的行为，是军人违反职责罪。"其释义模式就是：军人违反职责罪="义素（军人）+义素（违反职责）+义素（危害国家军事利益）+义素（依照法律应当受到刑罚处罚）+义素（行为）"。[2]而对军人等义素继续解释，就可以得出更深一层的义素。例如，军人=有军籍的人或者服兵役的人，[3] 这显然是两个义项。所以，军人="义素（军籍）+义素

----

〔1〕 现代语义学在欧美的蓬勃发展，是在20世纪50年代。而我国引进现代语义学大致始于20世纪30年代。参见贾洪伟：《国外语义学在中国的传播与影响》，上海交通大学出版社2014年版，第17页。

〔2〕 考虑到义素的重复、义素的合并等因素，军人违反职责罪=义素（军人）+义素（违反职责）+义素（犯罪行为）。

〔3〕 中国社会科学院语言研究所词典编辑室编：《现代汉语词典》，商务印书馆2012年版，第713页。

（人）"。或者，军人="义素（服兵役）+义素（人）"。

关于不同词性的词汇的释义结构或者释义模式，语言学者的研究成果很多，以下是基本的知识。

（一）名词的释义

多为定义式释义，结构为：种差+属概念，即"区别义素+共同义素"的结构。

例如，"上衣-裤子-裙子"这一组。

上衣：上身穿的衣服。

裤子：穿在腰部以下的衣服，有裤腰、裤裆和两条裤腿。

裙子：一种围在腰部以下的服装。

又如，"师傅-徒弟"这一组。

师傅：工、商、戏剧等行业中传授技艺的人。

徒弟：跟从师傅学习的人。

（二）动词的释义

释义结构为：动作行为与施事或受事。例如，"入伏-出伏"这一组。

入伏：进入伏天；伏天开始。

出伏：出了伏天；伏天结束。

施事格是动作的发出者，受事格则是动作的承受者。例如，脱逃是被羁押的人脱离羁押（脱身逃走）的行为，或曰，脱逃是被羁押的人脱离羁押（脱身逃走）。被羁押的人，是施事格，是动作的发出者。因此，这里包括两个义素，一个是动作行为，一个是施事或受事。又如贪污，词典义是利用职务上的便利非法地取得财物。[1] 这里的义素包括利用职务上的便利、非法地取得财物。非法地取得财物是动作行为义，利用职务上的便利实际上是"有职务便利的人利用职务上的便利"或者"有职务的人利用职务上的便利"，因此，利用职务上的便利是施事格加上部分动作行为，暗示着犯罪主体与特殊身份。再如，重婚，是有配偶者与他人再次结婚。有配偶者、有配偶的人，即为犯罪主体，是施事格。当然，刑法上的重婚，还处罚相婚者，这不属于有配偶的人，这是因为相婚者属于重婚罪的共犯，本来并没有"再次

---

[1] 中国社会科学院语言研究所词典编辑室编：《现代汉语词典》，商务印书馆2016年版，第1266页。

结婚"。

（三）形容词的释义

释义结构为：状态性质与主体。即，具有两类义素。例如，"热闹-冷落"这一组。

热闹：（景象）繁盛活跃。

冷落：不热闹。改写：（景象）不繁盛活跃。

刑法文本中的形容词其实并不算多，有危险化学品中的"危险"、直接负责的主管人员中的"直接负责"、特别残忍手段中的"残忍"、不合格兵员中的"不合格"、黑社会性质的组织中的"黑社会性质"，等等。显然，刑法解释的时候，不会单独解释这些形容词，而是对形名结构进行整体解释。即，整体解释何为危险化学品、何为黑社会性质的组织等。规范性文件中，也往往是这样处理和解释的。例如，《危险化学品安全管理条例》第3条第1款规定：本条例所称危险化学品，是指具有毒害、腐蚀、爆炸、燃烧、助燃等性质，对人体、设施、环境具有危害的剧毒化学品和其他化学品。

（四）副词的释义

有学者认为，严重、巨大、明显、住宅、淫秽物品等构成要件要素是社会的评价要素，即需要根据社会的一般观念或社会意义作出评价的要素。并认为，这是规范的构成要件要素中最难以判断和认定的要素。[1] 对此命题的科学性，需要仔细分析。

本书认为，社会的一般观念或社会意义也是不太容易捉摸的东西，还是需要在大量案例的基础上进行归纳，这恰恰是我国刑事司法所缺乏的。例如，什么是巨大，什么是严重，都完全可以在足够多样本基础上拿出指导性意见，供各级司法机关和法学院校参考或者执行。而不是以"社会的一般观念或社会意义"为准，这似乎还不如法官的经验法则来得更让人放心。之所以难以判断和认定，是因为副词属于虚词，表示程度、范围等，而在刑法规范中出现的副词，主要是表示程度的，如严重、明显、特别、巨大等，这些副词的语义边界很难定量与精确。[2] 这与名词、动词、形容词等实词的释义显然是

---

〔1〕 张明楷：《刑法分则的解释原理（下册）》，中国人民大学出版社2011年版，第829页。

〔2〕 除非刑事立法者对这些副词进行事实上的定量，如醉酒的标准血液中乙醇浓度≥80毫克/100毫升、枪支的标准枪口比动能≥1.8焦耳/平方厘米、销售金额达到5万元人民币，等等。

不同的。

严重，词典义是程度深、影响大、（情势）危急。[1] 明显，词典义是清楚地显露出来，容易让人看出或感觉到。[2] 巨大，词典义是（规模、数量等）很大。[3] 此外，还有情节显著轻微的显著，危害不大，等等。对于严重、明显、巨大、显著等构成要件，应该结合尽量多的案例来进行归纳，因为仅靠释义或者定义已经无法挖掘出这些程度副词的真实语义了。必须通过经验积累才能达到语义积累，进而达到法官的感觉积累的程度。

因此，上述学者的命题中，涉及严重、巨大、明显等副词的时候，的的确确难以判断和认定。但是，住宅、淫秽物品等构成要件则容易解释得多。

二、刑法释义模式

本书将刑法概念或刑法构成要件的释义模式，简称为刑法释义模式或者刑法释义结构。

（一）刑法释义模式的历史回顾

有学者认为，古代刑法的释义结构与释义模式，基本上是训诂学范围内的，即"把词义（义位）当作一个囫囵的整体"。[4] 本书认为，这是偏离古代释义客观实践的武断结论。

一般认为，汉语的训诂学中，解释词义的方法包括互训、义界和推因。[5] 这三种方法中，互训其实是语词的替换方法，但是仍然有进行义素分析的巨大空间。推因则是历史解释与语源学的解释方法。与义素分析法直接有关的是义界，即下定义。例如，琳，美玉。[6] 琳，就是美的玉，其中玉是共同义素，美是区别义素。这一语义场中，除了琳，还有《说文·玉部》中

---

〔1〕 中国社会科学院语言研究所词典编辑室编：《现代汉语词典》，商务印书馆 2016 年版，第 1505 页。

〔2〕 中国社会科学院语言研究所词典编辑室编：《现代汉语词典》，商务印书馆 2016 年版，第 915 页。

〔3〕 中国社会科学院语言研究所词典编辑室编：《现代汉语词典》，商务印书馆 2016 年版，第 706 页。

〔4〕 贾彦德：《汉语语义学》，北京大学出版社 1992 年版，第 40 页。

〔5〕 黄建中：《训诂学教程》，荆楚书社 1988 年版，第 157 页以下。

〔6〕 《古代汉语词典》编写组编：《古代汉语词典》，商务印书馆 1998 年版，第 987 页。

的很多汉字，如琦、环、璜、璧、琼、琅等。[1] 在传统小学之中，古代人的严密思维惊人地体现出了现代语义学的雏形，尤其是语义场与义素分析法的雏形。《说文解字》把相同部首的汉字编排在一起进行释义，《释名》基本上也是如此。当代汉语词汇史的研究者也是这样切入的，如杨荣贤《汉语肢体动词发展史研究》等著作，延续了《说文》《释名》的传统。互训的方法中，定义项与被定义项之间也可看作是一个语义场，利用现代语义学的体系、知识、方法，进行义素分析，来分析彼此的相同点与不同点。

那么，在古代律学中，解释方法具体有哪些呢？律学中采用的释义的方法是否也具有了语义场与义素分析法的雏形呢？答案是肯定的。

例如，《唐律疏议》中的释义实践。笔者曾经提到过"密不透风的唐律"。《唐律疏议》曰："诸诈为制书及增减者绞（口诈传及口增减亦是）……"该罪包括假造制敕、增减制敕文字、诈传敕语、奉敕宣传口中诈有增减，一共四种情形。如此严密的立法和解释，即使放在今日也不落伍。假造制敕是书面有形伪造，增减制敕文字是书面变造（解释为有形伪造似乎也可以），诈传敕语是口头有形伪造，奉敕宣传口中诈有增减是口头变造（解释为有形伪造似乎也可以）。极为严整周延的形式逻辑的分类指导下的立法和刑法解释、实质的解释，毫无疏漏。[2] 从语义场与义素分析法角度来看这部分的唐律，书面伪造、书面变造、口头伪造、口头变造四种情形，分别是制书诈为、制书增减、口诈传敕语、口增减敕语。它们的共同义素是诈，区别义素分别是书、口、假造、增减。可见，在这样一个小小的语义场中，义素分析运用起来没有任何障碍。之所以能够如此，是因为这个语义场完全符合语言类型化与形式逻辑。

因此，历史上的刑法释义，已经具备了相当程度的现代语义学雏形。互训这种貌似"简单粗暴"的直接释义模式，其实就是用语替换，即同义词。[3] 我们今天进行刑法解释，依然经常采用这一方法。例如，威胁等于胁

---

〔1〕 黄建中：《训诂学教程》，荆楚书社1988年版，第168页。

〔2〕 胡先锋：《刑法的历史与逻辑》，中国政法大学出版社2015年版，第15页。

〔3〕 古代的同义观与现代的同义观迥然不同。前者只要求同义词词语之间具有相同义素，后者要求同义词词语之间词义大致相同。在王念孙《广雅疏证》中，特征相同、感觉相通、指征相同相近等，即谓同义。参见盛林：《〈广雅疏证〉中的同义观》，载《安徽大学学报（哲学社会科学版）》2009年第3期。

迫、威吓、恐吓。义界就是下定义，很明显这就是现代语义学的基本释义模式。而推因，则蕴含着沿革解释、体系解释和文理解释的基因。

（二）刑法释义模式的现实审视

我国现阶段刑法概念的释义模式，主流方向就是词典的释义模式，即"义素+义素+义素……"的模式。例如，明知是犯罪的人而为其提供隐藏处所、财物，帮助其逃匿或者作假证明包庇的。对于包庇罪的释义，其模式是"义素（明知是犯罪的人）+义素（作假证明）+义素（基于出罪意图）"。对于窝藏罪的释义，其模式是"义素（明知是犯罪的人）+义素（为其提供隐藏处所、财物）+义素（基于出罪意图）"。

刑法概念的义素，并未超越词典义的义素。无论是学者的定义还是法规范的定义，往往都是以词典义做基础的。之所以指出这一点，其实是因为二者都是汉语的语言行为，是汉语的阐释行为，是定义行为，是言说行为，只是由于学科原因其角度不同罢了。刑法解释学就是刑法语言学。在很多法律法规中，对"本法"特定术语的解释，都是这一结构和模式，而不可能使用别的结构和模式。

例如，《中华人民共和国道路交通安全法》（以下简称为《道路交通安全法》）第 119 条第 5 项规定：交通事故，是指车辆在道路上因过错或者意外造成的人身伤亡或财产损失的事件。其义素有：人身伤亡或财产损失、车辆、过错或者意外、事件。[1] 结构是：种差+属概念，即"区别义素+共同义素"的结构。其中，事件是中心词，当然也是建筑安全事故、医疗事故、煤矿事故等语义场的共同义素。而人身伤亡或财产损失、车辆、过错或者意外，则都属于区别义素。当然，在交通事故、建筑安全事故、医疗事故、煤矿事故等组成的语义场中，将人身伤亡或财产损失、事件等都视为共同义素，也是没有问题的。

即便是比较罕见的概念，刑法的释义结构仍然是词典的释义结构。例如，刑法中骗汇的词典义是，用虚假无效的凭证、单据或其他手段骗购外汇。[2]

---

〔1〕　其实，在我国的司法实践中，行人在道路上因过错或者意外造成的人身伤亡或财产损失的事件，也属于交通事故。这其实是悄悄扩张了"交通事故"的外延。在刑法上，无论是交通事故还是交通肇事，都可能处罚行人。

〔2〕　中国社会科学院语言研究所词典编辑室编：《现代汉语词典》，商务印书馆 2012 年版，第993 页。

刑法释义则是，使用虚假的或篡改的凭证和单据骗购外汇，使用……骗购外汇，以其他的方式骗购外汇。[1] 即，二者都是"状语+中心词"的释义结构。当然，这里的状语"用……手段""使用……"与中心词中的"骗"语义上是重复的。因为"使用虚假的或篡改的"意思就是骗。因此，词典义应该改为：用虚假无效的凭证、单据或其他手段购买外汇。这样，骗汇、逃汇、套汇才能形成一个合适的语义场。

（三）刑法释义模式的升级

显然，释义结构需要升级和优化，需要真正达到释义的目的，符合释义的规则，产生释义的效果。这方面可资借鉴的，既有中国古代刑法的优秀成果，也有域外刑法学的优秀成果，以及语言学、辞书学的成果。[2]

从古代的训诂学，到传统的语义学，在漫长的岁月里，"一直把词义（义位）当作一个囫囵的整体"。[3] 这虽然未必全部符合事实，有失武断，但的确是古代语义学的明显特点。而现代语义学最大的不同，是一种聚合分析，即在语义场或临近的语义场中比较和发现词义。[4]

本书认为，我国古代刑法的释义不仅具有直接简明的特点，也具有现代语义学的雏形。自从西学东渐、语言交流加深，欧式长句等日益成为现代语言的常态，现代汉语也不得不越来越多地使用欧式的释义模式，即定语、状语加上中心词，也就是定中结构、状中结构。[5] 这一模式特别有利于义素分析法的使用，但也不是完美无缺的、万能的。我国古代的释义特别强调的还有推因，即历史解释、沿革解释、文理解释等。这是语言约定俗成特质的一种必然选择。从因果关系视角来看的话，每个语词的背后都隐含着无数的前见——原因，这些前见——原因与共时的语词就是语义积累的关系，构成语义积累的历程，这是静态的义素分析法所欠缺的。因此，两者的结合与兼顾

---

〔1〕 谢望原、赫兴旺主编：《刑法分论》，中国人民大学出版社 2016 年版，第 148~149 页。

〔2〕 例如，对于模糊词语，可以使用模糊种差释义法、定量释义法、形象描写释义法、比喻描写释义法、否定释义法、比较释义法、模糊义素释义法。参见黎千驹：《论模糊词语的释义方法》，载《辞书研究》2007 年第 6 期。本书按：幼女是不满 14 周岁的女性，这使用了定量释义法和否定释义法。国家工作人员是国家机关中从事公务的人员，这使用了模糊种差释义法。

〔3〕 贾彦德：《汉语语义学》，北京大学出版社 1992 年版，第 40 页。

〔4〕 贾彦德：《汉语语义学》，北京大学出版社 1992 年版，第 47 页。本书按：这实际上是一种体系解释。

〔5〕 例如，刑法典中对毒品、淫秽物品的释义。

对于刑法解释而言是必要的，也是重要的。灵活使用各种释义结构，包括互训、描述式的解释与定义等方法，越来越使得刑法解释走向深入。例如，解释刑法文本中的"虚伪""虚伪记载"等构成要件的时候，可以直接解释为"虚假"，这使用的是互训的方法，而无须再去费力解释"虚伪""虚伪记载"。而在解释"骗取"的时候，则需要结合语境，分别解释为"诈骗财物"（合同诈骗罪）、"骗得证件"（骗取出入境证件罪）、"骗得贷款使用权"（骗取贷款罪）等。

总的来看，静态的义素分析法（客观解释的结果），加上动态的历史解释，结合整体性的体系解释，三位一体，应该可以解决刑法解释的各种难题。这就是本书主张的刑法释义模式的优化升级。

（四）刑法释义模式的错误

在进行刑法解释的时候，经常可以见到，有学者不遵守下定义的基本规则，采取了错误的释义模式。例如，在给重婚罪下定义的时候说："重婚罪，是指有配偶而重婚，或者明知他人有配偶而与之结婚的行为。"[1] 这一定义当然是一眼就能看出来毛病，即定义项中含有被定义项。该学者的解释当然是不合理的。相较而言，另外一些学者的定义就好一些，如："重婚罪，是指有配偶而又与他人结婚，或者明知他人有配偶而与之结婚的行为。"[2] 当然，由于该学者的结论仍然是把"结婚"扩张为登记婚姻和事实婚姻，于是在论证的时候，就出现自相矛盾的情形：忽而前面说"重婚罪，是指有配偶而又与他人结婚……"，忽而后面马上又说"犯罪客观要件是有配偶而重婚……"，[3] 也就是说，该学者为了得出扩张的四种重婚情形，不得不偷换概念，悄悄地把自己前面使用的"结婚"换成了后面的"重婚"。

日本刑法学学者的见解则是："所谓重婚，就是有配偶的人在没有解除婚姻关系的时候又结婚。""本罪的行为是又结婚。所谓又结婚，是和有配偶的人登记结婚。"[4] 需要注意的是，这里的"所谓又结婚，是和有配偶的人登记结婚"一句，应该是翻译错误或者编校错误，应该改为"所谓又结婚，是

---

〔1〕　周光权：《刑法各论》，中国人民大学出版社2016年版，第77页。

〔2〕　张明楷：《刑法学》，法律出版社2003年版，第725页。

〔3〕　张明楷：《刑法学》，法律出版社2003年版，第725页。

〔4〕　[日]大谷实：《刑法各论》，黎宏译，法律出版社2003年版，第375页。

有配偶的人又登记结婚"。

我国台湾地区学者的见解则是："本罪之行为形态有三，即：有配偶者重为婚姻；无配偶者同时与二人以上结婚；与重婚者相婚。"[1]

上述四种定义中，共同点是有配偶或者有配偶的人。不同点则是关键所在——有的是重婚，有的是又结婚。重婚当然是价值判断，又结婚是事实判断。重婚假如包括事实重婚和法律重婚的话，其外延是大于又结婚的。因为，又结婚只能是又登记结婚，而不可能是又事实结婚，也就是说，"又结婚"只有一种情形。

可见，在"重婚"这个刑法概念的释义结构中，不同学者给出的义项是完全不一致的。基于此进行的义素分析，当然也会得出不一样的结论。有配偶又重婚与有配偶又结婚这两种释义，差距实际上很大。本书认为，"有配偶又重婚"这一释义是完全错误的。

在重婚的解释或者定义上，也能证明，刑法概念的释义结构遵循的就是词典的释义结构。前文讲的是重婚这一刑法概念的释义结构。而重婚的词典释义是"法律上指已有配偶而又同别的人结婚"。[2] 较早的 1978 年版的《现代汉语词典》的解释完全一样——法律上指已有配偶而又同别的人结婚。[3] 也就是说，无论是刑法概念的释义结构还是词典的释义结构，"重婚"的义素都是完全一致的。所以，也能证明，前述学者"有配偶又重婚"这一解释是错误的。

三、"户"的释义

在《构成要件真实语义研究——刑法解释发微》一书中，曾经研究过"户"这一构成要件。[4] 在本书中，将继续进行思考、修改、完善，并根据义素分析法的知识、理论与经验，进一步对其进行阐发、敷衍、定型。

---

〔1〕 林山田：《刑法特论（中册）》，三民书局 1979 年版，第 709 页。

〔2〕 中国社会科学院语言研究所词典编辑室编：《现代汉语词典》，商务印书馆 2012 年版，第 181 页。

〔3〕 中国社会科学院语言研究所词典编辑室编：《现代汉语词典》，商务印书馆 1978 年版，第 148 页。

〔4〕 胡先锋：《构成要件真实语义研究——刑法解释发微》，湖北人民出版社 2019 年版，第 173 页以下。

（一）司法解释的变迁

我国刑事司法解释对于"户"的语义认知与义素分析，大致经历了"生活"-"家庭生活"-"家庭生活"-"生活起居"这样的过程，即生活场所-家庭生活场所-家庭生活场所-生活起居场所，涉及 2000 年、2005 年、2013 年、2016 年四个刑事司法解释。

2000 年，《最高人民法院关于审理抢劫案件具体应用法律若干问题的解释》第 1 条规定："刑法第二百六十三条第（一）项规定的'入户抢劫'，是指为实施抢劫行为而进入他人生活的与外界相对隔离的住所，包括封闭的院落、牧民的帐篷、渔民作为家庭生活场所的渔船、为生活租用的房屋等进行抢劫的行为。对于入户盗窃，因被发现而当场使用暴力或者以暴力相威胁的行为，应当认定为入户抢劫。"这一司法解释对"入户"所作的解释是为了限制打击范围，属于另外一个问题，并未涉及入户与入室的关系问题，但是其核心是将"户"定性为"他人生活的与外界相对隔离的住所"。

2005 年，《最高人民法院印发〈关于审理抢劫、抢夺刑事案件适用法律若干问题的意见〉的通知》（以下简称为《关于审理抢劫、抢夺刑事案件的意见》）认定"入户抢劫"时，应当注意以下问题：首先是"户"的范围。"户"在这里是指住所，其特征表现为供他人家庭生活和与外界相对隔离两个方面，前者为功能特征，后者为场所特征。其次是一般情况下，集体宿舍、旅店宾馆、临时搭建工棚等不应认定为"户"，并特别强调了"家庭生活"这一点。相比 2000 年《最高人民法院关于审理抢劫案件具体应用法律若干问题的解释》，2005 年的《关于审理抢劫、抢夺刑事案件的意见》增加了"家庭"二字，这个变化还是很明显的。

2013 年，《最高人民法院、最高人民检察院关于办理盗窃刑事案件适用法律若干问题的解释》第 3 条第 2 款规定：入户盗窃，是指非法进入供他人家庭生活，与外界相对隔离的住所盗窃的情况。其核心是将"户"解释为"供他人家庭生活，与外界相对隔离的住所"。这与 2005 年司法解释是一致的。

2016 年，《最高人民法院关于印发〈关于审理抢劫刑事案件适用法律若干问题的指导意见〉的通知》认为：对于部分时间从事经营、部分时间用于生活起居的场所，行为人在非营业时间强行入内抢劫或者以购物等为名骗开房门入内抢的，应认定为"入户抢劫"。对于部分用于经营、部分用于生活且之间有明确隔离的场所，行为人进入生活场所实施抢劫的，应认定为"入户抢劫"；如场所之间没有明确隔离，行为人在营业时间入内实施抢劫的，不认定为"入户抢劫"，但在非营业时间入内实施抢劫的，应认定为"入户抢劫"。[1]

2016 年司法解释回避了 2013 年司法解释中的"家庭生活"，而改用"生活起居"的场所，明显回到了 2000 年司法解释的轨道上，又把"户"的外延扩大了，入户抢劫的认定标准再次变得更加宽松。按照这个标准，大学生的集体宿舍当然是大学生用于"生活起居"的场所，会被认定为"户"。而按照 2005 年、2013 年司法解释的标准，进入大学集体宿舍等集体生活场所抢劫的，司法实践一直不认定为"入户抢劫"。

从以上论述可见，从"进入他人生活的与外界相对隔离的住所"，到"供他人家庭生活"，再到"生活起居"的场所，刑事司法解释对于"入户"中"户"的义素，大致上经历了"生活"－"家庭生活"－"家庭生活"－"生活"这个令人迷惑的循环，时而宽松，时而严密。这也许与一定时期的社会治安形势有关，也可能是刑法文本的制定者的思虑彷徨难断所致。笔者始终认为，刑事司法解释虽说是以国家机关的名义发布的，看不到真实的著作人、执笔人，但实质上是具体的人思虑之后制定出来的。

(二) 学界观点的对立

本书认为，在生活语言中，入室的外延大于入户，这是没有什么争议的。这也是较早时期学者的观点——入户不等于入室。[2] 入室盗窃，包括进入办公室盗窃、进入会议室盗窃、进入实验室盗窃、进入宿舍盗窃、进入临时工棚盗窃等。所以，有人认为，相对于入户抢劫，入户盗窃中的"户"应作延伸理解，还应包括集体宿舍、旅店宾馆、临时搭建的工棚，以及机关、团体、学校、单位、商店等禁止外人进入的办公地点或非营业时间段的商业性经营场所。因其同样是相对封闭的空间，在这样的场所盗窃，对办公室使用者或者看管者同样存在着潜在的人身危险。此外，这种案件的发生会加重公众对社会治安状况的不认同和不信任，行为的社会危害性更大，这完全符合"入

---

〔1〕 这段话从形式逻辑上看，仍有不周延之处。例如，对于部分时间从事经营、部分时间用于生活起居的场所，行为人在营业时间强行入内抢劫或者以购物等为名骗开房门入内抢劫的，应如何认定？按照这段话的行文结构，这一情形不属于"入户抢劫"。最高人民法院的一贯思路是把"生活起居"作为认定"户"的重要依据。

〔2〕 侯国云、陈丽华：《有关抢劫罪的几个问题》，载《中国刑事法杂志》2000 年第 3 期。

户盗窃"入刑的立法本意。所以，在一定程度上对户的范围作适当的扩张性延伸，才能更好地体现立法的本意，做到保障行为人的自由和保护一般人的法益二者之间的均衡。[1] 该论者的这种理解，显然是为了保护法益而把"入户"偷换成了"入室"。

上述这些行为（进入集体宿舍、旅店、宾馆盗窃），在一般社会观念里，显然不会被解释为"入户盗窃"。纵观 2000 年到现在的司法解释，明显放宽了"入户"的标准，这与刑事政策的倾向是分不开的——严厉打击入室型、入户型的财产犯罪。

所以，学者们可以大概分为两派，一派认为要严格认定"入户"，一派认为可以放宽认定"入户"。[2]

放宽认定"入户"的观点。应该说，在现在社会中，由于外出务工人员日渐增加，不具有家庭关系的人合租居住是很正常的现象，将户内成员限定为必须具有家庭关系的人，显然过于缩小了"户"的范围……即便是合租者，只要有自己独立的空间，未经允许不得进入，这种房间中的"一室"也不失为非法侵入住宅罪的对象，应评价为刑法中的"户"。[3]

严格认定"入户"的观点。当合租者相互有独立的房间时，合租成员未经其他成员允许，进入他人房间内盗窃的，是否属于入户盗窃存在争议。有观点认为不属于入户盗窃。因为该案中"杜鹃、赵玲合租一套两室一厅的房屋，除分别住一室外，客厅、厨房、卫生间都是两人共用，可以说两人共同组成了一个'户'，只是同'户'不同'室'，她们只是共同对外具有隐蔽性和独立性及与外界相对隔断联系的特征，而两人之间不存在这样的情况。因此，同住者进入对方独居的房间盗窃，显然不构成入户盗窃，只能属于一般盗窃行为"。[4]

---

〔1〕　宋文涛、高雨林：《对"入户盗窃"中的"户"应作延伸理解》，载《检察日报》2011 年 9 月 21 日，第 3 版。

〔2〕　至于入户抢劫与入户盗窃中的"入户"是同一外延的一个概念还是不同外延的两个概念，则是另一个问题。本书认为应是同一外延的一个概念。入室的外延大于入户的外延，但可能也有例外情形。

〔3〕　陈洪兵：《入户盗窃与入户抢劫的认定》，载 https://www.pkulaw.com/specialtopic/9e20ffec8a8d07d151dbe76a4812373abdfb.html，最后访问日期：2023 年 8 月 18 日。

〔4〕　刘瑜：《进合租者房间行窃是否"入户盗窃"》，载《法治快报》2007 年 6 月 28 日，第 8 版。

这一观点涉及同户不同室的问题，还是很值得借鉴的。类似的合租，还有研究生的宿舍，有的就是两室一厅或者三室一厅的套房结构，每人一间房，几个人共用一个大门。

所以，问题还是要回到文理解释本身。假如文理解释不做好，两派观点都是有一定道理的。而文理解释又不是孤立的，必须借用体系解释的观念与方法，才能挖掘出"户""入户"的真实语义。

（三）"户"的体系解释

本书认为，在历时性体系解释和共时性体系解释的共同观照下，在文理解释的参与下，"入户"与"入室"可能会得出新的结论。

"入户"这个词语出现在抢劫罪和盗窃罪中。入户抢劫中的"入户"与入户盗窃中的"入户"是不是完全相同呢？在生活语言中，常常会较多使用入室盗窃。例如，笔者曾经在公安部官网搜索"入室盗窃"，得到 1850 条结果。搜索"入户盗窃"，只得到 583 条结果。[1] 这也说明，入室盗窃的使用更频繁，更符合中国人当下的语言习惯，而更符合语言习惯也就说明更具有社会基础。那么，2011 年的刑法修正案为何不使用"入室盗窃"而偏偏要使用"入户盗窃"呢？

从古代汉语字书的解释看，"户"与"室"是有区别的："凡室之口曰户，堂之口曰门。内曰户，外曰门，一扉曰户，两扉曰门。"[2] 门的繁体字是門；户的繁体字是戶，所以，从造字上看，门的一半是户。《说文》孔颖达疏："室，宫室通名。因其四面穹隆曰宫，因其财物充实曰室，室之言实也。"[3] 也就是说，里面的门是户，外面的门才是门，即大门。因为室之口曰户，所以，古代的入户就是入室。登堂入室，指的是进了大门（两扇的）之后才能进户（一扇的）。

现代汉语中则不同。在现代汉语中，户的义项有六个：门；人家、住户；门第；户头；量词，用于家庭；姓。[4] 室的义项有六个：屋子；机关、学校、工厂等内部的工作单位；妻子；家，家族；器官、机器等内部的空腔；

---

〔1〕 https://www.mps.gov.cn/，最后访问日期：2019 年 7 月 28 日。

〔2〕 汉语大词典编纂处整理：《康熙字典》，上海辞书出版社 2008 年版，第 361 页。

〔3〕 汉语大词典编纂处整理：《康熙字典》，上海辞书出版社 2008 年版，第 223 页。

〔4〕 中国社会科学院语言研究所词典编辑室编：《现代汉语词典》，商务印书馆 2012 年版，第 550 页。

二十八宿之一。[1] 显然，与此处有关的义项很容易选择。在抢劫罪、盗窃罪之中，户的义项要么是门，要么是人家、住户；室的义项，要么是屋子、要么是家、家族。排列组合后包括如下四种情形：

第一种，入户抢劫。要么解释为入门抢劫，要么解释为进入人家、进入住户抢劫。前者外延大于后者。

第二种，入户盗窃。要么解释为入门盗窃，要么解释为进入人家、进入住户盗窃。同样，前者外延大于后者。

第三种，入室抢劫。要么解释为进入屋子抢劫，要么解释为进入别人家抢劫。同样，前者外延大于后者。

第四种，入室盗窃。要么解释为进入屋子盗窃，要么解释为进入别人家盗窃。同样，前者外延大于后者。

显然，从一般的法感觉和社会平均的观念来看，无论是入户抢劫还是入户盗窃，无论是入室抢劫还是入室盗窃，选择进入人家、进入住户抢劫、盗窃，都是更合适的。但是前已述及，现代社会的居住形态非常丰富，如何实质性地、合理化地解释新型的住家、住户，如合租形态、营业与住宿合一形态、集体住宿形态、房车家庭形态等，的确很有难度。因为住家、住户的形态很多，家庭的形态也很多，屋子也很多，是限制解释还是扩张解释？仅仅通过考察立法目的和法定刑制约构成要件解释，都是无法彻底解决这个问题的。

（四）结论

由于当代中国的住宅形态、居住形态、家庭形态都极为丰富，很难始终遵循统一标准。但是，有以下几点是需要注意的：

第一，现代汉语中，入户不完全等于入室。入室的外延会大一些。前已述及，只要是财物充实之所，都是"室"，但却未必够得上"户"。"户"强调的是家庭生活的居所，而"室"强调的是财产所在，侧重点不一样。但是，入户与入室在语义上有交叉的部分，也是客观事实。这使得在特殊的居住形态下，进入室内的犯罪行为可能既可以解释为"入户"，也可以解释为"入

---

[1]　中国社会科学院语言研究所词典编辑室编：《现代汉语词典》，商务印书馆 2012 年版，第 1191 页。

室",绝对区分二者有困难甚至不可能,二者不是完全并列的关系。有学者的观点则过于绝对。[1]

应该承认,入户与入室的确存在着交叉的部分。家、人家,就是二者的交叉部分、共同义素。这也是特定案件中不区分或者难以区分二者的语言基础。

第二,一户之内的多个房间或者屋子,一般不等于"户"。现代汉语的"户",不等于古代汉语的"户"。千门万户、门户之见、门当户对等词语,其初创时候的语义不等于现在的语义。但是,如果一套公寓房分割出几个人家、几个家庭,应慎重判断符合性。

第三,立法原意是很难确定的东西,所以,在进行刑法解释的时候,不应该考虑所谓的立法目的,而只能根据客观文字进行解释。入户抢劫、入户盗窃使用的是"户",义项选择的时候,如果选择人家、住户等义项,就是偏向于严格解释,打击面偏窄。如果选择门这个义项,就是偏向于扩张解释,打击面偏宽。也就是说,入户抢劫、入户盗窃的"户",恰恰是两派观点都可以根据自己的刑法观念来选择义项的一个词语:解释为入门、进入与外界隔离的门[2]实施抢劫、盗窃,属于扩张解释,能够扩大打击范围。反之,解释为进入人家、住户、住宅实施抢劫、盗窃,属于限制解释,能够缩小打击范围。

第四,住宅与户,需要互相参照,得出合理的解释。宅、家、室、户、门之间的紧密联系要时刻注意。宅、家、室,造字上是一致的部首。宅,居住的房屋。家,居也。室,房间。可见,住宅与家联系更紧密一些,强调居家、住家、居住、家居的语义。而家,就是家庭生活的所在,就是住户的所在。

有学者就采用分类思维方式,对住宅予以解释:住宅指公民食宿起居的场所,包括住房、庭院。它可能是房舍,也可能是住人的船舶、车辆等;可能是居住者私有的,也可能是租借的;可能是长期居住的,也可能是暂时居住的;可能是个人居住的,也可能是集体居住的。住宅中可能有人,也可能无人(指居住者暂时离开)。只要是公民合法的住所,都应受到法律的保护,

---

[1]　侯国云、陈丽华:《有关抢劫罪的几个问题》,载《中国刑事法杂志》2000年第3期。

[2]　门的作用就是隔离内外。

而不受侵犯。住宅不包括无人居住的空房和机关单位的办公室。[1]

门、户，都是宅、家、室的入口，只不过门是外面的入口，户是屋内的入口。侵入他人的住宅，就是非法入户，非法进入人家的门。显然，内室的门在此处并无什么意义。合租的套房，有个大门，同时每个合租人还有自己的户（内室的门），此时，自己的户就具有了大门的意义。其中一个合租人进入大门是合法的，而他进入其他合租人的户（内室的门）是非法的。但是，如果其中一个合租人进入其他合租人的房间实施抢劫或盗窃，就被解释为入户抢劫或者入户盗窃，恐怕是不妥的。

第五，入户犯罪不一定通过门才能实施完成，行为人通过窗户、天花板、地板等进入，也属于入户抢劫或者入户盗窃。从这个视角来看，这里的户并不是门的意思，而是户的另一个义项——人家、住户的意思。同样，非法侵入住宅罪，也能通过窗户、天花板、墙壁、地板等实施完成，甚至可以说，以这些极为罕见的方式实施的非法侵入住宅罪，其社会危害性更大，行为人的恶性更深，人身危险性更高。

此外，入户与入室犯罪具有特定语境下的隐含义素。即，行为人应该从户外、室外进入，才符合构成要件。否则，难以认定为具有符合性。例如，大学生某甲，从自己的寝室潜入同一楼层的他人寝室实施盗窃的，不宜解释为入室盗窃，也不宜解释为入户盗窃。因为他开始犯罪的时候，已经身处户内。同样，合租人某乙，潜入另一合租人的房间，实施抢劫的，也不宜解释为入户抢劫、入室抢劫。之所以如此，是因为行为人从外进入内，本身已经符合非法侵入住宅这一构成要件，社会危害性更大，这就是立法者加重刑罚的一个考量因素。而从一户之内的一个房间进入另一个房间，不应解释为已经符合非法侵入住宅这一构成要件。

第六，由于入户抢劫是重罪（抢劫罪）中的加重处罚情形，所以进行限制解释为宜，应该解释为进入人家、住户抢劫，而不论是典型的住家、住户，还是营业与住户合二为一的不典型的住家、住户的情形。而入户盗窃相对入户抢劫而言，是轻罪，所以进行扩张解释为宜，应该解释为入门、进入与外界隔离的门盗窃，而不论是住户的门、单位的门、宿舍的门、房车的门、办

---

〔1〕　董鑫、杨再明：《试论非法侵入住宅罪》，载《现代法学》1985 年第 1 期。

公室的门。单位的大门除外，因为进入大门还不是进入室内，还不是入室。也就是说，入户抢劫的"户"与入户盗窃的"户"，并不完全相同。

第七，家庭生活不能等同于生活。既然要尊重汉语，既然相关司法解释已经出现过"家庭生活场所"和"生活起居场所"两种表述方式，就应该进行严格界分。从义素角度来看，家庭生活的义素多于生活的义素，区别义素就是"家庭"。这必须结合婚姻家庭法和中国实际的家庭生活情况，考虑各种实际情况后予以认定。因此，作为家庭生活起居场所的移动房车、科考队员搭建的长期生活帐篷、前店后厂的稳定生活空间、长期居住的办公室等，都应认定为"户"。

第八，家庭生活包括一个人的家庭生活、两个人的家庭生活、三个人的家庭生活、四个人的家庭生活、几代人的家庭生活，等等。以两个人的家庭生活来看，可能是小夫妻的家庭生活，可能是老夫妻的家庭生活，可能是母子二人的家庭生活，可能是兄弟二人的家庭生活，也可能是男女恋人的家庭生活。

家庭生活可能居住在别墅、单元房、棚户[1]区里，可能居住在临时的工棚、前店后厂的空间里，也可能居住在三合一的空间里，或者居住在集体宿舍里。抢劫集体宿舍，需要仔细区分不同的情形。例如，高校的小夫妻刚结婚没房子，挤在学生宿舍楼的一间房里，行为人进去抢劫，是不是"入户抢劫"？本书认为是。又如，行为人还是进入集体宿舍去抢劫，但是抢劫的是4个学生住的那一间房屋，那么此时就不应认定为"入户抢劫"。所以，家庭生活与住所空间样式（或者空间形态）是两个概念。家庭生活就是居家过日子，不能只是一两天，要求是长期、稳定的生活状态。[2]

单身汉住在办公室，这可能就是他的家庭生活。如果他还另有个小窝，小窝里面的生活也是他的家庭生活。单身汉住在办公室，在上班时间，这个空间不算是"户"，但是下了班，就可能算是"户"。

---

[1] 棚户，是方言，指的是住在简陋的房屋里的人家。参见中国社会科学院语言研究所词典编辑室编：《现代汉语词典》，商务印书馆1978年版，第855页。棚户，因为是"人家"，是"家庭"，当然也属于构成要件的"户"。即如果行为人进入棚户区人家实施抢劫，应该处断为抢劫罪的加重情形。此外，实际生活中有大学宿舍改建成的筒子楼，一个走道两边有很多住户、家庭，这都属于"户"。

[2] 这是借鉴解释限度学说中"可能的口语词义说"进行的尝试性解释。

　　第九，今天城市里普通中国人的居住环境，基本上主要是公寓楼，此时入了门就是入了户、入了室。古代的建筑格局和建筑内部各个部分的名称虽然传承至今，但是其实质已经与古代不同。即便农村地区有的地方有封闭院落，院落距离房间尚有些距离，但是无须详细区分，行为人进入院落，就应该解释为进入户。有学者明确指出，住宅指公民食宿起居的场所，包括住房、庭院。[1] 所以，为了用语的统一，以及避免歧义和混乱，立法者应当把入户与入室进行统一。建议统一使用"入户"。只要是"进入他人生活的与外界相对隔离的住所"，诸如进入移动家庭性质的房车、集体宿舍、工棚等有门的场所，门之内有财物充实的，都应该解释为"入户"。现代汉语词典中，门户，是门的总称。[2] 所以，门就是户。无须再区分是一道门还是二道门，无需再区分是住宅的大门还是房间的大门，也无须按照古代汉语区分"一扉曰户两扉曰门"。今天各家各户的门不管是一扇的还是两扇的，不管是大门还是房间门，都称为门，只是习惯上把入户门称为大门。这与古代是不一样的。或者，唐律的通俗用语"入人家"也是可以借鉴的语言表述方式，可以把现行刑法的"入户"或者生活中的"入室盗窃"分别改为"入家抢劫"或者"入家盗窃"。"人家"或者"家"，就是前述司法解释中的"家庭生活"的"家庭"。《说文》曰：家，居也。家就是居所的意思。《说文》曰：室，实也。室就是财物充实之所的意思。可见，一般而言，入室、入户、入人家、入门、侵入住宅，[3] 都是等价关系。只是入室和入户两种表述方式用得较多罢了。因此，入户与入室的交叉部分，恰恰是二者等价的语言基础。考虑到入室的"室"在今天的习惯性解释与在古代的解释并不一致，考虑到"家室""十室九空"等语言遗迹中"室"的含义，本书认为，入室与入户有一定的区别，也有相同的部分。需要区别的是，具体的居住形态和空间形态下，怎么认定"室"或者"户"的问题。

　　第十，入户抢劫是书面语，而口语会表达为"到人家里去抢劫"。[4] 西

---

　　〔1〕　董鑫、杨再明：《试论非法侵入住宅罪》，载《现代法学》1985 年第 1 期。

　　〔2〕　中国社会科学院语言研究所词典编辑室编：《现代汉语词典》，商务印书馆 2012 年版，第886 页。

　　〔3〕　陈洪兵：《入户盗窃与入户抢劫的认定》，载 https：//www.pkulaw.com/specialtopic/9e20ffec8a8d07d151dbe76a4812373abdfb.html，最后访问日期：2023 年 8 月 18 日。

　　〔4〕　这是借鉴解释限度学说中"可能的口语词义说"进行的尝试性解释。

周时已有"凡盗贼军乡邑及家人，杀之无罪"的规定，即凡窃盗、强盗、杀人者等攻略乡邑及平民住宅，受害人可以将其杀死而不必报告乡的官员"士"。[1] 唐律则有"夜无故入人家"的规定。直到《大清新刑律》确立正当防卫制度后，才取消了"夜无故入人家"。[2]

人家、家人，都有住宅之意。即到人家里（住宅）就是入户，不去人家里（住宅）就不是入户。因此，判断符合性的时候，是不是"人家里（住宅）"可以成为参考的一个理由。例如，学生不会把自己的宿舍称为"我家"，工人不会把自己的工棚称为"我家"。但是，一个长期居住在房车里的人，已经把房车作为自己的家了，他请你去做客，则会表述为"请你去我家里坐坐"。临时住在办公室加班的职工，也不会把办公室称为"我家"。这是一个衡量是否属于入户的独特视角。居住时间较长、生活状况稳定、生活设施齐全、居家生活意愿成熟等，都是判断是否达到"户"的具体指标。

综上所述，得出以下结论：

第一，我国刑法学界对于构成要件"户"的义素分析结果尚处在一个斟酌与徘徊的时期。这不仅影响了"户"，也会牵连到影响非法侵入住宅罪的"住宅"等构成要件。这几个构成要件的义素是"生活"还是"家庭生活"？司法解释已经出现过的"家庭生活场所"和"生活起居场所"两种表述方式，前者的外延较小，认定比较严格。本书认为，从解释的余地而言，后者可能具有较强的解释学生命力。但是，"生活起居场所"作为"户""住宅"等构成要件的核心义素，可能并非解释的终点。因为在国人的一般观念里面，"户""住宅"除了是一种"生活起居场所"外，还含有长期稳定居住等内涵。临时性质的居住场所，无法具备"户""住宅"等意义构成要件。若想在规范上确定"户""住宅"的全部义素，除了继续收集归纳各种新的住宅形态与居住空间外，还需要形成国人的普遍共识与社会习惯。

第二，由于"户"的两个义项的外延大小不同，导致了刑法解释、司法解释的结论飘忽不定。最终也许还是扩大解释的结论更符合现阶段的刑法观念，即入户是进入门的行为，而不是进入人家、住户的行为。非法侵入住宅

---

〔1〕 闵冬芳：《唐律"夜无故入人家"条源流考》，载《法学研究》2010年第6期。另见杨天宇撰：《周礼译注》，上海古籍出版社2004年版，第532页。

〔2〕 闵冬芳：《唐律"夜无故入人家"条源流考》，载《法学研究》2010年第6期。

罪的住宅，其外延会逐渐趋近于户的外延（即非法进入有人居住的门就是非法侵入住宅）。在这一个例中，选择扩大解释而不是舍弃扩大解释，除了相关司法解释的反复、犹豫、斟酌之外，更多的还是因为汉语词义的客观存在。所以，本书在此重申一个观念与一个结论——文理解释是刑法解释的基础，体系解释是具有较强解释力的解释方法。在入户、入室、侵入住宅等构成要件之间建立语义场，有助于各构成要件真实语义的发微抉隐。

第三，古代的户，与户口、婚姻、赋税、继承、田土、亲属等制度息息相关。非法入户行为、无故入人家行为，非同小可。今天的户，与户口、婚姻、赋税、继承、田土、亲属等制度相对分离。现行刑法中的户，仅涉及房屋、住宅，仅与人身自由权有关（住宅安宁的本质是人的安宁与自由）。因此，解释户的时候，仅需抓住房屋、住宅、居住形态即可，户籍、家庭、婚姻等因素无关紧要。

第四，有学者认为，"家"的语义演变规律是：作为"处所"的家是引申的源头，作为"家庭"的家是引申的结果。[1] 司法解释的游移不定，主要集中在"处所"与"家庭"之间。本书倾向于后者，即具有家庭生活意味和特征的，就是"户"。而场所、处所的具体形态则是次要考虑的因素。

第五，"户""家""宅"，都是古老的词汇，而今天的居住形态异常丰富。二者之间的涵摄与符合，其实是刑法解释的永恒命题。

---

〔1〕 崔金涛：《"家"的语义演变及其解释》，载《唐山师范学院学报》2014年第3期。

第二章 义素的存在场景

第一节 语义场与刑法语义场

义素的存在场景，主要是语义场和解释循环。语义场（又称义场、词汇场），一般是义素存在的静态场景。解释循环，一般是义素存在的动态场景。本节阐释义素存在的静态场景——语义场。

一、语义场理论与语义场类型

（一）语义场理论

语义场的观念可以一直追溯到德国的洪堡特（Wilhelm von Humboldt，1767—1835），甚至更远。[1] 欧洲结构主义语言学家在语义研究方面作出了重大贡献。结构主义语言学的先驱、瑞士语言学家索绪尔（Ferdinand de Saussure，1857—1913）认为词义的研究就应透过共时（synchronic）比较，通过实质内容来认识其抽象关系。德国和瑞士的一些语言学家发展了这一结构主义语言学思想。20 世纪 30 年代，德国的特雷尔（Jost Trier）提出了著名的语义场理论（The Theory of Semantic Fields），认为语义场是由相同或相似的语义单位构成的场域。当然，也有学者认为，俄国普通语言学家波克罗夫斯基在其《论语义学的方法》（1896 年）中最早提出了语义场理论。

所谓语义场，又叫词汇场。它是一个系统，把相互关联的词汇和短语组

---

[1] 贾彦德：《汉语语义学》，北京大学出版社 1992 年版，第 15 页。本书按：语义场构成之后，语义场与语义场的进一步整合，具有同样重要的意义。早期的结构主义语言学是一种共时研究，在共时研究中发现词汇之间的抽象关系。而刑法解释学仅仅依靠共时研究显然是不够的，必须结合历时研究。也就是说，在共时与历时两种语料资源的同时观照之下进行刑法解释，才是全面完整的体系解释。

织起来，显示其间的相互关系，意义相关的 W1、W2、W3……构成一个集合，称为词汇场。词汇场 F1、F2、F3……的集合构成某一语言的词汇总和 V（vocabulary）。我国学者则认为，语义场是指义位形成的系统。说得详细些，如果若干个义位含有相同的表彼此共性的义素和相应的表彼此差异的义素，因而连接在一起，互相规定、互相制约、互相作用，那么这些义位就构成一个语义场。[1]

语义场理论经历了一系列变化。早期语义场理论认为，语义场是不同的词根据它们的共同特征划分出来的类。而后的认知语言学则提出范畴化的原型理论（又称原型范畴理论[2]），即同一范畴的成员是由家族相似性决定的，享有更多共性的成员成为该语义场的典型（即原型），其他成员则为边缘成员。后者更多关注到语义场内部成员的等级差异。例如，上古前期，"涉"是"渡水"语义场中心成员；上古中期，"济"是"渡水"语义场中心成员；上古后期，"渡"是"渡水"语义场中心成员。[3]

本书以早期相对静态的语义场理论作为分析基础，在某些场合，则把以原型理论为核心的语义场理论作为分析基础。[4]

（二）义素分析法简介

义素分析法是与语义场理论密不可分的。而且，义素分析法的提出是不可避免的。[5]

1908 年，瑞典语言学家诺伦最早提出"义位（sememe）"这一术语。[6] 20 世纪 30 年代，德国的特雷尔提出语义场理论之后不久，20 世纪 40 年代初期，结构主义丹麦学派的代表人物叶尔姆斯列夫（L. Hjelmslev）就提出了义

----

〔1〕 贾彦德：《汉语语义学》，北京大学出版社 1992 年版，第 143~144 页。
〔2〕 有学者认为，原型语义学源自维特根斯坦对"游戏"（Spiel）语义范畴家族相似性的描述。原型语义学学者 Lacoff 研究了单身汉（bachelor）、母亲（mother）、谎言（lie）等原型范畴以及各自的边缘成员。参见吴世雄、纪玉华：《原型语义学：从家族相似性到理想化认知模式》，载《厦门大学学报（哲学社会科学版）》2004 年第 2 期。
〔3〕 陈树：《原型理论与语义场的演变机制——以上古汉语"渡水"语义场为例》，载《山西师大学报（社会科学版）》2015 年第 6 期。
〔4〕 例如，寻衅滋事与肇事、找事的关系，抗拒逮捕与抗拒抓捕的关系等，就涉及语义场内的词义流变。现行刑法文本中的主导词如破坏、妨害、危害、暴力、胁迫等，居于各个语义场的中央，但同时，相应语义场内也有各自的边缘成员如毁坏、侵害、袭击、恐惧等。
〔5〕 贾彦德：《汉语语义学》，北京大学出版社 1992 年版，第 40 页。
〔6〕 贾彦德：《汉语语义学》，北京大学出版社 1992 年版，第 20 页。

素分析法（sememe analysis）的设想。20 世纪 50 年代，美国人类学家朗斯伯里（F. G. Lounsbury）和古德纳夫（W. H. Goodenough）在研究亲属词的含义时就明确提出了义素分析法。20 世纪 60 年代初，美国语言学家卡兹（J. J. Katz）和弗托（J. A. Fodor）提出了解释语义学（interpretive semantics），将义素分析法引入语言学中，为生成转换语法提供语义特征。可见，义素（sememes）是构成意义的基本要素，是词的理性意义的区别特征。[1]

我国语言学界引入语义场理论，大致始于 1989 年蒋绍愚的文章《关于汉语词汇系统及其发展变化的几点想法》，随后，解海江、张志毅、吕东兰、谭代龙、崔宰荣、汪维辉、王建喜、王枫等学者皆有重要成果。而我国语言学界引入义素分析法，始于 1981 年蒋绍愚《关于古汉语词义的一些问题》。1992 年贾彦德《汉语语义学》是现代汉语领域中运用义素分析法的重要著作。2000 年张联荣《古汉语词义论》是古代汉语领域中运用义素分析的重要著作。赵克勤、高守纲、孟广道、张福德、苏艺彬等学者也发表了重要研究成果。[2] 在我国刑法学界，最早引入义素分析法的是 2016 年王政勋出版的《刑法解释的语言论研究》一书。

在刑法解释、刑法语言的研究中，义素也顺理成章地成为一个具体构成要件的刑法解释结果（语义）的基本单位。每个具体构成要件的刑法解释结果（语义）都是由若干个义素组合而成的。而其中的每个义素，又可以继续被解释下去，从而形成解释循环。如今，义素分析法已经被刑法解释学界使用，但是时间不长，成果不多。

义素分析法是从义素的角度分析义位的方法，是现代语义学的重要分析方法和重要范畴。它借助于结构主义语言学的对比性原则，将一组义位放在一起进行对比分析，从中寻找出共性义素和互有差别的义素（即共同义素与区别义素），这样既可以看到同组义位之间的联系，也可以看到它们之间的区别。这种方法类似于数学中提取公因式的方法，也类似于音位学中寻找音位的区别性特征的方法。本书中，用符号 ［　］表示义素，以符号+、-表示对立的义素，符号 ［+］表示有此义素，符号 ［-］表示无此义素。例如，部分

---

〔1〕 后期在运用义素分析法的时候，义素适用范围扩大，也逐渐成为理性意义之外的其他语义的区别特征，例如附加意义、隐性意义等。

〔2〕 吴福祥：《汉语语义演变研究的回顾与前瞻》，载《古汉语研究》2015 年第 4 期。

亲属称谓的义素分析：

哥哥［+直系亲属］［+同胞关系］［+年长］［+男性］

姐姐［+直系亲属］［+同胞关系］［+年长］［−男性］

弟弟［+直系亲属］［+同胞关系］［−年长］［+男性］

妹妹［+直系亲属］［+同胞关系］［−年长］［−男性］

　　义素分析法首先是一种分析的方法，也就是一种将概念拆分为更细微的局部的方法。这是社会科学的基本方法。它不仅在语言学中，在法学中也是基本的方法。我们随手皆可举例。例如，有学者认为，聚众淫乱罪，是指多人聚集在一起进行淫乱活动的行为。[1] 在这个定义中，义素有三个，一个是多人，一个是聚集在一起，一个是淫乱活动。这是一个典型的主谓结构的陈述句。淫乱活动，又被解释为"主要是指违背社会主义善良道德风俗的性活动"。[2] 这个解释同样是一个定义，是一个"定语+中心语结构（偏正结构或定语修饰关系）"的定义，包括两个义素，一个是定语——违背社会主义善良道德风俗，一个是中心语——性活动。每次解释和定义，都涉及构成要件、部件组件的增加，从最初的 3 个部件组件变成了 4 个部件组件——多人、聚集在一起、违背社会主义善良道德风俗、性活动。[3] 试想一下，如果该解释产生了争议或者显得不合时宜，学者们仍然会继续加以解释，继续增加或者减少构成要件部件组件，以适应形势的发展，以便更准确定义和描述这一犯罪类型。所以，义素分析法的实质，从某种程度上看，就是构成要件部件的增减，是对构成要件语义内部的分析。

　　根据义素分析法，学者们会对每个罪名、每个构成要件进行解释，给出一个定义或者释义，这从语言语义角度上看，其实质就是给出了某一个构成要件的几个部件或组件而已；就是对某一个构成要件进行微观扫描和重新拼装，既可以拆出局部的部件、组件，又可以还原整体的外观形象。这其实是一种分析方法与综合方法的结合使用（但首先是分析方法），也是哲学上整体与局部相互关系在语言语义上的具体运用。本书将使用义素分析法进行刑法解释的活动，称为义素分析或刑法解释中的义素分析。

〔1〕　李希慧主编：《刑法各论》，中国人民大学出版社 2012 年版，第 277 页。
〔2〕　李希慧主编：《刑法各论》，中国人民大学出版社 2012 年版，第 277 页。
〔3〕　本书对包括聚众淫乱罪在内的性关系语义场进行了初步义素分析。

（三）语义场类型

对于词语间的相互关系及不同语义场的描述，中外学者的划分及详略程度互有参差。我国学者参照英国学者杰弗里·N. 利奇所著《语义学》一书中的描述，[1] 划分了 10 种类型。[2] 以下根据上述著作进行简单的介绍：

1. 分类义场

这一分类包括了同类事物（现象、性质、运动、行为……）的各种对象。最简单的分类是二元的，如水田、旱田；自转、公转等。也有多元的，如赤、橙、黄、绿、青、蓝、紫；海军、陆军、空军等。[3]

分类义场可以是多层次的，大类之下可划分出小类，小类之下又可分出更小的分支。例如，杰弗里·N. 利奇划分动物时分成了禽兽和人，而禽兽下面又划分出鸟、鱼、昆虫、哺乳动物，哺乳动物下又分出猪、狗、马、牛、狼等，而狗的下面又划分成各种狗。这种划分就牵涉现代语义学的新概念：上下义关系，如哺乳动物是上义词，[4] 那么猫、狗、马……则为下义词。[5]

例如，刑法中的未公开信息、内幕信息、国家秘密、军事秘密、商业秘密、计算机信息系统数据、秘密、情报等，也是分类语义场，其中明显含有上下义关系。[6] 当然，由于刑法中的未公开信息这个构成要件，不能仅仅从字面框定该语词的外延，需要限制解释，因此，未公开信息只是表面上的上义词，实际上还不是这个分类语义场中的真正的上位概念，其他概念也就不是其真正的下位概念。根据《中华人民共和国数据安全法》（以下简称为《数据安全法》）第 3 条第 1 款的规定，数据是指任何以电子或者其他方式对信息的记录。也就是说，理论上，任何对于信息的记录都是"数据"（当然主要

---

〔1〕 ［英］杰弗里·N. 利奇：《语义学》，李瑞华等译，上海外语教育出版社 1987 年版，第 126 页以下。

〔2〕 贾彦德：《汉语语义学》，北京大学出版社 1992 年版，第 147 页以下。

〔3〕 在分类义场、枝干义场中，根据同一意义标准划分出来的属于同一上位词的一组下位词称为类义词。类义词研究有助于释义的系统性和辞书编纂。参见芮东莉：《类义词对于大型语文辞书编纂的意义及现状分析》，载《辞书研究》2017 年第 6 期。

〔4〕 上义词，又译作上坐标词，英文是 hypernym、superordinate。

〔5〕 下义词，又译作下坐标词，英文是 hyponym。

〔6〕 "秘密"作名词时，义素为［＋不公开］［＋隐蔽］［＋事物］［－性质］4 个。显然，该语义场的共同义素较多。"秘密"一词可作为上义词。参见冯凌宇：《核心义素在兼类词判别中的意义》，载《语言研究》2003 年第 1 期。

是电子方式记录的"数据")。因此，本书认为，刑法层面的"数据"恐怕是今后一个较长时期内的上义词。而"对信息的记录"就意味着，"数据"就是"信息"，"数据"和"信息"恐怕都是外延极其宽泛的刑法上义词。

又如，堤、坝、圩、垸等，也是分类语义场。这是一个以土为原材料[1]建构的各种各类的水利建筑物或者建筑设施。

2. 顺序义场

如一月、二月、三月……星期天、星期一、星期二……举凡数目、时序关系、军衔、学位、考核名次、季节、官阶等词语，都属于这类语义场。刑法中的严重、特别严重、极其严重；数额较大、数额巨大、数额特别巨大；也属于这类顺序语义场。

3. 关系义场

关系义场的义位反映人与人、人与事物、事物与事物、行为与行为等之间的关系，如二元的关系义场，教师-学生；入口-出口。多元的关系义场，如敌军-友军-我军；哥哥-姐姐-弟弟-妹妹；[2] 刑法中的指挥人员-部属，行为人-国家工作人员-关系密切的人；[3] 拐卖-收买，非法买卖枪支罪中的买-卖，私放-脱逃，重婚者-相婚者，行贿-受贿；等等。这对于刑法解释的意义是，在对合犯、共犯的研究中，认定该关系，包括危害行为之间的关系、犯罪主体之间的关系等。尤其是扩张的共犯，会认定对合犯也属于共同犯罪人的一种。例如，相婚者帮助重婚者实施重为婚姻的行为，行贿人帮助受贿人实施收受贿赂的行为，收买者帮助拐卖者实施拐卖人口的行为，吸毒者帮助贩毒者实施贩卖毒品的行为。在帮信罪（帮助信息网络犯罪活动罪的简称）等比较新的罪名中，尽管帮助行为在立法上已经正犯化了，但是，学界对其

---

〔1〕 这是从造字而言。实际上，今天的水利建筑物或者建筑设施已经不限于土这一种建材了。也可以说，随着词义演变，"土"这一义素已经逐渐脱落，水泥、石头、金属、玻璃等建材，有的具有土这个义素，有的则不具有。

〔2〕 这一义场在英语中就只有 brother 和 sister 组成的二元关系义场。

〔3〕 密切，是性质形容词，具有"性质取值上的二元对立和语义蕴涵上的两极对立"语义特点，对于符合性判断来说，要么属于"与国家工作人员关系密切的人"，要么不属于"与国家工作人员关系密切的人"，而不存在第三种情形。最高人民法院的确定罪名使用的是"影响力""有影响力的人"，表明"与国家工作人员关系密切的人"就是"有影响力的人"。参见袁毓林：《形容词的极性程度意义及其完句限制条件》，载《中国语文》2022 年第 2 期。

能否成立片面共犯仍有争论。[1]

4. 同义义场

这种义场同传统语义学所讲的狭义同义词大体相当,即两个概念意义[2]相同,但附加意义[3]不同的义位构成的义场。例如,王力的《同源字典》以音为纲,把同源的字[4]罗列开来。梅家驹等编著的《同义词词林》中关于"死"就有一百多种表达式。张志毅编著的《简明同义词典》,注重同中求异。笼统而言,这都算是同义义场。当然,由于附加意义有别,因而绝对的同义词是没有的。

汉语词汇研究者们已经有大量的成果集中于同义义场方面。例如,对"书写记录"类动词的研究:先秦至魏晋南北朝时期,有"书、写、录、钞(剿、抄)、誊(腾)、记、纪、载、志(誌、识)、著、编、撰(譔)、削、刊、删、刻、题、画"18个"书写记录"类动词,其中"书"和"著"始终居核心地位。不同时期的"书写记录"类动词成员略有差异,数量总体上呈增多趋势。词义方面,"书写记录"类动词各有侧重,分工明确,词义变化显著。[5]

刑法解释中也有这样的语义场。例如,寻衅滋事罪中的随意与任意,就是同义义场。虐待被监管人罪中的殴打、体罚和虐待,与寻衅滋事罪中的殴打,也是同义义场。虐待罪中的威吓,与强迫劳动罪中的威胁,与强制猥亵、侮辱罪中的胁迫,也属于同义义场。[6]《快递暂行条例》中的快递、快件、

---

[1] 熊亚文:《从共犯论到法益论:帮助行为正犯化再审视》,载《法学》2021年第8期。本书按:该文系统梳理了学界基于共犯从属性说与共犯独立性说所衍生出的各种对立观点。

[2] 概念意义,又称为理性意义、逻辑意义。英文为conceptual meaning。

[3] 杰弗里·利奇进一步划分出理性意义、内涵意义、社会意义、情感意义、反映意义、搭配意义、主题意义等。参见[英]杰弗里·N.利奇:《语义学》,李瑞华等译,上海外语教育出版社1987年版,第13页以下。

[4] 例如,古与故,志与识,空与孔。

[5] 闫斯文、武振玉:《古汉语"书写记录"类动词的发展演变》,载《社会科学战线》2018年第12期。

[6] "胁迫"一词(包括威吓、威胁等)具有不同的外延。除了强奸罪、抢劫罪中的"胁迫"是"使被害人的反抗变得显著困难"之外,其他罪名中的"胁迫"等构成要件是不是完全具有相同的外延,还需要进一步研究。一般来说,如果犯罪侵害的是极为重要的法益,那么,该犯罪中的"胁迫"的外延就比较窄。反之,如果侵害的是相对次要的法益如财产、社会秩序等,那么,该犯罪中的"胁迫"的外延就比较宽。另外,有的罪名中的"强迫"是包括了暴力与胁迫在内的复杂构成要件。由于暴力与胁迫又分别具有多种外延,因此,"强迫"可能是刑法分则中最难解释的构成要件了。

寄递物品等，与刑法中的邮件等，也属于同义义场。《刑法》第 310 条窝藏罪中的隐藏与第 379 条战时窝藏逃离部队军人罪中的隐蔽是等义词，也属于同义义场。

刑法中的损坏、毁坏、破坏、危害等，从理性语义来看，也是同义义场。而如果结合附加语义的话，则损坏、毁坏、破坏、危害的使用习惯、搭配宾语等不完全相同，[1] 则不是同义义场。

在进行解释循环的时候，同义义场中的同义词经常承担着同义替换的功能，以便顺畅进行下去，如杀人与夺命，暴力与打人，贪污与监守自盗等。但是，因为绝对的同义词是不存在的，因此，刑法解释循环时的同义替换并不是那么简单的，仍需结合案情与规范，综合释义。例如，口语词汇"抢钱"，同义替换为"抢劫钱财"或者"抢夺钱财"中的哪一个，需要结合更多事实予以认定。口语词汇"骗钱"，同义替换为"诈骗钱财"或者"合同诈骗钱财"中的哪一个，同样需要结合更多事实予以认定。

5. 反义义场

这通常包括意义刚好相反的词语，如战争－和平、正教－异端、正教－外道、[2] 关系密切的人－关系不密切的人、珍贵文物－一般文物、[3] 等等。

在我国刑法语料中，危险与安全、控制（支配、管领）与失控、未公开信息与披露信息（信息披露）、侵害与防卫、正当与不法（不正[4] 或不义[5]）、强制与自愿、既遂与未遂（或不遂[6]）、死刑立即执行与缓期执行、实行终了与未实行终了[7] 等，非此即彼，都构成了反义义场。这类语义场具有特别重要的刑法学价值，有助于严格区分一个行为的性质，判断一个行为

---

〔1〕　胡先锋：《刑法教学的宏旨与技术》，中国政法大学出版社 2016 年版，第 202 页以下。

〔2〕　祝平一：《正教与异端：明、清时期"大秦景教流行中国碑"的注疏研究》，2020 年 6 月版。

〔3〕　根据《中华人民共和国文物保护法》的规定，可移动文物分为珍贵文物和一般文物。也就是说，一般文物就是不珍贵文物。珍贵文物分为一级文物、二级文物、三级文物。

〔4〕　不正，是日本刑法常用语。

〔5〕　所谓当场激于义愤而杀人、伤害，参诸立法理由，系指他人对行为人或其亲属（或亲近之人）实施不义行为，行为人受此莫大之侮辱或冒犯之挑动，愤激难忍，在不义行为之当场立为实施杀害或伤害行为。参见焦点判决，载 http：//www.angle.com.tw/news/post27.aspx？ip＝4641，最后访问日期：2022 年 11 月 5 日。本书按：十恶中的不义，则是专有的刑法史名词，与此处的不义不相同。

〔6〕　黄河清编著：《近现代汉语辞源（上册）》，上海辞书出版社 2020 年版，第 747 页。

〔7〕　刑法意义的"实行"一词，源自日语。参见黄河清编著：《近现代汉语辞源（下册）》，上海辞书出版社 2020 年版，第 1364 页。

是否合法等。

尤其是危险与安全，其出现频次可能是刑法中最高的一对词语了。安、危的对立，是古代刑法的古老观念。至于险，本义是地势不平坦。[1] 从造字上看，险是从阜的，因此《说文解字》释义为"阻难也""阻，险也"。[2] 危险，则是后出的词语。至于罪名中的以危险方法危害公共安全罪的表述，也是重复的语义，因为只有以危险方法才能危害公共安全，不危险的方法是不会危害公共安全的。例如，高空抛物，假如抛的是一个空的塑料袋，肯定是不会危害、危及公共安全的，这是因为这种性质的案情根本不属于危险方法。又如，明知患有严重性病而卖淫嫖娼的行为，属于社会观念中的危险方法，因为会危及他人的健康，而身体健康的人实施卖淫嫖娼的行为，则不危险，不会危及公共卫生安全，只是妨害了社会管理秩序，侵害了我国的善良风俗而已。因此，卖淫嫖娼与明知患有严重性病而卖淫嫖娼，显然各自的义素不同——一个有严重性病而一个没有、一个行为人健康而一个行为人危险（不健康有传染病），最终导致了侵害法益、构成要件的解释结论都不相同。假如追寻上位概念，则应该把"严重性病患者"改为"严重传染病患者"或者"传染病患者"，以更加有力、全面、最大限度地保护法益。

此外，公用电信网与专用电信网，表面上看也属于这一类语义场。根据2003 年公布的《电信网码号资源管理办法》第 44 条的规定：未与公用电信网互联的专用电信网的用户编号和网络编号资源，不适用本办法。那么，作为刑法分则构成要件的"公用电信设施"的反面，是不是就是"专用电信设施"呢？"公用"与"专用"真的是反义义场吗？公交专用道等概念的使用，也表明专用设施同样是公用设施的一部分。因此，有必要对"公用"进行内涵外延的界定和厘清。公用的词典义是公共使用、共同使用。[3] 公用事业指的是城市和乡镇中供居民使用的通信、电力、自来水、天然气和煤气、公共交通等企业的统称。[4] 因此，未与公用电信网互联的专用电信网，仍然是公

〔1〕《古代汉语词典》编写组编：《古代汉语词典》，商务印书馆 1998 年版，第 1701 页。

〔2〕（清）段玉裁撰：《说文解字注》，中华书局 2013 年版，第 739 页。

〔3〕 中国社会科学院语言研究所词典编辑室编：《现代汉语词典》，商务印书馆 2016 年版，第453 页。

〔4〕 中国社会科学院语言研究所词典编辑室编：《现代汉语词典》，商务印书馆 2016 年版，第453 页。

用电信网的一部分。

社会秩序、公共秩序、公共场所秩序等组成的同义义场（公共空间）和与其相反的私人空间，二者其实也属于一个新组建的反义义场。这个反义义场之中，不属于公共的，就必然属于私人的。例如，学校食堂、单位食堂、营业性的餐厅酒楼、所谓的"私人会所"饮食店（私家菜、私房菜等），本质上都是公共空间而不属于私人空间。而只有家庭饮食的地点才是私人空间。按此逻辑，在各种网络空间（聊天室、论坛、贴吧、游戏棋牌室等）中起哄闹事，造成该空间秩序严重混乱的，应该解释为具有《刑法》第293条第4项的符合性，因为网络空间只能属于公共空间而不可能属于私人空间（非此即彼）。换句话说，只要网络空间不能解释为私人空间，就只能解释为公共空间、公共场所。而众所周知的是，除了私人邮箱等明确属于私人使用的空间外，网络空间绝大部分都是供网友使用的公共性质的空间，在这里可以发表观点、参与游戏、开展讨论、提供信息、进行合同交易等。

如扶养与遗弃构成反义义场。而扶养包括赡养与抚养，扶养是上义词，赡养与抚养则分别是其下义词。

6. 两极义场

与反义义场相同，两极义场也是二元的，意义上彼此相反。但两个义位之间有过渡地带。例如，"大"与"小"形成两极，但"不大不小"也有意义，也能成立。再如，男性、女性之外还有中性，也有意义。

现行《刑法》第226条强迫交易罪中的强迫参与、强迫退出，强买、强卖，强迫提供服务、强迫接受服务，强迫转让、强迫收购，就是两极义场。[1]《刑法》第191条洗钱罪中的跨境转移资产，包括资产从境内转移到境外、资产从境外转移到境内、资产从境外转移到第三国境内（即从境外转移到境外）等，存在着资产从境外转移到第三国境内（即从境外到境外）这一不易发现的过渡地带。此外，非法吸收公众存款与非法放贷，中间存在着既不是吸储也不是放贷的情形，所以，这也属于两极义场。《刑法》中暂时只有高利转贷罪，而没有规定非法发放高利贷罪，[2]这是不太合理的。

---

〔1〕 在经营行为中，是否存在既不购买也不出售的中间情形？在尚难确定之前，本书将该语义场暂定为两极义场。反之，如果并不存在中间情形，则该语义场属于反对义场。

〔2〕 带有经营性质的非法发放高利贷行为，可能会被评价为非法经营罪。

7. 部分否定义场

所谓部分否定义场是不完全相反的否定，如全体-部分、进攻-防御-退却[1]等。刑法语料中似乎并不常见。

8. 描绘义场

像湿淋淋、乐呵呵、红艳艳、喜洋洋等词语，属于描绘义场。[2] 在刑法语料库中，这样的几乎没有。显然，这与刑法文本的性质与特点有关，兹不赘述。

9. 枝干义场

枝干义场包括一个总的、一般的义位 A，又包含一个或更多的特殊的 A，即 A1、A2、A3 等，但 A1、A2、A3 等加起来只是 A 的一部分。这一义场其实对刑法解释很有启示意义。

例如，普通法条与特别法条的关系，往往就是 A 与 A1、A2、A3 等的关系，并且几个特别法条加起来的总和也只是普通法条的一部分。各种各样的伤害行为，无论是刑讯逼供类型的伤害，还是聚众斗殴类型的伤害，都只是伤害的一部分。也就是说，刑法中的故意伤害罪，是各种各样的具体伤害的总的义位，这个义位的存在，足以保证相关的词汇在语义场中的关系非常稳定，也不会被胡乱解释，而是要受到"伤害"一词的语义制约。不符合安全标准的食品与有毒有害食品的关系，是 A 与 A1、A2、A3 的关系。故意杀人罪、故意伤害罪与刑讯逼供罪，是 A 与 A1、A2、A3 的关系。

构成要件之间的这种关系导致刑事司法实践中往往容易选择 A，而不是积极选择适用 A1、A2、A3 等。例如，广东省阳江市阳东区人民法院于 2019 年 10 月一审判决的销售不符合安全标准的食品罪一案。2017 年，被告人谭某品以江西省鹰潭市粮油购销有限公司的名义从广东华南粮食交易中心中标供应 10 000 吨稻谷到广东省阳江东城国家粮食储备中转库。其在明知湖南省稻谷存在重金属镉超标的情况下，仍多次购进湖南省攸县稻谷，并将稻谷直接运送到阳江市东城国家粮食储备中转库相关库点。被告人谭某朝从中协助稻谷入库。2018 年，谭某品再次以另一公司的名义从广东华南粮食交易中心中

---

〔1〕 贾彦德：《汉语语义学》，北京大学出版社 1992 年版，第 159 页。
〔2〕 贾彦德：《汉语语义学》，北京大学出版社 1992 年版，第 166 页以下。

标供应共 10 000 吨稻谷到广东省阳江东城国家粮食储备中转库。在履行中标合同期间，谭某品又多次向被告人杨某飞、付某敏购买湖南省攸县稻谷。这两批稻谷都存在重金属镉超标。杨某飞、付某敏明知湖南攸县稻谷存在重金属镉超标，仍将稻谷作粮食用途销售给谭某品，杨某飞销售不合格的稻谷金额共 83 030.2 元，付某敏销售不合格的稻谷金额共 74 560.20 元。广东省阳江东城国家粮食储备中转库 2017 年入库的重金属镉超标的不合格稻谷数量共 2597.19 吨，均为谭某品 2017 年以中标公司的名义销售入库的稻谷，金额为 2758 元/吨，销售金额共 7 163 050.02 元。法院认为，被告人谭某品、谭某朝、杨某飞、付某敏无视国家法律，销售重金属镉超标的不合格稻谷，4 名被告人的行为构成销售不符合安全标准的食品罪。[1]

本书认为，销售重金属镉超标的不合格稻谷，4 名被告人的行为应该构成销售有毒有害食品罪。[2] 不符合安全标准的食品与有毒有害食品的关系，就是 A 与 A1、A2 的关系。所以，司法机关选择轻罪名可以理解，但是，显然定性不准。从形式逻辑上看，不符合安全标准的食品包括有毒有害食品（当然不符合安全标准）、无毒无害但是同样不符合安全标准的食品两大类。

又如，"机动车"这个术语，作为枝干义场中的干，它的枝到底有哪些？法律法规中，涉及的各种相关名词之间到底是什么关系？例如，《道路运输车辆技术管理规定》第 2 条第 1 款、第 2 款规定：道路运输车辆技术管理适用本规定。本规定所称道路运输车辆包括道路旅客运输车辆（以下简称客车）、道路普通货物运输车辆（以下简称货车）、道路危险货物运输车辆（以下简称危货车）。显然，上述道路运输车辆仅仅是机动车的一部分而已。机动车至少还包括但不限于各种作业车辆，如清扫车、洒水车、垃圾车等。《道路交通安全法》第 119 条第 2 项、第 3 项规定："车辆"，是指机动车和非机动车。"机动车"，是指以动力装置驱动或者牵引，上道路行驶的供人员乘用或者用于运送物品以及进行工程专项作业的轮式车辆。可见，在形式逻辑上，在道路交

---

〔1〕《镉大米流入广东国家粮库案披露，四米商买卖数千吨镉大米获刑》，载 https://news.ifeng.com/c/80JlcrdRnDr，最后访问日期：2022 年 11 月 6 日。

〔2〕根据《食品安全国家标准食品中污染物限量》（GB 2762-2017），污染物指的是"食品在从生产（包括农作物种植、动物饲养和兽医用药）、加工、包装、贮存、运输、销售，直至食用等过程中产生的或由环境污染带入的、非有意加入的化学性危害物质"。可见，广义的食品包括了食用农产品，农作物种植、动物饲养都属于食品生产，其生产、产出的都是食品。

通安全法领域之中，机动车包括人员乘用、物品运送、工程作业三大类。而人员乘用车辆、物品运送车辆是不是等同于《道路运输车辆技术管理规定》中的客车、货车，也不是很明确。本书初步认为，本着体系解释的基本原则以及法律规范中术语的统一使用，《道路交通安全法》中的人员乘用车辆就是《道路运输车辆技术管理规定》中的客车，物品运送车辆就是《道路运输车辆技术管理规定》中的货车。因此，机动车（A）下属的 A1、A2、A3 分别是人员乘用机动车、物品运送机动车、工程作业机动车。当然，社会生活中还会不会新增加 A4、A5 等别的枝，则需要与时俱进，不可贸然地认为只有 A1、A2、A3 这三种。毕竟，当前是社会生活变迁非常剧烈的时期，语言及其背后物质生活、精神生活的剧烈变动会随时导致分类的变化，枝干义场的总数和分支都可能随时发生改变。

例如，今后会不会把轮式的拖拉机作为 A4？这也是值得进一步探讨的问题。又如，控股股东、实际控制人，就是枝干义场。实际控制人是 A，控股股东是 A1。也就是说，实际控制人可能是控股股东（直接持股），也可能不是控股股东（间接持股）。但是在公司法领域，一般把实际控制人解释和定义为不是控股股东（间接持股）的情形，那么此时，根据公司法，控股股东、实际控制人之间构成的就不是枝干义场，而是反义义场。

10. 部分义场

部分义场是在分类义场基础上产生的。反映同一类别的各种对象的是分类义场，反映每一对象的各个组成部分的是部分义场，部分义场可以不止一个层次。例如，牙齿的种类——门齿、犬齿、臼齿等——是分类义场。牙齿的组成部分——齿根、齿冠、齿颈——是部分义场。[1] 刑法语料中，枪支、弹药、爆炸物、危险物质组成分类义场，而枪支的零部件（包括枪管、枪托、枪栓、扳机、准星、弹匣等）则属于部分义场。

以上 10 种类型语义场，并非不同词的义位构成的全部情况，其划分是为了便于应用，并不是十分科学，其中有交叉跨类现象。而且语义场是开放性的，单个词的语义及语义场内的数量都是发展和变化的。譬如，讳饰等修辞手法就使语义场内的同义义位的数目不断增加。作为整体的语义场理论，运

---

[1] 贾彦德：《汉语语义学》，北京大学出版社 1992 年版，第 149 页。

用了新的方法，突破了旧有的框框，所以，传统语义学已研究过的问题（如同义词、反义词等），现代语义学及其语义场理论分析得更深入、细微，更科学。直至20世纪90年代，汉语学界对于属于语义场范围的上下义概念仍不甚了解，因此其研究也就缺少准确性、科学性和现代性。而语义场理论（包括上下义理论）已开始涉足传统语义学尚未涉及的问题，它为更深入、更广泛地研究语义开辟了广阔的前程。

但是需要注意的是，由于现代汉语发展的实际，很多词汇未必就是表面上看到的那样——似乎是属于同一个语义场。例如，道路、水路、陆路、油路、邮路、航路、电路、气路、管路这一组词汇。至少，油路、电路、气路、管路不属于道路类这一枝干语义场。进一步分析的话，邮路、航路这两个词汇，由于涉及的不仅是陆路和水路，还有航空路线，所以，道路类的语义场只有道路、水路、陆路3个词汇。如果要把邮路、航路这两个词汇包括进去，则需要改变道路的内涵外延才行。更不能把人生道路、写作思路、改革开放道路等比喻词放置到道路类的语义场之中。

这种现象是需要引起刑法解释者的高度关注的。在词汇的内涵外延固定的情况下，才能进行语义场划定和义素分析。

（四）刑法中的语义场类型

根据以上介绍、分析，结合刑法文本的实际情况，刑法中的语义场类型主要涉及分类义场、枝干义场、关系义场、同义义场、两极义场、反对义场六种。描绘义场、部分否定义场、部分义场比较少见。

本书重点解释的语义场，主要涉及的是枝干义场、关系义场、分类义场、同义义场。例如，生产作业语义场，主要是枝干义场；邮政运输语义场，主要是同义义场；户、室、住宅语义场，是同义义场；食品药品语义场，主要是枝干义场和关系义场；驾驶操纵语义场，主要是同义义场；投放抛弃语义场，主要是枝干义场和同义义场；等等。由于解释限度、扩大解释、类推解释、竞合论、符合性、此罪彼罪、罪与非罪等刑法热点议题最终都或多或少地聚焦于同义词、上下义词中的义素等，语义场的难点实际上范围更小。

二、跨语义场与刑法中的跨语义场

语义场不是一成不变的。随着汉语词汇的超强度使用、汉语语义的剧烈变迁、汉语词汇的迭代、强势机构的词汇创新、媒体的大力推荐，一个语义场与另一个语义场会发生渗透、融合、跨越的事实，导致一个词汇从原有的语义场进入另一个语义场之中，或者从原有的语义场之中退出，另外组建一个语义场。因此，跨语义场应该引起高度重视。特别是在具体的部门法的解释领域，跨语义场是经常面临的实际问题。

（一）跨语义场

例如，有汉语史学者研究认为，"油"后来逐渐侵入"脂、膏"的义域，是一个跨语义场的过程：两汉以前诂训中亦无"油"与"脂、膏"互训的例证，且古书版本上未见"油"与"脂、膏"同义换用的异文。大概在当时人的心目中，"油"与"脂、膏"并不十分接近，不能看作近义词。结合以上证据，我们认为，在两汉时期的词汇系统中，"油"跟"漆"等词属于一个语义场；而"脂、膏"等词是另一个语义场，目前还没有证据说明这两个语义场在两汉时期存在关联。从"油"的角度来说，两汉时期的"油"还没有进入到油脂义主导词"脂、膏"的义域中。"油"后来逐渐侵入"脂、膏"的义域，是一个跨语义场的过程。[1]也就是说，在早期，"油"跟"漆"等属于一个语义场；而"脂、膏"等是另一个语义场。"油"后来逐渐侵入"脂、膏"的义域，是一个跨语义场的过程。这是一种非常重要、非常幽微的语义变迁现象。

（二）刑法中的跨语义场

刑法中的跨语义场的例子也并非完全没有。

1. 机务

机务，词典义为"指机器或机车的使用、维修、保养方面的事务"。[2]而近代刑法中的"机务"指的是机密重要的事务。机，词典义有多个义项，其中一个是机器，一个是重要的事务。[3]显然，"机务"在不同时期分别使用了这两个义项，导致"机务"一词具有了完全不同的两个解释。"机务"

---

〔1〕 墙斯：《油脂义"油"早期用例考》，载《温州大学学报（社会科学版）》2020年第1期。

〔2〕 中国社会科学院语言研究所词典编辑室编：《现代汉语词典》，商务印书馆2016年版，第600页。

〔3〕 中国社会科学院语言研究所词典编辑室编：《现代汉语词典》，商务印书馆2016年版，第599页。

就从原有的一个语义场（重要事务等构成的语义场[1]）退出，进入了另外一个语义场（机器方面的事务等构成的语义场[2]）。表达重要事务语义的语义场，现在包括但不限于国家秘密、情报[3]、未公开的案件信息、内幕信息、个人信息等。

2. 流氓、投机倒把、反革命等

如果换个角度来看的话，1979 年刑法中的流氓、投机倒把、反革命等，也经历了跨语义场的过程。流氓从原来的具有犯罪性的语义场逐渐退出，进入非罪（但违法）语义场，进入治安管理法的语义场。投机倒把从原来的具有犯罪性的语义场逐渐退出，进入非罪语义场，除涉及非法经营罪等之外，基本无罪化。反革命则从原来的具有犯罪性的语义场逐渐退出，彻底无罪化。危害国家安全语义场中，已经彻底没有反革命的位置，这足以说明，"反对革命"的行为在刑法评价里是虚无的、莫须有的、违背罪刑法定主义的，只有反国家、反政权、反国家安全等，才是具有犯罪性质的。

3. 违规披露、不披露重要信息

《刑法》第 161 条违规披露、不披露重要信息罪构成要件的解释问题，需要建立一个综合刑法、证券法、公司法、民法、广告法等领域的语义场，从而得到该罪中虚假、隐瞒等构成要件的最适宜的刑法解释结论。

本书认为，该语义场至少包括以下构成要件：虚假、隐瞒、虚构事实、隐瞒真相、虚假陈述、伪造、重大遗漏、重大误导性陈述、诈骗（欺诈）、投资诈骗（欺诈）、选择性宣传、选择性广告、选择性报道、选择性披露等。[4]违规披露、不披露重要信息罪就是证券法上的虚假陈述行为。但是由于刑法

---

〔1〕　军机、机要、机密、机务室、军情、情报、谍报等。

〔2〕　例如，我国铁路行业的机务段、电务段、乘务段、工务段、桥工段等。

〔3〕　"情报"一词，是日本"新汉语"，始于 1876 年酒井忠恕对法语词的翻译。1899 年，在日本"新汉语"中，"情报"一词成为近现代汉语词汇，语义是有关某件事的消息和报告，多带机密性质。参见陈力卫：《围绕近代"新汉语"的一些问题》，载《日语学习与研究》2012 年第 3 期。黄河清编著：《近现代汉语辞源（下册）》，上海辞书出版社 2020 年版，第 1223 页。

〔4〕　诸如算法推荐（技术）、信息茧房、极端认知、认知偏好、优选过滤、平台责任、搜索排名、投放广告、权重加大、排序精选、人为干预、广告费、独家经营、不正当竞争、扭曲市场、良性信号失真、敏感词、搜索降权等，也可能符合虚假广告或者重大误导性陈述。参见中央电视台 2022 年 6 月 5 日播出的"法治深壹度节目"之《"算法推荐"需要规范》。根据 2022 年 3 月 1 日起实施的《互联网信息服务算法推荐管理规定》，应用算法推荐技术，是指利用生成合成类、个性化推送类、排序精选类、检索过滤类、调度决策类等算法技术向用户提供信息。

学界使用了"违规披露、不披露"这一特定表述方式，导致对于该罪的认知始终游离于我国证券法之外，难以整合两部门法的优势资源与知识成果。例如，在证券法上，重大误导性陈述的案件比比皆是，但是这一违法行为是否符合该罪名中的虚假、隐瞒，论证起来并不是很简单。而难以论证的一个阻碍因素，是跨语义场的鸿沟没有及时填平，刑事立法过于滞后，且自说自话，远离我国证券法的快速发展实际。再如，信息披露环节中的重大遗漏行为与罪名中"隐瞒重要事实"的关系问题。本书认为，行为人在信息披露环节的重大遗漏，应该解释为罪名中的"隐瞒重要事实"，属于违规不披露重要信息的行为。由于行为人故意违规披露、不披露重要信息，总是含有特定目的的（诈骗等），因此，本罪实际上是短缩的二行为犯。本罪早期俗称财务造假，原罪名是提供虚假财务会计报告罪，自然含有骗取财物等义素，理当从现有语义场（即妨害公司企业管理秩序罪）跨越到诈骗罪、金融诈骗罪等新的语义场。[1] 本书认为，我国欺骗投资者的犯罪中的常见形式就是投资诈骗（欺诈），而违规披露、不披露重要信息罪就是投资诈骗（欺诈）的一种。投资诈骗（欺诈）的另外一种是在发行环节实施的犯罪——《刑法》第160条欺诈发行证券罪。

例如，之所以在被认可的限度内实施的夸大广告不属于诈骗行为，是因为在被认可的限度内实施的夸大广告行为与诈骗行为仍有一定距离、难画等号，夸大广告不是虚假广告。在被认可的限度内实施的夸大广告行为可能只是在量的层面与事实不符，而虚假广告可能已经是在质的层面与事实不符，也就是"超限"——超过了被一般人所认可的限度。

虚构事实与夸大事实之间的不同与相同。夸大事实，夸大的部分当然是不符合事实的，而不符合事实就是虚假。夸大，词典义是把事情说得超过了实际的程度。[2] 严格说来，夸大事实的夸大部分就是虚构事实。但是，由于夸大事实的基础部分是符合事实的，又不是虚假的。所以，虚构事实与夸大事实之间有语义的重合部分，也有不重合的部分。本书认为，如果宣称保健

---

〔1〕 我国证券法历史上的惊天大案，例如银广夏案、红光实业案、蓝田股份案、康美药业案等，都是财务造假案，是虚假陈述案。要么虚增利润，要么虚列成本，犯罪手法多样。

〔2〕 中国社会科学院语言研究所词典编辑室编：《现代汉语词典》，商务印书馆2016年版，第755页。

食品有治疗效果，就属于虚构事实，而不属于夸大事实。而如果宣称保健食品能够延年益寿，就属于夸大事实而不是虚构事实。进一步来看，虚构事实、隐瞒真相、重大遗漏、重大误导性陈述、虚假陈述、造假、信息披露违规、利好、利空等这些类型化的犯罪行为，需要与夸大事实等非犯罪行为对照起来加以解释，才能明了各自的文义边界以及各自的解释限度。

本书认为，《刑法》第161条违规披露、不披露重要信息罪应该切分为两类，一类是财务造假类，一类是非财务造假类。对于财务造假类的违规披露、不披露重要信息罪，明显含有非法所有的义素，应一律处断为诈骗罪，进入诈骗罪语义场，而不是现有的妨害公司企业管理秩序罪语义场。因此，本语义场的义素分析大致如下（有利事实即利好，不利事实即利空）：

诈骗（欺诈或诈欺）［＋虚构有利事实］［＋隐瞒不利事实］［＋故意］［＋诈骗目的］

财务类的重大误导性陈述［＋隐瞒不利事实］［＋刻意强调有利事实］［＋故意］［＋投资诈骗目的］

财务类的违规披露信息［＋虚构有利事实］（［＋虚构利好］）［＋故意］［＋投资诈骗目的］

财务类的不披露信息［＋隐瞒不利事实］（［＋隐瞒利空］）［＋故意］［＋投资诈骗目的］

财务类的重大遗漏［＋隐瞒不利事实］（［＋隐瞒利空］）［＋故意］［＋投资诈骗目的］

夸大事实（夸大有利事实）［＋刻意强调有利事实］［＋隐瞒不利事实］（［－隐瞒不利事实］）［＋故意］

三、开放的刑法语义场的组建

刑法语义场的组建，是异常重要的刑法解释学的基础性问题。没有刑法语义场的组建，没有刑法语义场的整体性观照，构成要件的真实语义很难浮出水面。组建刑法语义场，既要结合语义场知识，也要结合刑法学知识、刑法史传统，更要紧密结合社会生活事实，并且非常需要对刑法内外的语料进行再观察、再审视、再组合、再切分、再整合；既要涵盖常见的刑法学学科内的同义义场，也要及时吸纳其他类型语义场的语料，为"最适宜的刑法解释"寻求最多、最合适的解释资源。从正面不容易论证、解释的，就尝试从反面论证、解释，或者从侧面论证、解释。从逻辑面不容易论证、解释的，就尝试从历史面论证、解释，或者从"逻辑+历史"两个层面进行论证、解释。从宏观面不容易论证、解释的，就尝试从义素等微观面进行论证、解释。

例如，刑法解释学本身的语义场组建，至少可以包括以下词汇：逻辑、历史、体系、因果、自然、规律、常识、语言、语义、论理、文理、规范、目的、立法、构成要件、符合性、竞合，等等。逻辑规律，其实就是以自然规律、科学规律、历史知识等为基础的比较综合的概念，蕴含着因果、真实、良善、道德、正义、民主等基因。自然科学的逻辑与社会科学的逻辑，本身就蕴含着历史进化与历史转折，蕴含着常识与因果。所有这一切形成的体系或者系统，都需要借由语言来传达。因此，进行刑法解释，始终是绕不开上述词汇形成的语义场的。这样组建的语义场必须是开放的，需要不断引入外部知识与外部语言，来完善和发展刑法解释学本身。众所周知，刑法学的很多文献，即便是我国刑法学界在20世纪90年代出版的一些文献，现在都已经很少被征引了。而不断进入刑法解释学体系的新知识、新文献和新术语，则历经迭代，始终与古代刑法知识同样地呈现出很强的生命力。之所以如此，归根结底，还是因为刑法解释学本身语义场的组建尚在苦苦探索之中。换个视角的话，这说明中国刑法解释学自身的解释能力还远远不能适应日新月异的刑法解释任务与新的命题，还需要借助全部资源与知识来完善自身。笔者的一系列研究，也是在助力刑法解释学本身语义场的组建，尤其是希望把中国刑法史的知识和中国语言的知识纳入这个组建工作中去，建设具有真正中国风度、中国风骨的刑法解释学。

以下列举几个刑法语义场的实际例子，予以说明。严格说来，这些语义场一般都不是最小子语义场，[1] 而是根据刑法文本中语料的实际呈现以及刑法语义学发展阶段，组建起来的共时性的较大语义场。

（一）殴打暴力语义场

殴打暴力语义场，包括但不限于殴打、体罚、虐待、伤害、斗殴、暴力、

---

[1] 像《尔雅·释天》中的饥、馑、荒、荐，算是一个最小子语义场。参见贾彦德：《汉语语义场的演变》，载《中国语言学报》1995年第1期。

强迫、强制、袭警罪中的袭击与撞击等。[1] 根据刑法典的规定，随意殴打他人情节恶劣的，构成寻衅滋事罪。那么，监管人随意殴打被监管人情节恶劣的，也应该构成寻衅滋事罪；教师随意殴打、体罚学生情节恶劣的，也应该构成寻衅滋事罪；监护人随意殴打、虐待被监护人情节恶劣的，也应该构成寻衅滋事罪；等等。殴打、体罚、虐待三者实际上是等价的词汇，都是尚未达到伤害程度、尚未达到轻伤鉴定标准的针对身体（肉体）的暴力行为。体罚虐待被监管人罪，其实也是寻衅滋事罪，两个罪名存在竞合。这一结论只有组建了殴打、体罚、虐待、伤害等的语义场，才能提炼挖掘出来。根据现行《刑法》的寻衅滋事罪的罪状表述，该罪也许是侵害人身权利，也许是侵害财产权利，也许是起哄闹事侵害公共秩序，因此，实际上现行《刑法》的寻衅滋事罪并非独立的犯罪类型，侵害法益的样态过于丰富，涉及犯罪行为也过于丰富，很有必要把侵害人身权利、财产权利等类型的寻衅滋事行为从中剥离出去（以其他罪名规制即可），那就仅剩下一种单纯的寻衅滋事罪——在公共场所起哄闹事，扰乱公共秩序的行为。

而暴力、强迫、强制等，也都是一种对人的肉体、身体的强制力量。这一本质属性对于刑法中相关构成要件的解释有语义的制约与生发的意义。例如，2020 年《中华人民共和国刑法修正案（十一）》（以下简称为《刑法修正案（十一）》）新增加的袭警罪规定："暴力袭击正在依法执行职务的人民警察的，处三年以下有期徒刑、拘役或者管制；使用枪支、管制刀具，或者以驾驶机动车撞击等手段，严重危及其人身安全的，处三年以上七年以下有期徒刑。"其中的"暴力袭击"的语义显然与分号之后"严重危及其人身安全"互为参照，即分号之前的"暴力袭击"一般指的是尚未"严重危及其人身安全"的行为，如拳打脚踢、推搡、棍棒打击等，是基本犯。[2] 分号之后

---

[1] 从犯罪历史的角度来看，迫害、游街等名词，都与殴打或者肉体暴力等直接关联，对人身体（肉体）的攻击、对人身体（肉体）的折磨是它们的共同义素。暴虐、残暴、残虐等词语，也属该语义场。这应该是一个同义义素场。

[2] 当然，打击头部等要害部位除外。黑龙江庆安枪击案的难解之处也正在于此。行为人徐某某的手段虽谈不上极其危险，没有使用枪支、管制刀具等杀伤性强的犯罪工具，也未采用机动车撞击等手段，但是毕竟打击的是警察的头部，因此，处断为《刑法》第 277 条第 5 款分号之前的袭警罪还是分号之后的袭警罪，的确令人两难。本书认为，需要结合比例原则、最低武力原则、防卫限度学说等斟酌确定，倾向于处断为基本犯的袭警罪，即分号之前的袭警罪。

的袭警罪指的是"严重危及其人身安全"的行为，是情节加重犯，从无限防卫视角来看，人民警察对此袭击完全可以进行无限防卫而不负刑责。结合此前发生的各种袭警案或者妨害人民警察执行公务案，如黑龙江的庆安枪击案，可以发现之前的官方处理结论未必适宜。在2015年黑龙江庆安枪击案中，行为人徐某某使用夺来的防暴棍打击人民警察，明显不属于袭警罪分号之后的情形——使用枪支、管制刀具，或者以驾驶机动车撞击等手段——因此，人民警察不应对其进行无限防卫，不应将其击毙。

应该说，袭警罪的出现，使得刑法中的"暴力"的解释更为复杂。各种外延的暴力出现在刑法文本中，使得"暴力"一词实际上成为刑法学的多个概念而非一个概念。从整体来衡量的话：

第一，寻衅滋事罪中的殴打、追逐、拦截应属最轻微的暴力。

第二，袭警罪中"暴力袭击"的语义，应当结合故意伤害罪予以认定，即最多为轻伤，此时，人民警察不能进行无限防卫。而超过轻伤的暴力袭警，应该适用袭警罪罪状分号之后"严重危及其人身安全"这一情形，结合《刑法》第20条第3款无限防卫的条款，人民警察可进行无限防卫。此外，袭击，是偷袭的意思，即所谓"轻行掩其不备曰袭"。[1]

第三，无限防卫中严重危及人身安全的暴力犯罪的范围，不宜认定过于狭窄。本书认为，麻醉型抢劫、投毒型杀人、趁机型强奸、诱骗型绑架，都属于严重危及人身安全的暴力犯罪的范围。例如，行为人趁依法执行职务的女性人民警察熟睡之机进行强奸或者绑架，并不符合袭警罪的构成要件，但是，应认定为已经符合《刑法》第20条第3款无限防卫的规定，第三人可以对行为人实施无限防卫。

第四，转化型的抢劫、携带凶器抢夺型的抢劫、聚众打砸抢型的抢劫等抢劫罪的罕见样态，由于在刑法评价上与典型的抢劫罪完全一致，因此，同样属于严重危及人身安全的暴力犯罪，可以进行无限防卫。当然，本书一贯认为，携带凶器抢夺型的抢劫罪是立法本身的拟制不妥当，因此，对于这种实质上的抢夺罪（法律拟制为抢劫罪而已），因为并不属于严重危及人身安全的暴力犯罪，是不能进行无限防卫的。

---

[1]（周）左丘明撰、（西晋）杜预撰、（唐）陆德明音义：《春秋经传集解》襄四第十七，四部丛刊景宋本。

（二）脱离逃离语义场

脱离逃离语义场，包括但不限于脱离、脱逃、逃逸、叛逃、投敌叛变、背叛国家、战时临阵脱逃、煽动军人逃离部队、逃离部队、投降等，也包括使他人脱离、逃离的诸犯罪行为。其历史渊源很早，不同时期称谓有别。例如，军人实施的职务上的逃离行为，就有守城弃去[1]、弃兵[2]、离地逃众[3]、委弃[4]守地（委弃土地）等表述。

拐骗儿童罪中的使被害人脱离家庭或者监护人，脱逃罪中的行为人脱逃、逃离羁押，交通肇事罪中的逃逸，叛逃罪中的叛逃（《唐律》亡命山泽不从追唤），投敌叛变罪中的投奔敌方或者敌人等，可以组建一个语义场。

这几个词语，都具有离开、离去的义素。脱，离开。这些犯罪类型，都是使他人失去、离开正常的监护状态、监管状态、履职状态（履行效忠义务的状态），保持在事故现场的状态。换句话说，不得实施自己离开或者使他人离开特定场所或者特定状态的行为，否则，行为人就触犯相关法条。这多个罪名可谓是一个"离开罪"或者"使人离开罪"的具体表现。本书认为，这也可视为是一个基本犯罪类型。

有的大陆法系刑法，对于交通肇事后的逃逸，单独规定了肇事逃逸罪。[5] 这种立法值得肯定。即肇事后的逃逸或者离开行为被法规范所禁止，其深层原因是行为人应该履行法定的保证义务。同样，国家工作人员或者军人的离开行为被法规范所禁止，是因为他们负有对国家或者军队的效忠[6]、

---

〔1〕 刘俊文撰：《唐律疏议笺解（下册）》，中华书局1996年版，第1192页。

〔2〕 弃兵罪，最早见于汉律。参见刘俊文撰：《唐律疏议笺解（下册）》，中华书局1996年版，第1195页。

〔3〕 参见《尉缭子·重刑令》。

〔4〕 "委弃"是典型的古汉语词汇，2022年11月11日在BCC语料库"古汉语"下检索，得到1850个结果。在"报刊"下检索，只得到14个结果。

〔5〕 例如，德国刑法。

〔6〕 忠，敬也，尽心曰忠。参见（清）段玉裁撰：《说文解字注》，中华书局2013年版，第507页。本书按：效忠，即忠诚、尽忠。"效忠"一词，应始于两汉时期严忌《哀时命》"灵皇其不寤知兮，焉陈词而效忠"。劾，效，献，呈献，尽力。而"忠信"一词更早，始于战国时期，如"非忠信者莫之能也"，来源于《郭店楚墓竹简·六德》，参见《先秦甲骨金文简牍词汇数据库》，载 https：//inscription. asdc. sinica. edu. tw/c_ index. php，最后访问日期：2022年11月1日。

忠诚、尽忠义务，不应"不从追唤"，否则就会触犯叛逃罪或者投敌叛变罪。[1]

当然，不得离开的根由各不相同。例如，战时临阵脱逃罪是指在战斗中或者在接受作战任务后，逃离战斗岗位的行为。行为人临阵脱逃侵害了效忠义务与军人、军队的勇敢精神（必须勇敢作战的义务）。而背叛国家罪，其实质是背离国家，心向外国，即所谓的通谋敌国、危害本国，不一定是身体的离开，而侧重于心的离开。偷越国（边）境罪，行为人不经许可离境或者入境，侵害了国（边）境管理制度。

总的来看，本语义场不仅涉及现行刑法的罪名，还涉及个人与国家的关系、国家工作人员（包括军人）的效忠义务、反罪与叛罪的关系、军人的特殊义务（必须勇敢作战的义务），等等。不能离开，不能离去，不得随意离开，不得未经许可离开，否则行为人会侵害法规范之特定法益，触犯相应罪名中的构成要件。

此外，脱离语义场还可以结合其他刑法文本资源，组建更开放的语义场。例如，窝藏罪、雇用逃离部队军人罪等。窝藏罪的对象是犯罪的人。在雇用逃离部队军人罪中，雇用的对象是逃离部队的军人，而情节严重的逃离部队的行为人（军人）构成犯罪，所以，雇用逃离部队军人罪也明显具有窝藏性质，即明知是逃离部队的军人而雇用。禁止对特定人予以庇护、藏匿，这是国家基本的治理规则，历代皆是如此。以致于禁止逃跑、禁止藏匿，二者连用为"诫匿逃"以免株连，这是清代《圣谕广训》中的内容，可见，"诫匿逃"、捕亡，不仅是公民行为规范、有司裁判规范[2]，也是意识形态领域的

---

〔1〕 自有家国君臣，就有忠君义务，演化至今天，忠君虽无，忠诚于国家、军队、民族、族群、政党等义务仍在。郑玄毛诗《北门》之"已焉哉，天实为之，谓之何哉。笺云：谓勤也。诗人事君无二志，故自决归之于天。我勤身以事君，何哉？忠之至。"参见（西汉）毛亨、（东汉）郑玄、（唐）陆德明：《毛诗》卷第二·邶柏舟诂训传第三，四部丛刊景常熟瞿氏铁琴铜剑楼藏宋刊巾箱本。

〔2〕 这类禁止逃跑、禁止隐匿（亲亲相隐除外）的行为规范源远流长，清代是沿袭前代而来。例如，唐律有从军征讨亡、在官无故亡、宿卫人亡、丁夫杂匠亡、官户奴婢亡、浮浪他所等，有知情藏匿罪人、容止他界逃亡浮浪等。宋代有征人防人逃亡、宿卫人逃亡、官户奴婢逃亡、丁夫杂匠工乐杂户逃亡、在官无故逃亡等。古代刑法的"诫匿逃"范围广，罪名多，是由于经济发展水平较为低下，户籍制度极为严格，国家对公民的人身控制强化。"弃贯废业"即是其侵害法益。参见刘俊文撰：《唐律疏议笺解（下册）》，中华书局1996年版，第1988页。

治国理念与政治伦理，是为不同时期的官方所认可的普世真理。[1]

（三）邮政运输语义场

《刑法》第304条中的邮政工作人员、邮件，其语义是否可以涵摄如今日渐普及、大行其道、比比皆是的快递员、快件、快递？《刑法》第125条非法邮寄枪支、弹药、爆炸物罪中的邮寄是否包括快递行为？本书认为，答案是肯定的。

我们应该重新进行刑法语料的观察，让似乎只能表述旧时代、旧事物的刑法语料能够重新获得生机，让其同样可以指称新的事物，反映新的社会生活事实。邮政不是、不等于中国邮政（央企），邮寄也非中国邮政的业务，邮政工作人员也非仅仅指的是中国邮政的工作人员。国家邮政管理主管部门，也不仅仅只是管理中国邮政而是要管理、监督包括中国邮政在内的所有快递行业、快递公司、快递人员、快递行为（也就是寄递行为）。虽然使用"邮政"容易令人仅联想到"中国邮政"，但是实际上，"邮政"的文义即便延伸到所有快递行业、快递公司、快递人员、快递行为，也不会颠覆"邮政"这一语词本身。我们既要在所有快递行业、快递公司、快递人员、快递行为中解释与理解"邮政"，也要在"邮政"系统之中理解与解释所有快递行业、快递公司、快递人员、快递行为。本质上，"邮政"也是一种快递而不可能是"慢递"。

据研究，驿传制度可以上推至商代，春秋时期已经发达。《孟子》中已有"置邮"[2]连用的例子。云梦睡虎地秦简有《行书律》。《风俗通》曰："汉改邮为置。置亦驿也。度其远近置之也。"《说文》曰：邮，境上行书舍。从邑垂，垂，边也。[3]郭璞注《尔雅》曰：邮，过也。道路所经过。[4]

在我国不同历史时期，邮、驿二字时而单用，时而连用，时而不用，时而沉寂后又用。唐代，"驿"的使用已较常见，仅《唐律疏议》中"驿"就出现113次。至宋代，干戈四起，战事不断，置、邮日显重要，于公文书中

---

〔1〕 姚达兑：《〈圣谕广训〉和儒耶真理话语的碰撞》，载《世界宗教研究》2014年第5期。

〔2〕 例如"德之流行，速于置邮而传命。"参见（春秋战国）孟轲撰、（汉）赵岐注：《孟子》卷第三·公孙丑章句上，四部丛刊景宋大字本。本书按：置、邮二字的出现，早于驿。

〔3〕 （清）段玉裁撰：《说文解字注》，中华书局2013年版，第286页。本书按：如果未经过汉字简化，郵不完全等于邮。

〔4〕 （晋）郭璞注：《尔雅》卷上·释言第二，四部丛刊景宋本。

常见，尤其是军邮。[1] 元代则废"驿"建"站"。清末，"邮"的使用又重新活跃起来。[2] 利用古籍语料库检索技术，也基本验证了这一规律，"邮"的使用，唐、宋较多，清代又再次变多。[3]

置、亭、邮、驿，指的都是驿站，同属邮驿系统。[4] 唐律中的"驿骑行程"，汉代则称为"邮程"。[5] 古代又有所谓步递为邮、马递为驿，位置、间距不同，步递设在交通不便处或边境偏僻处，驿（马递）间距一般为30里。[6] 根据情势急缓、送递速度、等级不同而有差别。例如，宋代的规定为："驿传旧有三等，曰步递、马递、急脚递。急脚递最遽，日行四百里，唯军兴则用之。熙宁中，又有金字牌。"[7]

"邮驿"一词已经消失了。从清末开始，现代意义的邮政一直发展到今天，邮政、邮寄成为生活中的常用词。目前，所有的寄递业务、快递业务、传递业务、文书送递业务等都完全可以解释进"邮"或者"邮政"之中去。[8] 国家邮政管理主管部门就是快递的主管部门。更进一步地，邮政业务加上非邮政的物流运输业务，就组成了运输这个更加上位的概念。例如，1992年修正的《植物检疫条例》第19条规定："植物检疫人员在植物检疫工作中，交通运输部门和邮政部门有关工作人员在植物、植物产品的运输、邮

---

〔1〕 例如"置邮所以传命令，达章奏，矧制阃，动系边事，可少稽乎？尔忍于职，行不以时，夺尔一阶，以惩不恪。"参见（南宋）楼钥：《攻媿集》卷三十九·外制，"训武郎临安府湖州巡辖递铺梁青违滞金字牌"条，四部丛刊景古英殿聚珍本。

〔2〕 潘念慈：《关于元代的驿传》，载《历史研究》1959年第2期。陈得芝、施一揆：《"关于元代的驿传"一文的资料问题》，载《历史研究》1959年第7期。李作南、李仁孝：《语言符号演变的社会文化根源——谈汉语"驿""邮"和蒙古语借词"站"的嬗变》，载《广播电视大学学报（哲学社会科学版）》2007年第1期。任凤琴：《蒙古语借词"站"和"驿"的历时演变探析》，载《内蒙古财经大学学报》2019年第5期。

〔3〕 2022年11月12日，在"识典古籍"数据库搜索"邮"，周春秋战国时期有18条结果，秦汉有38条结果，三国两晋南北朝时期有19条结果，唐代有144条结果，宋代有300条结果，金代有16条结果，元代有167条结果，明代有173条结果，清代有300条结果。

〔4〕 李并成：《汉敦煌郡境内置、骑置、驿等位置考》，载《敦煌研究》2011年第3期。

〔5〕 刘俊文撰：《唐律疏议笺解（上册）》，中华书局1996年版，第815页。

〔6〕 闫晓君：《秦汉行书律与帝国行政运作》，载《四川大学学报（哲学社会科学版）》2022年第2期。

〔7〕 （北宋）沈括撰：《梦溪笔谈》卷第十一·官政一，四部丛刊续编景明本。

〔8〕 根据（东汉）许慎：《说文解字》第六·下，四部丛刊景北宋刊本，邮，境上行书舍。从邑垂，垂，边也。也就是说，邮的本义是边邑，该语义随时代变化，逐渐引申扩张，义素出现脱落现象。

寄工作中，徇私舞弊、玩忽职守的，由其所在单位或者上级主管机关给予行政处分；构成犯罪的，由司法机关依法追究刑事责任。"从客观文义来看，该条中的"邮政部门有关工作人员"应该包括快递员工（当然那时还没有今天所谓的快递）。

邮件（快件），显然是相关语义场内的一个上义词。例如，自 2019 年 3 月 2 日起施行的《快递暂行条例》第 4 条第 1 款规定："任何单位或者个人不得利用信件、包裹、印刷品以及其他寄递物品（以下统称快件）从事危害国家安全、社会公共利益或者他人合法权益的活动。"目前，在普通公民的日常生活里面，已经出现了越来越多地使用"快件"代替"邮件"的现象，甚至直接使用"快递"来指称"快件"。虽然刑法文本中尚未出现"快件"这一构成要件，但是，当与社会生活事实进行对接的时候，当需要判断构成要件符合性的时候，应该确信：邮件、快件、快递物品等是具有等价性的三个构成要件，实则为一。

基于以上观念、知识与资源，得出：

第一，历史上的邮驿业务与今日邮政快递业务的实质一致，可以整合、同等看待。今日各大公司的快递业务与中国邮政寄递业务性质相同，语词、语义上可以整合。快递从业人员触犯有关法条后，邮政工作人员这个构成要件仍然具有涵摄力。邮件电报等仍然具有对"快件"的涵摄力。

第二，邮的本来义素，包括特定位置（边鄙之地）、特定运输内容（公文公物）、固定间距、固定运力（步递或人力）、特定办理主体（官办）等。随着时代变迁，逐渐出现义素脱落、义素减少的现象。今日的邮（快递）不再具有这些义素，逐渐成为"一站接续一站式的运输方式"，义素脱落、减少后，邮的涵摄力逐渐增强。照此趋势，发快递、发物流，也会逐渐合二为一。今日的物流和快递，无论用人还是用车，无论距离远近（同城还是跨省），无论运送什么性质、种类的东西，无论是国有企业承担运输还是私营企业承担运输，在所不论。也许，目前唯一不会被"邮"涵摄进来就是军事物资、武器装备方面的运输了。

第三，物流运输业务与邮政快递业务的整合。一般而言，物流运输业务是点对点的，中途没有转运点或者中转点。而邮政快递业务属于一站接续一站式的，古今皆有。两者整合的结果，就是不再区分有无"中转""站点"，实际都属于运输。那么，邮政运输语义场，包括邮寄、邮政、运输、物流、载客、载货、交通运输、校车业务、旅客运输等。运输，词典义是用交通工具把人员或物资从一个地方运到另一个地方。[1] 这个词典义显然严格遵守着义素分析法，其中，义素有：从一地运到另一地、交通工具、人员或物资。邮政、交通同样具有这三个义素。邮政、运输、交通，在这三个义素上是重合的。

现在的邮政快递都属于邮政管理范围。而国有企业中国邮政与其余的快递公司的区别，仅在于市场主体不同而已。邮政快递运输与物流运输的区别，仅在于是否点对点而已。"人类认知是推动词义演变的重要动力之一。"[2] 当刑法学界的认知走在了社会公众前面的时候，相关词语的词义也许会发生改变、演进，进而影响词典的编纂和词语的使用。

第四，如果行为人寄递、发运毒品，应该解释为运输毒品罪。寄递、发运毒品，是行为人不直接实施运输行为，而是利用快递公司、中国邮政、物流企业等，将毒品从一地运到另一地。此时，行为人是运输毒品罪的间接正犯，即构成运输毒品罪。不知情的快递企业人员属于被利用人，不构成犯罪。而如果行为人与快递企业人员相勾结，共同寄递、运输毒品的，行为人实施的是交付运输行为，快递企业人员实施的是运输行为，应该解释为都是运输毒品罪的直接正犯，属于分担的共同正犯这种类型。

第五，如果行为人寄递、发运枪支，应该解释为运输枪支罪。寄递、发运枪支，是行为人利用现有快递、运输系统，不直接实施运输枪支的行为，此时，可以解释为运输枪支罪。如果解释为非法持有枪支罪，属于刑法评价不足。因为行为人不仅有非法持有枪支的行为，还有交寄枪支的行为，评价为非法持有枪支罪，对于交寄枪支则并未进行相应的刑法评价，自然属于评价不足。

第六，人体带毒的解释。行为人雇佣他人，实施人体带毒，[3] 带毒者构成运输毒品罪无疑。雇佣的人其实也构成运输毒品罪。行为人与带毒者构成

---

〔1〕 中国社会科学院语言研究所词典编辑室编：《现代汉语词典》，商务印书馆2016年版，第1624页。

〔2〕 杨荣贤：《汉语肢体动词发展史研究——以六组基本词为中心》，中西书局2017年版，第61页。

〔3〕 这里的带，指的是携带，是从一地到另一地，而不是仅仅藏有。

运输毒品罪的共同犯罪，都属于运输毒品罪的共同正犯，即分担的共同正犯。如果极端情形下人体带毒者真的不知情，不知是毒品的，雇佣者构成运输毒品罪的间接正犯。

第七，近年来通过快递物流方式寄递毒品情况突出。最高检认为：随着我国物流快递行业的快速发展，近年来，犯罪分子利用物流快递贩运毒品，呈逐渐增多态势。2019 年，全国检察机关办理利用快递寄递毒品犯罪案件一千余件。此类案件的特点主要有：一是涉及企业范围广。寄递行业点多面广，有的案件利用智能快递柜、同城跑腿等方式进行毒品犯罪，不当面交接、不通过安检设备检测，毒品转移快。二是跨境、跨省寄递情况较多。有的案件经过多个省份多次流转，甚至跨境寄递毒品。三是犯罪方式隐蔽，涉毒线索较难发现。涉毒人员寄递毒品时都会故意将毒品隐匿在其他物品中，被发现后又立即换一种方式隐匿，还有的通过先行试探性寄递后分多次寄递，以迷惑侦查。寄递毒品导致毒品更易扩散、流通，尤其与互联网相结合，案件侦破难度大。针对利用快递寄递毒品犯罪案件增多的态势，2019 年底，最高检统一部署，要求各地加强寄递毒品犯罪的调研，通过制发检察建议、编发典型案例、案件释法说理等举措，推进问题综合治理。[1]

本书认为，若快递企业人员不知情，则寄递人构成运输毒品罪的间接正犯，处断为运输毒品罪即可。

第八，运输的词典义是用交通工具把人员或物资从一个地方运到另一个地方。可见，交通工具是义素之一，不可或缺。而如果坚持这一观点，显然无法将不使用交通工具的人体带毒行为处断为运输毒品罪。运输毒品罪的义素之一——交通工具，在此成为运输毒品罪构成要件是否具有符合性的关键。假如把行为人仅靠双脚走路来实施人体带毒的行为解释为运输毒品罪，似乎违背一般国民的预测可能性。本书认为，即便属于零星夹带或短途持送毒品，也是将毒品由某地移转存置至他地，所以应该解释为运输。此时，对于运输的词典义义素——交通工具，应予脱落、弃置。或者，将交通工具改为交通方式（运输方式）。

第九，从秦代的驰道到今天的信息高速公路，尽管时代不同，但是对于

---

〔1〕《最高检：疫情期间利用快递物流寄递毒品案件明显上升》，载 https：//news. ifeng. com/c/7xc7gtcZGt6，最后访问日期：2022 年 11 月 1 日。

信息传递、物品运送而言，实质为一。使用的传递工具，从马匹、人力、车辆、信鸽，到今天的电子信号、互联网，虽然有不同，但是共同义素都是传递，都是利用了一种介质而进行的传递。计算机和互联网的发展，改变了信息传递的具体方式，但是无法改变交通运输——人不可能搭乘着互联网就从一地到另一地，卫生纸和矿泉水同样不可能搭乘着互联网就从一地到另一地。即传递是上义词，包括信息传递和非信息传递。信息传递不是交通运输，不能解释为交通运输。而非信息传递实际上包括了人流与物流。今天，我们已经彻底改变了信息传递的方式与手段，但是还没有彻底改变交通运输（非信息传递）的方式与手段。

第十，对邮政运输语义场义素分析如下，其中涉及施事格、受事格、运输模式、运输工具等义素。这里的运输模式指的是站点式还是直达式运输方式[1]：

中国邮政［+一地到另一地］［+物］［+站点式］［+运输工具］［+国企][2]

快递［+一地到另一地］［+物］［+站点式］［+运输工具］［-国企］

物流［+一地到另一地］［+物］［-站点式］［+运输工具］

客运[3]［+一地到另一地］［+人］［-站点式］［+运输工具］

货运［+一地到另一地］［+物］［-站点式］［+运输工具］

交通［+一地到另一地］［+人或物］［+运输工具］

运输［+一地到另一地］［+人或物][4]

邮政[5]［+一地到另一地］［+物］［+站点式］［+运输工具］

---

〔1〕 直达式，就是点对点式，搬家公司、货拉拉、一般物流企业都是这种运输模式。

〔2〕 广义的邮政指的是所有快递业，狭义的邮政指的是中国邮政。

〔3〕 客运包括公路客运、铁路客运、民航客运、水上客运等。我国的客运，一般是点对点运输。但是民航有转机业务，这并非直达，但是也不同于货运的驿站式运输。如何解释，尚待研究。因此，客运的义素分析中，仍暂时使用［-站点式］。待时机成熟，客运义素之一［-站点式］可以删除。即客运［+一地到另一地］［+人］［+运输工具］。

〔4〕 为了能将人体带毒解释为运输毒品罪，本书有意脱落了运输中的运输工具（交通工具）这一义素。这不属于类推解释。

〔5〕 根据现行管理体制，邮政是交通运输的一部分。在综合交通运输法规体系中，包括水路法规、公路法规、铁路法规、邮政法规等。

走私［＋一地到另一地］［＋物］［＋进出境］［＋非法］〔1〕

需要强调的是，"走私"一词始于 1819 年，也称偷私、走漏。〔2〕 民国时期的《惩治走私条例》（1948 年颁布）中，走私指的是"私运政府管制物品及应税物品进口或出口"，明显含有"运"之义素。

（四）教唆怂恿语义场

共同犯罪中的常用术语——教唆，〔3〕 在具体的刑法规范中的表现形式非常多样，包括唆使、授意、怂恿、安排、指使、组织、命令、强令、煽动、鼓动、策动，等等，都是故意行为。〔4〕 如《刑法》第 160 条第 2 款中的"组织与指使"，就是同一关系。《刑法》第 134 条第 2 款中的"强令与组织"，也是同一关系。之所以得出这样的判断，是因为根据共犯原理以及因果关系原理，唆使、授意、怂恿、安排、指使、组织、命令、强令等的共同义素就是"引起无犯罪意思之人产生犯罪意思的行为"——教唆或者造意。如果以古文字学为切入视角，则皆属于"教"〔5〕、"令"〔6〕 语义范围之内。这无论是在刑法立法层面还是在汉语语义层面，都能找到例证。在刑法立法层面，之前有强令违章冒险作业罪，强令就是指使，强令、指使连用。在汉语语义层面，唆使的意思就是指使或者鼓动他人做坏事。可见，本语义场中的共同义素是"指使"，即"指事使人"，词典义则是出主意叫别人去做某事。〔7〕而日常用语的"出主意"，即制造一个意思，就是造意。可见，"指使"的词

---

〔1〕 后续走私与间接走私都是虚拟的走私行为，其义素也明显与典型走私不一致。例如，后续走私类型的走私普通货物、物品罪，其义素还有［＋未经海关许可］［＋未补缴应交税款］。

〔2〕 黄河清编著：《近现代汉语辞源（下册）》，上海辞书出版社 2020 年版，第 2015 页。

〔3〕 在古汉语中，教唆二字连用，大致开始于宋元时期，而且使用频率很低。2022 年 11 月在"识典古籍"搜索"教唆"只得到 11 个结果。

〔4〕 故，使为之也。使为之也者，犹曰故为之也。今人言故意，即其义。参见徐灏：《说文解字注笺》，杨家骆：《说文解字诂林正补合编》，鼎文书局 1983 年版。转引自郭鹏飞：《读邵懿行〈尔雅义疏〉札记二则》，载《古汉语研究》2002 年第 2 期。本书按：教、令、唆、使，语义场中的等义词。

〔5〕 教，一般动词，始于战国时期。如"作礼乐，制刑法，教此民而"，来源于《郭店楚墓竹简·六德》。参见《先秦甲骨金文简牍词汇数据库》https：//inscription. asdc. sinica. edu. tw/c_ index. php，最后访问日期：2022 年 11 月 1 日。

〔6〕 令，一般动词，始于西周时期。如"宫令宰仆易（赐）粤白金十勻（钧）"，《殷周金文集成》，编号 00048。参见《先秦甲骨金文简牍词汇数据库》，载 https：//inscription. asdc. sinica. edu. tw/c_index. php，最后访问日期：2022 年 11 月 1 日。

〔7〕 中国社会科学院语言研究所词典编辑室编：《现代汉语词典》，商务印书馆 2012 年版，第 1676 页。

典义完全可以覆盖刑法义。

不仅如此，随着国际形势的急剧变化，国内外地缘政治环境的异动，我国也面临着新的政治军事外交形势。为了维护国家利益，代理人、代理人战争、始作俑者[1]、幕后真凶、幕后推手、幕后黑手、打手、背后金主、白手套、掮客、买办、实际控制人等具有浓厚斗争色彩、战斗语境的政治语料、外交语料、侦查学语料等反复出现在耳边，这些斗争性质的语料也会被纳入刑法解释的语料体系的视野之中。而这些语料都与刑法学的教唆行为有内在关联——指使、授意、唆使、利用、支配的义素是一致的。

刑法规范语料与刑法规范之外语义场的组建，是刑事案件审理之时经常面临的问题，也是阅读与发现刑法规范深层逻辑的必然方法之一。在实际案件中，虽然每个案件的事实都不尽相同，但是，只要抓住了构成要件的共同义素以及区别义素，明了各自的深层语义逻辑关系，那么解释清楚构成要件的真实语义应该不是困难的事情。这种语义场的组建，实际上需要解释者善于联想、发散思维，而这种善于联想，最终是为了更好地把案件事实解释进构成要件中去，即涵摄性与符合性的统一。涵摄性，是构成要件涵摄案件事实，解决的是抽象概念对具象事物的关系。符合性，是案件事实符合构成要件，解决的是具象事物对抽象概念的关系。两个相反方向的思考与判断，其最终目的是一致的。由于两个方向的思维都不得不使用汉语语料，因此，简言之，在逻辑上就是语言与世界（事物）的关系问题。其中的微观技术问题，就是语言学中的义素。义素是事物、构成要件的语言连接点。事物、构成要件在这里以义素的形式交汇。

（五）驾驶操纵语义场

《刑法》第133条之二的妨害安全驾驶罪是2020年的《刑法修正案（十一）》新增加的罪名。其罪状是，"对行驶中的公共交通工具的驾驶人员使用暴力或者抢控驾驶操纵装置，干扰公共交通工具正常行驶，危及公共安全的"。

在全部刑法文本中，竞驶、驾驶、行驶、操纵等组成了一个同义义场。

---

[1]　在2022年开始的俄乌战争时期，央视等官方媒体反复使用这一词语，目的是揭露美国现政权的真实用意与丑陋嘴脸。

在此基础上，对驾驶或者行驶的破坏行为，包括抢控驾驶操纵装置、驾驶人员[1]殴打他人或者与人互殴、破坏交通工具、破坏交通设施、强令他人违章冒险作业、以危险方法危害公共安全、投放危险物质、劫持汽车等，同样可以组建一个同义义场。二者结合起来，就可以组建一个更加开放的刑法语义场：抢控驾驶操纵装置、对驾驶人员使用暴力、驾驶员与人互殴、破坏交通工具、抢夺方向盘、破坏道路等交通设施、以危险方法危害公共安全、危险作业等。

第一，驾驶，词典义是操纵（车、船、飞机、拖拉机等）使行驶。[2] 可见，驾驶，本质上是人的一种操纵、操作机器设备[3]的行为。因此，驾驶是人的行为。行驶则是被驾驶的车辆的"行为"，是车辆的一种状态。以行驶解释驾驶，语词含义互相规定、互相生发。而自动驾驶，严格说来，是自动行驶。

第二，我国语言学者也在研究竞驶、飙车等词语，其结论如下：

竞驶：动词，指两个或两个以上驾驶员驾驶机动车在道路上相互较劲比拼，违规追逐、超越、并线等。"追逐竞驶"常连用。一般而言，"竞驶"跟"飙车"相关而不同："飙车"主要关注于疯狂速度，"竞驶"主要关注于多车较劲。（通过搜索"人民网"，有关"竞驶"的文章高达 928 篇）。[4]

根据上述"竞驶"的定义——指两个或两个以上驾驶员驾驶机动车在道路上相互较劲比拼，违规追逐、超越、并线等——可知，竞驶具有驾驶者、驾驶、机动车、道路上等义素，与本书的分析基本一致。但是，该定义并未采用义素分析法，也没有建立相应的语义场。

第三，用义素分析法对本语义场试作分析：

---

　　[1] 驾驶人员这个用法不妥。既不符合约定俗成的"驾驶员"，也容易扩大解释为包括其他执行驾驶任务的乘务组人员，例如不在驾驶位的双班驾驶员。

　　[2] 中国社会科学院语言研究所词典编辑室编：《现代汉语词典》，商务印书馆 2012 年版，第 626 页。

　　[3] 根据《道路交通安全法》《场（厂）内专用机动车辆安全技术规程》等的规定，机动车分为道路交通车辆、农用车辆、专用机动车辆。专用机动车辆又分为机动工业车辆与非公路用旅游观光车辆，受到特种设备安全的监管。

　　[4] 《竞驶、变道、变灯、交规、弯道超车》，载 http://booknewdu.com/a/201808/28/131199.html，最后访问日期：2023 年 8 月 21 日。

驾〔+操纵〕〔+牲口等〕〔+拉（车或农具）〕[1]

驾〔+操纵〕〔+机动性的工具设备机器等〕[2]

驶[3]〔+马〕〔+跑〕〔+迅速〕

行驶〔+机动车〕〔+车轮运动〕

驾驶[4]〔+驾驶者〕〔+操纵〕〔+机动车〕〔+车轮运动〕

竞驶〔+驾驶者〕〔+操纵〕〔+机动车〕〔+车轮运动〕〔+竞赛〕〔−正常〕

劫持汽车〔+驾驶者〕〔+操纵〕〔+机动车〕〔+车轮运动〕〔他人暴力控制驾驶员〕〔−正常〕

抢控驾驶操纵装置〔+驾驶者〕〔+操纵〕〔+机动车〕〔+车轮运动〕〔他人暴力控制操纵装置〕〔−正常〕

需要说明的是，行驶的词典义是（车、船等）行走。[5] 本书将这一解释作为义素来使用的时候，改为"车轮运动""车轮滚动"，或者"车轮转动"。

第四，凡是使车辆不正常运动、使车轮不正常滚动的行为，都是妨害驾驶安全、行驶安全的行为。基于这一观念，有如下判断：

如果行为人以暴力强令、逼迫驾驶员根据自己的意思，违章驾驶，不构成强令他人违章冒险作业罪，应构成妨害安全驾驶罪与劫持汽车罪的竞合犯。

如果行为人乘坐自动驾驶车辆的时候，以技术手段改变车辆行驶的速度、方向，或者以技术手段致使自动驾驶车辆实施闯红灯等违章行为的，应解释为抢控驾驶操作装置，而不能解释为劫持汽车。劫持汽车罪必须是通过暴力方法劫持驾驶员进而控制车辆。劫持的对象是驾驶车辆的人、驾驶员。

如果行为人乘坐自动驾驶车辆的时候，临时产生支配财产的犯意，以技

---

〔1〕 驾，词典义的一个义项是使牲口拉（车或农具）。参见中国社会科学院语言研究所词典编辑室编：《现代汉语词典》，商务印书馆 2012 年版，第 626 页。

〔2〕 驾，词典义的另一个义项是驾驶；驾驭。本书按：驾驶与驾驭也有义素的差别。

〔3〕《玉篇》曰：驶，疾也。《增韵》驶，马行疾也。《广韵》曰：驶，疾也。《集韵》曰：驶，疾也。本书按：驶的本义是马行疾。现在用于驾驶、行驶，指的是车船等开动，不一定具有"疾"这一义素。

〔4〕 驾、驶二字连用，初见于清代，对象是海船。"又据称，海船若不勤加煇洗，则船底苔草族虫粘结，辄驾驶不灵，故隔越两三旬，即须傍岸煇洗。"参见（清）阮元撰：《研经室一集》研经室二集卷四·壮烈伯李忠毅公传，四部丛刊景清道光本。

〔5〕 中国社会科学院语言研究所词典编辑室编：《现代汉语词典》，商务印书馆 2012 年版，第 1457 页。

术手段"劫"走车辆,据为己有的,应解释为侵占罪,而非抢劫罪。

如果行为人先产生支配财产的犯意,再乘坐自动驾驶车辆,以技术手段"劫"走车辆,据为己有,应解释为盗窃罪,而非抢劫罪。

第五,《刑法修正案(十一)》中的妨害安全驾驶罪的罪状为"对行驶中的公共交通工具的驾驶人员使用暴力或者抢夺驾驶操纵装置,干扰公共交通工具正常行驶,危及公共安全的"。本书认为,这其实是破坏交通工具罪的一种特殊情形。对驾驶员直接使用暴力(拉手、扳脚),当然会使得交通工具难以正常行驶,当然也算是对交通工具的破坏。至于抢夺驾驶操纵装置,更是直接对交通工具的破坏。所以,对于这一条文的解释,只有结合了类型化观念之后,才能把破坏交通工具罪中的"破坏"解释为"对正常行驶的车辆施加有害外力的非法行为"或者"对正常行驶的车辆施加有害暴力的非法行为"。不论这一有害外力或者有害暴力是施加在驾驶人身上还是施加在车辆的操纵装置(方向机、刹车、油门等)上,也不论行为人是对方向盘进行拉扯还是对掌握方向盘的驾驶人进行拉扯,更不论行为人是对车辆的操纵装置施加外力还是对轮胎气压、挡风玻璃等施加外力。例如,假设位于车内的某犯罪行为人,手持枪支,在车内探出身子,射击行驶中的车辆的轮胎,无论是否导致车毁人亡,都具有破坏交通工具罪的符合性。而这种假设一旦成为实际案件,显然并不该当《刑法修正案(十一)》所规定的情形,只能解释为破坏交通工具罪。所以,破坏交通工具罪的类型化需要具有更多的想象力和前瞻性,以应对可能出现的各种新型的犯罪案件。例如,突然蒙住驾驶人的眼睛、束缚驾驶人的手脚等,都可以解释为破坏交通工具罪。在形式逻辑上,破坏交通工具罪包括两大类:直接破坏交通工具本身的犯罪和间接破坏交通工具的犯罪。而间接破坏交通工具的犯罪主要是针对驾驶人的。对驾驶人的拉扯、束缚、蒙眼等行为,实质上是对交通安全的直接侵犯。而在形式解释上,对驾驶人的暴力、拉扯、束缚、推搡、殴打、打击等行为,也并不违反或并未超越破坏交通工具罪法定的构成要件——破坏火车、汽车、电车、船只、航空器,足以使火车、汽车、电车、船只、航空器发生倾覆、毁坏危险……

显然,破坏交通工具罪中的"破坏"义素就涵摄了多种多样的危及驾驶安全的行为,可以规制抢夺司机方向盘、油门、刹车的行为,规制拉扯驾驶中的司机的行为，也规制行车时司机本人与他人互殴的行为，这都是对交通工具正常行驶、安全行驶的不同类型的破坏。

第六，危险驾驶罪仅限于机动车的危险驾驶，这是不全面的。因为驾驶本属于上义词，其对象还包括船只、飞机、列车、非机动车。根据《道路交通安全法》的规定，非机动车包括残疾人机动轮椅车、电动自行车、畜力车等。在《道路交通安全法》中，对于非机动车中的畜力车，虽然使用了"驾驭"一词，但"驾驭"仍处于"驾驶"涵摄范围内，没有超出其文义射程。

当然也可有另一种解释，即驾的两个义项分别对应着驾驭、驾驶。第一个义项——使牲口拉（车或农具），是驾驭。第二个义项是驾驶。但是，由于第二个义项既可以解释为驾驶，也可以解释为驾驭，因此，刑法文本如何处理上下义关系便成了问题。例如，操作无人机，既可以表述为驾驭无人机，也可以表述为驾驶无人机。尤其是自动驾驶车辆，是在驾驭机器，还是驾驶车辆？驾驭与驾驶的语义演变方向是合流还是分流，尚待观察。或者，直接使用二者的上义词如操纵、操作、操控、控制、驾控？妨害安全驾驶罪中"驾驶操纵"的新表述，分别使用了"驾驶"这个下义词和"操纵"这个上义词，似乎表明立法者有意识地进行着类型思维。

第七，驾驶操纵语义场的终极上义词，是"操"类动词。操，把持也。[1] 操纵、操控的对象，既有实际事物，如机动车、飞机、船只等；也有抽象的事物，如选举、投标、言论、市场等。操纵选举，就具有破坏选举罪的符合性。操纵投标的，构成串通投标罪。网络世界中的操纵言论，如干预跟帖、干预好评差评、水军、恶意刷单、故意屏蔽删除某类信息等，也属此类。操纵证券、期货市场罪，是把持特定领域的金融市场的行为。因此，恶意竞争、垄断市场、破坏社会主义市场经济秩序、事涉舆论属性与社会动员能力的这一类犯罪中，也必然有操纵类、干预类犯罪。[2] 从语义演变来看，

---

〔1〕 （清）段玉裁撰：《说文解字注》，中华书局2013年版，第603页。

〔2〕 2022年11月，国家互联网信息办公室修订的《互联网跟帖评论服务管理规定》施行。其中第2条第2款规定："本规定所称跟帖评论服务，是指互联网站、应用程序以及其他具有舆论属性或社会动员能力的网站平台，以评论、回复、留言、弹幕、点赞等方式，为用户提供发表文字、符号、表情、图片、音视频等信息的服务。"第12条规定："跟帖评论服务提供者、跟帖评论服务使用者和公众账号生产运营者不得通过发布、删除、推荐跟帖评论信息以及利用软件、雇佣商业机构及人员散布信息等其他干预跟帖评论信息呈现的手段，侵害他人合法权益或公共利益，谋取非法利益，恶意干扰跟帖评论秩序，误导公众舆论。"

"操"类（包括持、执、秉等）词语，明显从上古时期的具体身体动作领域[1]逐渐扩张到了抽象动作领域[2]。现行刑法文本中，这两个领域的罪名都有。

（六）生产作业语义场

刑法文本中的生产作业语义场，涉及刑法分则的多个章节、多个罪名，有公共危险罪一章中的生产作业（重大责任事故罪的构成要件）、违章冒险作业、危险作业等，有经济犯罪一章中的生产、销售，有财产犯罪一章中的生产经营，有妨害社会管理秩序罪一章中的工作、生产、营业等。前文的驾驶操纵语义场，实际上属于生产作业语义场的一部分。二者是分类义场的关系。

例如，公共危险罪一章中的生产作业，可能指的是工业领域，也可能指的是农业领域或者第三产业。在几个有关法条[3]中，刑事立法者的语料选择并不统一，颇令人不解：有的是生产、作业连用，有的是只使用了作业但是实际上包括了生产，有的是只使用了生产但是实际上包括了作业。其中，《刑法》第134条之一危险作业罪（具体危险犯）中的"涉及安全生产的事项未经依法批准或者许可，擅自从事矿山开采、金属冶炼、建筑施工，以及危险物品生产、经营、储存等高度危险的生产作业活动"的罪名表述方式，今后必然会出现何为"高度危险的生产作业活动"的解释的争论，因为"高度危险的生产作业活动"之前的列举项只涉及矿山开采、金属冶炼、建筑施工、危险物品生产经营等四大类，数量极少，而事实上的"高度危险的生产作业

---

〔1〕 例如："古者不风不暴，不行火，草木不折，不操斧斤，不入山林。""荀息牵马操璧而前曰：璧则犹是也，而马齿加长矣。"

〔2〕 例如，操作机器，操作车辆，操控设备等。

〔3〕 例如，《刑法》第134条第1款重大责任事故罪规定：在生产、作业中违反有关安全管理的规定，因而发生重大伤亡事故或者造成其他严重后果的，处3年以下有期徒刑或者拘役；情节特别恶劣的，处3年以上7年以下有期徒刑。第2款强令、组织他人违章冒险作业罪规定：强令他人违章冒险作业，或者明知存在重大事故隐患而不排除，仍冒险组织作业，因而发生重大伤亡事故或者造成其他严重后果的，处5年以下有期徒刑或者拘役；情节特别恶劣的，处5年以上有期徒刑。再如，《刑法》第134条之一危险作业罪规定：在生产、作业中违反有关安全管理的规定，有下列情形之一，具有发生重大伤亡事故或者其他严重后果的现实危险的，处1年以下有期徒刑、拘役或者管制：①关闭、破坏直接关系生产安全的监控、报警、防护、救生设备、设施，或者篡改、隐瞒、销毁其相关数据、信息的；②因存在重大事故隐患被依法责令停产停业、停止施工、停止使用有关设备、设施、场所或者立即采取排除危险的整改措施，而拒不执行的；③涉及安全生产的事项未经依法批准或者许可，擅自从事矿山开采、金属冶炼、建筑施工，以及危险物品生产、经营、储存等高度危险的生产作业活动的。

活动"的外延是非常宽泛的。本书认为,《刑法》第 134 条之一危险作业罪在刑法语料选择上理应与第 134 条的规定保持一致。

妨害社会管理秩序罪一章中的工作、生产、营业,出现于《刑法》第 290 条聚众扰乱社会秩序罪。其中,工作可谓是上位概念,可以涵摄该条第 1 款中的生产、营业、教学、科研、医疗,也可以涵摄该条第 2、3 款中的国家机关工作、国家机关工作秩序。这里,生产是工作的下位概念。

此外,刑法文本中的生产、销售,涉及的领域同样如此。所以生产、经营的外延,也不宜将其范围限制的过于狭窄。例如,养猪、养牛等畜牧业,从现代畜牧业角度来看,都算得上是生产。其上下游环节涉及的刑法学法益非常多样,包括公共卫生、动物福利、公共危险、环境资源、经济秩序、食品安全等。因此,生产语义场中的多个词汇,其语义未必都是一个外延。实际上,"生产"一词在刑法文本中,是多个不同的概念。

在刑法的生产语义场中,实际上不应区分生产与作业,从产业角度来审视的话,二者都指的是利用工具等进行创造物质财富的活动,无论属于哪个产业,其外延都极为宽泛。词典义也认为,作业就是"从事生产活动"。[1] 作业,来自日语词,曾经被解释为"兴作一切工作事业之通称",[2] 进入汉语是在 1906 年前后。

在有的部门法中,根据产业发展的实际情况明确了生产的外延。例如,《化妆品生产经营监督管理办法》第 63 条规定:"配制、填充、灌装化妆品内容物,应当取得化妆品生产许可证。标注标签的生产工序,应当在完成最后一道接触化妆品内容物生产工序的化妆品生产企业内完成。"可见,配制、填充、灌装化妆品内容物属于生产化妆品的行为。

根据我国已经发生的实际案例,生产作业语义场的涵摄范围并不限于企业性质的生产作业单位。行政机关等行政执法部门及其人员完全可以成为犯罪主体。例如,2016 年 2 月 5 日,贵州贵安新区安监局在山沟里销毁已关闭的兴鑫烟花爆竹厂剩余原材料过程中发生意外,造成 22 人死亡,24 人受伤。

---

〔1〕 中国社会科学院语言研究所词典编辑室编:《现代汉语词典》,商务印书馆 2012 年版,第 1746 页。

〔2〕 钱恂等:《日本法规解字》,转引自黄河清编著:《近现代汉语辞源(下册)》,上海辞书出版社 2020 年版,第 2024 页。

事故暴露出有关部门对废弃物处置风险认识不足、防范措施不到位等问题。[1] 该案是符合"生产作业"这个构成要件的，行为人应该构成《刑法》第 134 条第 1 款的重大责任事故罪。国外也有类似案件。例如，2022 年 4 月 27 日，马来西亚吉隆坡警方销毁爆竹时突发爆炸酿成火灾。[2] 这两个案件中，"处置危险品"的行为解释为"作业"为宜，解释为"生产"则不符合现代汉语习惯。二者理性意义显然有细微差别，即此处的生产有"产品产出"的义素。

在《刑法》第 134 条之一危险作业罪中，生产与作业应该是同一关系。虽然确定罪名为危险作业罪，但认定为危险生产罪、危险生产作业罪，也是可以的。而由于危险作业罪并非规制所有的危险生产、作业行为，因此，危险作业罪与危险驾驶罪实际上是并列关系，都是危险犯。换句话说，表面上看，危险作业罪是普通法条，危险驾驶罪是特别法条，而实际上，二者是互斥法条。可以说，在重大责任事故罪、危险作业罪等罪名中，生产、作业都是同一关系，是最广义的两个概念，既涵摄第二产业（制造业）的生产，也涵摄第一产业、第三产业的生产、作业。而危险物品肇事罪中的生产，明显是与储存、运输、使用具有并列关系的概念，指的是爆炸性、易燃性、放射性、毒害性、腐蚀性物品的生产、制造，即第二产业（制造业）意义上的"生产"，是相对狭义的概念。

当然，生产与作业的理性意义、附加意义有时候都是不同的。例如，城市中的园林车辆、洒水车辆、环卫车辆的日常运行，一般使用的是"作业车辆"。农业生产、粮食种植，一般不使用"农业作业""种粮作业"。但是，在农业生产活动中，又有"育秧作业""秋整地作业""收割作业""采摘作业"等具体内容。

不过，生产具有不同外延，作业也具有不同外延，二者有时候连用，有时候混用，有时候单用，所以造成生产作业语义场混乱不堪。由于语言习惯与刑法规范难以保持绝对一致，只能结合其他事实来仔细解释，难以绝对

---

〔1〕《安监总局通报贵州致 22 死烟花爆竹爆炸事故，提两点防范建议》，载 https：//m. thepaper. cn/newsDetail_ forward_ 1437879，最后访问日期：2022 年 11 月 1 日。

〔2〕《马来西亚吉隆坡警方销毁爆竹时突发爆炸》，载 https：//tv. cctv. com/2022/04/28/VIDEH-ZI6cCeNOVeF9vuOh9j20220428. shtml，最后访问日期：2023 年 8 月 20 日。

精确。

四、高度抽象的位移动词语义场的组建

刑法语义场中，性质相同的动词等具有相同的语义要素。如果以此再分析、再评价各个有关的罪名，会得出耳目一新的结论。位移动词以及明显具有位移动词属性的投放语义场等就是一个典型。

（一）投放语义场与位移动词

投放语义场是跨越现行刑法多个罪名、多个章节、多个法益的高度类型化之后的建构结果。投放危险物质罪、传播性病罪（严重性病患者卖淫嫖娼罪）、污染环境罪、以危险方法危害公共安全罪、生产销售假药罪等多个罪名，就是一个开放的刑法语义场。

即严重性病患者卖淫嫖娼的行为，可以解释为投放危险物质罪或者以危险方法危害公共安全罪，其连接点就是投放了传染病病原体这类危险物质。故意污染环境的行为（排放、倾倒、处置三种法定的危险物质），可以解释为投放危险物质罪或者以危险方法危害公共安全罪。销售假药罪，可以解释为投放危险物质罪或者以危险方法危害公共安全罪。销售有毒有害食品罪，可以解释为投放危险物质罪或者以危险方法危害公共安全罪。货车严重超载上路行驶的行为，可以解释为以危险方法危害公共安全罪，但并非一概可以评价为投放危险物质罪；破坏易燃易爆设备罪，可以解释为以危险方法危害公共安全罪，但并非一概可以评价为投放危险物质罪；暴力危及飞行安全罪，可以解释为以危险方法危害公共安全罪，但并非一概可以评价为投放危险物质罪；等等。如此开放的刑法语义场，可以更好地实现解释循环，挖掘更多的连接点与共同义素。即我们在更抽象的层面审视上述罪名会发现：它们都是以某种危险方法危害公共安全的行为；危险方法、危险行为、威胁公共安全，这都是它们的共同点，是语义场中的共同义素，是抽象的。至于是采用何种具体的方式（即区别义素）得以呈现，是它们的个性与具象。[1]

根据认知语言学创始人伦纳德·泰尔米（Leonard Talmy）的见解，位移动词中融合的语义要素分别是 ［运动］［路径］［方式］［动体］［致使］［背

---

〔1〕 传播性病罪，是严重性病患者通过卖淫嫖娼这一特定途径（路径），向人群投放传染病病原体，致使病原体进入他人体内的危害行为。

景] 6 种，[1] 前述几个犯罪类型可依此知识点进行再分析、再整合、再表达。例如，投放危险物质，[运动] 和 [方式] 由位移动词"投放"来表达，[路径] 由趋向动词"进"来表达，[动体] 由"危险物质"来表达。传播性病（严重性病患者卖淫嫖娼），[运动] 和 [方式] 由位移动词"卖淫嫖娼"来表达，[致使] 由"传播"来表达，[动体] 由"严重性病病原体"[2] 来表达。污染环境，[运动] 和 [方式] 由位移动词"排放、倾倒、处置"[3]来表达，[路径] 由趋向动词"进入（环境）"来表达，[致使] 由"污染"来表达，[动体] 由"放射性废物等"来表达，等等。相关的位移动词还有非法侵入住宅罪中的"侵入"，侵犯商业秘密罪中的"（电子）侵入"，脱逃罪中的"脱逃"，收买被拐卖的妇女儿童罪中的"收买"，出售假币罪中的"出售"，传授犯罪方法罪中的"传授"，销售假药罪中的"销售"，等等。显然，侵入的 [路径] 是"入"，脱逃的 [路径] 是"出"，收买的 [路径] 是"入"或"进"（即买入或买进），出售的 [路径] 是"出"，传授的 [路径] 是"出"，销售的 [路径] 是"出"。

（二）位移动词罪名义素分析

根据以上分析与思路，下面对这几个位移动词类的犯罪进行简单的义素分析（有的义素省略）：

第一，收买被拐卖的妇女儿童罪。[运动] 收买 [路径] 进 [方式] 收买 [动体] 被拐卖者 [致使] 侵犯人身自由权 [背景] 略。

第二，出售假币罪。[运动] 出售 [路径] 出 [方式] 出售 [动体] 假币 [致使] 妨害货币公共信用[4]或国家货币管理制度[5] [背景] 略。

第三，传授犯罪方法罪。[运动] 传授 [路径] 出 [方式] 传授 [动体]

---

[1] 帅志嵩：《从"方式"到"结果"的语义演变及其理论思考——以"送、摔、丢、走、跑"为例》，载《中国语文》2021年第6期。

[2] [动体] 也可认为是"严重性病患者"。

[3] 处置，本不属于位移动词，但是，《刑法》第338条污染环境罪将排放、倾倒、处置3个动词连用之后，则处置的含义就从宽泛变得比较狭窄、比较清晰了。并且，结合我国台湾地区"刑法"中的第187条之二放逸核能、放射线，致生公共危险者……第190条之一投弃、放流、排出或放逸毒物或其他有害健康之物，而污染空气、土壤、河川或其他水体，致生公共危险者……处置的语义范围相对固定，因而仍可解释为位移动词。

[4] 张明楷：《刑法学》，法律出版社2011年版，第675页。

[5] 谢望原、赫兴旺主编：《刑法分论》，中国人民大学出版社2016年版，第119页。

犯罪方法［致使］社会治安管理秩序等[1]［背景］略。需要注意的是，传就是授。《正字通》中提到：传，授也。

第四，销售假药罪。［运动］销售［路径］出［方式］销售［动体］假药［致使］公共卫生安全［背景］药品市场。

第五，传播性病罪（严重性病患者卖淫嫖娼罪）。［运动］卖淫嫖娟［路径］出［方式］卖淫嫖娟［动体］严重性病病原体［致使］性病传播［背景］略。需要注意的是，传播类罪名的路径或者途径，常见的是接触传播、血液传播、呼吸道传播、消化道传播、气溶胶传播、母婴垂直传播、性行为传播、飞沫传播、媒体传播等。显然，这是列举而非严格分类。

第六，污染环境罪。［运动］排放、倾倒、处置［路径］出［方式］排放、倾倒、处置［动体］放射性废物等废物［致使］污染［背景］环境。

第七，投放危险物质罪。［运动］投放［路径］出［方式］投放［动体］危险物质［致使］危害公共安全［背景］河流土壤等。

第八，叛逃罪。［运动］叛逃［路径］出［方式］叛逃［动体］国家机关工作人员［致使］危害国家安全［背景］境外。

第九，私放在押人员罪。［运动］私放（纵囚）［路径］出［方式］私放（纵囚）［动体］在押人员［致使］人员脱逃［背景］略。

第十，投敌叛变罪。［运动］投敌叛变［路径］出［方式］投敌叛变［动体］中国公民［致使］危害国家安全［背景］敌方。

第十一，逃离部队罪。[2]［运动］逃离［路径］出［方式］逃离［动体］现役军人［致使］军人违反职责［背景］略。

第十二，非法引起、释放、丢弃外来入侵物种罪。［运动］引进释放丢弃［路径］出或者进［方式］引进释放丢弃［动体］入侵物种［致使］危害生物安全［背景］略。需要解释的是，引进，路径义素是进。释放，路径义素是出、放出。丢弃，路径义素是出、甩出、扔出。

第十三，擅自出卖国有档案罪。［运动］出卖［路径］出［方式］出卖［动体］国有档案［致使］档案承载的利益［背景］略。

---

〔1〕谢望原、赫兴旺主编：《刑法分论》，中国人民大学出版社 2016 年版，第 346 页。
〔2〕即《尉缭子·重刑令》中的离地逃众。

第十四，挪用资金罪。［运动］挪用［路径］出［方式］挪用［动体］资金［致使］财产受损［背景］略。

第十五，为境外窃取、刺探、收买、非法提供商业秘密罪。［运动］窃取、刺探、收买、提供［路径］出或进［方式］窃取、刺探、收买、提供［动体］商业秘密［致使］无形财产智力成果受损［背景］略。需要解释的是，窃取、刺探、收买，是进的路径。非法提供，是出的路径。

第十六，抢劫罪。［运动］抢劫［路径］进（或取得）［方式］抢劫［动体］财产［致使］他人财产权转移［背景］略。

第十七，故意传播虚假信息罪。［运动］传播［路径］出［方式］传播［动体］虚假信息［致使］严重扰乱社会秩序［背景］略。需要注意的是，罪状中的"在信息网络或者其他媒体"上传播，可以删除"在信息网络或者其他媒体"。

第十八，投放虚假危险物质罪。［运动］投放［路径］出［方式］投放［动体］虚假危险物质［致使］严重扰乱社会秩序［背景］社会上。

第十九，遗弃武器装备罪。［运动］遗弃［路径］出［方式］遗弃［动体］武器装备［致使］军事法益受损［背景］略。

第二十，遗弃罪。［运动］遗弃［路径］置之不理［方式］遗弃［动体］共同生活的家庭成员［致使］家庭成员法益受损［背景］略。需要注意的是，［路径］置之不理，而非出或者入，与本罪本身的特点相关。

第二十一，吸收客户资金不入账罪。［运动］不入账［路径］出［方式］不入账［动体］客户资金［致使］金融秩序受损［背景］略。本罪极为特殊。其位移方式是，先吸收客户资金（即入），但是又不放入银行等金融机构的账户。因此，本质上是将银行等金融机构的资金挪出的行为，属于挪用公款罪或者挪用资金罪的特殊法条。但有学者认为，客户同意不记入银行等金融机构账户的，才构成本罪。[1] 本书认为，这不合适，因为根据客观解释，构成要件中并无此要求。因此，无论客户知情与否，只要银行等金融机构不知情，行为人吸收客户资金不入账即侵害金融秩序，即具有符合性。

第二十二，走私毒品罪。［运动］走私［路径］入境或出境［方式］走

---

〔1〕　曹坚：《区分吸收客户资金不入账罪与"挪用型"犯罪》，载《上海金融报》2009 年 2 月 10 日，第 A13 版。

私［动体］毒品［致使］公共健康受损［背景］略。需要注意的是，以往的走私毒品主要是入境，而目前当化学制毒成为主要犯罪手段、毒品原植物不再成为毒品制造的唯一原料后，我国毒品犯罪已经呈现出入境、出境的双向运输、流动、移动、迁移态势。

第二十三，放射性物质中的放射。放射性物质中的放射，同样是位移动词，是向外射出的意思。［运动］放射［路径］出［背景］环境。

根据以上不完全的列举、分析，本书认为，刑法文本中的位移动词罪名涉及的语义场包括：投放抛弃类、走私类、运输类、买卖类、侵入类、脱逃逃离类、传播类、挪用类，等等。这些小类之间也往往存在浸润关系。

例如，走私、运输类可以合并，走私行为与运输行为存在竞合。投放、传播类存在竞合。所谓投放广告，就是做广告，就是发布商品信息，建立品牌形象。

又如，侵入类涉及多个法益、多个罪名，包括非法侵入住宅罪、非法搜查罪、非法侵入计算机信息系统罪、以盗窃和电子侵入为手段的侵犯商业秘密罪、非法占用农用地罪，等等。这些罪名都是"进入""侵入"的行为方向。[1]

这样一种对犯罪的语义描述模式，有助于精细化具体罪名实行行为的认定，有助于区分构成要件之间的细微差别，有助于准确认定扩大解释与类推解释的界限。例如，行为人强制被害人自行搜索口袋、衣服、随身包袋乃至身体部位接受检查的，由于并不具有"进入""侵入"的行为方向，并不构成非法搜查罪。根据案情的实际，可能构成侮辱罪等罪名。

（三）汉语词汇史视角下的投放类罪名

学者认为，汉语史上的"扔"类动词，有表示"投掷"义与表示"抛弃"义两类，同时并认为，从离开原因、离开方式、离开起点、离开结果（目的）四个维度进行考察，二者存在不同。但是二者又存在语义联系与重叠——一个词兼有"投掷"与"抛弃"二义。[2]

---

〔1〕 所谓性侵罪、性进入罪、性侵入罪、性暴力罪等汉语不同的用法，表明现行《刑法》的强奸罪，也属于"进入""侵入"的行为方向。但是，强制猥亵、侮辱罪则未必全都具有"进入""侵入"的行为方向。

〔2〕 杨荣贤：《汉语肢体动词发展史研究——以六组基本词为中心》，中西书局 2017 年版，第 98 页以下。

因此，在前述 22 个罪名和动词"放射"之中，有的罪名明显表示出了"投掷"义，如为境外非法提供商业秘密罪、私放在押人员罪等。有的罪名明显表示出了"抛弃"义，如纯正不作为犯的遗弃罪等。有的罪名明显表示出了兼有"投掷"与"抛弃"二义，如投放危险物质罪、投放虚假危险物质罪、污染环境罪等。需要注意的是，遗弃武器装备罪是个例外，既可以是表示出"投掷"义，积极主动扔掉、扔出武器装备；也可以是消极不顾武器装备，表示出置之不理的"抛弃"义。

（四）构成要件语义特征分析

犯罪类型可依语义学知识进行再分析、再整合、再表达，上述位移动词罪名就是进行语义特征分析的结果。这是对语义所进行的微观分析，源出于结构语义学。有学者以语义场理论为核心，将语义特征构拟成八大类，分别是指称性语义特征、动作性语义特征、性状性语义特征、情景性语义特征、感受性语义特征、空间性语义特征、时间性语义特征、关系性语义特征。[1]很明显，投放语义场含有的语义特征包括动作性语义特征、空间性语义特征、关系性语义特征、情景性语义特征等。本书认为，以此为分析视角进行义素挖掘，可得到新的共同义素、新的区别义素，为构成要件的真实含义的浮现提供新的资源、新的可能。例如，叛逃罪、军人叛逃罪中明显的空间性语义特征，具有施事格、受事格罪名[2]中的关系性语义特征；袭警罪中明显的情景性语义特征；拒不支付劳动报酬罪中的感受性语义特征等，都值得关注、深化和阐发。

第二节　语义场与解释循环

在法学各个部门中，广泛运用着解释循环方法，其目的就是建构体系、阐发语义、正确适法、定分止争。但是，语义场的组建是必不可少的基础工作。同样，刑法解释也是一个不断的解释循环过程，刑法语义场的组建也是必不可少的基础工作，是解释循环的重要环节。

---

〔1〕 丁金国：《语义问题说略》，载《烟台大学学报（哲学社会科学版）》1995 年第 1 期。

〔2〕 包括传授犯罪方法罪、故意杀人罪、抢劫罪、强奸罪、遗弃罪等。但是，施事格与受事格之间的关系，有的是必须进行接触，有的则未必。例如，故意杀人罪、遗弃罪等就无须接触被害人。

一、语义场中的语料与解释循环

（一）共时语义场中的语料与解释循环

例如，对于《刑法》第196条信用卡诈骗罪的解释循环：

第一步，是从法条的规定开始进行解释的："有下列情形之一，进行信用卡诈骗活动，数额较大的，处五年以下有期徒刑或者拘役，并处二万元以上二十万元以下罚金；数额巨大或者有其他严重情节的，处五年以上十年以下有期徒刑，并处五万元以上五十万元以下罚金；数额特别巨大或者有其他特别严重情节的，处十年以上有期徒刑或者无期徒刑，并处五万元以上五十万元以下罚金或者没收财产：（一）使用伪造的信用卡，或者使用以虚假的身份证明骗领的信用卡的；（二）使用作废的信用卡的；（三）冒用他人信用卡的；（四）恶意透支的。前款所称恶意透支，是指持卡人以非法占有为目的，超过规定限额或者规定期限透支，并且经发卡银行催收后仍不归还的行为。"即法律条文的表述，是对信用卡诈骗罪的第一次、第一步解释。这一步，是粗线条的，大致规定了什么是信用卡诈骗罪。但是，其中的诸构成要件的真实语义并不清晰，还需要更多步骤的解释。

第二步，立法者对其中的特殊概念——恶意透支——进行了规定和解释，这是非常必要的立法技术。即恶意透支类型的信用卡诈骗罪的解释也是根据法条规定进行下去的，其中包括：非法占有目的、透支行为、催收环节、仍不归还等构成要件的解释。这个步骤很有必要，因为"恶意透支"是金融术语，其特定语义不为普通公众所了解。在这个步骤中，非法占有、透支等词的出现，为该解释的语义场提供了必不可少的词汇，解释循环有了更多的语料与素材。

第三步，恶意透支类型的信用卡诈骗罪与侵占罪的关系的刑法解释问题。这是本书建构语义场的时候新增的语料。在大的财产犯罪中寻找解释资源，与被解释的恶意透支进行比较，挖掘各自的真实语义。本书认为，恶意透支类型的信用卡诈骗罪应解释为侵占罪为宜，主要理由就是，前者行为人符合"合法占有，非法所有"的类型。而普通诈骗罪并不存在"合法占有"的阶段与特点。换句话说，行为人透支的时候尚属于合法占有，即银行是允许透支的，但是在发卡银行催收后仍不归还的时候（恶意透支的时候）属于非法所有。这一步骤中，涉及的语义场就包括了诈骗罪、侵占罪。众所周知，侵占罪就具有"拒不退还"的义素，而恶意透支类型的信用卡诈骗罪同样具有"仍不归还"（也即"拒不退还"）的义素。"仍不归还"与"拒不退还"的内涵外延完全一致。

第四步，透支款是否符合"代为保管的他人财物"，仍需解释。我国台湾地区"刑法"第 335 条（普通侵占罪）条文与大陆现行刑法不一样：意图为自己或第三人不法之所有，而侵占自己持有他人之物者……可见，该条文规定并无"代为保管"之语，更为概括、抽象，涵摄力更强，值得借鉴。那么，恶意透支是不是"非法所有自己持有的他人之物"呢？在这一点上应无问题。即恶意透支人非法所有了自己通过透支而持有的（合法占有的）本属银行的财产。因此，恶意透支，实际上是普通侵占罪（即委托物侵占）这个犯罪类型中的一个非常具体的样态而已。

第五步，完成刑法解释循环过程。也就是说，恶意透支类型的信用卡诈骗罪的解释，最终没有归结为信用卡诈骗罪，而是归结为普通侵占罪（即委托物侵占）这个类型。这个过程与不同犯罪类型的观念形象息息相关。即诈骗罪、信用卡诈骗罪是一个观念形象，而侵占罪是另一个不同的观念形象。恶意透支行为应该被解释为侵占罪的观念形象。

综上所述，语义场内的解释循环，既有比较微观的部分，也有比较宏观的部分。将恶意透支类型的信用卡诈骗罪、侵占罪、合法占有、非法占有、非法所有等构建的语义场作为解释循环的基础，在此基础上进行解释循环，以便明确微观的构成要件之间的各自界限，发现各自的真实语义。同时，明确宏观上各个不同罪名的相互关系。在此过程之中，各自的语义相互生发也相互限制。而互训、语义相互生发、体系解释、语义的语篇内循环[1]，意思彼此勾连。本书称之为语义场内的解释循环。

现代语义学认为，要确定一个词的意义的构成成分（即义素），须将该词的意义和同一语义场内的词，或邻近场内的词的意义进行比较。[2] 在刑法解释中，具体的构成要件之间往往需要进行对比、比较，以便明确各个构成要

---

〔1〕 王政勋：《刑法解释的语言论研究》，商务印书馆 2016 年版，第 211 页以下。

〔2〕 E. Nida：Exploring Semantic Structure，1975，p.180. 转引自贾彦德：《汉语语义学》，北京大学出版社 1992 年版，第 47 页。

件的真实语义。这种对比、比较，既可以是横向的，也可以是纵向的，也可以是网状的和体系的。

贩卖毒品罪之所以不是买卖毒品罪，是因为买卖毒品包括购买毒品和出卖毒品，而贩卖毒品是以出卖为目的的购买毒品行为和以出卖为目的的出卖毒品行为。购买毒品与以出卖为目的的购买毒品是不同的。前者不是目的犯，因而涵摄范围更大，至少包括以自用为目的的购买毒品的行为。这一比较的意义在于，明确了贩卖毒品的语义的构成成分（即义素）——"以出卖为目的"。在贩卖毒品罪的解释过程中，必须引入买卖毒品等语料，以便更科学准确地解释"贩卖"，新的素材必不可少。这是生发"贩卖"真实语义所必需的。

（二）历时语义场中的语料与解释循环

例如，胁迫、敲诈、恐吓的语义。三者都具有"恐吓"这个义素。而如何进行恐吓呢？就是学界达成共识的"以恶害相通告"[1]。即告诉、传递不利于被害人的消息，使其心生恐惧。恐吓、恐惧、胁迫、敲诈、逼迫等词汇的语义，其实是相互解释的关系，可以形成解释的循环。同样，畏忌[2]、畏惧、心理恐惧[3]、精神强制等的语义，其实也是相互解释的关系，也可以形成有效的解释循环。行为人发出恶害，被害人接到恶害后心生恐惧（畏惧），也是一对可以互相解释的关系型语义。在现代汉语中，敲诈的义项其实有两个，一个是用欺骗手段索取财物，一个是用威胁手段索取财物。[4] 而在刑法语境中，只有用威胁手段索取财物的才具有恐吓的构成要件符合性，而用欺诈手段索取财物不具有符合性。因此，恐吓的就是威胁。[5] 唐律中的"恐喝

〔1〕 本书认为，通告就是通知的意思。虽然刑法学界引进了"以恶害相通告"这一表述方式，并成为学界公共知识，但应该指出，恶害、通告都并非现代汉语的词汇。其中，通告实则源自近代时期的日语，大约时间是1915年，意思是"普遍地通知"。显然，行为人"以恶害相通告"，一般不会"普遍地通知"，而是仅通知被害人。因此，使用"通告"一词其实并不合适，应该改为现代汉语的"通知"。参见黄河清编著：《近现代汉语辞源（下册）》，上海辞书出版社2020年版，第1499页。

〔2〕 刘俊文撰：《唐律疏议笺解（下册）》，中华书局1996年版，第1395页。

〔3〕 高铭暄、马克昌主编：《刑法学》，北京大学出版社、高等教育出版社2005年版，第577页。李希慧主编：《刑法各论》，中国人民大学出版社2012年版，第236页。

〔4〕 中国社会科学院语言研究所词典编辑室编：《现代汉语词典》，商务印书馆2016年版，第1045页。

〔5〕 中国社会科学院语言研究所词典编辑室编：《现代汉语词典》，商务印书馆2016年版，第743页。

取人财物”，即“类似于今日之敲诈勒索罪”。[1]

需要注意的是，汉律中的文字是“恐猲”，[2] 唐律中的文字是“恐喝”，今天则写为“恐吓”。这里，需要从文字历史、语义演变角度进行简要解释。

《说文》曰猲：短喙犬也。从犬曷声。《正字通》曰猲：旧注音喝。猲獢，短喙犬。一曰恐逼也。《战国策·赵策》曰：“是故横人日夜务以秦权恐喝元作猲。”[3]《史记·苏秦列传》曰：“是故夫衡人日夜务以秦权恐愒诸侯以求割地……”[4]“秦虽欲深入，则狼顾，恐韩、魏之议其后也，是故恫疑虚喝呼葛骄矜而不敢进，则秦之不参害齐亦明矣。”[5]《汉书·王莽传》曰：“今则不然，各为权势，恐猲良民，妄封人颈，得钱者去。”师古曰：“猲，以威力胁之也。”[6]《汉书·王子侯表》曰：“坐缚家吏，恐猲受赇，弃市……坐恐猲取鸡以令买偿免。复谩，完为城旦。”今人也认为，恐猲就是恐吓。[7]

喝，俗本讹作猲。或者，猲，假借为喝。意思就是以威力、武力胁迫人。可见，“恐猲”是文字的讹变，“恐喝”“恐愒”才是正解。总之，根据造字，先有口头的方式实施恐吓，令人心生恐吓，后来才引申到文牒之类的方式进行恐吓，在法律评价上二者是一致的，即“虽口恐喝亦与文牒同”。[8] 也就是说，恐吓行为所采取的具体犯罪手段在所不论。只是古今观念略有不同，《唐律疏议》中将“事有因缘之类”的排除出恐吓的语义与涵摄范围之外，只有“无端”讹诈的才具有符合性。“有因缘”与“无端”正好相互释义。

有语言学者从语义演变角度对“喂”“畏”的变迁进行研究，得到的结论是一致的。最初看到可怕事物时不由自主地发出的“畏”“赫”声，后逐渐明晰而分化：用“畏”表示“害怕、恐惧”与“使害怕、恐惧”义，“喂”表示“吓唬、恐吓”与“打招呼”义；用“赫”表示“盛大”义，“嚇”表

---

[1] 刘俊文撰：《唐律疏议笺解（下册）》，中华书局1996年版，第1398页。

[2] 刘俊文撰：《唐律疏议笺解（下册）》，中华书局1996年版，第1398~1399页。

[3]（南宋）鲍彪注、（元）吴师道重校：《战国策校注》赵卷第六，四部丛刊景元至正本。

[4] 愒，谓相恐胁也。参见（西汉）司马迁撰、（宋）裴骃集解、（唐）司马贞索隐、（唐）张守节正义：《史记》苏秦列传第九史记六十九，百衲本。

[5] 猲，本一作喝。高诱曰：虚猲，喘息惧貌也。参见（西汉）司马迁撰、（宋）裴骃集解、（唐）司马贞索隐、（唐）张守节正义：《史记》苏秦列传第九史记六十九，百衲本。

[6]（东汉）班固撰、（唐）颜师占注：《汉书》王莽传卷第六十九中班固汉书九十九，百衲本。

[7] 彭炳金：《论汉代法律中的官吏职务犯罪》，载《南阳师范学院学报》2008年第11期。

[8] 刘俊文撰：《唐律疏议笺解（下册）》，中华书局1996年版，第1395、1399页。

示"吓唬"与"害怕"义。[1]

需要注意的是,"恐猲""恐喝""恐吓"早期的语义仅限于"以威力、武力胁迫人"。今日的词义已经大大扩张,包括以名誉、荣誉、隐私、财产、地位、健康、职位、薪水、资格等不利于被害人的内容相通知,使被害人心生恐惧。另外,恐吓的"恐""吓",原来都是动词,意思也是一样的。而今日,"恐"一般不作动词使用。由于行为人发出恐吓,导致被害人心生恐惧。这种关系就是因果关系。

(三)语义生发的类型与解释循环

有的语义生发,在同一个刑法规范内部即可实现、完成。例如,《刑法》第330条妨害传染病防治罪之中的传播与扩散两个构成要件,即为等价关系,完全可以互相代替。"使传染病扩散",就是使传染病传播之意。这在修辞上叫作互文见义。传播与扩散,都是指传染病疫情涉及的人数与地域面积的扩大与增加,当然同时也就是指传染病防治所需时间的延长与增加。又如,《刑法》第293条寻衅滋事罪中的随意与任意,也属于等价关系,完全可以互相代替。再如,故意伤害罪的重伤,根据《刑法》第95条的规定,指的是肢体残废、毁人容貌、丧失听觉视觉或其他器官机能等。毁、伤、肢体残废,互相解释,尤其是结合古代历史文献中的"毁伤支体""残损肢体""断支体"[2]等实际语料,就容易得到真实语义。

有的语义生发,则需要在多个刑法规范之间进行勾连、联系,建构一个小小的语义场,方可实现。例如,《刑法》第134条之一危险作业罪中的"高度危险的生产作业活动"与第244条之一雇用童工从事危重劳动罪中的"危险环境",二者本质上都属于"高度危险的生产作业活动"。即便立法者在第244条之一中对"高空、井下作业"并未使用"危险环境"或者"高度危险"等用语,但实际上,众所周知的是,"高空、井下作业"当然属于"危险环境"或者"高度危险"。需要进一步指出的是,雇用童工从事危重劳动罪,实

---

[1] 徐时仪:《古白话词汇研究论稿》,商务印书馆2021年版,第151~153页。另见张美兰:《白话词汇研究的新作——徐时仪〈古白话词汇研究论稿〉增订本》,载《辞书研究》2022年第5期。

[2] 2022年11月7日,在北京语言大学BCC语料库"古汉语"下检索"毁伤",出现2273个结果。在"多领域"下检索"毁伤",出现152个结果。在"报刊"下检索"毁伤",出现470个结果。在"古汉语"下检索"毁伤支体",出现20个结果。在"古汉语"下检索"断支体",出现104个结果。

际上包括两种，一种是雇用童工从事危险劳动罪，一种是雇用童工从事超强度体力劳动罪（即重劳动），很明显，危重包括了危与重，是一个上位概念。这个结论对于解释《刑法》第134条之一危险作业罪中的构成要件（高度危险）是具有指导意义的。

而更多的语义生发，则需要在全部汉语语料之间进行勾连、联系，建构一个宏大的语义场，才能实现。这体现的是本书体系解释的刑法解释观，是本书的重点。

从绝对或者极端的意义来说，在某个具体问题、具体构成要件的解释上，刑法解释循环也许是冗长繁琐的，甚至得不到合适结果。例如，新的口袋罪涉及的非法经营罪、寻衅滋事罪、以危险方法危害公共安全罪、故意毁坏财物罪、破坏生产经营罪等的解释。但是，这不等于刑法解释的不可能、不作为。相反，正是由于刑法解释循环的客观存在，既可以成为一种刑法解释的魅力，也是刑法概念与刑法构成要件及其认知得以不断发展的内在动力。构成要件含义的定分止争何时能实现，刑法解释循环就在何时停止。而只要存在争议，解释循环就会一直进行下去。对刑法法条的解释，形成了刑事司法解释。对刑事司法解释的进一步解释，则形成了刑法学的学理解释。而对学理解释的进一步解释，则形成了刑法学的学术批评、学术商榷、学术质疑。而对学术批评、学术商榷、学术质疑的反批评，进一步形成了更为繁荣的刑法解释。

（四）解释循环的基本语义学方法

通过释义原理与释义实践的分析，解释循环的基本语义学方法包括：

第一，同义替换的方法。例如，俄罗斯刑法第301条规定的非法拘留、拘禁和羁押。[1] 拘留、拘禁和羁押就是理性意义相同的几个同义词的列举，可以进行同义替换。又如，有学者认为，未被正式录用人员、非在编人员等都可构成渎职罪中的失职致使在押人员脱逃罪、私放在押人员罪等罪名，受委托、被委派互相替换，不会使含义发生变化。[2]

---

〔1〕《俄罗斯联邦刑法典释义（下册）》，黄道秀译，中国政法大学出版社2000年版，第826页。本书按：拘，执，捕，同义词。参见李娟：《〈汉书〉"抓捕"语义场研究》，载《三峡论坛（三峡文学·理论版）》2017年第6期。

〔2〕张明楷：《刑法分则的解释原理（下册）》，中国人民大学出版社2011年版，第661页以下。

第二，使用上下义词互训互释。例如，《刑法》第357条中毒品的定义，使用的就是：毒品是指……麻醉药品和精神药品，是以麻醉药品和精神药品这些上义词来释义毒品这个下义词。如妨害书信秘密罪中的书信是封缄信函或其他封缄文书。[1] 这是以封缄信函、封缄文书等下义词来释义书信这个上义词。

第三，使用共同义素+区别义素的格式进行释义，完成解释循环。这在区分语义场中的相似事物、概念、类型时经常使用。例如，抢劫罪、盗窃罪是违背被害人的意思夺取其财物，而诈骗罪是欺骗被害人，使其产生错误认识，在此基础上交付财物。[2] 显然，前者是夺取罪，公式就是夺取+财产罪。后者是交付罪，公式就是交付+财产罪。

二、解释循环实例分析

（一）英雄与正当防卫人的解释循环

2020年颁布实施的《刑法修正案（十一）》新增了第299条之一侵害英雄烈士名誉、荣誉罪。"侮辱、诽谤或者以其他方式侵害英雄烈士的名誉、荣誉，损害社会公共利益，情节严重的，处三年以下有期徒刑、拘役、管制或者剥夺政治权利。"应该说，我国刑法首次把英雄作为一个犯罪构成要件，初衷当然是好的，但是同时带来了一个极为艰巨的刑法解释学任务。本部分将尝试对此进行解释。

英雄的词典义是：不怕困难，不顾自己，为人民利益而英勇斗争，令人钦敬的人。[3] 其中，何为英勇？英勇的词典义是：勇敢出众。[4] 何为勇敢？勇敢的词典义是：不怕危险和困难；有胆量。[5] 这个构成要件的解释，在词典中就明显经历了解释的循环。即英雄是不怕危险和困难、有胆量的、为人民利益而英勇斗争的、令人钦敬的人或者群体。但是，不是只要具备了"令

---

〔1〕 林山田：《刑法特论（上册）》，三民书局1978年版，第188页。

〔2〕 刘明祥：《财产罪比较研究》，中国政法大学出版社2001年版，第207页。

〔3〕 中国社会科学院语言研究所词典编辑室编：《现代汉语词典》，商务印书馆2016年版，第1570页。

〔4〕 中国社会科学院语言研究所词典编辑室编：《现代汉语词典》，商务印书馆2016年版，第1570页。

〔5〕 中国社会科学院语言研究所词典编辑室编：《现代汉语词典》，商务印书馆2016年版，第1579页。

人钦敬"这个义素就都是英雄。判断英雄的构成要件符合性，需要满足以下多个义素：不怕困难、不顾自己、令人钦敬、为了人民的利益、斗争（即行为或者行动）、人。

假如随意减少英雄的义素，势必造成其外延扩大的效果，即成为刑法中的英雄变得很容易。新闻语言中的英雄，显然外延远大于刑法中的英雄。因此，区别强势的新闻语言与保守的刑法语言，是解释循环中必须要注意的。否则，解释循环就会出现可笑的、矛盾的、反逻辑的、反历史的结论。这会从根本上伤害刑法学，伤害刑事司法，最终危及人权和全体国民的利益。

而义素之间显然还存在着互相限制的功能。例如，英雄的义素——不顾自己，为人民利益而英勇斗争，就可以推导出以下判断：英雄必须是为了别人的利益而牺牲自己利益的人。这明显不同于刑法中的正当防卫。正当防卫的防卫人既可以为了他人的法益、国家的法益、集体的法益而牺牲自己，实施防卫行为，也可以为了自己的法益而实施防卫。因此，"见义勇为的英雄"应该仅仅指的是前者——为了他人的法益、国家的法益、集体的法益。后者——为了自己的法益——虽然仍然属于刑法中的正当防卫，也可以被视为刑法中的见义勇为，但不宜被定义为"见义勇为的英雄"。不顾自己、为人民利益而英勇斗争，这两个义素限制了刑法语境中英雄的成立范围，有利于杜绝随意泛化构成要件外延、随意解释构成要件、过于宽松地认定构成要件符合性的不良倾向。

从分型角度来看烈士（英烈），对解释循环也有帮助。第一种分类：烈士，包括中国共产党领导的革命队伍中的烈士[1]，也应包括中国共产党领导的革命队伍之外的烈士。第二种分类：烈士，包括1921年~1949年牺牲的烈士，也应包括1949年到今天牺牲的烈士。第三种分类：烈士，包括为了中华民族解放独立而牺牲的烈士，也应包括为了中国共产党夺取政权、巩固政权而牺牲的烈士。第四种分类：烈士，分为军队中的烈士与军队之外的烈士。之所以可以这样分型，是因为烈士的义素中并没有中国共产党、革命队伍、新中国建国之前等义素。烈士，词典义是为正义事业而牺牲的人。[2] 其外延

〔1〕《中国共产党的历史使命与行动价值》，载《人民日报》2021年8月27日，第1版。
〔2〕中国社会科学院语言研究所词典编辑室编：《现代汉语词典》，商务印书馆2016年版，第823页。

非常宽泛，相应地，其内涵则很小、区别义素较少。

（二）国家工作人员的解释循环

近些年来，我国刑法学界对国家工作人员的解释路径与基本成果是：国家工作人员的核心义素是从事公务，而从事公务的核心义素是从事管理或者组织工作（以排除工勤人员等从事劳务的人员）。[1] 本书认为，从语义视角来看，这一论断是错误的，这一解释循环实际上难以顺畅地进行下去。

第一，从事公务的具体人员，既有管理人员，也有劳务人员。例如，省长是管理人员，给省长开车的司机是劳务人员。但是二者都属于公务人员。公务与劳务并不是互斥关系。公务中存在着各种形式的劳务性活动。有学者就认为，从事公务是国家工作人员的核心属性，从事公务是扩大解释的最大限度，绝对不能将从事劳务的人员解释进国家工作人员概念之中。[2] 但是，为什么绝对不能将从事劳务的人员解释进国家工作人员概念之中？论者显然把公务与劳务的互斥作为进行刑法推理的前提了，殊不知，这个前提恰恰是需要验证的，是被证明的命题，而不是可以拿来证明其他命题的论据。

从事公务的具体人员既有公务员，也有其他人员。"并不是一切从事于公务者都是公务员。有官吏公吏的身份及依法令从事于公务之职员，才是公务员。"[3] 也就是说，国家工作人员外延是大于公务员的，很多从事公务的人都没有公务员的身份。这完全符合现阶段我国的实际，例如，大学的科长、处长、院长、校长等人是国家工作人员，但一般都不是公务员，而是事业单位职员或者专任教师。各级政府也有大量的从事公务的人员，并未获得公务员身份。

第二，由于从事公务的外延在具体案件中难以认定，甚至前后认定是相反的（如中国足坛反黑时期的足球裁判的主体身份的认定前后不一、适用罪名不一），因此，这一解释循环尚需完善。事业单位的改革难点之一，就是履行行政职能的事业单位本质上是从事公务，若启动改革，其原来的行政职能势必会承继下去而不可能丢弃。

---

[1] 例如："一种活动不具有管理性，就不是公务而是劳务。"参见周光权：《刑法各论》，中国人民大学出版社2016年版，第462页。

[2] 陈志军：《论刑法扩张解释的根据与限度》，载《政治与法律》2005年第6期。

[3] [日]泷川幸辰：《刑法读本》，陶希圣、黄得中译，新生命书局1935年版，第111页。

第三，城乡集体经济组织中的人员获得的公务身份是临时的身份，而非"常时监临主守"。顺着这个思路发展下去，以身份来认定"国家工作人员"的思路不如改变为以行为人的职守来认定"国家工作人员"的思路。同一个人，在不同的职守之中，其身份是有差异的。因此，国家工作人员这个构成要件的核心义素应该是"享有公权力、行使公权力"的人。有的学者表述为具有法定职务或者合法职务，[1] 也完全是正确的。因为职务与职权（同时也是职责）是须臾不可分离的，职务的实际内容就是职权与职责的高度统一。

第四，本书认为，从事公务的核心义素并不是从事管理或者组织工作，而应该是行使公权力。由于体制与习惯的原因，这种公权力的表现形式异常多样。有的体现为决策权，有的体现为投票权，有的体现为批准权，有的体现为建议权，有的体现为处罚权，有的体现为强制权，有的体现为裁决权，有的体现为组织指挥权，有的体现为监督权，有的更是体现为简单的劳务（如省长的司机、省委书记的厨师）等。由于"有权不用过期作废"思想的根深蒂固，即便是最基层的、最清闲的公权力岗位，也会出现公权力的滥用。所以，国家工作人员的核心义素应该是享有公权力、行使公权力。国家工作人员的贿赂犯罪实际上是公权力与财物的交换与买卖，国家工作人员的渎职犯罪实际上是公权力的滥用或者怠忽，等等。

第五，要保证解释循环的顺畅进行，义素的挖掘绝不能随意。一个给省长开车的司机，他能决定行车路线、行车速度，因此，即便他属于工勤岗位，不是所谓的管理，但是，决定行车路线、行车速度的权力仍然属于公权力。因此，他应被认定为从事公务的人员。应该说，在一个公共性质的机关、机构里，实际上是没有私人的空间的。它的各个环节的职能运行，各个不同岗位的运作，都是公权力的具体化而已。

第六，有学者将保管欠款等行为列为"管理性"，进而否认其劳务性，并认定为公务。"一种活动不具有管理性，就不是公务而是劳务。"[2] 这是把公务与劳务完全对立起来，在形式逻辑上当然是错误的。公务的对称应该是私

---

[1]　张明楷：《刑法学（下）》，法律出版社 1997 年版，第 910 页。
[2]　周光权：《刑法各论》，中国人民大学出版社 2016 年版，第 462 页。

务，也只能是私务。劳务，是以劳动提供服务之意。[1] 公务，当然也是以劳动提供服务（为人民服务），因此，汉语之中的劳务，根本没有与公务相对立的任何义素。刑法学界对"劳务"一词的颠覆性用法，完全无视词典义与普通公众的认知，不仅不能厘清刑法相关构成要件之间的关系，反而还会把问题与逻辑搞乱。本书认为，应该彻底摒弃"劳务"的提法与用法。

劳务，就是劳动者以劳动提供的服务，本无高低贵贱之分。即便古代有所谓劳心与劳力之分，但是那不过是封建糟粕而已，当然不能作为今天解释刑法构成要件的论据。更不能将古代的劳心与劳力直接对应刑法学语境下的公务与劳务，这自然是十分错误的。时至今日，我国公务人员的劳务或者公务就是完整、正确、全面地行使人民赋予的公权力，以自己的劳务（包括劳心与劳力）为人民服务。他们的劳务就是公务、公干。他们的公务自然也是体现为劳务的。有的岗位劳心多，有的岗位劳力多，这是因为具体分工不同导致的正常现象。把公务与劳务相对立，无论在逻辑上还是语言上，都没有任何根据与支撑。这样的"刑法遗产""刑法知识"，不应该成为中国刑法学的基础性知识或者刑法常识，更不应成为进一步进行有关刑法解释的论据之一。

第七，实际上，劳务也具有不同的外延，具有丰富的形态，包括管理性的劳务、事务性的劳务、技术性的劳务、文书性的劳务、体力性的劳务，等等。只要是事关公权力的，无论什么具体类型的劳务，应该都属于公务为宜。为了履行公务、从事公务，无论什么具体类型的劳动、服务，都是公务——为人民服务，也就是为公众服务。在刑事司法实践中，劳务派遣人员[2]就被处断为从事公务的人员，以受贿罪论处。例如，浙江嘉兴的伍某某受贿一案：

"我一个'临时工'，原以为出了事，大不了不干了，没有想到犯了法……"这是痛失自由的伍某某在留置室里多次提到的一句话。伍某某，曾系浙江省嘉兴市公共资源交易中心建设工程科的一名劳务派遣制工作人员。

---

〔1〕 中国社会科学院语言研究所词典编辑室编：《现代汉语词典》，商务印书馆 2016 年版，第 781 页。

〔2〕 在我国，机关企事业单位的用工制度多种多样，有公务员编制、事业编制、工勤人员、劳务派遣、合同工、参公管理人员、临时工，等等。理论上，只要从事公务，不论什么身份，都可能成为刑法中的从事公务的人员。

然而，就是这个看似没有多大权力的"临时工"，却通过泄露内部信息、向专家打招呼，收受投标老板所送的 271.81 万元好处。2015 年 6 月，28 岁的伍某某在嘉兴市公共资源交易中心建设工程科担任工作人员，负责开评标现场见证、监督、管理等。工作中，伍某某有机会第一时间获得开评标相关信息和资料，并熟悉部分评标专家。随着时间流逝，她经常看着几千万甚至上亿、十几亿元的工程项目被出手阔绰的老板拿下，自己却拿着微薄的工资，她的心态慢慢发生了变化。伍某某开始寻思"从他们身上赚点钱"，于是向投标老板推销空气净化器、床垫，以及茶叶、月饼、粽子等"商品"，老板们纷纷掏了腰包。2019 年 4 月，正合计如何"赚大钱"的伍某某便遇到了投标老板向某。在一个项目开评标前，向某找到伍某某，让她把有无废标等信息第一时间传递出来，请熟悉的评标专家打高分，并许诺给她好处费。在向某的劝说和金钱的利诱下，伍某某帮助向某顺利中标，拿到 3 万元好处费。有了第一次，感到"来钱快"的伍某某再也无法关闭欲望的大门，知道伍某某"能耐"的老板也越来越多。特殊时期，投标单位不能进到开标现场，无法第一时间得知商务标抽签系数、各投标单位商务报价情况，也无法计算出商务标排名，这给伍某某提供了另一条"生财之道"。为获取好处，伍某某频频向老板提供投标单位信息、专家打分情况、评标专家的身份信息等资料，向熟悉的评标专家打招呼，涉及的项目工程从几百万到数亿元不等，项目种类也从水利工程到市政、土建、绿化等众多领域。尤其是到了后期，她不再等投标老板"上门"，而是主动"招揽生意"，看哪家公司可能中标，就提前联系老板，称自己能帮忙中标，要求给予好处。经查，2019 年 4 月至 2021 年 8 月，伍某某收受 19 个投标老板贿赂共计 71 次，平均每个月"入账"9 万余元。特别是在 2020 年、2021 年，伍某某共收受贿赂 236.2 万元。2021 年 9 月，嘉兴市秀洲区监委对伍某某涉嫌严重违法问题立案调查并采取留置措施。12 月 28日，秀洲区人民法院以受贿罪判处伍某某有期徒刑 6 年 6 个月，并处罚金 60万元。[1]

第八，在刑事司法实践中，承担点招招生任务的高校教职工被处断为不属于从事公务的人员，不构成挪用公款罪的犯罪主体。有学者认为，高校普

[1]《"临时工"月均受贿 9 万 被查时一分没花》，载 https://news.ifeng.com/c/8DDlyBFvLzT，最后访问日期：2022 年 11 月 1 日。

通教职工的相关行为不具有职权因素，是劳务而不是公务，因而不再属于国家工作人员。[1]

本书认为，这个论述的逻辑错误在于，劳务与公务并非并列关系，而是交叉关系。换言之，在我国，公务包括（但不限于）劳务性的公务、管理性的公务、技术性的公务等。而劳务也包括公务性质的劳务、非公务性质的劳务。给国家领导人开车的司机的业务、给国家领导人做饭的厨师的业务就是公务性质的劳务，同时也是劳务性的公务。给国家领导人进行健康保健的医生、护士的业务，主要是技术性的公务。学界通说认为，从事公务必须是管理性质的事务。[2] 而通说的这一论断中的义素"管理性"与词典义"关于国家的事务、公家的事务"[3] 中的义素并不一致，实际上缩小了公务这一概念的外延，因而本书认为通说不妥。事实上，我国的公务样态非常之复杂，简单来说，包括（但不限于）劳务性公务（工勤性公务）、技术性公务、管理性公务三大类。只是由于近些年来，劳务性公务、技术性公务被大量外包，相应的岗位数量逐年减少。但是，上述为各级高级领导干部服务的司机、厨师（营养）、保镖（保卫）等岗位仍然存在，它们当然属于公务性质的岗位。

有法院刑事判决明确认为，将职务理解为管理性的公务是不恰当的，从事劳务的便利仍属于职务便利。职务便利就是职责便利。[4] 就这一点而言，本书是赞成的。本书认为，离开了形式逻辑的加持，任何解释者的刑法解释都可能陷入一种自以为是的境地，非常容易产生遗漏，陷入思维盲区。刑法学特定概念与概念之间的关系的明确，离不开形式逻辑与语言逻辑的审视与制约。

---

[1] 刘艳红、冀洋：《实质解释何以出罪——以一起挪用"公款"案件为视角的探讨》，载《法学论坛》2016 年第 6 期。

[2] 该通说不知始于何时。无论是 1979 年刑法第 83 条国家工作人员的规定，还是 1984 年法律出版社的《刑法学》（高铭暄主编）教科书，都没有出现"管理性"义素。

[3] 中国社会科学院语言研究所词典编辑室编：《现代汉语词典》，商务印书馆 2016 年版，第 453 页。

[4] 《张珍贵、黄文章职务侵占案——受委托管理经营国有财产人员的认定》，载中华人民共和国最高人民法院刑事审判第一庭、第二庭编：《刑事审判参考（总第 35 集）》，法律出版社 2004 年版，第 58、63 页。本书按：从形式逻辑而言，职务上的便利包括公务性质的职务便利与非公务性质的职务便利，以及国家工作人员的职务便利与非国家工作人员的职务便利。而不应将公务与劳务相对立，这既不符合形式逻辑，也不符合社会实际。

（三）侦查与调查的解释循环

监察委的调查权究竟属于什么性质的权力，这个问题自监察委诞生之日起就引起了激烈辩论。《中华人民共和国监察法》（以下简称为《监察法》）第 11 条规定：监察委员会依照本法和有关法律规定履行监督、调查、处置职责：①对公职人员开展廉政教育，对其依法履职、秉公用权、廉洁从政从业以及道德操守情况进行监督检查；②对涉嫌贪污贿赂、滥用职权、玩忽职守、权力寻租、利益输送、徇私舞弊以及浪费国家资财等职务违法和职务犯罪进行调查；③对违法的公职人员依法作出政务处分决定；对履行职责不力、失职失责的领导人员进行问责；对涉嫌职务犯罪的，将调查结果移送人民检察院依法审查、提起公诉；向监察对象所在单位提出监察建议。《刑法》第 94 条规定的司法工作人员，是指有侦查、检查、审判、监管职责的工作人员。《监察法》中的调查其实就是侦查的一种。

在侦查、调查、犯罪嫌疑人、涉嫌职务犯罪的人、司法工作人员等组成的语义场中，"调查"一词的含义的确定过程是需要其他词汇语义来确定的，如此一来，才能从而生发出"调查"一词的含义——监察委的侦查。

《中华人民共和国监察法实施条例》（以下简称为《监察法实施条例》）的以下规定也表明，监察委对有关犯罪的调查范围就是检察机关原来承担的自侦案件的范围，其"调查"就是原有检察机关的"侦查"，只是换了一个词汇而已。

第 25 条：监察机关依法对监察法第 11 条第 2 项规定的职务犯罪进行调查。

第 26 条：监察机关依法调查涉嫌贪污贿赂犯罪，包括贪污罪，挪用公款罪，受贿罪，单位受贿罪，利用影响力受贿罪，行贿罪，对有影响力的人行贿罪，对单位行贿罪，介绍贿赂罪，单位行贿罪，巨额财产来源不明罪，隐瞒境外存款罪，私分国有资产罪，私分罚没财物罪，以及公职人员在行使公权力过程中实施的职务侵占罪，挪用资金罪，对外国公职人员、国际公共组织官员行贿罪，非国家工作人员受贿罪和相关联的对非国家工作人员行贿罪。

第 27 条：监察机关依法调查公职人员涉嫌滥用职权犯罪，包括滥用职权罪，国有公司、企业、事业单位人员滥用职权罪，滥用管理公司、证券职权罪，食品、药品监管渎职罪，故意泄露国家秘密罪，报复陷害罪，阻碍解救被拐卖、绑架妇女、儿童罪，帮助犯罪分子逃避处罚罪，违法发放林木采伐许可证罪，办理偷越国（边）境人员出入境证件罪，放行偷越国（边）境人员罪，挪用特定款物罪，非法剥夺公民宗教信仰自由罪，侵犯少数民族风俗习惯罪，打击报复会计、统计人员罪，以及司法工作人员以外的公职人员利用职权实施的非法拘禁罪、虐待被监管人罪、非法搜查罪。

第28条：监察机关依法调查公职人员涉嫌玩忽职守犯罪，包括玩忽职守罪，国有公司、企业、事业单位人员失职罪，签订、履行合同失职被骗罪，国家机关工作人员签订、履行合同失职被骗罪，环境监管失职罪，传染病防治失职罪，商检失职罪，动植物检疫失职罪，不解救被拐卖、绑架妇女、儿童罪，失职造成珍贵文物损毁、流失罪，过失泄露国家秘密罪。

第29条：监察机关依法调查公职人员涉嫌徇私舞弊犯罪，包括徇私舞弊低价折股、出售国有资产罪，非法批准征收、征用、占用土地罪，非法低价出让国有土地使用权罪，非法经营同类营业罪，为亲友非法牟利罪，枉法仲裁罪，徇私舞弊发售发票、抵扣税款、出口退税罪，商检徇私舞弊罪，动植物检疫徇私舞弊罪，放纵走私罪，放纵制售伪劣商品犯罪行为罪，招收公务员、学生徇私舞弊罪，徇私舞弊不移交刑事案件罪，违法提供出口退税凭证罪，徇私舞弊不征、少征税款罪。

第30条：监察机关依法调查公职人员在行使公权力过程中涉及的重大责任事故犯罪，包括重大责任事故罪，教育设施重大安全事故罪，消防责任事故罪，重大劳动安全事故罪，强令、组织他人违章冒险作业罪，危险作业罪，不报、谎报安全事故罪，铁路运营安全事故罪，重大飞行事故罪，大型群众性活动重大安全事故罪，危险物品肇事罪，工程重大安全事故罪。

第31条：监察机关依法调查公职人员在行使公权力过程中涉及的其他犯罪，包括破坏选举罪，背信损害上市公司利益罪，金融工作人员购买假币、以假币换取货币罪，利用未公开信息交易罪，诱骗投资者买卖证券、期货合约罪，背信运用受托财产罪，违法运用资金罪，违法发放贷款罪，吸收客户资金不入账罪，违规出具金融票证罪，对违法票据承兑、付款、保证罪，非法转让、倒卖土地使用权罪，私自开拆、隐匿、毁弃邮件、电报罪，故意延误投递邮件罪，泄露不应公开的案件信息罪，披露、报道不应公开的案件信息罪，接送不合格兵员罪。

第 32 条第 1 款：监察机关发现依法由其他机关管辖的违法犯罪线索，应当及时移送有管辖权的机关。

侦查与调查的解释循环过程大致是：监察委的调查的内容是对职务犯罪事实的查明——对犯罪事实的查明是刑事诉讼的侦查——监察委的调查实际就是侦查（查明犯罪事实）。这是典型的大前提——小前提——结论，即三段论式的演绎法。

《中华人民共和国刑事诉讼法》（以下简称为《刑事诉讼法》）第 109 条规定：公安机关或者人民检察院发现犯罪事实或者犯罪嫌疑人，应当按照管辖范围，立案侦查。那么，监察机关发现犯罪事实或者犯罪嫌疑人，也应当按照管辖范围，立案调查（相当于侦查机关的侦查），查明犯罪。然后，根据《监察法》的规定，对涉嫌职务犯罪的，监察机关经调查认为犯罪事实清楚，证据确实、充分的，制作起诉意见书，连同案卷材料、证据一并移送人民检察院依法审查、提起公诉。刑事案件在起诉之前的环节，无论是称为"调查"还是"侦查"，其实质是一致的，即查明犯罪事实，怎么定名或者有意回避"侦查"一语，并不重要。

同样，《监察法》第 40 条规定："监察机关对职务违法和职务犯罪案件，应当进行调查，收集被调查人有无违法犯罪以及情节轻重的证据，查明违法犯罪事实，形成相互印证、完整稳定的证据链。严禁以威胁、引诱、欺骗及其他非法方式收集证据，严禁侮辱、打骂、虐待、体罚或者变相体罚被调查人和涉案人员。"这与禁止刑讯逼供、暴力取证的刑法规定本质上是一致的。

可见，侦查与调查的解释循环的建立，需要注意调查职能的具体内容、履行调查职能的人、被调查对象、履行调查职能的人的非法行为、履行调查职能的人所属机关的性质、监察职能的渊源[1]等几个要素，而不是强硬地、单一路径地进行解释循环。

同时，侦查与调查的语义还互相限制。因为在一般社会观念里面，调查一词的语义[2]外延似乎应该是大于侦查的。但是由于语境的特定性（限定为

[1] 经过机构改革与职能调整后，检察机关的反贪反渎职能整体转移到了监察委。可见，原来作为自侦案件的反贪反渎案件的管辖职能转移给了监察委，检察机关的侦查就成了监察机关调查，只是行使该职权的主体变了。

[2] 调查，是指为了了解情况进行考察（多指到现场）。参见中国社会科学院语言研究所词典编辑室编：《现代汉语词典》，商务印书馆 2016 年版，第 301 页。

对职务犯罪的调查)、被调查对象的特定性(限定为"涉嫌职务犯罪的人")等,就限制了调查的外延的不当扩张,而这就使得监察法语境中的调查直接等价于刑事诉讼法中的侦查。在这一特定语境中的调查,即为侦查。因此,监察委在承担这一调查职能的时候,本质上是一个刑事司法机关。

根据现行的《监察法》,监察委还有其他职能。总的来看,监察委除了具有刑事司法机关的属性外,它还具有行政机关、党的纪律检查机关的属性。所以,它是一个综合性的机关。审查(违纪审查)、调查(犯罪调查)、监察、检查(党的纪律检查)、侦查(事实上的侦查)等职能或者职权范围集于一身,监察委的定位是"查"或者"察",这是我国古代国家监督机构在现代的体现。其职能、定位等核心问题,今后会如何演进、改革、分合,还难以判断。监察委的监察程序中的立案、取证、调查措施、留置等,本质上都是国家刑事司法程序的内容。应该说,监察委的权力是对国家统一司法权进行分权的结果。《监察法》第47条第3款规定:"人民检察院经审查,认为需要补充核实的,应当退回监察机关补充调查,必要时可以自行补充侦查。对于补充调查的案件,应当在一个月内补充调查完毕。补充调查以二次为限。"很明显,这是把刑事诉讼的补充侦查(俗称退侦)改为了监察委的补充调查,也可看出,调查与侦查具有内在一致性。当然,使用"调查"也许是受到香港特区廉政公署等的影响,反贪污贿赂方面的侦查习惯于使用"调查"一词,如《香港防止贿赂条例》。

另外,在英语中,investigate 是官方调查的意思,比较正式,警方、法院等司法机关用得较多。在英汉词典中,investigate 被翻译成调查、侦查。[1]司法机关查明犯罪事实的行为,就是调查、侦查。在汉语的当前语境中,其他国家行政机关的调查行为,一般不使用"侦查",如安全生产事故的调查与调查报告等。

综上所述,监察法的语言系统试图完全隔绝于刑事诉讼法的语言系统是不妥当的,也是不可能的。侦查与调查(实际上是刑事调查)的解释循环的建立,既是法治的需要,也是汉语循环、词语释解的自然结论。侦查与调查

---

〔1〕 [英]霍恩比原著:《牛津高阶英汉双解词典》,赵翠莲等译,商务印书馆、牛津大学出版社2014年版,第1110页。

的内在一致性，来源于国家的统一刑事司法的内在规定性，[1] 也来源于汉语语料的本身。换句话说，监察法中的调查，是监察工作人员实施的侦查。侦查权作为司法权的一部分，当然需要统一行使，而目前多个机关都行使了侦查权，这是需要改进、整合的。多部门分权式的制度设计，并不利于统一司法的实现。

下面用义素分析法对该"侦查"语义场试作分析：

侦查[2]［+国家机关职务行为］［+查明犯罪］［+公安机关或者检察机关］［+刑事诉讼的一部分］［+犯罪嫌疑人为相对人］

调查［+国家机关职务行为］［+查明犯罪］［+监察机关］［+刑事诉讼的一部分］［+涉嫌职务犯罪的人为相对人］

审查［+国家机关职务行为］［+查明违纪］［+监察机关］［-刑事诉讼的一部分］［+违纪人为相对人］

监察［+国家机关职务行为］［+查明犯罪或者违纪］［-刑事诉讼的一部分］［+违纪人或者犯罪嫌疑人为相对人］

检察［+国家机关职务行为］［+查明犯罪］［+检察机关］［+刑事诉讼的一部分］［+犯罪嫌疑人为相对人］[3]

（纪律）检查［+共产党机关职务行为］［+查明违纪］［+纪检机关］［-刑事诉讼的一部分］［+违纪人为相对人］

侦讯［+国家机关职务行为］［+查明犯罪］［+侦查］［+讯问］［+刑事诉讼的一部分］［+犯罪嫌疑人为相对人］[4]

需要特别注意的是，在案件性质尚未查明的时候，"纪委监委"连用是很普遍的。也就是说，在某个案件到底属于纪委的职能还是监委的职能还不清楚的时候，使用"纪委监委"连用方式。待案件性质水落石出了，再来区分由哪个部门负责处理、办案。

---

〔1〕 即国家统一的侦查权分属不同的国家机关当然是一种可以尝试的制度设计。但是，不应把调查与侦查理解为并列关系。侦查（也就是刑事调查）是一个刑事司法中的上位概念，监察机关的调查是侦查（也就是刑事调查）的一种特殊形态，是它的下位概念。

〔2〕 这里的侦查，仅仅包括公安机关的侦查、检察机关的侦查。

〔3〕 这里的检察，只涉及检察机关对犯罪的司法职能。

〔4〕 "侦讯"一词，是侦查、讯问的合称。由于讯问是侦查的必然手段之一，因此，侦讯即侦查。我国台湾地区使用较多。在BCC语料库里，也可检索到大量结果。

　　还有的时候，纪委监委使用"调查"或者"接受调查"或者"监察调查"，并非一定指的是涉嫌犯罪，而只是涉嫌违纪违法的统称或者合称罢了，当然用语不够严谨。例如，2021 年 11 月 21 日，有网友在网络实名举报，自己因家属涉相关案件向江苏盐城一法院某领导求助，该领导让她陪酒，并有相关骚扰行为。11 月 22 日一早，盐城市亭湖区纪委、监委通报称，已启动调查程序，相关人员停职接受调查。[1] 又如，2021 年 11 月 16 日发布的消息，国家税务总局盐城市税务局四级高级主办薛某某涉嫌严重违纪违法，目前正接受国家税务总局江苏省税务局党委纪检组纪律审查和盐城市监委监察调查。[2]

　　〔1〕《女子称被迫成法院领导"玩物"当地纪委通报》，载 https：//news. ifeng. com/c/8BMyq diZDzT，最后访问日期：2022 年 11 月 1 日。

　　〔2〕《国家税务总局盐城市税务局四级高级主办薛振平接受审查调查》，载 http：//www. jsycjw. gov. cn/a/geEYb1X3Tc，最后访问日期：2022 年 11 月 1 日。

第三章　义素分析原理

第一节　义素分析概述

在本书前文中，已经简单介绍了义素分析法，以及它与语义场理论的内在关系。这里，将继续阐述义素分析，以及义素分析在刑法解释中的适用。

一、义素分析的优缺点

（一）义素分析的优点

在我国刑法学研究和刑法解释中，有学者较早地开始探究刑法用语之间的细微差异。2000 年，陈兴良发表《相似与区别：刑法用语的解释学分析》一文，尚未采用语义学中的义素分析法，对于刑法用语含义的发微抉隐尚处于起步阶段。2005 年，米铁男发表《论刑法分则中一词多义现象及解决的对策》一文，涉及外国、代理人、境外、窃取、船只、毁坏、暴力、走私、威胁等的一词多义，但是也没有触及义素分析。2011 年出版的张明楷所著的《刑法学》中，对同一词语多个外延现象也有启发性的阐述。2016 年，王政勋率先把义素分析引入到刑法解释中来。他在《刑法解释的语言论研究》一书中认为，义素分析法深入到了词义的内部，可以更加细致入微地辨析词语的语义特征……并且可以实现词义分析的形式化……[1]应该说，这些学者的研究都为构成要件的语义分析作出了积极贡献。

本书认为，不仅如此，义素分析法可以使构成要件之间、罪名之间（也就是语义学中的义位之间）的关系变得更符合形式逻辑，这对于刑法解释和

---

[1] 王政勋：《刑法解释的语言论研究》，商务印书馆 2016 年版，第 290 页。

刑法推理都非常重要。在义素分析的基础上，不同罪名之间的内在联系会呈现得更加清晰，很多罪名会被解构掉，失去独立存在的价值，很多罪名的不周延之处也显现得更清晰。[1] 义素分析法有助于实现刑法解释的逻辑化、科学化、精细化、微观化。

同时，科学严谨的犯罪分类、罪名分类就是义素分析的成果。这方面，成功的例证是不少的。如财产犯罪的分类，取得罪与毁弃罪的分类，取得罪进一步分为夺取罪、支付罪等。如在我国古代刑法对罪名分类最为精细和周延的《唐律疏议》中，例证更是俯拾皆是。本书中有较多引用。虽然古代刑法并没有现代语义学的义素分析法，但是，其思维成果、犯罪分类、法条释义等却与义素分析法的结果具有高度一致性。例如，《唐律疏议·杂律》中提到："毁亡军器仪仗""弃毁器物稼穑"。将弃掷、损坏、丢失三种行为，一视同仁，[2] 颇值得借鉴。不仅如此，现代刑法学财产犯罪中的毁弃罪之名，也许就是《唐律疏议》"弃毁"的延续。另外，我国现行《刑法》的丢失枪支不报罪、遗失武器装备罪、遗弃武器装备罪等罪名，是否可以解释为毁坏枪支罪、毁坏武器装备罪？假如能解释得通，那么，对于这几个罪名建立起来的语义场，是不是就有了一个上位的构成要件——毁弃或者弃毁呢？[3] 有学者曾经把将他人戒指丢入大海的行为解释为故意毁坏财物罪，并对"毁坏"进行3次定义，得出不同的义素，进而最大限度地使得不同的财物毁坏行为案情都具有"毁坏"这一构成要件符合性。这种解释的不断前进，从义素角度而言，就是不断更新"毁坏"的核心义素：物质性破坏——毁损财物价值或效用——导致财物效用减少或者丧失的一切行为，[4] 这种努力的结果未必是最科学的，但是努力的方向应该得到肯定。

所以，义素分析法的优点是可以从语义学角度类型化、抽象化刑法解释和刑法解释用语，建立起具有语义学特色的刑法解释学。

在刑法学的各个侧面，都可以利用义、义素分析法进行研究和深化。

---

〔1〕 胡先锋：《刑法教学的宏旨与技术》，中国政法大学出版社2016年版，"罪名解构法"一章。

〔2〕 刘俊文撰：《唐律疏议笺解（下册）》，中华书局1996年版，第1924、1930页。

〔3〕 语言学者认为，"抛弃语义场"的成员有舍、弃、遗、投、放等，主导词是舍、弃。参见杨荣贤：《汉语肢体动词发展史研究——以六组基本词为中心》，中西书局2017年版，第154页以下。本书按：刑法文本中的主导词未必是舍、弃。

〔4〕 张明楷：《刑法分则的解释原理》，中国人民大学出版社2004年版，"序说"第8页。

例如，《刑法》总则中的竞合论强调的是共同义素，[1] 分则中的罪名之间的区别强调的是区别义素。具体罪名的构成要件的创造性解释也需要找到该构成要件的核心义素。例如，学者们对盗窃的解释、对暴力的解释、对淫秽物品的解释、对机动车的解释，等等。能否找到那个共同义素或者区别义素或者核心义素，是现阶段我国刑法解释学的核心目标。

（二）义素分析的缺陷

1. 义素分析结果不确定

正如学者所担心的那样，义素分析法也存在很多缺陷，不同的人可能分析出不同的义素，这就大大降低了义素分析法的实践价值和逻辑价值。

例如，有学者认为，制造、伪造和变造是意义之间存在细微差别而必须使用同义词、近义词以示区别的例子，并对 3 个词语进行了义素分析。[2] 但是，本书对其结论表示高度怀疑：制造和伪造"形成新的物品"，变造则没有"形成新的物品"？制造和变造"新物品和真实物品不相同"，伪造"新物品和真实物品相同"？这样的义素分析经得起推敲吗？为什么把制造、伪造和变造划分为 7 个义素而不是 8 个或者 5 个？本书认为，这里有两次上下位关系，一次是，制造是伪造和变造的上位概念，这也是该论者主张的观点。[3] 一次是，广义的伪造与变造是上下位关系。当然，该论者认为这是 3 个同义词，[4] 这显然是错误的，也是自相矛盾的：既然是上下位关系，怎么可能是同义词？《唐律疏议》中使用的就是单音节词语"造"，或者几个同义的单音节词"缮""造""营""作""造作"[5] 连用，非常值得借鉴和继承。现代汉语中，造就是作，制造就是制作。

又如，有学者认为，"（利用）职务（上的便利）"的义素有 5 个，并认为《刑法》第 171 条第 2 款的罪名有"本人职权"这一义素。[6] 而实际上，《刑法》第 171 条第 2 款两个罪名中，只有金融工作人员以假币换取货币罪这

---

〔1〕 法条认为，《刑法》第 236 条强奸罪与第 236 条之一负有照护职责人员性侵罪会"同时构成"。本书认为，二者不可能竞合，完全不具有共同义素，根本不可能"同时构成"。

〔2〕 王政勋：《刑法解释的语言论研究》，商务印书馆 2016 年版，第 252、289、290 页。

〔3〕 王政勋：《刑法解释的语言论研究》，商务印书馆 2016 年版，第 290 页。

〔4〕 王政勋：《刑法解释的语言论研究》，商务印书馆 2016 年版，第 290 页。

〔5〕 唐律疏议出现"造作"11 次，如《职制》《卫禁》。

〔6〕 王政勋：《刑法解释的语言论研究》，商务印书馆 2016 年版，第 289 页。

一罪名才涉及"（利用）职务（上的便利）"，另一个罪名金融工作人员购买假币罪并无"（利用）职务（上的便利）"这一个构成要件。即只有金融工作人员以假币换取货币罪才有"本人职权"这一义素，金融工作人员购买假币罪并无"本人职权"这一义素。同时，该学者认为，《刑法》第385条的义素"本人职权"，可能是+（拥有），可能是-（不拥有）。这当然也是不正确的。因为《刑法》第385条受贿罪明文规定，必须是行为人具有职权，利用职务上的便利，只能是+（拥有）。那么，该学者为何认为"本人职权"，可能是+（拥有），也可能是-（不拥有）呢？本书认为，也许是把受贿罪的其他类型，如《刑法》第388条斡旋型受贿罪的义素掺进来了。众所周知，受贿罪的构成要件中，利用职务上的便利与利用本人职权形成的便利条件是不同的，前者是典型的受贿罪，后者虽说也是职务犯罪但显然行为人并无职权。也就是说，在形式逻辑上，受贿罪的"职务"与"便利"是并列关系，而假如笼统地认为二者都是"职务"，实际上是把"职务"人为地偷偷进行了外延扩张和泛化，这当然就导致在分析义素的时候产生错误。

2. 义素分析导致循环解释

使用义素分析法容易导致循环解释，即为了确定一个概念（构成要件）的内涵与外延，就必须首先确定该概念（构成要件）中多个义素各自的内涵与外延，以此推演下去。那么，解释循环也许会花费较长的时间与较多的环节而仍不能得到解释者所需要的结果，甚至就得不到结果。也就是，解释循环变成了循环解释，仍然不明就里，无法定分止争。

例如，为了确定"食品"一词的内涵与外延，需要先明确食物、食用、加工等义素的内涵与外延。而由于食物、食用、加工等义素的内涵与外延并不是那么容易确定下来的，于是，就出现了对于何为"食物"争论不休的学界场面。立法者似乎也发觉这个难题了，于是在后续的立法中，尝试使用一些替代性质的概念，以避免持续的争执。例如，"粮食加工"这个特定概念的语义变迁就很典型。2004年的《粮食流通管理条例》第52条规定：粮食加工，是指通过处理将原粮转化成半成品粮、成品粮，或者将半成品粮转化成成品粮的经营活动。2013年修订的《粮食流通管理条例》沿用了2004年的规定与表述。而在2021年公布的《粮食流通管理条例》中，则新使用了"食用产品""非食用产品"等概念。该条例第54条规定：粮食加工，是指通过处理将原粮转化成半成品粮、成品粮以及其他食用或者非食用产品的活动。这个概念当然比之前的更好，删除了"经营"这个区别义素，仅保留"活动"，对各种各样的粮食加工具有更好的涵摄力。

当然，由于"食用产品"并未得到法规的解释，它与刑法语料中的"食物"究竟有何区别，也成为刑法解释的难点。本书认为，在市场经济条件下，食物与食用产品没有区别，食物都是产品，无论是经过初加工还是深加工，无论是否经过加工。例如，在原奶中添加三聚氰胺的行为，就是生产有毒有害食品的行为，也就是生产有毒有害食物或者食用产品的行为。

如根据《国际刑事法院罗马规约》，危害人类罪包括以下 11 个罪目：谋杀；灭绝；奴役；驱逐出境或强行迁移人口；违反国际法基本原则，监禁或以其他方式严重剥夺人身自由；酷刑；强奸、性奴役、强迫卖淫、强迫怀孕、强迫绝育或严重程度相当的任何其他形式的性暴力；基于政治、种族、民族、族裔、文化、宗教、第 3 款所界定的性别，或根据公认为国际法不容的其他理由，对任何可以识别的团体或集体进行迫害，而且与任何一种本款提及的行为或任何一种本法院管辖权内的犯罪结合发生；[1] 强迫人员失踪；种族隔离罪；故意造成重大痛苦，或对人体或身心健康造成严重伤害的其他性质相同的不人道行为。

这当然可以说是对危害人类罪的一个精细的解释，这个解释与各国刑法中的基本犯罪类型如杀人罪、强奸罪、非法拘禁罪等相衔接，已经使得危害人类罪不那么难以把握，也不违背各国公民的预测可能性。然而，这个解释过程并未彻底结束，显然还需要不断解释下去，解释什么是"性奴役"，什么是"迫害"，什么是"酷刑"，等等，以形成一个合理的解释循环。尤其是解释其中的难以解释、比较模糊的义素。例如，在第 8 个罪目"迫害"中，何为"任何可以识别的团体或集体"？何为"基于政治理由"？何为"团体"？何为"集体"？以致于何为"迫害"尤其难以解释。因为我国现行《刑法》

---

〔1〕 基于政治、种族、民族、族裔、文化、宗教、第 3 款所界定的性别，或根据公认为国际法不容的其他理由，对任何可以识别的团体或集体进行迫害，而且与任何一种本款提及的行为或任何一种本法院管辖权内的犯罪结合发生。其英文文本为：Persecution against any identifiable group or collectivity on political, racial, national, ethnic, cultural, religious, gender as defined in paragraph 3, or other grounds that are universally recognized as impermissible under international law, in connection with any act referred to in this paragraph or any crime within the jurisdiction of the Court。

中有"陷害""报复""残害""虐待"等接近的构成要件,但是并无"迫害"这一构成要件,加上中华人民共和国的曲折历史与国民复杂情感的因素相交叠,解释起来是非常困难的。新闻语境与历史语境中高频出现的"迫害""迫害致死""遭到迫害""极端迫害"等词,在现行《刑法》中被抛弃了。"迫害",词典义为"压迫使受害(多指政治性的)"[1],比较抽象,并未界定是什么样的受害——是人身权利的受害还是财产权利的受害——并未与具体犯罪类型相挂钩。因此,在国际刑法学学科中,解释循环的建立尤其艰难。尤其是将一国特定的历史事实彻底裸露于国际刑法观照视野之下的时候,彻底裸露于正义、善良、人类等的终极拷问之下的时候,彻底纠问何为英雄、何为罪人的时候,本就难以解释的"迫害"的内涵和外延就更难以解释了。当然,如果严格遵守罪刑法定主义的话,"迫害"是很模糊的,这个词语是需要改变的。"迫害"在刑法典中的使用是不适当的。

在第 11 个罪目中,何为"故意造成重大痛苦,或对人体或身心健康造成严重伤害的其他性质相同的不人道行为"?各国刑法中常见的犯罪类型如恐吓或威胁、驱赶、强迫分离等,属于这个罪目吗?在国际刑法学典型案例——斯雷布雷尼察屠杀案中,行为人"蓄意和有步骤的恐吓、驱赶或屠杀全民族"[2]中的"恐吓、驱赶"是不是符合第 11 个罪目所言的"故意造成重大痛苦,或对人体或身心健康造成严重伤害的其他性质相同的不人道行为"?检察官、法官的论证不可谓不艰难。

(三)义素分析缺陷的克服

1. 义素分析结果不确定的克服

本书认为,对同一构成要件,不同的刑法解释者可能分析出不同的义素来,而这未必就会大大降低义素分析法的实践价值和逻辑价值。还是要看义素分析的过程,看义素分析结果的科学性与合理性,看义素分析结果能否禁得起时间的考验和实践的检验,看是否符合大众期待与主流价值观,看解释结果与社会生活的契合度、涵摄性,看语义场组建是否合理。只有对犯罪类

---

〔1〕 中国社会科学院语言研究所词典编辑室编:《现代汉语词典》,商务印书馆 2012 年版,第 1006 页。

〔2〕 秘书长依照联合国五十四届大会第 53/35 号决议提出的报告《斯雷布雷尼察的陷落》,第 502 段。

型及其构成要件等有深刻理解和深刻把握，才能分析出较为合理科学的义素。反之，义素分析的具体结论可能会朝令夕改，甚至被刑法学者自己所抛弃，这只要看看一个学者不同时期的表述就知道了。[1]

义素分析结果的不确定性似乎是客观存在的，但实际上，这一不确定性在很多场合下是源自不同的解释者对于构成要件的解释过于主观化与个人化，源自解释者并未遵循词典义。假如不同的刑法解释者都能够坚守构成要件的词典义（也就是尊奉普遍的社会观念），并在此基础上展开其刑法解释、挖掘义素，是可以减少甚至完全避免这一不确定性的，其义素分析的结果是能够获得广泛认同的。本书认为，遵循词典义是克服义素分析法缺陷的重要方法。同时，词典义作为刑法解释的基准可以有效避免解释结论外延的不当缩小。

例如，《刑法》第236条之一负有照护职责人员性侵罪中的"看护"与第260条之一虐待被监护、看护人罪中的"看护"的解释问题。看护，词典义是护理。[2] 护理，词典义有两个，一个是外延较小的，一个是外延较大的。外延较小的是"配合医生治疗，观察和了解病人的病情，并照料病人的饮食起居等"。外延较大的是"保护管理，使不受损害"。[3] 选取哪一个义项，直接决定了这两个罪名的规制范围。应该说，《刑法》第236条之一负有照护职责人员性侵罪中的"看护"，是同条中监护、收养、教育、医疗、看护等多个概念的共同上位概念，其共同义素就是"保护""保证"。监护、收养、教育、医疗、看护共同构成一个语义场，这个语义场还应包括《刑法》第261条中的"扶养"一词，以及"赡养""抚养"，等等。并且还可以保持开放，增加更多的词语。[4] 本书对该语义场的初步义素分析结果如下：

监护[5] ［+人的行为］［+保护］［+监督］［+无行为能力人或限制行为能

---

[1] 例如本书提到的，张明楷不同时期对于"抢夺"的义素分析的结果就不完全一样。

[2] 中国社会科学院语言研究所词典编辑室编：《现代汉语词典》，商务印书馆2016年版，第728页。

[3] 中国社会科学院语言研究所词典编辑室编：《现代汉语词典》，商务印书馆2016年版，第554页。

[4] 例如，劳动关系中，资方与劳动者之间（雇佣者与雇员之间）的关系中，当然含有保护劳动者的职责的内容。

[5] 监护，词典义有两个义项。一个是法律上指对无行为能力人或限制行为能力人的人身、财产以及其他一切合法权益的监督和保护。一个是仔细观察并护理。此处选择前一个义项进行义素分析。参见中国社会科学院语言研究所词典编辑室编：《现代汉语词典》，商务印书馆2016年版，第633页。

力人（家庭成员）］

收养[1]［+人的行为］［+保护］［+抚养］［+被收养的人（别人生育的子女）］

教育[2]［+人的行为］［+保护］［+培养］［+受教育的人（学生）］

医疗[3]［+人的行为］［+保护］［+消除疾病］［+接受救治的人（患者）］

看护［+人的行为］［+照看保护］［+被照看保护的人］

扶养［+人的行为］［+保护］［+扶助］［+晚辈对长辈］（或者［+长辈对晚辈］）

赡养［+人的行为］［+保护］［+晚辈对长辈］

抚养［+人的行为］［+保护］［+长辈对晚辈］

也就是说，监护、收养、教育、医疗、看护等都含有负有职责的某种人对特定对象的保护的义素，即保证人的保证义务。例如，《中华人民共和国未成年人保护法》（以下简称为《未成年人保护法》）第15条规定："未成年人的父母或者其他监护人应当学习家庭教育知识，接受家庭教育指导，创造良好、和睦、文明的家庭环境。共同生活的其他成年家庭成员应当协助未成年人的父母或者其他监护人抚养、教育和保护未成年人。"如《中华人民共和国老年人权益保障法》（以下简称为《老年人权益保障法》）多处规定了不同主体对老年人的照料、照顾、照看、扶养、赡养、保障、看望、问候、护理等义务，其中的共同义素就是保护（保障）。

以上各种行为的发出人（施事者）与其对象（受事者）构成一组概念的对称，如监护人与被监护人、收养人与被收养人、教育者与被教育者、医生护士（医务人员）与患者、看护人与被看护人，等等。其中的每一组概念构成了一个关系义场，因为关系义场的义位反映人与人、人与事物、事物及事

〔1〕参见中国社会科学院语言研究所词典编辑室编：《现代汉语词典》，商务印书馆2016年版，第1201页。

〔2〕教育（作动词用），词典义也有两个义项。一个是按一定要求培养，一个是用道理说服人使照着（规则、指示或要求等）做。此处选择前一个义项进行义素分析。参见中国社会科学院语言研究所词典编辑室编：《现代汉语词典》，商务印书馆2016年版，第660页。

〔3〕医疗，参见中国社会科学院语言研究所词典编辑室编：《现代汉语词典》，商务印书馆2016年版，第1542页。治疗，参见中国社会科学院语言研究所词典编辑室编：《现代汉语词典》，商务印书馆2016年版，第1690页。医疗就是医治、治疗，医疗与治疗是等义词。

物之间的关系。因此，监护、收养、教育、医疗、看护这个分类义场的内部是一组组的关系义场。这个内部还可以继续扩充，如教练与弟子、师傅与徒弟，驾校教练与练车学员、上级与下级、保姆与婴幼儿（老人）、护工与病人，等等。

　　像男性家庭教师与其女学生（年满 14 周岁不满 16 周岁）发生性关系的，双方可否解释为"看护"关系，家庭教师是否具有看护职责？此外可能的看护场景还有：专业运动队的教练与其女弟子（年满 14 周岁不满 16 周岁）发生性关系的、健身馆私人教练与其女弟子、女学员（年满 14 周岁不满 16 周岁）发生性关系的、驾校教练与学车女学员（年满 14 周岁不满 16 周岁）发生性关系的、大学教师与非本人直接学生的其他专业女学生（年满 14 周岁不满 16 周岁）发生性关系的、野外穿越组织者与参与者（年满 14 周岁不满 16 周岁）发生性关系的，等等。为了保护法益，本书认为，目前应该按照较大的外延对"看护""看护职责"等构成要件进行解释，将看护解释为"保护管理，使不受损害"。但是，"看护""看护职责"的具体场景到底有哪些、有多少，是很难列举穷尽的。

　　另外，在我国的法律体系中，由于年满 14 周岁不满 16 周岁的未成年女性一律都受到未成年人保护法方面的重点保护，那么，能否在刑法解释学上认为，与其建立联系的任何人（全社会的人）都负有看护职责呢？[1] 任何与其邂逅进而产生好感、建立感情的人都负有看护职责、进而都不得与其发生性关系？这也是一个实际问题。如果揣测立法者原意的话，似乎这样推理也并不违背立法旨意与法律传统。因此，"看护""看护职责"外延的确定，恐怕不应严格按照法定或者约定的义务范围。例如，在餐厅进餐的未成年人、在公共交通工具上出行的未成年人、因为疫情防控而被隔离的未成年人、大中小学宿舍管理人员管理范围内的未成年人，短暂地、临时性地与相关的管理人员、服务人员、保障人员等建立某种联系，而与其发生性关系的，后者

---

　　〔1〕 根据 2020 年修订后的《未成年人保护法》，未成年人受到家庭保护、学校保护、社会保护、网络保护、政府保护、司法保护等。而社会保护足以覆盖全部场景，实际上可能意味着，在刑法层面，任何人都不得与年满 14 周岁不满 16 周岁的未成年女性发生性关系，尤其是密切接触未成年人的人。《刑法》第 236 条之一可能会继续修改、完善，将犯罪主体范围进一步扩张为一般主体。当然，这属于激进的立法了。如果过于保护法益，则容易侵犯人权，以及侵犯年满 14 周岁不满 16 周岁的未成年女性的性自决权。

也应该被解释为具有"看护""看护职责",因为看护可以解释为"保护管理",而"保护管理"的外延非常宽泛,文义边界特别不易框定。当然,这只是本书的初步主张。

顺便指出的是,在我国的法律实践中,在不同语境与场景下,"看护"一词的使用较为混乱。例如,在纪检监察语境下的"看护",实际上指的是对被留置人员的监督、控制,防止其实施过激行为,防止其自杀、自伤。有的地方在招聘留置看护警务辅助人员的时候,明确了其主要职责(唐山市路北区人力资源和社会保障局关于路北公安分局招聘留置看护人员的公告):在纪检监察机关采取留置措施过程中,保证被留置人员的安全,保障留置期间讯问等相关调查工作的顺利进行。此工作对体能体质要求较高,经常性值班备勤,特殊情况需要封闭式看护3到6个月。[1] 本书认为,"留置看护人员"的称谓有刻意避重就轻的嫌疑。在我国的刑事诉讼中,其实并不存在对采取刑事强制措施人员的所谓"看护",更多广泛使用的是羁押、拘留、逮捕、监禁、监管、看押等词语。因此,在纪检监察语境下的"看护",理应回归刑事诉讼的实质,改为羁押、拘留、拘禁、逮捕、监禁、监管、看押等词语为宜。这些规范的词语中,已经蕴含有"看护"义素。而仅用"看护",则会忽视这些词语的其他义素,如羁押、侦查、诉讼、犯罪嫌疑人等。

2. 解释循环导致解释过程冗长的克服

解释循环也许会花费较长的时间与环节,带来刑法解释过程冗长,效率低下。对此应有客观的认知、理性的分析。

本书认为,由于法律与司法本身追求的目标很少是效率,或者说,法律与司法本身并不应该追求效率而是应该追求正义。因此,所谓的解释过程冗长、解释效率低下等缺陷,能否成为真正的缺陷,尚值得怀疑。真正的问题恐怕是,怎样选择一个科学合理的解释路径来缩短解释循环的无穷往复,而不是质疑刑法解释过程冗长与效率低下。进一步来说,任意的学理解释与随意的概念使用可能会加剧解释循环的复杂程度,而且最终解决不了问题。

(1)要避免随意的刑法学理解释。随意的刑法学理解释,势必会带来更多的解释任务,势必会引导解释者不得不把精力用于无价值的概念的厘清

---

[1] 《唐山两地最新招聘!》,载 https://www.163.com/dy/article/FTAG36420534B7PH.html,最后访问日期:2022年11月1日。

上面。

（2）要避免随意的概念使用。前述纪检监察语境下的"看护"，即为适例。随意的概念使用导致了概念的"跨界"，也导致了同义词、近义词的关系混乱，滋生了更多的解释任务。其背后的实质，仍旧是概念外延的忽大忽小，是解释者对于概念的随意塑形。

（3）一个极端艰难的解释循环，最终是应该归结到个案与经验的，而不可能归结到抽象的概念与命题。这对习惯于逻辑推理的刑法解释学无疑是有价值的。法律的生命在于经验，刑法也不可能例外。当逻辑推理难以形成解释循环的时候，不妨运用个案的说理，在其中造法、创造新的词语和概念。

二、义素分析与刑法解释方法

义素分析与各种刑法解释方法的关联是客观存在的。文理解释自不必说，论理解释也是如此。总的来看，各种论理解释应该受到语义、语料、义素的制约，即各种论理解释不应该超越语义、语料、义素的范围。同时，语义、语料、义素在各种论理解释中无处不在，对各种论理解释进行语言的指导和"俯瞰"。

我国刑法学研究早期（20世纪80年代初期），刑法解释初创，其类型很简单。从解释方法分类，仅有文理解释、论理解释。而论理解释仅有扩张解释和限制解释两种，也就是扩大解释和缩小解释。[1] 不仅如此，刑法解释尚未成为一个独立的研究专题和研究领域。[2] 随着刑法学的发展，直至20世纪90年代中期前后，刑法解释方法、刑法解释理论才逐渐丰富，[3] 以至于在2004年前后逐渐成为刑法学界的研究热点。[4]

由于各种论理解释方法颇多，本书不打算都涉及，因此，下面涉及的主要是义素分析与体系解释、义素分析与历史解释、义素分析与客观解释、义素分析与实质解释等几个方面。

---

〔1〕　高铭暄主编：《刑法学》，法律出版社1984年版，第48页。

〔2〕　1986年出版的高铭暄主编的《新中国刑法学研究综述（1949-1985）》一书中，完全没有刑法解释的位置。

〔3〕　1995年，李希慧《刑法解释论》一书出版，这是刑法解释学拓荒性的研究成果。

〔4〕　2004年，张明楷《刑法分则的解释原理》一书出版，这是刑法解释学标志性的研究成果。

（一）义素分析与体系解释

在我国，体系解释最初被称为系统解释，指的是将被解释对象置于刑法系统之中阐明其含义的方法。[1] 体系解释是根据刑法条文在整个刑法中的地位，联系相关法条的含义，阐明其规范意旨的解释方法。[2] 本书则认为，体系解释不应局限于刑法范围之内，而是应该在汉语全部语料范围内。这既是系统论的要求，更是探求真实语义的要求。体系解释不仅要利用刑法系统内的资源，而且要利用全部的汉语资源，乃至汉语之外的资源。换句话说，不利用刑法系统之外的汉语资源，刑法问题不可能在其自身范围内得到真正的解决。

"系统解释方法在刑法解释中具有十分重要的作用。"[3] "体系解释是一种非常重要的解释理由。"[4] 的确如此，当各种解释方法不断暴露出各自缺陷的时候，具有整体思维观的体系解释便得到了更多的关注与承认。而作为体系解释的微观部分，义素分析当然是不可或缺的。

厘清义素是体系解释的基础，义素分析是体系解释的组成部分。例如，淫秽物品的语义具有性行为、具体描绘、色情、露骨宣扬等几个义素。性行为的语义，可能具有行为、性等义素，其外延可能涵盖了人与自己的性行为、人与他人的性行为、人与动物的性行为三种，而应排除动物与动物的性行为这一种情形。刑法中的淫秽物品的解释，需要结合整体社会生活事实体系的各个要素来确定，需要结合性行为来解释。如已经被广泛使用的性道具、情趣物品等，在具体案件中也可能被解释为淫秽物品。如在一个具体描绘女性舔吮、玩弄、抚摸、刺激、插入性道具的案件中，不仅这样的视频属于淫秽物品，视频的各个组成物件、每一帧画面也属于淫秽物品，女性的穿着本身也属于淫秽物品。女性实施的行为也属于广义的性行为，该性行为的具体描绘符合淫秽物品的义素。因此，淫秽物品、性行为作为刑法解释体系化的部分，都与义素发生着微观的联系。可以说，体系解释的任何一个环节都要结合义素分析。

---

〔1〕 李希慧：《刑法解释论》，中国人民公安大学出版社 1995 年版，第 121 页。

〔2〕 张明楷：《刑法分则的解释原理》，中国人民大学出版社 2004 年版，第 28 页。

〔3〕 李希慧：《刑法解释论》，中国人民公安大学出版社 1995 年版，第 124 页。

〔4〕 张明楷：《刑法学》，法律出版社 2011 年版，第 41 页。

语义场是体系解释的重要语料，而解释循环是体系解释的具体运转。换句话说，体系解释的正常进行，离不开语义场和解释循环。在语篇内外建立一体的解释循环是体系解释的内在要求。

（二）义素分析与历史解释

历史解释就是沿革解释。[1] 历史、历史语料、历史事件、历史刑案参与了我们的现实生活，也参与了现实的刑法语言，这是不可回避的事实。同样，历史性的语词、语言、语义参与型塑了刑法解释，当然也是一个客观事实。我们的刑法解释不可能是单纯的共时性质的，而是全方位、深度融合着历史性质的汉语语义及其义素。所以，定性当下事件与案件性质的时候，宏大的历史与宏大的语义不应缺席。正是由于历史不仅是现实的底色，更是现实的"义素"，我们解释的一切事物，其实不仅包括看到的一切，而且包括没看到的一切。刑法解释结果的深层结构与深度参与，就是同时混合着沉重包袱与珍贵遗产的历史。历史解释就是："为表明法律意思，从法律一般的历史联系及法律本身特殊的产生史中，尤其是从法律资料中来加以解释。"[2] 应该说，目前，刑法历史解释还处于比较薄弱的发展阶段。

因此，刑法解释中的语义解释与历史解释是不可分割的。语义是历史形成的，而历史解释是靠着语言语义进行下去的。这其中，既有政治史、国家史等宏大的历史，也有经济史、文化史等中观的历史，更有极为微观的历史细节与历史语料。[3] 例如，讲到刑法中的过于自信的过失，离不开我国20世纪80年代改革开放后的经济发展史；离不开蛮干、野蛮装卸、赶工期、安全生产设施不达标、安全生产条件不达标、安全系数不够、轻率组织施工、无资质施工、无证驾驶、强令违章冒险作业、强行组织生产作业等犯罪历史事实形成的语词、语义场；也离不开为了加强安全生产、减少甚至杜绝生产事故而形成的安全生产历史语词，如底线思维、风险意识、第一时间、果断处置、最大限度降低伤亡、提前预警、风险排查、隐患治理，等等。而这些

---

〔1〕　李希慧：《刑法解释论》，中国人民公安大学出版社1995年版，第124页。

〔2〕　王琪：《刑事司法解释的限度——以奸淫幼女司法解释为视角》，载陈兴良主编：《中国刑事司法解释检讨——以奸淫幼女司法解释为视角》，中国检察出版社2003年版，第229页。

〔3〕　2022年5月以来，中共中央提及较多的"超预期因素"，包括以俄乌战争为代表的国际形势的急剧变化、地缘政治、疫情的突然来袭、极端天气等。本书认为，这些事实一般应归属于刑法的意外事件为宜。

词汇组成的汉语历史语料库，指向的刑法解释就是轻率的人——过于自信的过失。当然，容许的危险与过于自信的过失无关，行为人制造了法所不容许的危险的时候才与刑法主观罪过有关。一个刑法概念的涵摄力，显然是被无数汉语语料（包括案件的语料）不断堆砌、长期累积、反复型塑、多方确认的结果。

有学者认为，"有权力者掌握符号的力量，掌握符号的力量者操控了现实再反过来不断地加强此地位，不断循环"。[1] 的确如此。以汉语历史语料库为背景进行刑法解释，有权的刑法解释者代表了群体信念，操控、定型的是中国人特定时期的现实生活。上述过于自信的过失背后的汉语历史语料库中凝聚而成的群体信念，必然抽象出"内心不安""轻信""轻率""采取了措施但是不足以防止危害结果"等语言和概念，并通过这些语言和概念进一步操控、定型现实生活，形成比较稳定的刑法秩序、刑法价值、刑法观念。

例如，药食同源的历史观念的建立与发展，直接影响到刑法中的构成要件的解释与义素分析结果。在中国，药品与食品的交叉地带是客观存在的，食物食品与药材药品的语义交叉是客观存在的。尽管目前的行政主管部门对食品药品是分别监管的，各自的标准也不同，但是，这丝毫不影响二者存在的交叉属性。或者说，食品是比较平和的一种吃的、喝的物质，药品是带有偏性的一种吃的、喝的物质。尤其是在传统中医药的特定历史背景下，中国人特有的历史观念、生活方式、语言语汇应得到高度重视。人参、山药、当归等是食品，经过非常简单的加工（晒干、切片等）即为药品（中药材），它们都属于食药物质（药食两用物质）。

因此，义素分析不应该回避历史与语言的历史，尤其是经由历史发展变迁而成的语言语料及其背后的观念、概念。应尝试运用词源学、汉语词汇史、中外词汇交流史、刑法史学等领域的资源，强化历史解释，进行义素分析，有时候会有很好的效果，包括入户、掳人、贩卖毒品、邮件邮政、恐吓等。

（三）义素分析与客观解释

我国台湾地区刑法学界认为，"原则上刑法解释仅限于法条字义所及之范围，任何构成要件要素所表示之意义，只能在法条字义所及之范围内加以解

释，超出此一范围，即为应加禁止之类推解释"。[1] 这是较早触及客观解释以及解释限度的文献，但客观解释一词尚未出现。

我国大陆刑法学界早期并未使用客观解释这个术语。例如，1993 年出版的赵秉志、吴振兴主编的《刑法学通论》一书，1995 年出版的李希慧的《刑法解释论》一书，1997 年出版的张明楷的《刑法学》一书中，都还没有出现客观解释一词。2004 年出版的张明楷的《刑法分则的解释原理》一书，仍未出现客观解释一词。直至 2006 年，魏汉涛发表《以客观解释论解读重婚罪》一文。[2] 这是刑法论文标题中最早出现客观解释一词的文献。此后，刑法论文涉及客观解释的逐渐增多。例如，贾敬华于 2010 年发表《刑法客观解释的约束困境及其对策》一文；[3] 许发民于 2010 年发表《论刑法客观解释论应当缓行》一文；[4] 王政勋于 2011 年发表《论客观解释立场与罪刑法定原则》一文；[5] 王政勋于 2012 年发表《刑法解释的立场是客观解释——基于会话含义理论的分析》一文；[6] 陆一敏于 2022 年发表《网络时代刑法客观解释路径》一文；[7] 等等。

客观解释就是根据法条的客观文字作出的刑法解释，这即为客观文义，所以，客观解释的结果就是客观文义。客观解释的基准是什么，其是特别值得研究的重大问题。毕竟，每个解释者理解的客观文义是不完全一致的。这就导致了所谓的客观文义与客观解释可能带有强烈的主观色彩。因此，不确定基准而谈论客观文义，是无助于问题解决的。

而义素分析首先是根据词典义进行的，这就保证了义素分析结果是最客观的，因而词典义是具有客观文义的地位的，词典义是客观文义的基准。在此基础上，结合刑法解释的成果、法规范的规定、案件前例的指示、体系解

〔1〕 林山田:《刑法特论（上册）》,三民书局 1978 年版,第 15 页。

〔2〕 魏汉涛:《以客观解释论解读重婚罪》,载《海南大学学报（人文社会科学版）》2006 年第 2 期。

〔3〕 贾敬华:《刑法客观解释的约束困境及其对策》,载《法学论坛》2010 年第 2 期。

〔4〕 许发民:《论刑法客观解释论应当缓行》,载《刑法论丛》2010 年第 3 期。

〔5〕 王政勋:《论客观解释立场与罪刑法定原则》,载《法律科学（西北政法大学学报）》2011 年第 1 期。

〔6〕 王政勋:《刑法解释的立场是客观解释——基于会话含义理论的分析》,载《法律科学（西北政法大学学报）》2012 年第 3 期。

〔7〕 陆一敏:《网络时代刑法客观解释路径》,载《国家检察官学院学报》2022 年第 2 期。

释的互相印证等，完善义素分析的最终结果，才会得到真正客观的解释结论。

一般认为，平义解释（按照用语最平白的字义进行解释[1]）是一种客观解释。本书认为，无论是日常生活上的平义还是法律上的平义，无论是制定刑法时的平义还是适用刑法时的平义，[2] 平义解释仍旧是没有凭依的比较模糊的东西。"用语最平白的字义"是依据什么得到的呢？它本身就是没有标准、没有参照的，其语义模糊程度类似于公众认同或者可能文义。客观解释的基准不应该也不可能从平义解释那里得到。相反，平义解释很可能变为刑事立法者的主观解释或者刑法解释者个人化的解释。而刑法解释者个人化的解释实质上就是所谓的宣言解释，[3] 宣言解释绝不等于客观解释。所以本书反对使用平义解释这个刑法术语。

（四）义素分析与实质解释

有学者总结，形式解释论与实质解释论，其实都不回避形式解释，只是进行形式解释的次序不同而已：

刑法的形式解释论认为，形式解释以罪刑法定原则为核心，主张在对法条解释时，先进行形式解释——刑法条文字面可能具有的含义，然后再进行实质解释——刑法条文规定的是有严重社会危害性的行为方式。如在判断某一行为是否构成犯罪时，先对行为进行形式解释——看该行为是否包含于刑法条文之中，然后再作实质解释——看行为是否具有严重的社会危害性。刑法的实质解释论认为，刑法解释应以处罚的必要性为出发点，主张对法条解释时，首先应直接将不具有实质的处罚必要性的行为排除在法条范围之外，亦即先实质地判断某种行为是属于具有处罚必要性的社会危害性行为；在对行为进行解释时，应先从实质解释出发——看行为是否具有处罚的必要性，

---

〔1〕 张明楷：《刑法学》，法律出版社 2011 年版，第 44 页。

〔2〕 张明楷：《刑法学》，法律出版社 2011 年版，第 44 页。

〔3〕 张明楷：《刑法学》，法律出版社 2011 年版，第 44 页。本书按：宣言解释是学界最晚使用的刑法解释术语，张明楷《刑法学》2011 年版和 2016 年版提供的是德文 die deklarative Interpretation，但引用的文献是 2009 年出版的日本笹仓秀夫的《法解释讲义》。其举例是对盗窃罪重新进行了解释，"以非法占有为目的，违反被害人的意志，将他人占有的财物转移给自己或者第三人占有的行为"，而这应该是所有取得类型财产罪的定义，不是盗窃罪的定义。本书认为，宣言解释的提法没有必要，汉语翻译也很生硬。

然后再进行形式解释——看刑法条文的可能含义是否涵盖了该行为方式。[1]

本书认为，假如从三阶层的判断次序来看，当然应坚持先进行构成要件符合性的判断，那么，形式解释论就比较合理了。但是，既然二者都不排斥对构成要件进行形式解释，即进行涵摄与符合的判断、论证，那么义素分析都是二者无法回避的分析阶段。但是，由于二者对形式解释安排的次序不同，可以推理出的结论是：由于实质解释论先进行实质解释（处罚必要性判断），容易扩大入罪范围（论者往往主观上认为有处罚必要性）[2]，并在此基础上继续出发，由于已经"预定有罪结论"，那么在形式解释阶段就不得不减少义素或者偷换为上义词，以便与之前判断阶段的"预定有罪结论"保持一致。因而，实质解释论往往偏爱最宽文义说、可能文义说、扩大解释、目的解释和主观解释[3]等，而对预测可能性、文义边界说、客观解释等比较疏远。对此，本书第七章还会详细分析，兹不赘述。

（五）义素分析与综合解释

所谓综合解释，指的是运用两种以上的解释方法或解释理论进行刑法解释，试图撷取各个方法的优势，回避单一方法可能产生的不合理结论。目前学界的综合解释林林总总，在此只能简单介绍与分析。

第一，有刑法学者建构出"主观的客观解释论"。其含义是，在网络犯罪的解释适用中，以客观解释为基础，同时其解释不能超出"刑法条文的语言原意"之范围，以主观解释作为客观解释之限定。[4] 本书认为，"主观的客观解释论"，实际上是客观解释+主观解释。其主观解释指的是立法原意，而不是具有解释者主观色彩、鲜明个性的客观解释的意思。具有解释者主观色彩、鲜明个性的客观解释，实际上是建构主义、接受主义的观点，是指刑法

---

〔1〕　刘志刚、邱威：《形式解释论与实质解释论之辨析》，载《河南省政法管理干部学院学报》2011 年第 3 期。

〔2〕　例如，无论是组织同性性服务案，还是涉及等价性的网络犯罪案（网络寻衅滋事案、网络破坏生产经营案、网络毁坏财物案、网络强制猥亵案等），在进行实质判断阶段的时候，实质解释论当然会认定行为具有严重的社会危害性，这符合一般人的法感觉。

〔3〕　主观解释，实际上是解释者阐发的结果，并将此结果定位为立法原意、立法本意，冠以主观解释之名。在我国纯粹的主观解释是极少的，立法者是习惯缄默的。因此，应警惕主观解释是不是真正的主观解释，防止解释者盗立法者之名。

〔4〕　刘艳红：《网络时代刑法客观解释新塑造："主观的客观解释论"》，载《法律科学（西北政法大学学报）》2017 年第 3 期。

文本含义不完全依附于作者的阐释，刑法文本独立于其作者而具有被读者开掘、建构的空间。

本书认为，想得到最适宜的刑法解释，"客观解释+主观解释"的组合拳是远远不够的，体系性的解释是唯一的出路。

第二，有刑法学者建构出"功能主义的刑法解释论"。该理论认为，刑事政策的目的性思考代表的价值判断与传统教义学规则代表的形式逻辑之间，是一种相互补充、相互牵制的关系。基于此，有必要警惕两种极端的立场：一是主张纯粹实用主义导向的刑事政策的论证，二是认为刑事政策对刑法体系的任何干涉都应被禁止。功能主义的刑法解释突破传统解释论的认知局限，认为解释者与法律文本之间不是主体与客体的认识论关系，解释者也参与对刑法文本的意义的创造，刑法解释因而并非单纯的方法论，而是构成刑法的实体。[1]

可见，该理论的两大基石都不是刑法解释方法，而是宏观的解释观念。换句话说，"传统教义学规则代表的形式逻辑"的表述令人怀疑——难道刑事政策的目的性思考代表的价值判断就没有形式逻辑了？就可以不讲求形式逻辑了？刑事政策的目的性思考代表的价值判断就可以不顾法言法语的形式制约了？

论者认为，目的理性的刑法体系有时也称为功能主义的刑法体系。刑法体系向目的理性或功能主义方向的发展，体现的是对刑法的客观功效性的追求，它在相当程度上也是法的工具性要求的产物。价值判断构成法律解释的灵魂，刑法解释不能也不应回避实质的价值判断。对刑法概念与刑法体系的理解均应着眼于目的，围绕规范的保护目的而展开。传统解释论由于将法适用理解为寻找客观的法的含义的过程，刑法解释作为发现法的含义的方法而存在，包括文义解释、体系解释、历史解释与目的解释，因而都被认为是法的解释方法。这种解释论无疑是19世纪科学主义的客观真理观的产物。在功能主义的刑法解释论看来，这样的解说并未揭示法解释的本质。在包括刑法在内的所有法律领域，科学主义的客观真理观没有适用的余地。[2]

本书认为，实际上，"功能主义的刑法解释论"的实质，一个是突破语言

〔1〕 劳东燕：《功能主义刑法解释论的方法与立场》，载《政法论坛》2018年第2期。
〔2〕 劳东燕：《功能主义刑法解释论的方法与立场》，载《政法论坛》2018年第2期。

形式制约的实质解释论,〔1〕一个是强调立法原意的目的解释论,一个是不顾形式逻辑的反技术理性。这三点都无视文义与词语,也没有深入剖析任何构成要件或者任何刑法规范,将价值判断、政策目的等作为刑法解释的先验正确的论据来使用,违背了罪刑法定主义,轻视了符合性判断在保障人权机能方面的重要意义,功能主义刑法具有刑法过度工具化的法治风险。〔2〕因此,本书不赞成"功能主义的刑法解释论"。

也有青年刑法学者认可"功能主义的刑法解释论",并以卢曼社会系统论为主要资源,耦合刑法解释学与社会系统论;认为概念法学与功能主义解释龃龉,目的法学与功能主义契合。〔3〕例如,论者认为,"概念法学忽视了法官(解释者)的作用","概念法学本身存在弊端可谓解释者的'恶法'"。〔4〕

本书认为,社会系统论完全可以被吸收进刑法体系解释中去。体系解释也并非"封闭僵化,脱离社会实际"的东西,关键是需要什么样的体系。在基本的刑法解释方法的潜力尚未被彻底挖掘的时候,在刑法案例分析还没有成为最热点的刑法研究领域的时候,在刑法文理解释尚处于起步阶段的时候,在历史解释中的刑法历史资源与犯罪类型沿革等基本问题尚未理清的时候,不断引入各种域外新颖理论,不断否定所谓传统的理论、学说、技术、方法,尤其是以刑事政策学作为刑法解释学的强势维度之一,并无实际的意义,反倒有害——功能主义刑法具有刑法过度工具化的法治风险。况且,所谓"功能主义的刑法解释论"如此宏观的学说,如何在具体微观的刑法解释中与案件推演中贯彻其具体主张(如利益衡量等),似乎不够清晰,难以落地。

第三,有刑法学者建构出"语用意义的国民预测可能性说"。这是在"国民预测可能性说"基础上提出的。语用意义的国民预测可能性说(语用意义+国民预测可能性),即刑法解释限度的判断标准应当以法律规范用语的语用学所可能确定的、符合国民预测可能性的语言意义为标准。〔5〕此前,该学者使

〔1〕有学者对功能主义刑法的边界进行研究,以预防侵害国民自由的法治风险。参见吴亚可:《论刑事司法解释与刑法文义射程之间的紧张关系》,载《法学家》2022年第3期。
〔2〕吴亚可:《当下中国功能主义刑法的合宪性检视》,载《中国刑事法杂志》2021年第6期。
〔3〕沙涛:《功能主义刑法解释论——立场、方法与运用》,吉林大学2021年博士学位论文。
〔4〕沙涛:《功能主义刑法解释论——立场、方法与运用》,吉林大学2021年博士学位论文。
〔5〕魏东:《刑法解释限度的理论构建:从价值优化论回归合法限度论》,载《西南政法大学学报》2022年第1期。

用的是"语用论的国民预测可能性说"。[1] 这实际上仍然属于国民预测可能性说或者不违背预测可能性说，但是以国民预测可能性对语用意义进行限制。该学说重视语言使用的环境和语言的使用人，而本书认为这恰恰增加了语言的使用人任意解释刑法构成要件的风险。论者自己也担心"语用意义的过度扩张超出法规范用语所限定的合法空间"。[2]

本书认为，由于语用意义具有非常主观的特质，与国民预测可能性恰好针锋相对，因此，对此学说的合理性表示怀疑，其可能的适用场景偏窄。

第四，有学者建构出"语义解释+语用解释"。这可谓是客观解释基础上的升级版，论者认为，语义解释是客观解释的基础，划定了文本意义的大致范围。语用解释补充完善了刑法文本对当下案件的具体意义并使其明确化。语义解释以语篇为其腾挪空间，语用解释以特定语境为其运行场景。[3]

本书认为，该说以语言语义为基础，以体系解释理念为指导，强调认知图式与刑法文本、法律规范和案件事实、判决结论与大众期待之间进行语篇外循环，这样产生的具体意义与解释结论，兼顾了多方面的解释资源和解释主体，比较稳妥、厚重、合理。但是，该说对于语言语义的微观运行规律、义素分析与语义场建构、义素运行的考察等方面的揭示、发明尚不透彻。

第五，其他综合解释的方法。在一个以收养为目的的偷盗婴幼儿案件中，有学者就使用了综合解释的方法，处断为拐骗儿童罪。[4] 该文使用了系统解释、文理解释与扩张解释三种方法，比较有力地论证了本案构成拐骗儿童罪。但是，该文是针对具体案件所作的分析，刑法解释理论性较弱，尚无法将这三种方法推及至全部案件中加以适用，也不是所有案件都只能使用这三种方法。而且，使用盗窃的手段使被害人脱离家庭，也不能算是对"拐骗儿童"的扩张解释。行为人不是出于出卖的目的，使用暴力、利诱、欺骗、抢夺等方法使婴幼儿脱离监护的行为，都可以构成拐骗儿童罪，都不属于扩大解释、

〔1〕 魏东：《刑法解释学基石范畴的法理阐释——关于"刑法解释"的若干重要命题》，载《法治现代化研究》2018 年第 3 期。

〔2〕 魏东：《刑法解释限度的理论构建：从价值优化论回归合法限度论》，载《西南政法大学学报》2022 年第 1 期。

〔3〕 王政勋：《刑法解释的语言论研究》，商务印书馆 2016 年版，第 211 页以下。

〔4〕 姜伟、陈正云：《罪刑法定与刑法解释——兼析为收养而偷盗婴儿的行为应否定罪》，载《人民检察》2001 年第 1 期。

扩张解释。所以，论文作者将使用盗窃手段拐骗儿童定性为扩张解释，是错误的。需要注意的是，如此解释与拐骗的词典义有距离。拐骗的词典义是"用欺骗手段弄走（人或财物）"[1]。这显然已经不能涵摄刑法中拐骗儿童罪的各种具体形态了。也就是说，语词的理性意义过时了。"欺骗手段"作为拐骗的区别义素，限制了刑法中拐骗儿童罪的成立范围。

第二节 义素分析原则

义素分析是一个好的刑法解释工具。如果义素分析的具体结论和结果想要能够经得起检验和推敲，能够被广泛接受、公众认同，符合汉语传习，就需要满足几个基本要求、基本条件。本书使用义素分析法分析具体构成要件及其真实语义，试图能够比较严格地、一贯地遵守、秉持以下原则，以便最大程度地得到真实语义，给出最适宜的刑法解释。

第一是形式逻辑原则，这是刑法解释与基本逻辑相吻合、不冲突的基本保障，包括演绎逻辑、归纳逻辑、语言逻辑；也包括常识、常理、常情等社会经验，还包括好的经典的个案、前例。在本书中，涉及较多的是语言逻辑。

第二是类型化原则，这是语义场理论的自然延续，也是对构成要件进行刑法解释的独特视角。建构犯罪类型、建构犯罪类型的形象、建构构成要件的形象、建构能描述犯罪类型及其构成要件的语言体系，这些都不可能离开类型化思维与类型化实践。

第三是刑法基本原理原则，这是刑法解释与刑法普遍原理相一致的基本保障，包括刑法学界的公共知识、刑法基本原则、各种解释方法，等等。

第四是语义场原则，这是刑法解释与汉语的各种文本系统相协调的基本保障。

第五是语义分类原则，严谨的语义分类，是进行刑法解释的必要知识。尤其是其中的词典义原则，是刑法解释与社会公众达成一致、形成共识的基本保障。

上述原则之间可能难以截然分开。例如，形式逻辑中的常识、常情、常

---

〔1〕 中国社会科学院语言研究所词典编辑室编：《现代汉语词典》，商务印书馆 2016 年版，第477 页。

理，往往与词典义息息相关。刑法基本原理往往涉及类型化，尤其是分则构成要件的类型化。在以上原则的基础上，兼采各科的各行业、各领域的合理解释、学者合理的个人化论述，等等。这些原则，既是保证本书刑法解释质量所必需的，也是贯彻本书学术理念的要求。

一、形式逻辑原则

人文社会科学的最大价值与最大魅力之一就是形式逻辑。而形式逻辑的基本规律，如同一律、矛盾律、排中律、充足理由律等，是进行刑法学的判断推理时反复运用的，无时无刻不存在的。像常见的偷换概念现象，就是违反同一律的现象，是错误的。例如，文章前面的"暴力"不是后面的"暴力"，行文者偷换了概念而不自知。需要提醒的是，本书的其他章节还会涉及同一律相关问题。

同样，刑法解释中使用义素分析法也必须结合形式逻辑，否则，其结论就难以服人。这是因为，义素分析法主观性强，也缺乏统一标准，在此前提下进行义素分析，只有大力依靠形式逻辑的支撑与纠偏，才能顺利进行下去，才能得到妥当的、最适宜的结论。换句话说，义素分析本身就是在进行刑法推理和刑法解释，必须事先界定好概念的内涵、外延，事先界定清楚各个概念的广义、中间义、狭义，事先界定好事物事实与概念构成要件的上下位关系、属种关系、交叉关系、互斥关系，等等。而界定好事物事实与概念构成要件的上下位关系、属种关系是当前我国刑法解释的重中之重，也是最为薄弱的环节。

由于我国刑事立法自身的缺陷、疏漏、不周延、前后冲突等问题，导致一些命题先天就是错误的，那么，义素分析逻辑起点也就是错误的。在这种情形下进行解释循环、刑法解释，当然不可能得出正确的结论。

逻辑四规律是同一律、矛盾律、排中律、充足理由律。以下进行简单介绍。

（一）同一律

同一律是形式逻辑的基本规律之一，指的是在同一思维过程中，必须在同一意义上使用概念和判断，不能在不同意义上使用概念和判断。同一律是最基本、最重要的逻辑规律，甚至是真理的同义语。[1] 根据同一律的要求，违反同一律的逻辑错误有两种：一是混淆概念或偷换概念，二是转移论题或偷换论题。

1. 混淆概念或偷换概念

偷换概念有以下几种手法：其一，任意改变某个概念的内涵和外延，使其变成另外一个概念。其二，将似是而非的两个概念混为一谈。其三，用非集合概念取代集合概念或相反（如用"人民""全体市民"取代"人"）。其四，利用多义词造成的混乱。

例如，有学者使用"本质含义""基本含义"等术语，无视"卖淫"一词的两个义素（女性对男性与出卖肉体），强行偷换概念。该学者认为："以卖淫而言，其本质含义是性交易，在一般情况下指异性之间的性交易。但在某些特殊情况下，同性之间的性交易包含在卖淫的内涵之中，并不违反该词的基本含义。"[2] 既然"卖淫"一词的内涵是女性对男性出卖肉体，那么，同性之间的性交易怎能包含进去呢？也就是说，该学者使用了经过自己悄悄扩张之后的卖淫概念，来涵摄该案事实，其逻辑错误是明显的。同时，"本质含义""基本含义"等术语的使用，反映出该学者只考察了"卖淫"一词的共同义素（性交易），而没有考察区别义素（女性对男性）。其逻辑错误就是偷换概念。需要注意的是，"本质含义""基本含义"等术语，是似是而非的两个概念，也不知是什么含义（因为语义学中无此术语），在此处被混为一

---

〔1〕 事物只能是其本身，这是同一律的另一种表达。

〔2〕 陈兴良：《组织男性从事同性性交易行为之定性研究——对李宁案的分析》，载《国家检察官学院学报》2005年第1期。该案案情如下：2003年1月至8月，李某指使刘某、冷某某对"公关先生"进行管理，并在其经营的"金麒麟""廊桥"及"正麒"酒吧内将多名"公关先生"多次介绍给男性顾客，由男性顾客将"公关人员"带至南京市"新富城"大酒店等处从事同性卖淫活动。李某辩称，其行为不构成犯罪。其辩护人提出，《刑法》及相关司法解释对同性之间的性交易是否构成卖淫未作明文规定，而根据有关辞典的解释，卖淫是指"妇女出卖肉体"的行为。因此，组织男性从事同性卖淫活动的，不属于组织"卖淫"，不危害社会公共秩序和良好风尚；依照罪刑法定原则，李某的行为不构成犯罪。法院认为：李某以营利为目的，招募、控制多人从事卖淫活动，其行为已构成组织卖淫罪，依法应予严惩。李某关于其行为不构成犯罪的辩解，其辩护人关于卖淫不包括男性之间的性交易的辩护意见不能成立。根据我国《刑法》规定，组织卖淫罪是指以招募、雇佣、引诱、容留等手段，控制、管理多人从事卖淫的行为；组织他人卖淫中的"他人"，主要是指女性，也包括男性。李某以营利为目的，组织"公关人员"从事金钱与性的交易活动，虽然该交易在同性之间进行，但该行为亦为卖淫行为，亦妨害了社会治安管理秩序，破坏了良好的社会风尚，故李某的行为符合组织卖淫罪的构成条件。

谈了。

2. 转移论题或偷换论题

转移论题或偷换论题是常见的逻辑错误，刑法学学术作品中也并不罕见，这违反了同一律。

例如，主张功能主义刑法解释论的青年学者认为，对限制他人人身自由的行为，应认定为不法侵害。这也是最高人民法院指导性案例93号（于欢故意伤害案）的观点。[1] 那么，论题应该自然就是"不法侵害是否已经严重危及其人身自由"，"不法侵害人对于欢的人身自由权的侵害程度是否属于严重危及人身安全的暴力犯罪"。可是，在接下来的论述中，这两个论题都消失了、转移了，论者说：在于欢故意伤害案（防卫过当）中，于欢遭到的不法侵害并未严重危及其身体健康和生命利益，属于明显超过必要限度。[2] 显然，论者并未论证于欢遭到的不法侵害是否已经严重危及其人身自由权、是否属于严重危及人身安全的暴力犯罪。这不知是有意回避还是行文疏漏？因为人身安全不限于生命权和健康权，严重危及人身安全的暴力犯罪包括侵害生命权、健康权、性自决权、人身自由权四大类。

本书认为：

第一，于欢案的焦点在于不法侵害人针对的是人身自由，防卫人对此类严重的侵害，当然可以实施防卫行为。无奈的是，最高司法机关并不会将这一种类的不法侵害（非法拘禁）认定为"严重危及人身安全的暴力犯罪"。基于同样的逻辑，最高司法机关也并不会将非法侵入住宅罪、非法搜查罪、强制猥亵侮辱罪[3]等认定为"严重危及人身安全的暴力犯罪"。这与英美法系的刑法观念悬殊较大，不仅不利于这些重要法益的保护，而且降低了正当防卫制度的实施效果。

第二，"超过"属于表达"主观大量"的动词，指的是量的累积结果超

---

[1] 沙涛：《功能主义刑法解释论——立场、方法与运用》，吉林大学2021年博士学位论文。

[2] 沙涛：《功能主义刑法解释论——立场、方法与运用》，吉林大学2021年博士学位论文。

[3] 于欢故意伤害案涉及的重要案情有："杜某2用污秽言语辱骂苏某、于欢及其家人，将烟头弹到苏某胸前衣服上，将裤子褪至大腿处裸露下体，朝坐在沙发上的苏某等人左右转动身体。在马某、李某3劝阻下，杜某2穿好裤子，又脱下于欢的鞋让苏某闻，被苏某打掉。"参见指导案例93号于某3故意伤害案（最高人民法院2018年6月20日发布）。

出某个界限，大于说话人的预期量。[1] 而"明显超过"指的是累积量在程度上远远大于说话人的预期量，而且很清晰地显现出来。那么照理来说，是否明显超过是不难判断的。以说话人的预期量作为参照基准是非现实的，而是存在于其认知之中，[2] 因而，从司法实践来看，应该逐渐放弃凭借说话人的认知来认定是否明显超过的思维，而应改为使用客观的参照基准，例如法益的比对、犯罪工具与防卫工具的比对、人数的比对，等等。于欢一案，本书使用客观的对比作分析：一个是法益之间的比对，即于欢一方的人身自由权、性自决权等重要法益受到侵害，讨债一方的健康权受到侵害（致死一人是故意伤害的结果加重犯而不是杀人）；比对之下，不属于明显超过必要限度。一个是人数的比对，显然，讨债人数量众多，其中受伤的就有 4 人。一个是工具的比对，于欢使用的是刃长 15.3 厘米的单刃尖刀，伤害力不算小。综合来看，应该认定为正当防卫，没有明显超过必要限度。当然，另一种思路是将于欢的防卫行为试图认定为无限防卫，那就不涉及限度的判断了。

（二）矛盾律

矛盾律是形式逻辑的基本规律之一，指人们在同一思维过程中，对两个反对或矛盾的判断不能同时承认它们都是真的，其中至少有一个是假的。如果违反了矛盾律的要求，就会出现思维上的前后不一，自相矛盾。矛盾律对概念的要求是：在同一思维过程中，不能同时用两个互相矛盾或互相反对的概念指称同一个对象，否则就会出现逻辑矛盾。矛盾律对判断的要求是：在同一思维过程中，一个判断不能既断定某对象是什么，又断定它不是什么，即不能同时肯定两个互相矛盾或互相反对的判断都是真的，必须确认其中有一个是假的。

1. 宋福祥故意杀人案

例如，在宋福祥故意杀人案一审判案理由中认定："被告人宋福祥目睹其妻李霞寻找工具准备自缢，应当预见李霞会发生自缢的后果而放任这种后果的发生……已构成故意杀人罪（不作为），但情节较轻。"[3] 应当预见，指的

〔1〕　张耕：《现代汉语主观量的表达机制及其实现条件》，载《世界汉语教学》2022 年第 2 期。
〔2〕　张耕：《现代汉语主观量的表达机制及其实现条件》，载《世界汉语教学》2022 年第 2 期。
〔3〕　《宋福祥间接故意、不作为杀人案》，载陈兴良主编：《刑事法评论（第 3 卷）》，中国政法大学出版社 1999 年版，第 197 页。

是行为人没有预见到，是没有认识要素。而放任后果的发生，指的是行为人已经具有了认识要素。两个互相矛盾的判断不可能都是真的。这违反了矛盾律。实际上，宋福祥辩称"根本想不到她这次会真的自杀，她上吊我不知道"[1] 的这句话，反倒没有前后矛盾。不知道、根本想不到，指向的都是没有认识到后果的发生。因此，本案行为人究竟有无认识要素，需要厘清事实。根据全案事实，本书认为，宋福祥内心已经有轻微的不安感，即具备认识要素，本案以过于自信的过失致人死亡罪定性为宜。

2. 不退还他人请托用的行贿资金构成侵占罪

有一道司法考试试题，参考答案两可，认为不退还他人请托用的行贿资金构成侵占罪或者不构成侵占罪，都可以。这当然违背了矛盾律。本书认为当然构成侵占罪，因为无论行贿人是否具有返还请求权，行为人只要侵害了事实上的占有关系，即侵害了本罪法益。试题和答案如下（仅摘录部分）：

试题（见2013年试卷四）：在甲、乙被起诉后，甲父丙为使甲获得轻判，四处托人，得知丁的表兄刘某是法院刑庭庭长，遂托丁将15万元转交刘某。丁给刘某送15万元时，遭到刘某坚决拒绝。（事实四）丁告知丙事情办不成，但仅退还丙5万元，其余10万元用于自己炒股。在甲被定罪判刑后，无论丙如何要求，丁均拒绝退还余款10万元。丙向法院自诉丁犯有侵占罪。（事实五）就事实五，有人认为丁构成侵占罪，有人认为丁不构成侵占罪。你赞成哪一观点？具体理由是什么？

答案：构成侵占罪。理由：①丁将代为保管的他人财物非法占为己有，数额较大，拒不退还，完全符合侵占罪的犯罪构成。②无论丙对10万元是否具有返还请求权，10万元都不属于丁的财物，因此，该财物属于"他人财物"。③虽然民法不保护非法的委托关系，但刑法的目的不是确认财产的所有权，而是打击侵犯财产的犯罪行为，如果不处罚侵占代为保管的非法财物的行为，将可能使大批侵占赃款、赃物的行为无罪化，这并不合适。

不构成侵占罪。理由：①10万元为贿赂款，丙没有返还请求权，该财物已经不属于丙，因此，丁没有侵占"他人的财物"。②该财产在丁的实际控制下，不能认为其已经属于国家财产，故该财产不属于代为保管的"他人财

---

[1] 《宋福祥间接故意、不作为杀人案》，载陈兴良主编：《刑事法评论（第3卷）》，中国政法大学出版社1999年版，第197页。

物"。据此，不能认为丁虽未侵占丙的财物但侵占了国家财产。③如认定为侵占罪，会得出民法上丙没有返还请求权，但刑法上认为其有返还请求权的结论，刑法和民法对相同问题会得出不同结论，法秩序的统一性会受到破坏。[1]

（三）排中律

对于任何事物而言，在一定条件下的判断都要有明确的是或非，不存在中间状态，这就是排中律。一个事物，它要么存在，要么不存在，没有中间状态。桌上有一盏灯，这句话要么是真，要么是假，没有别的可能。

例如，在解释限度问题上，在文义边界问题上，排中律非常有意义。对于一个具体的构成要件符合性，要么具有，要么不具有，没有中间状态。一个具体案件，要么入罪，要么出罪，不应骑墙。

（四）充足理由律

充足理由律是一条基本的逻辑规律，通常表述为：任何判断必须有（充足）理由。充足理由律是德国哲学家戈特弗里德·威廉·莱布尼茨（1646—1716）提出的。[2] 他认为，任何一件事如果是真实的或实在的，任何一个陈述如果是真的，就必须有一个为什么这样而不那样的充足理由，虽然这些理由常常总是不能为我们所知道的。

充足理由律是技术理性的重要内容，它在现代科学技术中占有独特的地位。正如海德格尔所说的，没有充足理由律，就没有现代的科学技术，充足理由律是现代科学技术的第一原理。从这个原理出发，人们致力于探求事物的为什么，衍生出一系列规则、定律等，并在此基础上建立起一个庞大的科学理论体系。

那么，在法学、刑法学这些社会科学的领域，充足理由律还有多少发挥的空间呢？本书认为，充足理由律仍旧是需要遵循的基本逻辑规律，而且日益重要。[3] 这是因为，论证解释构成要件含义、解释构成要件之间的关系、判断上下义词语、案件的推理裁判等，都需要充足理由律的支撑，才能得出

---

〔1〕　这一观点没有论证 10 万元是谁的财产。
〔2〕　陈艳波：《康德对莱布尼茨充足理由律的理解和改造》，载《东岳论丛》2015 年第 9 期。
〔3〕　之所以说日益重要，是因为时代变迁剧烈、政策迭代加速、利益主体日益多元、价值观念纷纭不居等使然。

经得起检验的结论。换句话说，需要有体系性的论据、论证，而不是仅有孤证、孤例，需要有大量文献的支撑，需要有语义场内外部合乎逻辑的关联，而不能仅凭一点点论据就形成论点。

1. 信件

例如，《刑法》第 252 条侵犯通信自由罪中，隐匿、毁弃或者非法开拆他人信件的解释。有学者认为，相对于隐匿、毁弃行为而言，信件包括明信片，但相对于非法开拆行为而言，信件不包括明信片。[1] 也有学者从述宾搭配、语义指向分析两个角度出发，认为开拆的语义指向不包括明信片，理由比较充足。[2]

本书认为，这样解释可能违反了同一律，即信件这一构成要件时而包括了明信片，时而又不包括明信片。邮政业务中，邮件分为函件和包裹，函件包括信函、明信片、印刷品、盲人读物等，并无信件这个种类的业务。[3] 那么，刑法中的信件是不是等于函件呢？明信片是露封交寄的，还属于信件吗？这些问题要解释清楚，恐怕需要较多的理由、体系性的理由。没有充足的理由，不可断然认为"非法开拆行为的对象不包括明信片"。函件的函，是封套的意思，明信片没有封套，是露封交寄。按照生活实际，明信片似乎应该不属于通信秘密的载体。但是，实际的邮政业务又在办理明信片寄递业务，又在名义上承载着通信秘密。因此，本书认为，本罪中的信件不包括明信片，明信片实际上没有承载通信秘密。尤其是现在，私人与私人之间，已经不再使用明信片了。本罪中的信件，指的仅仅是信函、印刷品等封装的函件。

2. 在解释刑法时回归常识

有学者认为，在解释刑法时应当回归常识。可是其理由全部是从理论到理论、从命题到命题、从判断到判断，既无任何的实际案件，也无任何具体的构成要件，也无任何一项常识。换句话说，论者既没有涉及任何刑法解释实践及其背后的紧密相关的刑法解释理论，也没有涉及任何一项具体的常识。[4] 那么，该论者所言"在解释刑法时回归常识"，何以能够成为该文章

---

〔1〕 张明楷：《刑法分则的解释原理》，中国人民大学出版社 2004 年版，第 328 页。

〔2〕 王政勋：《刑法解释的语言论研究》，商务印书馆 2016 年版，第 231、297 页。

〔3〕《邮电部关于印发〈国内邮件处理规则〉的通知》第 8 条。

〔4〕 熊明明、朱建华：《论自媒体时代刑事司法公众认同的实现——以大学生掏鸟窝案为视角》，载赵秉志主编：《刑法论丛（2016 年第 2 卷·总第 46 卷）》，法律出版社 2016 年版，第 226~228 页。

的一个分论点？本书认为，在论者的这部分文字里，看不到充足理由律的体现，其论证力度、论证强度、论据采集度、逻辑力量，都是不够的。

充足理由律是技术理性的重要内容，应然的刑法也应该以技术理性要求自身。微弱、暧昧、简单、武断、随意、飘忽、不痛不痒、似是而非的刑法论证、刑法解释，是宣言，是口号，实际上是虚假的论证，根本没有实现技术理性的要求。

况且，"回归常识"与技术理性、充足理由律之间存在冲突的可能性。如果只是泛泛而论，认为应该在解释刑法时回归常识，是没什么大的问题的。但是，到了具体场合、具体构成要件、具体案件中，常识有可能是靠不住的，也就是说，未必凡事都要回归常识。

二、类型化原则

类型化原则，包括以下几点：

（一）必须具备抽象化观念

例如，决水罪中的决水，实际上是制造水患的意思。至于行为人决水、制造水患的具体方式，包括但不限于决堤、决坝、使水满溢等。故意的决水、制造水患还好理解，过失的决水、制造水患行为则不易把握。例如，由于对水库下游人员的警示不够细致到位，上游的水库开闸泄水导致在河道中玩耍的儿童等人员死亡。[1] 这样的案件，实际上是符合过失决水罪的构成要件的，但是判决和定性的时候，容易找法错误或者找法不准确。因为过失心态下实施的开闸泄水行为，实际上是更为抽象的决水行为即制造水患的行为。没有这样的抽象化观念，对于决水、制造水患的语义没有高度抽象化、类型化的理解，往往会出入人罪。上述类型的过失决水案件，司法机关往往不会处断为犯罪，这就轻纵了行为人，也不是最理想的刑法治理。

具备抽象化观念而实施的抽象化行为不是一次完成的，是有不同层次的抽象化的。上述决堤决坝行为，第一次抽象化为决水、制造水患的行为；第二次抽象化为以某种方式制造公共危险的行为；第三次抽象化为危害公共安全的行为；等等。每一次抽象化，都是对概念、语词、构成要件之间语义关

---

〔1〕《水电站泄洪未预警，一家四口被冲走死亡，3月22日法院将开庭审理》，载 https://www.163.com/dy/article/G4SIJE8k0534PAAO.html，最后访问日期：2022年11月28日。

系的一次反思与升级。

（二）必须具备竞合观念

竞合现象，是类型化的一个特殊的、隐秘的角落。

竞合观念的产生，实际上是基于语义义位之间的复杂关系。一般而言，除了对立关系（即互斥关系）之外，相对无关系、重合关系（即等价关系或同一关系）、包容关系（或属种关系）、交叉关系的义位之间，都具有竞合的可能性。例如，相对无关系这一种义位关系，有学者就认为："如果在它们的语义式子里加进略去的义素，我们就可以发现它们终归是有关系的，它们处在同一个大的词汇场里，至少处在一个大的联想场里。"[1]

由于同义观的古今之别，[2] 为了让今后竞合论的研究留有余地，本书采取的是义素相同即为同义词的同义观。因此，在属种关系、同一关系、交叉关系、相对无关系四种关系里，都可能存在竞合现象，即义素相同或重合，即有竞合可能性。例如，冒名顶替罪与代替考试罪[3]都是人身顶替犯罪，冒就是代，有义素重合部分，就有竞合可能性。现行刑法冒名顶替罪仅限于三种情形的冒名顶替，势必会继续扩张为任何事项上的冒名顶替。不仅如此，招摇撞骗罪也是冒名行为，冒名撞骗就是招摇撞骗。因此，冒名顶替罪、代替考试罪、（冒充国家机关工作人员）招摇撞骗罪、冒充军人招摇撞骗罪等，都是人身顶替犯罪，假冒、冒充为共同义素。[4]

1. 高空抛物行为致死伤的性质

第一，这是一种以危险方法危害公共安全的行为，是基本犯罪类型。这一行为不是过失类的犯罪，不是交通肇事罪，不是传统的危害公共安全类型的犯罪（放火罪、决水罪、破坏交通工具罪等）。

第二，高空抛物、低空抛物、不高不低的抛物，只要是危险的，都属于以危险方法危害公共安全的行为。例如，行为人从地面发射了一枚自制火箭

---

〔1〕 贾彦德：《汉语语义学》，北京大学出版社 1992 年版，第 174 页。

〔2〕 盛林：《〈广雅疏证〉中的同义观》，载《安徽大学学报（哲学社会科学版）》2009 年第 3 期。

〔3〕 代替考试，即古代的代笔行为。代替考试罪包括代替他人考试（代笔）、让他人代替自己考试（让人代笔）两种情形，是对合犯。

〔4〕 冒，假冒、诈冒。《唐律》有相冒合户、为婚妄冒、宫殿门无籍冒名入、宿卫冒名相代、冒名守卫、征人冒名相代、诈冒官司主则承诈。此外，唐律还有冒荣、冒哀、冒任、冒度、冒代、冒充等语，皆含有诈伪之义，为封建刑律所不容。

到高空，火箭自空中落下后致人死伤，就应该解释为高空抛物。如在迅速移动的汽车等地面交通工具上往车窗外抛物致人死伤，也可以解释为高空抛物。毕竟，多高才是高空是没有定量的。

第三，高空抛物的这个法条不是孤立存在于刑法文本之中的，而是要与其他法条互相参照比较，得到稳妥的结论，如本条与以危险方法危害公共安全罪的关系、与追逐竞驶的关系、与危险驾驶的关系，等等。至少，在迅速移动的汽车等地面交通工具上往车窗外抛物致人死伤，可能也触犯了危险驾驶罪。

第四，高空抛物罪与其他罪名和构成要件有竞合可能。例如，行为人自己驾驶未经批准的飞行器从空中下落时，致人死伤，极可能同时触犯了高空抛物罪、以危险方法危害公共安全罪。行为人驾车从立体停车场飞跃、下落的行为还可能触犯了危险驾驶罪。抛掷物品、投放物质、驾驶车辆，这三者一般是相对无关系这一种义位关系，但是在极端的案情中，可能变为另外的义位关系。醉驾者驾车从平台飞跃到地面的行为，就是适例——危险驾驶罪、高空抛物罪、以危险方法危害公共安全罪等多个罪名的竞合。物与机动车的语义关系，是上下义关系，机动车是比较特殊的一种物。行为人连人带车一起驾驶、飞跃、下落的行为，当然可以解释为抛掷物品（连自己和汽车也抛掷了）。

第五，不仅如此，在自杀者跳楼、自杀者跳桥导致他人死伤的情形中，如果行为人并未死亡，那么应该令其承担刑事责任。此时，处断为高空抛物罪是否具有合理性，颇值得进行刑法解释方面的研究。本书初步认为，此时，行为人具有"物品"的符合性，案件符合高空抛物罪的犯罪构成。因为从高空下落的自杀者，无论对于侵害的法益而言还是对于被害人而言，已经不存在一个人的人格问题，而仅仅剩下100多斤的自身质量和这个质量对被害人的冲击，此时的下坠力在物理上可以计算出来，这与任何一种物体的自由落体产生的力，并无任何科学上的差别。高空抛掷自己就是一种自杀行为，既侵害了公共安全，也置自己的生命于不顾。当然，如果行为人不是自杀，而是基于跑酷、锻炼、极限运动等其他目的而故意实施高空下落，更加符合高空抛物罪的构成要件。此时，行为人虽然不是置自己的生命于不顾，但是，对于被他侵害的公共安全法益而言，行为人这个特定的人仅仅是一个与物体、物品的伤害力没有任何差别的危险源而已，就是一个与高空坠落的一把凳子、一个电器在性质上完全相等的物品而已。

第六，之所以高空抛物可以实现与其他罪名的竞合，唯一的原因就是语言、语料。物与人的竞合、抛物与自杀的竞合、机动车与物的竞合，等等，都是在不同角度语料的描述中实现竞合的，也就是实现了不同事物之间的连接与相遇。

2. 竞合的语义基础是义素相同

竞合是同时符合。而同时符合，应该具备语义上的两次以上的涵摄。即两个以上的语词，其语义能够涵摄同一个案件的事实。那么，义素相同或者义素重合，是必然的。例如，《刑法》第191条洗钱罪与第312条掩饰、隐瞒犯罪所得、犯罪所得收益罪，具有竞合关系，掩饰、隐瞒的语义中皆含有遮蔽、隐藏义素。[1]《说文》有曰：隐，蔽也。[2] 进一步来讲，窝藏罪是掩人的犯罪，[3] 前述两罪名则是掩财物的犯罪。掩财物的犯罪，1979年刑法称为窝藏赃物罪。藏，即藏匿赃物。"掩贼为藏"，这是早期的语义，而语义演变后，受事格"贼"逐渐脱落，变成涵摄力更大的"掩则为藏"，即掩蔽对象无论是人还是物，都属于掩藏、藏匿。今日刑法，则分而别之，掩人的罪名是窝藏罪，掩物、掩钱的罪名则是洗钱罪与掩饰、隐瞒犯罪所得、犯罪所得收益罪等（还有帮助网络犯罪活动罪的一部分），即1979年刑法所称的窝赃罪、销赃罪。

竞合的语义基础是义素相同，但是义素的浮现需要深入语义内部，需要在时间上溯源，在空间分布上寻找语义相近的语料。语义演变的考察是必不可少的。

（三）科学的类型化

使用义素分析法必须结合类型化思维。做到分类科学、严谨，一次分类依据一个标准。避免前后不同时期的分类悬殊过大，避免受到立法增减的干扰而打破既成的类型化结果，避免列举与概括之间的背反。类型研究或者类

---

〔1〕 商怡、武建宇：《"掩映"词义演变中深层隐义素的核心作用》，载《语文研究》2022年第2期。

〔2〕 （清）段玉裁撰：《说文解字注》，中华书局2013年版，第741页。

〔3〕 "掩贼为藏。掩，匿也。"参见（周）左丘明撰、（西晋）杜预撰、（唐）陆德明音义：《春秋经传集解》文下第九，四部丛刊景宋本。

型化研究，是社会科学的基本研究手段，在法学、经济学、考古学、历史学、民族学、哲学、语言学、文学等学科中，类型研究都是常用研究手段。

1. 财产犯罪分类

一般来说，分类清晰的犯罪类型，属种关系清晰的犯罪层级，就是认识较为充分的犯罪类型。反之，大量使用描述性语词来定义、定位某种犯罪或者其构成要件的，则表明认识上不够深刻、不够深广。

例如，有学者在刑事立法者增加了拒不支付劳动报酬罪之后，将其原有的分类结果加以剧烈改变，但是又不说明理由，令人怀疑其分类的科学程度。对于财产犯罪，该学者的原有分类是取得罪和毁弃罪两类，[1] 后来改为三类——取得罪、毁弃罪、不履行债务罪。[2] 本书认为，从形式逻辑上看，拒不支付劳动报酬罪，要么是取得罪，要么是非取得罪。从该罪的罪状分析，行为人的行为是逃避支付、拒不支付劳动报酬，显然属于取得罪类型，所以，在大陆法系的财产罪经典分类（取得罪与毁弃罪）中，再额外单独列出一种不履行债务罪的类型，在逻辑上并不合适，这表明出分类者对我国刑事立法实践的理论反馈、逻辑归纳、类型化总结比较仓促、思虑不周。[3]

2. 淫乱的解释

对于聚众淫乱罪中"淫乱"的解释，有学者在前后不同时期里的解释也不尽相同。例如，对于"淫乱"一词，该学者早期解释为猥亵、性交。[4] 而在该学者的同一本书中，又将"淫乱"解释为包括性交、鸡奸、兽奸、口淫、手淫、猥亵。[5] 而该学者在稍后时期的著述中则又将"淫乱"一词解释为性活动。[6] 本书认为，相较而言，该学者后期的解释（性活动）更为类型化，其抽象程度更高、覆盖社会生活的面更宽、刑法解释的余地更大、语词的弹性更好，文义边界可以进一步向外拓展，算是一个更为完善、合理的解释结论。非常有趣的一点是，该学者的这一解释（性活动）与词典义几乎一样，

〔1〕　张明楷：《刑法学》，法律出版社 2003 年版，第 751 页以下。

〔2〕　张明楷：《刑法学》，法律出版社 2011 年版，第 849 页。

〔3〕　由于财产犯罪一章还有挪用资金罪、挪用特定款物罪等属于使用意图的财产犯罪。因此，现行《刑法》的财产犯罪应分为取得罪、毁弃罪、使用罪三类。至于取得罪可否分为夺取罪与交付罪，尚难确定。难点就在于盗窃罪属于夺取罪，却不合"夺取"语义。

〔4〕　李希慧主编：《妨害社会管理秩序罪新论》，武汉大学出版社 2001 年版，第 166 页。

〔5〕　李希慧主编：《妨害社会管理秩序罪新论》，武汉大学出版社 2001 年版，第 168 页。

〔6〕　李希慧主编：《刑法各论》，中国人民大学出版社 2012 年版，第 277 页。

淫乱的词典义是："在性行为上放纵，违反道德准则；发生淫乱行为。"[1] 假如不考虑"淫乱"的两个词性（形容词与动词），词典义与该学者的解释都包含了两个义素：一个是违反道德或者违反社会主义道德，一个是性活动或者性行为。至于"放纵"这个义素，本书认为，实际上应该理解为是聚众淫乱罪的定量要件，即一次放纵的违反道德的性行为或者性活动，恐怕不会被刑法所打击、所评价、所规制。因为一次放纵属于是刑法中的琐碎的行为，是"一厘事件"的性质，是不值得动用刑法资源来处理的情节显著轻微的反社会的越轨行为。

对于聚众淫乱罪中"聚众淫乱"的解释，有学者认为是"纠集多人群奸群宿、跳脱衣舞、贴面舞或者进行其他变态性行为"[2]。对于这个解释，本书不敢苟同。首先，列举与概括之间的背反、疏离太明显，贴面舞是变态性行为吗？随着当代中国性观念的变化，贴面舞属于一种正常的性活动，本身不能算是变态。其次，跳脱衣舞、贴面舞，这是 20 世纪 80 年代的高频用语，现在如何解释其内涵和外延，本身就非常难办。[3] 最后，其中心词之一是"变态性行为"，这实际上是缩小了构成要件的打击范围。相比前述学者的"性活动"或者"性行为"而言，"变态性行为"带有明显的价值判断的色彩，而此处需要的则是事实认定，即只要认定为是性活动或者性行为即可，至于是不是变态，无需证明和认定（实际上也不好认定）。这样既能减轻起诉机关的证明压力，也能扩张刑事打击范围。因为该罪的设立重点显然不是为了规制所谓的变态性行为，而是为了规制"聚众"性质的伤风败俗行为。

3. 扰乱法庭秩序罪与寻衅滋事罪的关系

《刑法》第 309 条扰乱法庭秩序罪实际上是第 293 条寻衅滋事罪的特别法条，因为把两个罪名的罪状一一比对的话，实际上都涉及了个内容。因此，在宏观上需要把握以下几点：

第一，犯罪行为是针对人员而实施的，或者是针对人员之外的财物、设

---

〔1〕 中国社会科学院语言研究所词典编辑室编：《现代汉语词典》，商务印书馆 2016 年版，第 1564 页。

〔2〕 陈忠林主编：《刑法（分论）》，中国人民大学出版社 2016 年版，第 223 页。

〔3〕 穿着整齐地跳贴面舞算是变态性行为吗？光着身体跳贴面舞算是变态性行为吗？诸如此类的问题，现在都难以解释，或者解释结论与 20 世纪 80 年代严打时期的解释结论完全不同。

施而实施的，殴打、追逐、拦截他人等是针对人员而实施的，毁坏设施、抢夺文书等是针对人员之外的财物或者设施而实施的，构成犯罪的行为要件不会超过这个范围。但是，具体犯罪的方式则可能五花八门，甚至匪夷所思。

第二，需要整合看待这两个罪名，或者还可能包括更多的罪名。例如，房屋拆迁中的各种对于拆迁户的滋扰行为，对于各个单位正常秩序进行滋扰的行为，对于交通进行滋扰的行为，对于学术环境、教学环境等滋扰的行为，等等。

第三，有必要将寻衅滋事罪中的追逐、拦截与催收非法债务罪中的跟踪、骚扰予以整体考察。这四个词汇不仅具有区别性，更具有共同性。例如，以跟踪手段实施寻衅滋事行为，应解释为追逐或者拦截。追逐、拦截、跟踪、伴行、贴身陪同等，都是对他人行动自由进行骚扰的具体化方式。

（四）类型化与符合性

犯罪现象很复杂，尤其是犯罪社会学领域内的所谓"类型"，还需要刑法学的类型化评估与定性。在这方面，2020 年公布并施行的《最高人民法院、最高人民检察院、公安部关于依法办理"碰瓷"违法犯罪案件的指导意见》是一个典型的正面例证，该司法解释将碰瓷行为[1]以刑法视角分别类型化为诈骗罪、保险诈骗罪、敲诈勒索罪、交通肇事罪等多个罪名、犯罪类型，具体案情符合哪个罪名就定哪个罪名，根据不同案情分别判断具有何种罪名的符合性，很好地诠释了刑事司法中的类型化思维。下面摘录该司法解释如下：

一、实施"碰瓷"，虚构事实、隐瞒真相，骗取赔偿，符合刑法第 266 条规定的，以诈骗罪定罪处罚；骗取保险金，符合刑法第 198 条规定的，以保险诈骗罪定罪处罚。实施"碰瓷"，捏造人身、财产权益受到侵害的事实，虚构民事纠纷，提起民事诉讼，符合刑法第 307 条之一规定的，以虚假诉讼罪定罪处罚；同时构成其他犯罪的，依照处罚较重的规定定罪从重处罚。

二、实施"碰瓷"，具有下列行为之一，敲诈勒索他人财物，符合刑法第 274 条规定的，以敲诈勒索罪定罪处罚：

1. 实施撕扯、推搡等轻微暴力或者围困、阻拦、跟踪、贴靠、滋扰、纠缠、哄闹、聚众造势、扣留财物等软暴力行为的；

──────────

〔1〕　碰瓷，来自北京方言，也是犯罪社会学中 R 一个古老类型，最初仅是诈骗行为，现在则具有诈骗、保险诈骗、恐吓、敲诈勒索等多个财产犯罪的色彩。

2. 故意制造交通事故，进而利用被害人违反道路通行规定或者其他违法违规行为相要挟的；

3. 以揭露现场掌握的当事人隐私相要挟的；

4. 扬言对被害人及其近亲属人身、财产实施侵害的。

三、实施"碰瓷"，当场使用暴力、胁迫或者其他方法，当场劫取他人财物，符合刑法第263条规定的，以抢劫罪定罪处罚。

四、实施"碰瓷"，采取转移注意力、趁人不备等方式，窃取、夺取他人财物，符合刑法第264条、第267条规定的，分别以盗窃罪、抢夺罪定罪处罚。

五、实施"碰瓷"，故意造成他人财物毁坏，符合刑法第275条规定的，以故意毁坏财物罪定罪处罚。

六、实施"碰瓷"，驾驶机动车对其他机动车进行追逐、冲撞、挤别、拦截或者突然加减速、急刹车等可能影响交通安全的行为，因而发生重大事故，致人重伤、死亡或者使公私财物遭受重大损失，符合刑法第133条规定的，以交通肇事罪定罪处罚。

（五）分类更新与高度抽象

类型化原则是刑法学中一个最基本的东西，但并非一成不变的僵化的教条。人的视野受限、知识陈旧、思虑不周是常态，特别是在知识大爆炸、犯罪升级频繁的时代，更需要紧跟各行业知识发展的实际，更新解释者需及时调整自己的原有分类与分类观念，适度采用高度类型化方法解释罪名关系、构成要件关系。

1. 分类更新

例如，有学者对"职务便利"进行分类，分为法定职权产生的便利、实际职权产生的便利、超越职权范围产生的便利、职责产生的便利四大类，也就是职权便利与职责便利两大类。将利用职务便利分为积极利用与消极利用两种方式，等等。[1]

本书认为，至少，这样的努力方向是对的。并且进一步认为，刑法典中的构成要件——职务上的便利，就是"职务便利""职务上的行为"。而刑法

---

〔1〕 郭纹静：《刑法中的职务便利研究》，中国检察出版社2017年版，第80页以下。

典中的构成要件——本人职权或者地位形成的便利条件，就等价于职务上的便利。便利，就是便利条件。职务上的便利，就是职权形成的便利条件。《刑法》第 385、388、388 之一条中的几个构成要件，应该作出统一的解释。尤其是无实际主管职权的行为人在"三重一大"事项中拥有的投票权、建议权等实际职权，不应该解释为职务上的便利，而应该解释为本人职权或者地位形成的便利条件，论以斡旋型受贿罪为宜。职务上的便利、本人职权或者地位形成的便利条件两个构成要件，本质上应该是统一的。试问：职务上的便利难道不是职权或者地位形成的便利条件吗？至少，刑法典在语料选择上容易误导公民。如果要进行区分，应该把二者分别表述为职务范围内的便利（直接的便利）、职务范围外的便利（间接的便利），这才符合形式逻辑的要求，才具有类型化的意义。前述学者所谓的"超越职权范围产生的便利"，指的就是职务范围外的便利（间接的便利）。而前述学者所谓的法定职权产生的便利、实际职权产生的便利、职责产生的便利三种类型，指的就是职务范围内的便利（直接的便利）。按照社会公众的口头语，后者就是"现管"而产生的便利。在监察委语境中，开始使用"职权、职务影响"这样的表述方式来指称被调查对象的违法违纪情节。例如，原环保部总工程师万某某"利用职权和职务影响为民营企业和个人在推介产品、承揽工程等方面谋取利益，收受巨额钱款，涉嫌受贿和利用影响力受贿犯罪"。[1] 进一步来看，《刑法》第 163、165、166、169 之一条等之中的利用职务便利，其实就是前述职务犯罪中的利用职务上的便利，虽然后者多了一个字"上"，但是语义完全一样。有职务，就有职权，就有了相应的便利，这一点，无论是在国家机关、国有企事业单位，还是在其他所有制形式的单位之中，都是一致的。近年来，我国的几大著名电商的高管因为贪腐而被调查，已经不是什么新闻。利用手中执掌的资源、职权来索取财物、互相交换，这是该类型犯罪的基本结构、基本模式。

　　2. 高度抽象

　　显然，高度抽象这是抽象观念的深化与推进。事实上，刑法类型化离不开各种程度的类型化，尤其是高度抽象而来的类型化。而不同程度的类型化

---

　　[1]《原环境保护部总工程师万本太被开除党籍》，载 http://www.ccdi.gov.cn/scdc/zyyj/djcf/ 202012/t20201216_ 232029.html，最后访问日期：2022 年 11 月 28 日。

思维会提炼出不同的共同义素。

例如，掳人犯罪。现行《刑法》并无掳人犯罪类型或者掳人罪罪名。但是，《刑法》中众多罪名其实都是以掳人为基础罪名而产生的衍生性质的罪名。如拐卖妇女、儿童罪，拐骗儿童罪，绑架罪，非法拘禁罪等多个罪名，它们具有共同性，其交叉与重合部分就是"掳人"。我国古代刑法就有这样的认知资源。历史上典型的掳人犯罪，当属倭寇对东南沿海百姓的掳掠，以及海盗罪中掳劫人的行为。"掳掠"一词，也写成虏掠、卤掠、虏略。[1] 掳，抢劫、夺取。掳，掠也，获也。[2] 劫财和劫人都可以使用"掳"。掠，夺取也。掠，通略、剠、搩。可见，掳、掠同义。当前，劫持人质已经是一种国际犯罪行为。尽管国际刑法中的劫持人质与掳掠尚有区别，但是如果仅考虑犯罪行为这一点的话，都属于对他人人身自由的控制和侵夺。我国台湾地区刑法学者也经常使用"掳人"作为"非法控制他人"的专用语汇。我国台湾地区"刑法"也设立了掳人勒赎罪罪名，类似于我国大陆地区现行《刑法》的绑架罪。[3] 论者认为，"我国刑法是在一个笼统的绑架罪之内包含这种掳人勒赎行为的"。[4] 其实，所谓"笼统的绑架罪"指的是以掳人这一单行为作为基础犯罪行为而建构出来的复行为犯。掳人是所有含有掳人罪名的共同义素。笔者曾经研究过这个问题，[5] 兹不赘述。

特别需要强调的是，高度抽象的思维，是为了提取"公因式"。因为类型化有不同层次，所以就有不同程度的"公因式"。从言语逻辑来看，就是提取不同层次语义场中的不同程度、不同层次的共同义素。上述的掳人罪所提取的掳人，[6] 作为拐卖妇女、儿童罪，拐骗儿童罪，绑架罪，非法拘禁罪等多个罪名的共同义素，是表达类的特征，是类义。而拐卖妇女、儿童罪除了这个类义（共同义素），还具有特定的出卖目的、特定的犯罪对象（妇女儿童）

[1]《古代汉语词典》编写组编：《古代汉语词典》，商务印书馆1998年版，第1009页。
[2] 汉语大词典编纂处整理：《康熙字典》，上海辞书出版社2008年版，第405页。
[3] 陈兴良：《判例刑法学（下卷）》，中国人民大学出版社2009年版，第252页。
[4] 陈兴良：《判例刑法学（下卷）》，中国人民大学出版社2009年版，第252页。
[5] 胡先锋：《解构与重构：刑法分则类型化研究》，中国政法大学出版社2018年版，第103页以下。
[6] 即非法控制他人，也就是刑法学界的公共知识——实力支配他人。需要注意的是，实力，词典义是实在的力量（多指军事或经济方面）。然而，我国刑法学界自日本刑法学引进的这个词语，实际上表达的是"暴力"或者"武力"。

等核义（区别义素）。同样，绑架罪除了掳人的类义，还有勒索财物、利用他人对被害人安危的担忧等核义。因此，抽象思维落脚到刑法类型化之后，需要提炼语义场等语言中的共同点，这个共同点就是连接语义场中各个相似罪名的连接点。而如果不进行高度抽象的类型化，仅仅把绑架罪和非法拘禁罪作为一个语义场的话，其"公因式"可能就不太一样。可能"非法拘禁"就是二者的"公因式"，而绑架罪是"非法拘禁+特定目的"。

在特定情形下，在刑法解释过程中，高度抽象后的极限语义结果，就是本书中的终极上义词与位移动词语义场等。

三、刑法基本原理原则

在进行刑法解释的时候，刑法基本原理也是基本的方法和依靠的手段。尤其是如果能够紧紧抓住犯罪实行行为，正确分析、认定实行行为，就能够解决很多疑难问题。

（一）运输毒品罪的实行行为

例如，如果人体藏毒者并未使用任何交通工具，纯粹步行带毒，从一地到另一地，此种犯罪样态仍然可以解释为运输毒品罪。这是因为，运输的核心义素是从一地运到另一地，至于是否使用交通工具，是否运送的是物资，这些并不是非常要紧的，交通工具等义素只是运输的次要义素而已。况且在解释纯粹步行带毒的事实时，可以脱落"工具"这一义素，以达到构成要件涵摄案件事实的目的。运输毒品罪的实行行为是运输毒品，是否使用运输工具、交通工具、作业工具等，并不影响该实行行为的判断与成立。

（二）重婚罪的实行行为

对于一个具体罪名的实行行为，要根据刑法原理正确认定，不能人云亦云，以讹传讹。重婚罪的实行行为，一般都认为"是指有配偶而又与他人结婚，或者明知他人有配偶而与之结婚的行为"[1]。或者"在客观方面表现为有配偶而重婚，或者明知他人有配偶而与之结婚的行为"[2]。其实，后半段"明知他人有配偶而与之结婚的行为"，并不是重婚罪的实行行为，只是由于行为人与重婚者构成共犯（对合犯）才被众多刑法学教材解释为重婚罪的实

---

〔1〕　王作富主编：《刑法分则实务研究（上册）》，中国方正出版社2003年版，第1171页。

〔2〕　王作富主编：《刑法分则实务研究（上册）》，中国方正出版社2003年版，第1172页。

行行为。如果还事物以本来面目的话，共犯行为（对合犯行为）不应该定义到罪名的概念中去。否则，教唆他人杀人、帮助他人杀人岂不是都成了杀人罪的实行行为了？所以，重婚罪的实行行为，应该仅仅是指有配偶而又与他人结婚，即重为婚姻行为。"明知他人有配偶而与之结婚的行为"，并不是重婚罪的实行行为。

（三）《刑法》第 341 条中的出售行为

根据司法解释，《刑法》第 341 条中的出售包括"出卖和以营利为目的的加工利用行为"。这当然是一种不顾"出售"基本文义的解释，是异常强硬、强行的解释，也是违背公众预测可能性的解释，难以具有长久的生命力。本书认为，假如把"以营利为目的的加工利用行为"解释为出售的预备行为，也许能和刑法原理沾点边。也就是说，把出售解释为"出卖和预备出卖"。[1]本书进一步把窝赃行为解释为"预备销售赃物的行为"；把买入毒品准备销售行为可以解释为"预备销售毒品的行为"，同时也是贩卖毒品罪的实行行为；把以出售为目的的储存危险物质的行为解释为"预备出售危险物质的行为"；等等。[2]根据犯罪形态的基本原理，这些预备行为应该受到刑罚处罚，并且其触犯的罪名与实行行为触犯的罪名是一样的，但是需要将预备行为与预备后的行为进行严格区分。上述司法解释把《刑法》第 341 条中的"出售"解释为包括"出卖和以营利为目的的加工利用行为"，这混淆了出卖的实行行为与预备行为，混淆了出售行为与出售目的的加工利用行为，当然是错误的解释、不讲道理的解释。这种随意扩张文字外延的做法，消极影响是不可避免的。

四、语义场原则

无义场，不义素。没有特定的语义场，分析义素就是无根无由，无的放矢。有了语义场的框定和限制，义素分析就是可能的和务实的举动，得出的结论也比较合理。组建刑法语义场，进行语义场内解释循环就有了基础。在

---

[1] 很多国际条约、国际刑法规范、国际刑事判决中，经常出现这样的表述方式。例如，远东国际军事法庭与欧洲国际军事法庭起诉的侵略犯罪就包括预谋战争、准备战争、发动战争、实行战争、共同实行战争等行为。参见［德］格哈德·韦勒：《国际刑法学原理》，王世洲译，商务印书馆 2009 年版，第 451 页。

[2] 储存行为，就是窝藏行为，只是表述角度有点差异。

此基础上，秉持着刑法语义场的开放观念，不断吸纳新的语料以利于沟通刑法语义场的内与外，这样，语义场内外的解释循环就有可能彻底打通了，解释循环就可能顺利进行下去，复杂的刑法构成要件的解释问题才能顺畅，各种语义方面的争议才能及时消除。

从刑法学解释方法的角度，语义场的组建实际是构建一个刑法解释的语料体系，即在刑法全部语料的体系范围内进行刑法解释，寻找构成要件的真实语义。所以，可以把语义场原则看作是刑法体系解释的同义语。无论是共时的刑法体系解释还是历时的刑法体系解释，都可以作为语义场。共时的体系解释，就是找寻现存的所有规范性文件（不限于刑法文本）中的相关语料，构建一个有效的语义场，来确定被解释对象的真实语义。而历时的体系解释，就是找寻历史上的相关语料，构建一个有效的语义场，来确定被解释对象的真实语义。

有学者在研究中认为，用语的统一性与相对性二者并不矛盾，相反，都是进行体系解释、实现刑法正义的重要解释方法。[1] 的确，体系解释作为基本的解释方法，需要深化其内部结构。而构建起来一个解释的腾挪空间，联系前后文本，进行体系解释，就是非常必要的。不仅如此，还要在以往体系解释基础上，扩大语料选择的时间和空间，丰富进行体系解释的材料，实现找寻构成要件真实语义的终极目的。

语义场的确定，是进行义素分析的前提之一。这应该是很简明的事情：如果没有一个确定的语义场，那么语义场之中的词语之间的内部关系就难以稳定下来，其各自的内涵外延就不清晰，语义的边界也不清晰。因此，刑法文本中的语义场内部的组成以及相互关系的确定，是进行义素分析的基础要求。从另外一个角度而言，确定语义场的过程其实就是义素分析的过程，而义素分析的过程也就是确定语义场的过程，二者难以绝对区分。

（一）交通要素语义场

交通参与人语义场、交通工具语义场、交通设施语义场、交通要素语义场，是不完全一样的四个刑法语义场，而且属于两个不同的层次。行人、非机动车等在这四个语义场中的地位也是不完全一致的。其中，交通要素语义

---

〔1〕 张明楷：《刑法分则的解释原理》，中国人民大学出版社 2004 年版，第 325 页。

场的外延最大，包括警察、机动车、非机动车、驾驶人、乘车人、行人、残疾人机动轮椅车、电动自行车、拖拉机、轮式专用机械车、铰接式客车、全挂拖斗车、其他设计最高时速低于 70 公里的机动车、入境的境外机动车、交通信号、交通标线、护栏、电子监控设施、高架桥、上下桥匝道，等等。

因为交通要素包括交通参与者、交通工具、交通设施，所以，交通参与人语义场、交通工具语义场、交通设施语义场都是隶属于交通要素语义场。非机动车属于交通工具语义场，也属于交通要素语义场，但是不属于交通设施语义场。驾驶员属于交通参与者语义场，也属于交通要素语义场，但不属于交通工具语义场，也不属于交通设施语义场。而行人属于交通参与者语义场，也属于交通要素语义场，但是，行人既不属于交通工具语义场，也不属于交通设施语义场。

从危害公共安全罪的视角来看，刑法中的破坏交通工具罪与破坏交通设施罪显然是并列关系的两个罪名，都属危害公共安全罪的下位概念。因此，它们不可能成为竞合犯，也就是说，一个行为不可能同时触犯破坏交通工具罪与破坏交通设施罪。

而交通工具语义场中的共同义素，就是交通工具。《刑法》第 116 条破坏交通工具罪中的火车、汽车、电车、船只、航空器这一组构成要件，其上位构成要件就是交通工具，交通工具也就是这一组上下位构成要件的共同义素。根据词典给出的解释，火车是一种机车牵引若干节车厢在铁路上行驶的交通工具。[1] 汽车是用内燃机做发动机，主要在公路上或马路上行驶，通常有四个或四个以上的轮子的交通工具。[2] 电车是用电作动力的公共交通工具，电能从架空的电源线供给，分为无轨电车和有轨电车两种。[3] 词典义给出的解释已经足以表明，类型思维是普遍存在的语言方法和释义方法。火车、汽车、电车等都属于交通工具，交通工具就是该语义场的共同义素、类义（交通工

---

〔1〕 中国社会科学院语言研究所词典编辑室编：《现代汉语词典》，商务印书馆 2016 年版，第 592 页。

〔2〕 中国社会科学院语言研究所词典编辑室编：《现代汉语词典》，商务印书馆 2016 年版，第 1034 页。

〔3〕 中国社会科学院语言研究所词典编辑室编：《现代汉语词典》，商务印书馆 2012 年版，第 292 页。本书按：当前语境下的电车已经与词典义有一定距离了，这是必须注意的。因为目前，很多时候电车都不再是公共交通工具而是私人交通工具。

具类）。由于拖拉机词典义是"能牵引不同的农具进行耕地、播种、收割等"[1]，并不具备交通工具这个义素，所以，如果从这个角度看，拖拉机包括大型拖拉机就不应该解释为汽车。[2] 而自行车，由于词典义是"一种交通工具"[3]，反而应该解释为刑法中的交通工具。有趣的是，第116条并不是采用例示法，因为法条之中只有列举的火车、汽车、电车、船只、航空器5个下位构成要件，并没有确定罪名中的上位构成要件——交通工具。因此，最高人民法院确定罪名归纳出来的交通工具这个上位构成要件，实际上是扩张了该条的规制范围。毕竟，即使尽全力列举出无限多的下位构成要件，其总和也不会等于上位构成要件。所以，自行车属于交通工具，但是却不可能因为破坏自行车而构成破坏交通工具罪这个罪名。还有新型的交通工具如磁浮列车，也不太容易定性为构成要件中的火车（利用电磁原理解释为电车为宜），从而不太容易适用本罪名。今后可能被投入使用的飞行车甚至个人航天器[4]等，也可能面临解释困难的局面。

（二）寻衅滋事语义场

为了明确寻衅滋事罪的具体含义，就必须将其置于相关词汇组成的语义场之中。这个语义场包括但不限于"无事生非""滋扰""扰乱社会秩序""扰乱法庭秩序""起哄闹事""挑衅"等。需要特别提及的是，《刑法》第309条扰乱法庭秩序罪实际上是第293条寻衅滋事罪的特别法条，因为把两个罪名的罪状一一比对的话，实际上都涉及了四个内容：一个是殴打，一个是毁坏，一个是辱骂（侮辱），一个是哄闹（起哄闹事）。只是两个罪名在用语上稍有区别。例如，寻衅滋事罪用的是"在公共场所起哄闹事造成公共场所秩序严重混乱"，而扰乱法庭秩序罪用的是"聚众哄闹冲击法庭"。寻衅滋事罪用的是"追逐拦截辱骂恐吓"，而扰乱法庭秩序罪用的是"侮辱诽谤威

---

〔1〕　中国社会科学院语言研究所词典编辑室编：《现代汉语词典》，商务印书馆2016年版，第1336页。

〔2〕　最早将拖拉机解释为交通工具的，可能出于高铭暄主编：《刑法学》，法律出版社1984年版，第48页。本书按：当时认为，可以将拖拉机扩大解释为交通工具，但是却又并未说明解释为法条中的哪一个构成要件。实际上，当时还未产生将拖拉机解释为汽车的观点。

〔3〕　中国社会科学院语言研究所词典编辑室编：《现代汉语词典》，商务印书馆2016年版，第1739页。

〔4〕　本书按：使用"飞行器"也是一种选择。

胁"。在这个语义场之中，解释论上的策略就是互相解释。例如，在解释"追逐拦截"的时候，需要结合"威胁恐吓"或者"人身限制"等语义场中的其他语词或语义确定。例如，将法官堵在厕所里不让出来，就可以解释为扰乱法庭秩序罪中的"威胁"或者解释为寻衅滋事罪中的"拦截"。在解释寻衅滋事罪的"恐吓"的时候，需要结合扰乱法庭秩序罪的"威胁"，也就是大陆法系的基本犯罪类型胁迫罪的"胁迫"——以恶害相通告。无论是人身威胁还是财产威胁，无论是人身恐吓还是财产恐吓，本质上都具有"胁迫"——以恶害相通告——的义素。因此，语义场中还可以增加"敲诈"——有时候是威胁，有时候则是欺骗，其词典义也明确指出这一点——依仗势力或用威胁、欺骗手段，索取财物。[1]

进一步讲，生事、找事、惹事、闹事、滋事、"搞事情"（网络用语）、医闹、滋扰等构成的语义场，与相安无事、太平无事等语义场，也应该作为一个整体来审视，以明确各自的语义。医闹现象，本质上仍然是扰乱社会秩序，因为"闹事"是不按照合法解决途径解决已发生问题的滋事行为。现在网络上喜欢使用的"搞事情"，也是这个意思。当然，由于寻衅滋事与扰乱秩序，外延都太宽泛，根本没有明确性，[2] 而现有的罪状又难以完全描述所有的寻衅滋事与扰乱法庭秩序，这就导致了两难情况出现——完全按照法条规定的罪状可能会遗漏打击，完全不顾及法条规定的罪状可能会背上违反罪刑法定的黑锅。因此，在语言策略上，必须得找到二者的结合部，或者及时修法。完全寄希望于解释或者灵活的解释，定会夸大解释学的功能，迟早会涌现出越来越多的奇葩解释——反常识、反语言、反逻辑的解释都是如此。

何为滋事、生事、惹事？关键就是谁是故意违背道德、违法、实行违规

---

〔1〕 中国社会科学院语言研究所词典编辑室编：《现代汉语词典》，商务印书馆 2016 年版，第1051 页。本书按：刑法中的敲诈勒索罪，可谓是刑法学中研究最少的罪名之一，而敲诈的复杂性也是导致研究不力的原因。敲诈，在定型上难以把握、在概念上难以界定，导致了该罪名研究薄弱。绕来绕去，谁也绕不过汉语。口袋罪之所以成为口袋罪，不是因为其涵摄力大或者外延大，而是因为指涉不清晰、概念不确定。例如，扰乱法庭秩序罪、寻衅滋事罪中的威胁、恐吓、辱骂等语词，其解释本身就是刑法学中研究的难点，这些难点一旦成为构成要件进入相关的罪名之中，必然导致这些罪名成为口袋罪。
〔2〕 罪刑法定主义要求的明确性原则在寻衅滋事罪中得不到优质的体现，这不仅是大陆刑法面临的困难，同样，也是我国台湾地区面临的困难。例如，我国台湾地区有判决认为"检肃流氓条例"中的欺压善良、品行恶劣、游荡无赖等语词与"法律明确性原则不符"。

行为的最初实施者。例如，买票插队、驾车加塞、高铁霸座、室内吸烟、公共场所电子设备声音外放、学生作弊、教师学术不端、城管恶言相向，等等。由于矛盾是在发展、变化、升级中的动态过程，谁是最初的实施者，谁就是寻衅滋事者。在江苏于海明正当防卫案中，驾车的刘某某最先实施了违法行为，他就是寻衅滋事者。在山东于欢防卫过当案中，杜某某等人暴力催债、非法拘禁、强制猥亵属于违法在先，他们就是寻衅滋事者。在黑龙江庆安枪击案中，阻挠乘客进站、挑起事端的是徐某某，他就是寻衅滋事者。至于针对寻衅滋事行为实施的防卫行为是不是都属于正当防卫或者无限防卫，则需要结合其他知识点来综合认定，这是另外一个问题。本书的基本态度是，寻衅滋事者也有防卫的权利，寻衅滋事者实施的防卫行为不一定都是防卫挑拨。毕竟，寻衅滋事包括故意违背道德、违规、违法、犯罪四种不同性质的行为，一般的违背道德类型的寻衅滋事行为，寻衅滋事行为人的防卫行为不属于防卫挑拨。只有较为严重的寻衅滋事行为，才可能成立防卫挑拨。这要根据实际案情来具体判断。

（三）有毒有害物质语义场

有毒有害物质、有毒有害食品、有毒有害的非食品原料、投放危险物质、污染环境等刑法构成要件所构成的一个刑法语义场。本书认为，在相关罪名、构成要件中，"有毒有害物质"是一个重要的共同义素。

污染环境的本质就是"有害物质混入空气、土壤、水源等而造成危害"。[1] 现有部分刑法学教材对于污染环境的多种排污行为并未指明其中的共同点。[2] 有的刑法学教材则注意到了这一点，明确指出，污染环境罪的客观要件之一是"违反国家规定，排放、倾倒或处置有害物质"。[3] 本书认为，排放放射性物质、含有传染病病原体物质行为的本质仍旧是排放有毒、有害物质。所以，污染环境罪可以重新表述为"使超标的有毒有害物质进入环境的犯罪类型"。投放危险物质罪也是"投放有毒有害物质的犯罪类型"。生产、销售有毒、有害食品罪同样是"使有毒有害物质进入食品的犯罪类型"。如此

---

〔1〕 中国社会科学院语言研究所词典编辑室编：《现代汉语词典》，商务印书馆 2016 年版，第 1380 页。

〔2〕 张明楷：《刑法学》，法律出版社 2011 年版，第 995 页以下。

〔3〕 周光权：《刑法各论》，中国人民大学出版社 2016 年版，第 422 页。

一来，有毒有害物质是各个相关罪名的共同构成要件了。因此，这几个相关罪名形成竞合犯也就不奇怪了，且已经有学者明确指出了污染环境罪与投放危险物质罪的竞合。[1]

本书进一步认为，生产、销售有毒、有害食品罪同样可以与污染环境罪、投放危险物质罪产生竞合。而竞合的语义基础就是它们存在着共同义素，即三个罪名中都有有毒、有害物质，投放（或排放、倾倒等）。有的是将有毒、有害物质投入环境（最终进入人体危及健康）；有的是将有毒、有害物质投入涉及公共安全法益的地方（最终进入人体危及健康）；有的是将有毒、有害物质投入生产的产品（最终进入人体危及健康）；有的是将有毒、有害物质投入市场流通（最终进入人体危及健康）。因此，整合这三个罪名很有必要。[2]虽然当初立法者将这三个罪名分别归入三个章节，似乎关联性不大，实际上，由于法益并非构成要件，因此，投放（或排放、倾倒等）有毒、有害物质的行为实际上是被刑事立法者规定了多次，建构了多个犯罪类型。

在现代汉语中，"投放"一词的边界其实很模糊，这就为对其进行合理的扩大解释提供了较大的可能性，这是符合客观文义、文义边界说的。因此，安放、布放、置放、排放、投入、置入、放入等都是它的近义词。例如，投毒杀人可以重新解释为行为人向他人投放毒物的行为。强迫他人吸毒罪的实行行为可以重新解释为行为人强制将毒品投放进被害人体内的行为。决水罪（日本刑法称之为制造水患罪）可以重新解释为将有危害力的水体、水流投放到涉及公共安全的区域的行为。强迫卖血罪的实行行为可以重新解释为行为人强制将他人体内的血液取出、吸出、拿出并强迫出卖血液的行为。

如果从本书前文的某些主张来进一步分析与论证的话，污染环境罪中的污染环境、有害物质等构成要件的解释完全可以利用外语资源，组建一个更为开放的语义场。pollute（污染）这个单词的解释，涉及的义素包括两个，

---

[1] 张明楷：《刑法学》，法律出版社2011年版，第995页以下。

[2] 其实，除了食品、药品等直接涉及人体健康的产品外，像服装、化妆品、家具建材等也涉及人体健康。因此，故意生产、销售有毒有害的服装、化妆品、家具、建材等的行为，也可以解释为属于投放危险物质的犯罪类型。例如，在服装中过量添加芳香胺、甲醛的行为，在化妆品中添加铅、汞等有毒重金属的行为，在家具中添加超量甲醛的行为，在胶合板中添加有毒胶水的行为，等等。

一个是 dirty，一个是 harmful。[1] 由于"外用药品污染衣物"中"污染"的语义显然与"污染环境"中"污染"的语义有别，因此，pollute 这个单词义项的选择非常简单，即污染环境指的是 add harmful substances to land，air，water，[2] 而不是弄脏环境。当然，由于"污染"一词已经在极为宽泛的外延上被我们在日常生活中频繁使用，所以，弄脏环境、丢弃垃圾、随地吐痰、乱扔纸张等行为也被冠以"污染环境"。

此外，该语义场中的上下义关系，比较复杂。《刑法》第 338 条污染环境罪中的有害物质是上义词，而有放射性的废物、含传染病病原体的废物、有毒物质都属于其下义词。《刑法》第 144 条生产、销售有毒、有害食品罪中的有害食品、有害的非食品原料是上义词，有毒食品、有毒的非食品原料则是其上义词。这是根据一般人的社会观念与语言惯习得出的结论，同时，也有专门规范性文件的支持。例如，自 1993 年起执行的《生产过程危险和有害因素分类与代码》（标准号 GB/T13861-1992）中，使用的是"危险和有害因素"，分为物理性危险和有害因素、化学性危险和有害因素、生物性危险和有害因素、心理生理性危险和有害因素、行为性危险和有害因素、其他，一共是六大类。然而，危化行业、危险品行业专门用语（毒害性[3]）的出现，导致有害与有毒之间确定的语义关系出现了松动，即毒害性是一个整体的词语，其下并无有毒性、有害性等下义词。在判断的时候，也许是需要根据案情进行具体认定上下义关系的。而毒性（Toxicity，T）则是有害性的下义词。在 2020 年应急管理部、工业和信息化部、公安部、交通运输部联合制定的《特别管控危险化学品目录（第一版）》中，涉及的危险化学品有爆炸性、有毒性、易燃性三大类。在《危险化学品重大危险源辨识》（标准号 GB 18218-2018）中，使用的是毒性、急性毒性，而非毒害性。在《职业危害因素分类目录》中，危害因素分为粉尘、化学因素、物理因素、放射性因素、生物因素、其他等六大类，危险与有害合二为一，统称为危害因素。可见，危害、

---

〔1〕 ［英］霍恩比原著：《牛津高阶英汉双解词典》，赵翠莲等译，商务印书馆、牛津大学出版社 2014 年版，第 1582 页。

〔2〕 ［英］霍恩比原著：《牛津高阶英汉双解词典》，赵翠莲等译，商务印书馆、牛津大学出版社 2014 年版，第 1582 页。

〔3〕 危险化学品（hazardous chemicals），是具有毒害、腐蚀、爆炸、燃烧、助燃等性质，对人体、设施、环境具有危害的剧毒化学品和其他化学品。

危害性、危害因素、危险性、危险物质等是该语义场中最上位的上义词，有毒、有害等则是其下义词。[1] 而毒性（Toxicity，T）则是有害性的下义词。《说文》有曰：害，伤也。即伤害法益、侵害人的法益、环境的法益的行为。

五、语义分类原则

进行义素分析的时候，语义分类必不可少。可以说，语义分类是基础知识，也是一个基本法则。根据不同的标准，语义分类可以有多种结果，包括词典义与非词典义、类义与核义、理性意义与附加意义、共同义素与区别义素、要表达的意义与被理解的意义[2]等。以下，仅介绍本书使用较多的分类。

（一）词典义与非词典义

这是第一种分类。词典义（字典义），指的是权威词典（字典）给出的释义。而非词典义指的是权威词典（字典）之外的解释主体给出的释义，包括刑法学者义、刑事立法者义、刑事司法者义、普通公众义等。

词典义（字典义）实质上也是某个解释主体给出的语义，这个解释主体往往是集体作者，如《现代汉语词典》《新华字典》《说文解字》《康熙字典》《尔雅》《广韵》等历代字书、辞书。权威的词典义（字典义）是对于一定时期社会生活的精细观察和贴切描述，最值得加以重视与尊奉。而普通公众义最难把握，因为每个人理解的普通公众义可能都不尽相同。有时候还有方言的差别。刑法学者义是最个人化的语义，对他们加以研究、辨析、评述是本书的一个主要任务。至于刑事立法者义、刑事司法者义，显然都是权威解释主体给出的语义，它们也在不断调适、完善，与时俱进，及时修改修订，以便尽可能地定分止争，适应生活的变化，平衡打击犯罪和保障人权两端。由于每种解释者的语义都不会完全一致，于是，上述五种语义的义素分析结果也不一致。孰优孰劣，需要结合历史文献、现实情势、公众认同等因素加以

---

〔1〕 我国台湾地区"毒性化学物质管理法"则将"人为有意制制或于产制过程中无意衍生之化学物质""致污染环境或危害人体健康者"，皆定性为"毒性化学物质"。可见，该法规范中的"毒性"之外延显然比我国大陆宽泛。

〔2〕 ［英］杰弗里·N. 利奇：《语义学》，李瑞华等译，上海外语教育出版社1987年版，第31页以下。本书按：这种分类，分别对应着刑法解释中的主观解释结论与客观解释结论，还是很有意义的。尤其是根据客观解释探寻客观文义时，往往会生成启发性的新义素。

仔细辨别后确定。

词典义、字典义是一个最基本的释义，因为词典义、字典义既熔铸了历史文献，也融合了公众认同，只是在对最新的现实情势的反馈上略显滞后。另外三种语义——刑法学者义、刑事立法者义、刑事司法者义——在对最新的现实情势的反馈效率上略有优势，但是由于它们的解释主体都是具体的人，所以释义往往容易出现偏差，需要及时修改修订。而普通公众义比较符合社会习惯，但是，在对最新的现实情势的反馈上同样略显滞后，而且不够成熟、稳定、安定。

综上所述，词典义、刑法学者义、刑事立法者义、刑事司法者义、普通公众义五种语义，各有优劣。因此，如何融汇他们各自的优点，克服各自的缺陷，得到一个最适宜的刑法解释及其义素，就是刑法解释的最大任务和最高追求。

（二）类义与核义

这是第二种分类。类义与核义，可以分别与分析哲学的外延词义、内涵词义对接。例如，有学者认为：

外延和内涵，如果按照弗雷格和卡尔纳普的原意，主要是针对词而言的，即词的意义或词义，可以划分为外延词义和内涵词义两部分。事实上，在我国的传统训诂学中，有两个术语——类义和核义，可以分别和外延词义、内涵词义对接：外延词义就相当于类义，内涵词义就相当于核义。下面，我们分别引用类义和核义的定义，以表明外延词义和类义、内涵词义和核义的关系。"所谓类义，是能够表示事物类别的意义成分。例如，前面例子中的'行路类''婚姻类''目见类'等。类义，实际上是概念性的东西，是事物类别在人们头脑中的反映。在词义中，类义承担所指的功能。""所谓核义，就是类义所代表着的若干对象之间所具有的相似性或相似行为。例如，'遘''媾''覯''篝''購''溝'，它们之间共有的相似性状或相似行为为'交合'；'狗''駒''羔'，它们之间共有的相似性状为'初生卷曲'。"用类义、核义的定义和外延词义、内涵词义相比较，可以看出它们是完全一致的。这种外延词义和类义、内涵词义和核义分别对应的现象，其意义就在于：其一，外延词义或类义、内涵词义或核义，它们是超越语种的一对语义范畴，外延词义、内涵词义是弗雷格依托于德语语种而提出的，类义、核义是依托于藏语、汉语语种而提出的，这两对语义范畴竟如此高度一致。这种跨语种的高度一致性是无法用语种特点来解释的，只能归结为人类语言的生物一致性。其二，外延词义或类义、内涵词义或核义具有普遍性，这就表明，构建超越语种的普遍语义学是完全可能的。[1]

可见，上述的内涵词义、外延词义实际上都是语义中的共同义素（公因式）。外延词义是能够表示事物类别的意义成分，当然属于共同义素，是类型化思维的产物，也是分类的结果，如亲属词、颜色词、上肢动作词，等等。而内涵词义，是类义所代表着的若干对象之间所具有的相似性或相似行为，当然也是共同义素。例如，上述的初生卷曲，是狗、驹、羔三种新生动物词汇的共同点。本书前文中所涉及的各种侦查权主体，其类义可以描述为"侦查主体类"或"侦查机关类"，其核义可以描述为"查明犯罪事实""刑事司法权"等。

需要注意的是，类义与核义侧重于事物之间的共性，而非个性。而刑法解释的重要任务之一，还有发现不同构成要件之间的区别与个性。因此，仅使用类义与核义，在刑法解释中还不够。需要结合义素分析与语义场知识、原理，结合实际案件，来发现构成要件之间语义之间的区别义素，以便正确适法，正确适用罪名。

（三）理性意义与附加意义

这是第三种分类，是现代语义学的分类结果。理性意义又称理性语义，附加意义又称附加语义。语义分为反映语义和语法语义，反映语义又分为基本语义和附加语义。而基本语义就是理性语义。另外，反映语义又可以分为指称语义和系统语义；[2] 也有的分为理性意义、附加意义和语法意义。[3]

刑法中的构成要件的语义，主要涉及的是理性意义，即基本语义。但是，有时候也会涉及附加意义，以便更好地区别词汇之间的细微差异。附加意义

---

〔1〕 杨光荣：《分析哲学视野中的训诂学》，载《山西大学学报（哲学社会科学版）》2012年第1期。本书按：弗雷格（1848—1925），著作有：1879年《概念文字：一种模仿算数语言构造的纯思维的形式语言》，1884年《算术基础》等。卡尔纳普（1891—1970），著作有：1928年《世界的逻辑构造》，1934年《语言的逻辑句法》，1942年《语义学导论》等，其是弗雷格的学生。

〔2〕 贾彦德：《汉语语义学》，北京大学出版社1992年版，第26~28页。

〔3〕 黄弗同主编：《理论语言学基础》，华中师范大学出版社1988年版，第75页。

包括形象、风格、感情等。[1] 例如，刑法文本中的残害、无辜、煽动、私自、公然、称霸一方、残忍、擅自等，都具有丰富的附加意义。

在传播、宣扬、扩散、推广等构成的传播语义场中，"宣扬"一词除了具有理性意义外，还具有附加意义，即含有"信奉并传播""确信并传播"的附加意义。与语义场中其他词汇相比，也可以认为，其含有额外的隐性义素——信奉或者确信。下面予以具体阐述。

第一，刑法中的"传播"语义场，"传播"中的共同义素的挖掘，以及刑法文本中表达"传播"义的多个能指包括传送、宣扬、扩散等词语之间的细微区别，需要引起重视。

为了表达相同或者基本相同的语义，立法者在不同语用中选择了不同的能指（即词汇）。例如，电视剧的发行许可证，其实质是允许该电视剧进入市场进行流通、传播、上映、播出、播放、播映、公映，所以，这里的"发行"就是一种传播许可，发行许可证就是传播许可证。因此，传播是上位构成要件，在不同语用中表达传播含义，可能使用了不同的能指。刑法文本中，有时使用"复制"来表达传播，有时使用"发行"来表达传播，有时使用"出版"来表达传播，有时使用"流行""扩散"[2] 来表达传染病的传播。生活中，有时使用"上线"来表达传播，有时使用"公布"来表达传播，有时使用"播出"来表达传播，有时使用"公映"来表达传播。所以，《电影片公映许可证》和《电视剧发行许可证》实质就是传播许可证。我国新闻出版广电行政机关颁发的《信息网络传播视听节目许可证》、经过认定的影视剧播放资质的持证网站，其实质就是一种传播许可。而广播电视节目传送、传输等表达方式中的传送，也明显具有传播的意思。

第二，比较特殊的是，宣扬与传播的区别。虽然宣扬也是一种传播，但是宣扬与传播的含义不完全相同。宣，是公开说出来；传播、散布出去。宣

---

〔1〕　贾彦德：《汉语语义学》，北京大学出版社1992年版，第280~286页。

〔2〕　《刑法》第330条妨害传染病防治罪中的"扩散"，第331条传染病菌种、毒种扩散罪中的"扩散"，第409条传染病防治失职罪中的"传播"或"流行"，第360条传播性病罪中的"传播"。

扬的词典义是广泛宣传，使大家知道；传布。[1] 而传播是广泛散布。[2] 而且，宣、扬都有"传播"的意思。

《刑法》第120条之三宣扬恐怖主义、极端主义、煽动实施恐怖活动罪，第120条之五强制穿戴宣扬恐怖主义、极端主义服饰、标志罪[3]中的"宣扬"，能否替换为"传播"，从而改为传播恐怖主义、极端主义罪，或者强制穿戴传播恐怖主义、极端主义服饰、标志罪呢？本书以为，如果行为人只是在朋友圈等处发布、上传暴恐类音视频，导致暴恐音视频传播或者扩散，就被论以宣扬恐怖主义、极端主义，似乎不妥。将传播等同于宣扬，会导致犯罪圈扩张，不符合严格解释的铁律。

第三，暴恐与恐怖主义当然不是等同的概念，把暴恐解释为恐怖主义，会不当扩大恐怖主义的外延。发布暴恐音视频，当然也不等于发布恐怖主义音视频。司法者不能随意解释构成要件，不宜过度关注刑法的保护机能、入罪功能，否则会导致刑法的保障机能、出罪功能得不到实现。

第四，虽然"宣扬"与"传播"在词典中的基本意思相同，但是在汉语实际的语用之中，"宣扬"含有"信奉并传播"的意义，具有一定的附加意义，还含有"宣传"的意义，而宣传是对群众说明讲解，使群众相信并跟着行动。[4] 而"传播"并无信奉的色彩。可见，"宣扬"是考虑受众的接受、是努力促使受众接受，而"传播"仅为单纯客观的散布。所以，一般而言，"传播"不能被替换为"宣扬"，否则表达的含义就不精确。例如，传播淫秽物品罪就不能表述为宣扬淫秽物品罪，传播性病罪也不能表述为宣扬性病罪。从这个视角来看，《刑法》第367条第1款中的"淫秽物品，是指具体描绘性行为或者露骨宣扬色情的诲淫性的书刊、影片、录像带、录音带、图片及其

---

〔1〕 中国社会科学院语言研究所词典编辑室编：《现代汉语词典》，商务印书馆2012年版，第1473页。

〔2〕 中国社会科学院语言研究所词典编辑室编：《现代汉语词典》，商务印书馆2012年版，第199页。

〔3〕 本罪中的穿着、佩戴……服饰、标志，外延甚广，包括但不限于衣服、鞋袜、裤子、裙子、须发、配饰、冠冕、随身包袋等。参见张定：《"穿戴"动词语义图》，载《当代语言学》2017年第4期。另外，《刑法》第120条之五也是一种特殊的宣扬恐怖主义、极端主义行为，因此第120条之三是第120条之五的上位罪名。

〔4〕 中国社会科学院语言研究所词典编辑室编：《现代汉语词典》，商务印书馆2012年版，第1473页。

他淫秽物品"，应该改为"露骨传播色情"为宜。本书认为，在刑法中，只有涉及恐怖主义、极端主义和淫秽物品时才能够使用"宣扬"一词。同时，宣扬还主要用于贬义的场合，其明显具有贬义的感情色彩，如大肆宣扬，宣扬腐朽没落人生观，宣扬拜金主义、享乐主义，等等。相对而言，"弘扬"则是一个褒义词，如弘扬社会主义核心价值观、弘扬正义、弘扬正能量、弘扬雷锋精神，等等。从这一点来说，宣扬、弘扬的内涵都比传播要大，外延则要比传播小。

第五，行为人在朋友圈发布了暴恐音视频，这当然是传播行为，但却未必是信奉，因此，不能把在朋友圈发布暴恐音视频的行为草率地解释为"宣扬"恐怖主义。对于行为人出于猎奇、刺激、炫耀等动机而在朋友圈等发布暴恐音视频的，不宜定性为宣扬恐怖主义、极端主义罪。如果立法者制定一个传播恐怖主义、极端主义罪（实际上是使用了宣扬的上义词传播），那么，在朋友圈发布暴恐音视频的行为才具有传播恐怖主义、极端主义的符合性。

第六，从我国的国情考察，"宣扬"的内涵更丰富，外延更小，所以是下位构成要件。"传播"的内涵更简单，外延更大，所以应该是上位构成要件。"宣扬"的内涵大致就是，不但宣扬者自己信奉所传播的内容，而且努力使受众也信奉所传播的内容。宣扬、宣传、鼓动、发动、群众、人民等往往同时出现在一个语言场域之中，这也符合上述"宣传"一词的词典意义。而"传播"的语言场域则相对客观，刑法中其语境一般为虚假信息、计算机病毒、性病、淫秽物品、传染病等。当然，也会使用传播真理、传播马克思主义、传播知识、传播花粉等。总之，"传播"外延更大，所以是上位构成要件。因此，把宣扬恐怖主义、极端主义都处断为传播恐怖主义、极端主义，是刑法评价不足。反之，把传播恐怖主义、极端主义都处断为宣扬恐怖主义、极端主义，是刑法评价过度。

第七，如果立法原意是打击传播恐怖主义、极端主义，那么，本罪的构成要件行为应该改为传播恐怖主义、极端主义。如果立法原意是打击恐怖主义、极端主义分子的宣扬行为，那么，由于保护的范围偏小，似乎不利于保护法益（公共安全）。所以无论是基于法益保护，还是基于语词的真实含义和语境中的含义，本罪改为传播恐怖主义、极端主义罪，似乎会更合理。采用上位构成要件、删除区别义素，以扩大罪名的打击范围和更好地保护法益，此时应该说是一个更为科学、合理、明智、理性的立法选择。

第八，在新闻语言中，含有"传播"义素的词汇较多，需要甄别相互之间的区别。如以下这篇消息：

散播虚假信息、搞"标题党"、恶意炒作热点话题……此类网络传播乱象将被重拳打击。近日，从湖北省委网信办获悉，我省启动商业网站平台和公众账号扰乱网络传播秩序突出问题集中整治工作，将依法依规查处一批问题严重的网站平台、封禁一批群众反映强烈的违规账号，整肃行业乱象，营造清朗网络空间。此次集中整治全面覆盖商业网站平台、公众账号和巡查发现的其他违法违规平台及账号。重点整治六大方面：一是集中整治商业网站平台、手机浏览器、"自媒体"违规采编发布互联网新闻信息、转载非合规稿源问题；二是规范移动应用商店境内新闻类 APP 审核管理；三是建立健全社交平台社区规则，加强社交平台运营管理；四是规范商业网站平台热点榜单运营管理；五是加强网络名人参与论坛、讲坛、讲座、年会、报告会、研讨会等网络活动管理；六是优化改进移动新闻客户端和公众账号正能量传播。据了解，整治工作将对各类网站平台逐一排查，将发现的各类问题都纳入整治范围，并梳理不足和短板，研究对策措施，形成长效机制。同时，进一步发挥各类网络主体积极作用，大力弘扬主旋律、广泛传播正能量。[1]

在这篇消息中，含有"传播"义素的词汇有：散播、炒作、发布、转载、传播、弘扬等。它们至少可以分为带有贬义的传播和带有褒义的传播两大类。其中，散播、炒作（包括散布等词汇）属于带有贬义的传播，而弘扬（包括发扬、高扬、传扬等词汇）属于带有褒义的传播。语词的感情色彩（褒义贬义），属于附加意义，是词义的义素之一，明显具有区分词汇的应用场景的功能。对于构成要件符合性的判断而言，是应该受到高度关注的。

第九，在关于传播淫秽物品的犯罪中，刑事立法者使用的是"传播"淫秽物品而非"宣扬"淫秽物品。在对淫秽物品的定义中，也分别使用了具体描绘性行为、露骨宣扬色情，即行为人只要是实施了具体描绘性行为的，即可处断为淫秽物品，不需考察行为人是否在宣扬。换句话说，行为人的忠实客观地对于性行为的具体描绘已经符合了构成要件。可见，传播淫秽物品罪

---

〔1〕《向网络传播乱象说不 湖北启动这项行动》，载 https://hb.ifeng.com/a/202008071445926 0_0.shtml，最后访问日期：2022 年 11 月 28 日。

的构成要件符合性的判断标准远比宣扬淫秽物品低得多。这当然降低了控诉方证明的难度，有利于起诉机关追究和认定犯罪，有利于保护法益。但是，在对淫秽物品进行定义的时候，又使用了"露骨宣扬色情"。传播淫秽物品，包括传播具体描绘性行为的淫秽物品和传播露骨宣扬色情的淫秽物品两类，可见，传播露骨宣扬色情的淫秽物品，这是有点前后矛盾的文字。

第十，从词源来看，"宣传"一词的使用始于1855年，在1919年～1921年则开始被较多使用。[1] 但是，"宣扬"一词在那时尚不属于近现代汉语词汇，其出现时间相对而言晚得多。

（四）共同义素与区别义素

这是第四种分类，是对语义的微观层面进行分类的结果。这属于第二次分类，并且与前三种分类采取了不同的标准。[2]

语义中的义素，分为共同义素和区别义素。共同义素，是表示义位之间的共同属性的义素。例如，性侵犯罪语义场中，发生性关系（发生性行为）就是其中一个共同义素。区别义素，又称限定义素，是能将一组义位相互区别开的义素。区别义素既可以是概念义素，又可以是附加义素。例如，在传播语义场中，信奉就是宣扬的区别义素（概念义素），语义场中的其他词汇如扩散、传播等都无此义素。[3]

生活语言也经常涉及两种义素。例如，在姜块、姜粒、姜丁、姜米、姜末、姜蓉、姜粉等一组词语构成的一个语义场中，姜是共同义素（上义词），其余则是区别义素（下义词），以区别形状和体积。[4] 而如果变换一个语义场——姜米、蒜米、葱丝、花椒粉、小茴香粉、豆蔻粒、草果、山奈、丁香、

---

〔1〕　黄河清编著：《近现代汉语辞源（下册）》，上海辞书出版社2020年版，第1703页。

〔2〕　义素分析有基础性的二分法，即共同义素与区别义素。还有多种三分法，例如类义素、核义素、表义素，参见王宁：《训诂学理论建设在语言学中的普遍意义》，载《中国社会科学》1993年第6期。如核心义素、主体义素、标记义素，参见王兴隆、张志毅：《义位的要素三分及其在辞书中的价值导向》，载《语言文字应用》2007年第4期。

〔3〕　有学者从语源学角度出发，将义素分为源义素、类义素，基本对应着区别义素、共同义素。参见王宁：《训诂学理论建设在语言学中的普遍意义》，载《中国社会科学》1993年第6期。王宁：《汉语词源的探求与阐释》，载《中国社会科学》1995年第2期。潘薇薇：《汉语反义同源单音词语义关系及生成机制探析》，载《当代修辞学》2022年第3期。

〔4〕　汉语中大量的以前字或者后字为核心字的词语，被称为辞群。辞群中的核心字或者本身是词，或者先于词而存在，是现成的、封闭的、有明确边界的。参见李兰霞：《六十岁的学术飞跃——徐通锵与"字本位"理论》，载《光明日报》2022年3月28日，第11版。

高良姜、砂仁构成的语义场——则天然调味料或者天然香辛料就成为这些词汇的共同义素（上义词），具体的调料品种属于区别义素（下义词）。又如，姜做的调味料，蒜做的调味料，高良姜调味料，等等。如果这样继续罗列下去的话——党参、白术、茯苓、甘草、厚朴、半夏、黄芩、连翘、姜黄、郁金、苏木、川楝子、木香、砂仁、枳实、土鳖虫、地龙、葶苈子、芫蔚子，那么，中草药会成为该语义场的共同义素（上义词），具体的中草药品种成为区别义素（下义词）。当然，如果有必要的话，再往下，则可以继续分为活血药、理气药、补虚药、解表药，这些也分别是中草药这个上义词的下义词。也就是说，在不同的语义场之中，其共同义素、区别义素是不尽相同的。姜的语义场，天然调味料或者香辛料的语义场、中草药的语义场，是三个不同的语义场，各自的共同义素、区别义素是不尽相同的。

根据这样的原理与知识，刑法语料也是可以得到深入的分析与考察的。例如，《刑法》第 111 条为境外窃取、刺探、收买、非法提供国家秘密、情报罪，第 431 条为境外窃取、刺探、收买、非法提供军事秘密罪，这两个罪名经过比较即可得到以下结论：

第一，秘密或者国家秘密就是情报的一个具体类别。秘密或者国家秘密是犯罪对象的共同义素。而军事秘密是下义词，是军事类别的秘密，军事成为区别义素。

第二，窃取、刺探、收买，包括骗取、交换等，都是获取的下位概念。获取，是窃取、刺探、收买、骗取、交换等的共同义素，获取是上义词，是语义场的共同义素，实际上就如同财产犯罪中的"取得罪"的上义词地位。具有"取得"这一共同义素的罪名，包括盗窃罪、诈骗罪、抢劫罪、抢夺罪、敲诈勒索罪等。

第三，刑法中境外的"境"，至少有几个义项，外延不一致，有时指的是国境之外，有时指的是海关关境之外，有时指的是中华人民共和国中央人民政府目前管辖、治理的范围（包括大陆地区和港澳地区）之外。这两个罪名中的"为境外"，指的是中华人民共和国大陆地区、港澳地区之外的机构、组织、人员。

第四，这两个罪名的行为，实际上只有两个方向，一个方向是（获取）取得秘密或者情报；另一个方向是提供（传递）秘密或者情报，即秘密或者情报的往来。这与古代刑法中的观念并无二致。"其非征讨，而作间谍者，间谓往来，谍谓觇候，传通国家消息以报贼徒"，[1] 就是这个意思。唐代使用"传通"，今天则使用"传递"，二者完全一样。

第五，这两个罪名其实就是本来意义上的间谍罪。间谍罪是他们所属的犯罪类型。现行《刑法》使用了冗长的罪名表述，并不算是最佳的。在间谍罪的语义场中，共同义素是间谍，是非法取得、非法传递秘密或者情报。而区别义素是具体秘密或者情报的类别。

第六，在这两个罪名中，一个出现了情报，一个则没有。本书认为，这丝毫不影响构成要件的解释。即秘密与情报应视为等价关系、同一关系。或者，第一个罪名中的秘密与情报是并列关系，秘密的外延较小。而第二个罪名中的秘密，外延较大。

---

[1]　《唐律疏议》擅兴·征讨告贼消息。

第四章 义素挖掘

第一节 共同义素与区别义素

一、共同义素

（一）共同义素的刑法意义

第一，共同义素的客观存在，使得犯罪类型之间的界限变得模糊，以往认为的只有区别的不同犯罪类型产生了竞合可能性。

例如，盗窃罪与诈骗罪有无竞合部分？行为人偷换店主的收款二维码，换成自己的收款二维码，此时并没有贴身禁忌的存在，没有贴近被害人的财产。行为人只要拿着手机，钱就"自动"流进来了。消费者错误地以为自己付的款交给了卖家或者店主，处分了自己的支付款。所以偷换收款二维码的行为人到底构成盗窃罪还是诈骗罪？

又如，破坏交通设施的行为不一定非要破坏交通设施本身，未必要"器破"。行为人移动交通设施，改变标志标线，或者擅自增加、增设违规的交通设施等行为，都可能危害公共安全。例如，民国时期的洛河桥板被盗案；几年前，某个行为人趁着夜深人静、提着油漆桶刷漆、擅自增加左转和调头标志以便于自己的出行方便。这些活生生的案例足以表明，破坏与盗窃之间，破坏与非法设置之间，可能存在着共同义素——效用改变。

第二，共同义素的客观存在，促使刑法学和刑事立法学更多关注刑法语言，关注确定罪名的用词，关注判决书与案情表述的语言变化，关注对犯罪现象的认知水准的提高。要时刻关注社会生活事实的变化，并不断升级刑法语言与之相适应。只有如此，才能在纷纭多变的时代牢牢把握行为的刑法学本质。

例如，在网络上实施的传播淫秽物品和淫秽表演的行为，淫秽物品与淫秽表演之间存在着共同义素——淫秽电子信息或者淫秽电子数据。淫秽物品与淫秽表演的共同义素就是电子数据、信息，这不是实物，也不是真人在现场，受众看到的、听到的只是数据和信息。之所以如此，得益于现代社会信息传输方式的巨变，得益于现代人对数据信息的依赖，这降低了人们对真人和实物的需求。我们既要挖掘刑法语言的张力和弹性，也要创造刑法语言的新空间。

以下新闻中的篡改数据、伪造数据的关系与刑法学本质，就值得思考：

2021 年 4 月至 9 月，最高人民检察院联合公安部、生态环境部在全国集中开展"严厉打击危险废物环境违法犯罪和重点排污单位自动监测数据弄虚作假违法犯罪专项行动"，并于近日发布河南省郑州市史某等 13 人将非法拆解的废旧电瓶有毒有害废液倾倒至城市内河污染环境案等 4 件检察机关依法惩治危险废物污染环境犯罪典型案例。近年来，危险废物污染环境犯罪案件数量逐渐增多，且大多属于共同犯罪，违法产业链长、涉案人员多、作案手段隐蔽。2020 年 7 月至 11 月，最高人民检察院联合公安部、生态环境部开展了为期 5 个月的"严厉打击危险废物环境违法犯罪行为专项行动"。检察机关严格履行法律监督职责……针对重大疑难复杂和跨区域危废环境污染案件，实行省、市、县三级检察机关上下联动，增强办案合力……在追究刑事责任的同时，依法追究环境侵权责任，持续强化生态环境修复治理……今年正在开展的"严厉打击危险废物环境违法犯罪和重点排污单位自动监测数据弄虚作假违法犯罪专项行动"，着重严厉打击非法收集、利用、处置废矿物油以及跨行政区域非法排放、倾倒、处置危险废物等环境违法犯罪行为，以及以篡改、伪造监测数据为主要手段逃避生态环境监管的环境违法犯罪行为等，巩固 2020 年严厉打击危险废物环境违法犯罪工作成效，督促企业严格执行法律法规，坚决杜绝治理效果和监测数据造假，持续保持高压态势。[1]

以上文字中，弄虚作假、篡改、伪造、造假等，其实与刑法构成要件中

---

〔1〕《最高检联合公安部、生态环境部开展"严厉打击危险废物环境违法犯罪和重点排污单位自动监测数据弄虚作假违法犯罪专项行动"》，载 https：//www.spp.gov.cn/spp/zdgz/202106/t20210605_520479.shtml，最后访问日期：2022 年 11 月 28 日。

的虚伪记载、虚构事实、隐瞒真相、虚假、出具虚假文件等完全相同，该语义场中的共同义素就是伪造。刑法解释者应该逐渐提高犯罪现象的认知水准，不能因为案情表述变化了，犯罪特点变化了，就迷失了犯罪类型观念。司法机关也不能因为所谓的新特点、新变化而动摇犯罪类型化观念，而要坚守刑法分则具体犯罪类型的特有历史传统，挖掘共同义素。

第三，共同义素的客观存在，促使具体犯罪构成要件的建构需要向更高水平上迈进，而不能固步自封。

例如，《刑法修正案（十一）》增加的妨害安全驾驶罪，是崭新的、前所未有的犯罪类型吗？本书并不这样认为。妨害安全驾驶罪仍旧是对交通工具的破坏，是破坏交通工具罪中的一个具体样态。"对行驶中的公共交通工具的驾驶人员使用暴力或者抢控驾驶操纵装置，干扰公共交通工具正常行驶，危及公共安全"中，"对行驶中的公共交通工具的驾驶人员使用暴力"实为"抢控驾驶操纵装置"的下位概念，而"抢控驾驶操纵装置"实为"破坏交通工具"的下位概念。如此一来，本罪所属犯罪类型就一目了然了。"对行驶中的公共交通工具的驾驶人员使用暴力""抢控驾驶操纵装置""破坏交通工具"的共同义素，一个是交通工具，一个是破坏，一个是危害公共安全。[1]近期的立法似乎已经迷失在了越来越具体的犯罪现象之中而不能跳脱出来，不能站在更为宏观的视角与更为抽象的思维上制定刑事法规范。刑事立法者对于汉语传达的构成要件及其解释，既要"仰观宇宙之大，俯察品类之盛"，也要"俯察品类之盛，仰观宇宙之大"，要善于出入于宏观与微观之间，善于出入于犯罪类型与犯罪事实之间，如此方能不惑。

第四，共同义素可以促进类型化的深化，无论是构成要件的类型化还是罪名的类型化，都离不开共同义素的挖掘与提炼。

对于构成要件的类型化而言，如被羁押者，无论是有形场所的被羁押者

---

[1]　"对行驶中的公共交通工具的驾驶人员使用暴力"，实为对交通工具安全的危及、破坏，而不是（或主要不是）对驾驶人员的人身侵犯。同理，该条第 2 款中，"驾驶人员在行驶的公共交通工具上擅离职守，与他人互殴或者殴打他人"实为对交通工具安全的危及、破坏，而不是（或主要不是）对他人的人身侵犯。而对交通工具或者其各个部件进行抢控、拆卸、损毁、盗窃、启停、开关等行为，不是对财产的破坏，而是对安全的破坏。例如，行为人突然打开高速行驶中的车门车窗，或者突然启动雨刮器，影响驾驶安全的，同样具有本罪的符合性。而这显然不属于常见的抢夺方向盘的犯罪手法。

还是无形场所的被羁押者，其共同义素就是被羁押或者处于国家羁押权控制之下。

对于罪名的类型化而言，如叛逃罪、军人叛逃罪，其共同义素就是从事公务的人"亡命山泽不从追唤"，只是两个罪名的区别义素——犯罪主体——不同罢了。

（二）共同义素的存在场合

共同义素的存在场合比较丰富，不仅存在于上下义关系（即包容关系）的构成要件之间，也存在于交叉关系、同一关系的构成要件之间。构成要件之间的共同义素，往往与构成要件的竞合密不可分。

例如，投放危险物质罪等与非法捕捞水产品罪的竞合。据报道，重庆市黔江区李某某等4人将农药投放于河流之中，造成鱼类死亡，公安机关以非法捕捞水产品罪对嫌疑人采取了刑事强制措施。[1] 本书认为，根据案情事实，鱼类（水产品）、农药、死亡、污染河流、禁渔期、禁渔区、投放危险物质等，导致本案同时符合了性质更为严重的投放危险物质罪和污染环境罪，或者构成以危险方法危害公共安全罪。行为人不仅是非法捕捞水产品，更是以危险的危害公共安全的方法（使用投放农药的方法）毒鱼、毒水、毒害环境。因此，4个罪名的构成要件的共同义素是水产品、非法获得水产品、危害公共安全，即环境安全。但是全案事实中非常关键的是使用投放农药的方法毒鱼、毒水，因此，处断为非法捕捞水产品应属于刑法评价不足，应认定为投放危险物质罪、污染环境罪等更重的罪名。本案中，环境、水体与公共安全所属的公共空间存在竞合，毒鱼、污染环境、投放毒害性物质之间也存在竞合。这些都是共同义素，是几个罪名的共同点，是事物之间的连接点。

二、区别义素

区别义素，又称限定义素，是能将一组义位相互区别开的义素。区别义素既可以是概念义素，又可以是附加义素。例如，爸爸和父亲这一组同义词，两者的概念义素是一致的，附加义素——口语还是书面语，就是二者的区别义素，即口语是爸爸，书面语是父亲。

---

〔1〕《重庆黔江：不法分子在天然水域投药毒鱼4人落网》，载 https://tv.cctv.com/2022/06/03/VIDEpn94gL3b02QiZ8Z2RaWv220603.shtml，最后访问日期：2023年8月20日。

在罪名与罪名之间进行区分的时候，挖掘、寻找其之间的不同点、区别点，这显然是学者们常用的思维方法与技术手段，以便较好地区分相似罪名。从语义角度而言，这实际上就是挖掘语词之间的区别义素。罪名之间的区别，就是罪名所使用语词的语义中的区别义素。

（一）寻衅滋事罪与故意伤害罪的区别

例如，涉及人身侵犯的寻衅滋事罪与故意伤害罪的区别。有学者认为前者并非针对特定的人，而后者则必须针对特定的人。[1] 显然，该学者认为，寻衅滋事罪有一个义素——对象是不特定的人。这一个义素足以区别寻衅滋事罪与故意伤害罪。本书并不这样认为。这两个罪名的区别点（涉及人身侵犯的寻衅滋事罪与故意伤害罪），应该是轻微暴力与伤害的不同。

（二）委托物侵占罪与盗窃罪的区别

现行刑法的侵占罪（指的是典型的侵占罪即委托物侵占）与盗窃罪的区别，一般认为，前者（委托物侵占）是"将代为保管的他人财物非法占为己有""受托运送乘便窃取""失主托付乘便窃取"等。而后者（盗窃罪）则是"潜行隐匿私行攫取""乘间抬至僻处窃银潜逃"等。[2] 也就是说，有合法占有事实的，是侵占罪。没有合法占有事实的，是盗窃罪。"托运""托付"，都是合法占有事实。

（三）胁迫（威胁）与要挟的区别

有学者对罪名之间的区别义素的挖掘则不够合理，从而导致对相似词语的语义解释产生较大偏差。例如，对于胁迫（威胁）或者精神强制的解释（或者解释循环），有学者的文章中，前面认为胁迫（威胁）与要挟是轻重不同的层次，后面却又在胁迫（威胁）与要挟两个层次中都举例涉及了敲诈勒索罪，[3] 显然其思维逻辑明显错误。本书认为，胁迫、威胁或者精神强制的语义，与要挟是相同的，在进行解释循环的时候，都离不开恐吓、精神强制、

---

〔1〕 林昭润、陈书敏：《方舟子遇袭案中罪行的构成分析——关于故意伤害未遂与教唆犯罪形态》，载《中国刑事法杂志》2011年第2期。

〔2〕 黄延廷：《清代侵占罪之认定与盗窃罪之认定的纠缠——兼与现代侵占罪与盗窃罪的认定比较》，载《中国刑事法杂志》2011年第3期。

〔3〕 张勇：《强迫交易及其关联罪的体系解释：以酒托案为例》，载《中国刑事法杂志》2011年第5期。

内心恐惧、恐慌、忧虑等语义成分（义素）。[1] 有学者就在敲诈勒索罪的论述中，反复使用威胁（恐吓）、恐惧、胁迫、要挟等词语，从而建立起一个较为畅达的解释循环。[2] 我国台湾地区"刑法"使用的则是恐吓取财罪，同样离不开恐吓等来建立其解释循环。同样，强迫交易罪中的威胁，既可以是程度较重的威逼，也可以是程度较轻的所谓要挟。

另外，2017 年国家统一司法考试案例分析题的答案也能从旁佐证，部分答案如下："在甲与乙商定放弃犯罪时，乙假意答应甲放弃犯罪，实际上借助于原来的犯罪，对赵某谎称绑架了其小孩，继续实施勒索赵某财物的行为，构成敲诈勒索罪与诈骗罪想象竞合犯，应当从一重罪论处。理由是：因为人质已经不复存在，其行为不仅构成敲诈勒索罪，同时构成诈骗罪。因为乙向赵某发出的是虚假的能够引起赵某恐慌、担忧的信息，同时具有虚假性质和要挟性质，因而构成敲诈勒索与诈骗罪的想象竞合犯，应当从一重罪论处，并与之前所犯绑架罪（未遂），数罪并罚。"[3] 因为本案中的赵某并不存在违法事实，乙某对其发出的所谓要挟，实际上就是威胁。

三、共同义素的挖掘

（一）语义场中的共同义素

应该说，各种类型的语义场都面临着共同义素的挖掘与提炼问题。比较简单与容易挖掘共同义素的汉语语义场，是分类义场、枝干义场、顺序义场、关系义场等，包括军衔词、亲属词等。[4] 而其他类型的汉语语义场的共同义素的提炼，相对而言较为困难。

从刑法角度而言，并列关系、包容关系的词汇之间的共同义素的挖掘，比较容易。而交叉关系、互斥关系的词汇之间的共同义素的挖掘，比较困难。例如，枪支与弹药（并列关系）的共同义素就是武器或者武器装备。而道路与机动车（交叉关系）的共同义素就是交通要素，交通要素包括交通设施、

---

〔1〕　要挟，就是威胁。例如，对于"要"的解释，即为要挟、威胁。参见《古代汉语词典》编写组编：《古代汉语词典》，商务印书馆 1998 年版，第 1826 页。

〔2〕　张明楷：《刑法学》，法律出版社 2011 年版，第 869 页以下。

〔3〕　本书按：因为甲、乙二人已经实力控制了被害人，因而，本题官方参考答案认定为绑架罪（未遂）是错误的。

〔4〕　贾彦德：《汉语语义学》，北京大学出版社 1992 年版，第 90 页以下。

交通工具、交通参与人等。非法吸收公众存款与非法放贷，中间存在着既不是吸储也不是放贷的情形，所以，属于两极义场。刑法中暂时只有高利转贷罪，而没有规定发放高利贷罪。这是不太合理的。而非法吸收公众存款（非法吸储）与非法放贷是互斥关系，其共同义素是非法进行存贷款银行业务。

（二）上下义词中的共同义素

上位构成要件是下位构成要件的共同义素。而上位构成要件是下位构成要件的义素，实际上就是该上位构成要件成了一组具有上下位关系的构成要件中的共同义素。该上位构成要件就是一种"不同中的相同"，即类义素（共同义素的一种）。[1] 反过来说，各个下位构成要件中都含有该上位构成要件作为整个语义场的共同义素。这个共同义素有时候是非常明确的、非常外在的、非常容易觉察到的。例如，大米、小麦粉、杂粮，都具有"粮食"或者"食物"这个非常明显的共同义素；盗窃、抢劫、诈骗、侵占等，都具有"侵犯财产"或者"排除旧的支配关系，建立新的支配关系"或者"移转所有"这个非常明显的共同义素。而有时候，这个共同义素则是非常隐蔽的，非常难以把握与言说的。例如，非法经营罪中各个列举项之间的共同义素，就难以言说与把握。这既是因为事物总在变化发展之中，也是因为人类认知的局限性与语言的贫乏性（二者实则为一）。

各个下位构成要件中都含有该上位构成要件作为整个语义场的共同义素。这一点，无论是在例示法的"列举+概括"结构中，还是在非例示法的平行列举的结构中，都是适用的。至少，在当前的刑法学界，仍然是倾向于认为刑法解释可以解决任何难题，逻辑与理性可以完成任何刑事司法案件。

平行列举的结构中的上下位构成要件，其上位构成要件（即类型）是存在于人们的观念中的，是需要以文字呈现出来的，否则，列举的各个概念之间的内在联系就难以为人们所认知。这既包括数量众多的名词性的构成要件，也包括相对而言数量较少的动词性的构成要件。而无论是哪一种，从观念而来的为文字所固定了的上位构成要件都是平行列举的下位构成要件的义素之

---

〔1〕 由于分类标准与个人思维视角的不同，不同学者挖掘出的共同义素可能是不一致的。例如，对于"语言"的共同义素的理解，至少有工具、系统、符号、现象四个角度，也就是说，在不同视角下，"语言"的共同义素至少有四个结果。参见胡华：《试论"语言"的共同义素和区别义素》，载《辽东学院学报（社会科学版）》2012年第2期。

一。例如，交通工具（类型）作为火车、汽车、电车、船只、航空器的共同义素，坠楼（类型）作为坠楼自杀、坠楼他杀等的共同义素，坠物（类型）作为高空抛物、高空落物等的共同义素，用于人体的制品（涉及生命权、健康权的一个类型）作为食品、药品、化妆品、种子、饮用水等的共同义素，资产作为资金、财产、财物、利益、数据资产、无形资产等的共同义素[1]，等等。

语义学认为，下义义位的式子是上义义位的式子+表属差的义素。上下义关系是类与它包含的各个种之间的关系。通常将上义义位按一个义素列出，而不分解成式子，如家具与桌子等。桌子的式子是家具+桌子与其他家具区别的义素。[2]

本书认为，刑法中完全可以吸纳汉语语义学的成果，而且大有可为。例如，《刑法》第 166 条为亲友非法牟利罪中的"亲友"，在特定关系人、关系密切的人（贪污贿赂罪一章中的构成要件）等语义场中，就是一个下义词。因此，为了严密法网，立法者今后应该将难以解释的构成要件"亲友"改为上义词——关系密切的人或者特定关系人。实际上，现行《刑法》已经在使用关系密切的人这样的概念了。亲友的式子是：关系密切的人+亲友。在最新的监察通报中，太重集团腐败窝案的涉案人王某某"个人决定重大事项；利用职权为特定关系人经营活动提供帮助；贯彻执行上级决策部署不力；滥用职权、严重不负责任、为特定关系人非法牟利，致使国家利益遭受特别重大损失"。[3] 关系密切的人是类，它包含亲友、同学、商业伙伴、情妇情夫、老乡等多个具体的种。也就是，关系密切的人是上义词，其余的种都是下义词。

当然，从语义场视角而言，上述例证主要是涉及了枝干义场，即 A 与 A1、A2、A3、A4 等的关系。A 是概括性词语，其余的则是列举性词语。

（三）肉体折磨作为共同义素

总览刑法文本与刑法语料可以认为，暴力、残害、迫害、损害、侵害、

---

〔1〕《刑法修正案（十一）》已经将第 191 条洗钱罪中"协助将资金汇往境外"改为"跨境转移资产"，这是增强构成要件涵摄力的成功修改。

〔2〕贾彦德：《汉语语义学》，北京大学出版社 1992 年版，第 173 页。

〔3〕《百亿国企腐败窝案，"一把手"落马细节首次披露》，载 https：//www.sohu.com/a/586089552_137462，最后访问日期：2022 年 11 月 28 日。

戕害、毒害等构成了一个语义场，这是一个同义义场，即通常所说的同义词组成的语义场。

如何确定残害的内涵和外延，需要在语义场中明确各个词汇之间的关系。毒害，一般而言，针对的是人的心灵与精神层面的正常发展和良好状态。例如，江湖义气正在毒害青少年，不良游戏毒害在校大学生等。迫害，显然具有特定历史语境，目前有些案件的描述中偶尔也在使用。损害，一般针对的是物质利益。侵害，一般针对的也是物质利益。戕害，书面语色彩更浓重一些。残害，只能针对人身利益，但是放火烧毁他人住宅的，则不宜使用残害，也不宜用残害来定性和描述。[1] 暴力，只能针对他人的人身利益。因此，暴力、残害、迫害、损害、侵害、戕害、毒害等构成的语义场之中，实际上，只有暴力、残害、迫害之间存在共同义素，暴力与损害、侵害、戕害、毒害一般而言并不存在共同义素，除非是戕害的外延发生变化，进行扩张。

因此，暴力与残害的共同义素就是对肉体的折磨，这是古往今来的刑事犯罪侵害的主要法益之一，也是最常见的刑事犯（自然犯）的侵害法益。杀人、强奸、刑讯逼供、虐待俘虏、暴行、伤害、酷刑、非法拘禁、强迫劳动、绑架等，都蕴含着对肉体的折磨，概莫能外。

（四）盗耕种官民田中的共同义素

在《大清律例·户律》田宅卷中，有盗耕种官民田一条（[ ]中为注文）："凡盗耕种他人田 [园地土] 者，[不告田主] 一亩以下笞三十，每五亩加一等，罪止杖八十。荒田减一等。强者 [不由田主] 各 [指熟田荒田言] 加一等。系官者各 [通盗耕强耕荒熟言] 又加二等 [仍追所得]。花利 [官田] 归官 [民田] 给主。"[2]

---

〔1〕 2022年3月8日，在第十三届全国人大第五次会议上，最高人民法院工作报告中提到：人民法院准确贯彻慎贯死刑政策，对严重危害公共安全、严重影响群众安全感的犯罪，对残害妇女儿童、老年人等挑战法律和伦理底线的犯罪，论罪当判死刑的，依法判处并核准死刑，坚决维护法治权威。这里的"残害"，显然是在普通用语意义上使用的，其外延随意宽泛、难以捉摸，所指的犯罪类型并不清晰，司法实践中也不可将有关案件随意定性为"残害妇女儿童"。如果从罪刑法定主义的明确性原则来衡量前述工作报告的文字，使用"残害"一词不妥，不如直接点明罪名（如杀人、伤害、虐待、强奸等）。

〔2〕 （清）阿桂等纂：《大清律例（第2册）》，中华书局2015年版，第159页。

　　田，分官田、民田。[1] 或者熟田、荒田。非法的耕种，分为盗耕种、强耕种两类。这是典型的类型化的结果，古代刑法已经运用的非常娴熟。其中，田，是官田、民田的共同义素，也是熟田、荒田的共同义素。不仅如此，还特别指出，"凡律言田者，兼园地在内，故注添园地字"。[2] 也就是说，律条中的田，是涵摄园地在内的。不仅如此，"曰田，则山园、陂荡之类亦在其内"。[3]《释名》曰：陂，山旁曰陂。[4]《释名》曰：荡，盪也，排荡去秽垢也。[5] 但显然，结合上下文，陂荡中的荡，就是水的意思。《说文》曰：园，所以树果也。[6]《说文》曰：瓜，在木曰果，在地曰瓜。[7] 现代汉语则扩张其外延，花园、果园、菜园、苗圃、花圃、菜地、瓜地、瓜田等口语、书面语、文言书面语各种表述方式都在其中了。[8]

　　田、山园、陂荡，三者本不是同一事物，何以成为同属于一类的"亦在其内"？显然，这里是有一个更大的外延概念在涵摄它们，这个更大的外延概念可能就是土地，或者自然资源。这就是田、山园、陂荡三者的共同义素，尽管那个时候还没有出现"自然资源""土地"等专门名词，但是，类型化思维是一直客观存在的。

　　《释名》曰：土，吐也，吐生万物也。已耕者曰田。田，填也，五稼填满其中也。[9] 所以，田，是不同于山园、陂荡的，抛开共同义素，其实这三者并无语义重合部分，而只是在一个特定的上位概念（土地资源或者自然资源）之下的三个不同的具体类型。在类型化思维之下，才具有了"亦在其内"的类推可能性。

---

　　[1]《唐律·户婚》为盗耕种公私田，分公田、私田。参见刘俊文撰：《唐律疏议笺解（上册）》，中华书局1996年版，第970页以下。

　　[2]（清）沈之奇撰：《大清律辑注》，法律出版社2000年版，第238页。

　　[3]（清）沈之奇撰：《大清律辑注》，法律出版社2000年版，第220页。

　　[4]（东汉）刘熙撰：《释名》卷第一·释山第三，四部丛刊景明翻宋书棚本。

　　[5]（东汉）刘熙撰：《释名》卷第四·释言语第十二，四部丛刊景明翻宋书棚本。

　　[6]（清）段玉裁撰：《说文解字注》，中华书局2013年版，第280页。

　　[7]（清）段玉裁撰：《说文解字注》，中华书局2013年版，第340页。

　　[8] 菜地，显然是口语。园、圃二字，随着语义流变，其使用也逐渐趋同。例如："注圃，园也。圃，苑也。正义曰：冢宰职云：园圃毓草木。郑玄云：树果瓜曰圃，园其樊也。诗云：折柳樊圃。成十八年筑鹿圃。然则圃以蕃为之，所以树果瓜；圃则筑墙为之，所以养禽兽。二者相类，故取圃为圃。"参见（齐）孔颖达撰：《春秋正义》卷第九庄公，四部丛刊景日本覆印景钞正宗寺本。

　　[9]（东汉）刘熙撰：《释名》卷第一·释地第二，四部丛刊景明翻宋书棚本。

所以，清代的刑法解释中，如果出现盗耕种官民山园、陂荡之类，也是处断为盗耕种官民田一条的。这种类型思维背后，是使用上义词的努力，舍此无他。只不过，清代早期，尚未出现"土地资源""自然资源"〔1〕这些现代汉语词汇，尚不能找到能够涵摄田、山园、陂荡等的共同上位概念，因此，在特定的历史时期，只能处理成"凡律言田者，兼园地在内，故注添园地字"，或者"曰田，则山园、陂荡之类亦在其内"。或者统称为"田土"〔2〕，类似于今日法规范的"土地"。

但是，在现代汉语以及目前的法规范中，田、土地二者之间仍然是有明显区别的两个事物，基本农田、土地、耕地，是不尽相同的概念。例如，《中华人民共和国土地管理法》（以下简称《土地管理法》）第4条第1~3款规定：国家实行土地用途管制制度。国家编制土地利用总体规划，规定土地用途，将土地分为农用地、建设用地和未利用地。严格限制农用地转为建设用地，控制建设用地总量，对耕地实行特殊保护。前款所称农用地是指直接用于农业生产的土地，包括耕地、林地、草地、农田水利用地、养殖水面等；建设用地是指建造建筑物、构筑物的土地，包括城乡住宅和公共设施用地、工矿用地、交通水利设施用地、旅游用地、军事设施用地等；未利用地是指农用地和建设用地以外的土地。第5条规定：国务院自然资源主管部门统一负责全国土地的管理和监督工作。县级以上地方人民政府自然资源主管部门的设置及其职责，由省、自治区、直辖市人民政府根据国务院有关规定确定。

可见，现代汉语语境下的耕地才是大清律例中的"田"，耕者有其田，耕者与田是一个语义场中互训的一对构成要件。山园、陂荡大致相当于现在的林地、养殖水面。现在的法规范中的基本农田对应着耕地，例如，我国《基本农田保护条例》第2条第1款、第2款规定：国家实行基本农田保护制度。本条例所称基本农田，是指按照一定时期人口和社会经济发展对农产品的需求，依据土地利用总体规划确定的不得占用的耕地。现代汉语中的耕地，词典义是种植农作物的土地。〔3〕《中华人民共和国耕地占用税法》（以下简称为

---

〔1〕 "资源"一词，源自日语，近现代汉语中最早出现"资源"一词是1914年。参见黄河清编著：《近现代汉语辞源（下册）》，上海辞书出版社2020年版，第1993页。

〔2〕 （清）沈之奇撰：《大清律辑注（上册）》，法律出版社2000年版，第227页以下。

〔3〕 中国社会科学院语言研究所词典编辑室编：《现代汉语词典》，商务印书馆2016年版，第446页。

《耕地占用税法》）完全遵循、承接了词典义，该法第2条第3款规定："本法所称耕地，是指用于种植农作物的土地。"而种植、种植业，是最古老的农业生产方式，是把种子或者幼苗埋到土里或者栽到土里。[1] 春耕、种植大户、种粮种菜等，足见，种植、耕者、田等词汇，是一个语义场中可资互训的几个构成要件。

现代种植技术、农业科技、生物技术等学科飞速发展，旱田、水田、海洋牧场、耕海等词语的出现，似乎弥合了田、山园、陂荡之间的界限与鸿沟。山坡上的田、山顶上的田、山脚下的田、海洋里的田、池塘里的田，大棚里的田（种植盘）等，这些语言似乎都在被频繁使用。所以，田、山园、陂荡等之间的差距也没有早期那么明显了。例如，无土栽培技术使得种植行业开始部分地脱离了土地、耕地的束缚。

历史上，还有土地与园圃。唐律规定的"在官侵夺私田"之罪中，侵夺普通土地与侵夺园圃量刑不一，后者各加一等，因为园圃"地肥沃，价值高于普通土地"[2]。但是，园圃与土地属于一个大类，当然是同类。但与此同时，园圃又是其中的一个小类，科刑的时候单独处理。所以，同类解释规则的适用，显然需要搞清楚，按照小类适用是否符合同类解释规则，按照大类适用又是否符合同类解释规则。本书认为，当法无明文规定的时候，按照大类推及适用是类推，按照小类推及适用也是类推。

地，土地。《说文》曰："元气初分，轻清阳为天，重浊阴为地。万物所陈剡也。"土地和田，是不同的。能够成为"田"的，并非是所有的"地"。也就是说，不是所有的土地都有资格成为"田"。可见，《土地管理法》中的农用地才可能成为"田"，具体来说，只有农用地中的耕地、林地、草地三种才可能成为"田"，农田水利用地被耕种之后才成为"田"，养殖水面经过覆土、栽植作物后才是"田"，等等。而建设用地和未利用地，只有经过了土地修复、复垦熟化后才成为"田"。

以下案例，是湖南省的吴某某非法占用农用地案，行为人非法占用了农用地中的林地而不是耕地：

---

〔1〕　中国社会科学院语言研究所词典编辑室编：《现代汉语词典》，商务印书馆2016年版，第1702页。

〔2〕　刘俊文撰：《唐律疏议笺解（上册）》，中华书局1996年版，第980页。

　　湖南省长沙市岳麓区法院审理查明，2017年初，被告人吴某某萌生了在长沙市岳麓区学士街道学华村某山上修建跑道的念头，之后便与当地村民组签署了租地协议。在未经国土、规划、林业等主管部门审批同意，且未办理使用林地审核同意书的情况下，吴某某擅自对该山进行清表推平，并于2017年9月对清表平整的土地部分进行硬化。经鉴定，吴某某毁坏并占用的林地总面积为0.4722公顷（7.08亩，或4722平方米），毁坏林地的森林类别为市级生态公益林，林种为特种用途林中的风景林，林地保护等级为四级，地理位置属于邻近风景如画的岳麓山风景名胜区，建成的主跑道长140米、宽8米。相关部门介入后，2019年5月、2020年3月，吴某某多次对其毁坏的林地进行补植复绿。法院认为，吴某某违反土地管理法规，非法占用林地，改变被占用林地用途，数量较大，造成林地的原有植被严重毁坏，其行为已构成非法占用农用地罪。根据本案犯罪的事实、性质、对社会的危害程度以及吴某某具有自首、自愿认罪认罚、多次对占用林地复绿等情节，2020年11月，法院以非法占用农用地罪判处被告人吴某某有期徒刑6个月，并处罚金5万元。[1]

　　可见，随着土地制度的变迁，盗耕种官民田中的共同义素也有所不同，语义场中的各个构成要件之间存在着复杂的关系。田（耕地）、山园、陂荡，其上义词是农用地，而终极上义词是今日的土地。如果想其外延更大，则可选择"自然资源"一词。

第二节　寻找上义词、下义词、同义词

　　刑法中共同义素的挖掘与提炼，首先要梳理清楚构成要件之间的上下义关系、同义关系、交叉关系。尤其是坚持用语义学的上下义来分析刑法文本、构成要件中的语料时，构成要件之间的各类关系是解读刑法文本的一个基本角度，也有利于从宏观与微观相结合角度挖掘构成要件的真实语义及其义素。

---

　　〔1〕《男子在长沙岳麓山旁毁林建4700平"私人跑道"，被判刑》，载 https://news.ifeng.com/c/81iYZPLcdeM，最后访问日期：2022年11月28日。

一、寻找上义词取代下义词

以上义词取代下义词，既存在于立法的修正、学理解释实践中，也存在于各种解释论和实际案件中。这一技术，显然是可以达到扩大解释的效果，文义边界也明显扩张了，所以，对于立法者、司法者、解释者的这种解释路径和解释技巧，要科学分析其利弊得失。同时要注意，曾出现过的相反的立法，即以下义词取代原有上义词，这是不合理的。

（一）在立法中使用上义词

经过刑法修正后的不少罪名，都采用了以上义词取代原有的下义词的立法技术，来扩大构成要件的涵摄范围。主要包括：欺诈发行证券罪之前的罪名是欺诈发行股票、债券罪，证券是上义词，而股票、债券是下义词；危害珍贵、濒危野生动物罪（取消了非法猎捕、杀害珍贵、濒危野生动物罪和非法收购、运输、出售珍贵、濒危野生动物、珍贵、濒危野生动物制品罪等罪名）；危害国家重点保护植物罪（取消了非法采伐、毁坏国家重点保护植物罪和非法收购、运输、加工、出售国家重点保护植物、国家重点保护植物制品罪罪名）；等等，这种立法技术是值得肯定的。下面具体说说欺诈发行证券罪。

"发行文件"一词作为构成要件进入刑法典，是在《刑法修正案（十一）》。《刑法》第 160 条第 1 款被修改为："在招股说明书、认股书、公司、企业债券募集办法等发行文件中隐瞒重要事实或者编造重大虚假内容，发行股票或者公司、企业债券、存托凭证或者国务院依法认定的其他证券，数额巨大、后果严重或者有其他严重情节的，处五年以下有期徒刑或者拘役，并处或者单处罚金；数额特别巨大、后果特别严重或者有其他特别严重情节的，处五年以上有期徒刑，并处罚金。"这就是欺诈发行证券罪。相比修正前的原条文，其增加了一个上位概念"发行文件"，增加了一个下位概念"存托凭证"；增加了一个兜底概念"国务院依法认定的其他证券"。显然，根据语法分析，条文中的招股说明书、认股书、公司、企业债券募集办法等，都是发行文件的具体种类和具体类型。而股票或者公司、企业债券、存托凭证或者国务院依法认定的其他证券，都是证券的具体种类和类型。于是，欺诈发行证券罪这个罪名中的两个构成要件——发行与证券——都事实上成为了上位构成要件，这显然是为了应对犯罪升级而采取的必要刑事立法技术。在此处条文的修改里面，立法者熟练使用上下义词汇，目的就是希望条文内容既有列举，也有概括，既要如实描述、尽量罗列社会生活实际，也要高度概括犯罪现象、提供类型化的构成要件。如果坚持用上下义分析刑法语料，那么，该罪名——欺诈发行证券罪——的初级类型化就不难把握。即行为人在有价证券的发行文件上弄虚作假，目的是更好更快地卖掉有价证券、募集资金，其本质则是投资欺骗，是诈骗罪的一个类型，应该进一步抽象化、类型化为诈骗罪。[1] 需要注意的是，行为人在发行文件中隐瞒重要事实或者编造重大虚假内容的行为，足以表明其客观行为与主观恶性已经超越了一般的行政违法违规的界限。

所谓欺诈发行，是指证券发行阶段中信息披露义务人没有依法履行信息披露义务、向市场与投资者提供虚假发行信息的行为。一般所指的虚假陈述行为发生在持续信息披露阶段，而欺诈发行一般发生在证券发行阶段。当然，在持续信息披露阶段仍可能发生欺诈发行，如在配股、转配股时。所谓的"招股说明书、认股书、公司、企业债券募集办法等发行文件"，其实质就是合同或者合同的组成部分，是确定双方权利义务的重要法律依据。因此，实际中，发行文件的名称可能五花八门，如募集说明书、募股书等。证券业内把证券的一级市场叫做发行，而把上市后的二级市场叫做交易。其实，本质上来讲，一级市场的发行也是一种市场交易行为，是证券发行者对投资者募集股份、出售股份的行为，帮助其出售股份的就是证券承销商。由"证券承销商"——承担证券销售的证券公司——这个名称也可以看出，发行文件的实质仍然是买卖合同及其附件等一系列法律文件。因此，从刑法解释学的类型化要求而言，发行文件未必就是"发行"文件，而是可以将"发行"替换为一个类型化的语料——如信息披露文件。这样，就把发行文件类型化为证券法所要求的披露信息，行为人所谓的欺诈发行本质上仍然是利用披露的信息实施的诈骗行为，是最严重的信息披露违法行为——证券法上的虚假陈述

---

〔1〕 德国刑法称之为 Kapitalanlageschwindel，我国台湾地区"刑法"称之为投资诈骗。并认为，该罪与普通诈欺罪存在竞合。所不同的是，该罪既遂时点为"行为人将含有虚伪隐匿成份的公开说明书交付予认股人时"。参见廖晋赋：《投资诈骗罪之保护法益与相关问题——以证券发行市场之投资诈骗为中心》，载《刑事法杂志》2007 年第 5 期。

行为。利用发行文件实施的虚假陈述行为，使得投资者蒙受巨额损失，导致投资者丧失对政府管理机构的公共信任，因此其行为本质上不再是发行证券，而是欺骗投资者。所以，欺诈发行证券罪还应该继续类型化为诈骗罪等基本犯罪类型为宜，其构成要件的解释也只能类型化为诈骗、虚构事实、隐瞒真相等，舍此无他。

例如，刑法中的"战争"这个构成要件，可否考虑替换为"武装冲突"这一上位构成要件、上义词?[1] 这样做的好处是，可以涵摄《刑法》第451条中的多个构成要件——战争、部队受领作战任务、遭敌突然袭击、部队执行戒严任务、处置突发性暴力事件。战争，包括内战与外战。内战，包括武装力量对武装力量这一形式，也包括武装力量对非武装力量这一形式。现行《刑法》的逻辑与思路，就是扩大解释"战争""战争时期"（战时），所以，"以战时论"显然是虚拟的"战时"，当然，也必然是虚拟的"战争时期"。但是，使用"武装冲突"则避免了这种虚拟，更符合语词的真实含义。更进一步地讲，在国际人道法之中，冲突的种类包括国际性武装冲突、非国际性武装冲突、国内动乱、国内紧张局势四种。武装冲突仅仅是冲突的一部分而已。国内动乱、国内紧张局势尚不属于武装冲突。

刑事立法中存在着两种不太科学的现象。第一种是仅有下义词的列举而没有上义词的概括，第二种是本来使用上义词却不合理地又改为下义词。

第一种是仅有下义词的列举而没有上义词的概括。例如，《刑法》第147条中的农药、兽药、化肥、种子，其共同上义词应该是我国农业执法行业领域所用的"农业投入品"一词，且"农业投入品"还包括饲料、饲料添加剂等其他种类，并不限于刑法中的农药、兽药、化肥、种子。这是仅有下义词

----

〔1〕《1949 年 8 月 12 日日内瓦四公约关于保护国际性武装冲突受难者的附加议定书》（第一议定书）已经使用"武装冲突"一词代替海牙第四公约附件中所使用的"战争"。该议定书于 1977 年 6 月 8 日在日内瓦签订，1978 年 12 月 7 日生效。1983 年 9 月 2 日，我国全国人民代表大会常务委员会批准加入第一议定书，同时声明对第一议定书第 88 条 2 款（关于引渡）予以保留。由于《1949 年 8 月 12 日日内瓦第四公约关于保护非国际性武装冲突受难者的附加议定书》（第二议定书）第 1 条规定了"本议定书不应适用于非武装冲突的内部动乱和紧张局势，如暴动、孤立而不时发生的暴力行为和其他类似性质的行为"，将内部动乱和紧张局势不作为国际法上的"武装冲突"，因此，我国现行刑法典第 451 条第 2 款将"部队执行戒严任务或者处置突发性暴力事件时，以战时论"的规定，混淆了"战争"与"内部骚乱"（"内部动乱"）等的界限，从语言、逻辑、历史、部队定性等多维度来审视，是存在问题的。

的列举而没有上义词的概括的例证。这种现象容易造成犯罪对立法的逃逸，不利于涵摄新型犯罪事实。同样的，破坏交通工具罪中，火车、汽车、电车、船只、航空器，也只有列举，没有概括，容易产生犯罪对立法的逃逸。

第二种是本来使用上义词却不合理地又改为下义词。例如，1979 年刑法中的拐卖人口罪到 1997 年刑法的拐卖妇女、儿童罪，本来使用了"人口"这一上义词，结果又不合理地改为下义词——妇女、儿童，导致年满 14 周岁的男性无法成为该罪名的保护对象。

（二）在学理解释中使用上义词

在学理解释中使用上义词，目的就是形成扩大解释的效果。在语义学的基本原理中，因为下义词具有上义词的全部属性与要素，所以下义词可以解释为上义词。而反过来，上义词则未必能解释为下义词。如果强行将上义词解释为下义词，则可能解释错误。

例如，有学者把重庆开县行为人坐在施工车辆履带上阻挠施工的行为解释为破坏生产经营罪。这实际上是把上义词（妨害）解释为下义词（破坏），"将对生产经营产生不利影响非暴力妨害行为解释为破坏"，[1] 大大扩张了破坏生产经营罪的处罚范围。妨害是个上义词，词典义是有害于[2]，其概念的外延甚为宽泛，而破坏的外延显然小于妨害。界定"将对生产经营产生不利影响非暴力妨害行为解释为破坏"是否妥当，恐怕要慎重。在该论者的类型思维中，妨害分为非暴力妨害、暴力妨害两大类，暴力妨害当然是破坏，这无需证明。而非暴力妨害行为（坐在施工车辆履带上阻挠施工）能不能解释为破坏？本书表示反对。强行将上义词妨害解释为下义词破坏，以便认定为具有破坏的符合性，是错误的。

又如，有学者对丢失枪支不报罪的"丢失"的解释。该学者认为，因为被盗或者被抢而失去枪支的，完全可以解释为构成要件中的丢失枪支。[3] 本书认为，遗失枪支、丢失枪支，都是下义词，而失去枪支则是它们的共同上

---

〔1〕 胡红军、胡胜：《妨害生产经营构成破坏生产经营罪》，载《人民司法（案例）》2018 年第 17 期。

〔2〕 中国社会科学院语言研究所词典编辑室编：《现代汉语词典》，商务印书馆 2016 年版，第 369 页。

〔3〕 冯军：《论刑法解释的边界和路径——以扩张解释与类推适用的区分为中心》，载《法学家》2012 年第 1 期。

义词，这里面蕴含的上下义关系，也是符合形式逻辑要求的。本来，罪名是"丢失枪支不报罪"，该学者将其解释为"失去枪支不报罪"，显然是将本属于下义词的"丢失"解释为上义词"失去"，这一解释路径是否合理？本书认为，通过混淆上下义词语的语义来进行扩大解释，其路径是不妥的。强行将上义词"失去"解释为下义词"丢失"，以便认定为具有"丢失"的符合性，这样解释是错误的。此外，丢失中的"丢"，其最初语义是抛、投[1]，而这个最初语义，在"丢失"一词之中，已不存在了。那么，"丢失"实际上就等价于遗失武器装备罪中的"遗失"，即由于疏忽而失掉（东西）。[2]因为被盗或者被抢而失去枪支的，显然不属于由于疏忽而失掉（东西）。

（三）在解释论中使用上义词

在解释论中使用上义词，以达到扩大解释的效果。这是一种比较隐蔽的思维路径。典型例证就是非法经营罪的口袋大小的争论。

非法经营罪的"非法经营"到底是立法者本意（主观解释论）所设定的一个下义词（违反专营专卖类法律法规的经营），还是逐渐为客观解释论者基于客观文义所阐发出来的一个上义词（任何不合法的经营）？在两种解释论观点都有一定合理性的前提下，应该严格坚守解释的底线，坚守罪刑法定的铁律，本书认为采取前者为宜。[3] 虽然在我国的法律实践中，"经营"一词的的确确处于外延扩张的轨道上。例如，在行政法上，从食品卫生许可发展为食品流通许可，再发展为食品经营许可。但是，刑法不同于行政法，它涉及基本人权，对其构成要件的解释不得不偏于保守、偏于人权保障，而不能偏于防卫社会。

本书认为，非法经营罪的"非法经营"，是一个涵摄范围受到严格限制的下义词，不能仅仅根据客观解释论就将其解释为上义词，而是需要结合历史

---

〔1〕　帅志嵩：《从"方式"到"结果"的语义演变及其理论思考——以"送、捧、丢、走、跑"为例》，载《中国语文》2021年第6期。

〔2〕　中国社会科学院语言研究所词典编辑室编：《现代汉语词典》，商务印书馆2012年版，第1536页。

〔3〕　例如，2019年公布的《最高人民法院关于审理走私、非法经营、非法使用兴奋剂刑事案件适用法律若干问题的解释》第2条规定："违反国家规定，未经许可经营兴奋剂目录所列物质，涉案物质属于法律、行政法规规定的限制买卖的物品，扰乱市场秩序，情节严重的，应当依照刑法第二百二十五条的规定，以非法经营罪定罪处罚。"可见，非法经营其实是一个下义词，不是泛指任何非法的经营，而是由多个义素构成的特定概念，多个义素包括未经许可、限制买卖物品等。

解释、体系解释、目的解释等对事实上的过度扩张进行限制。"非法"应限制解释，不应解释为"违法"。有学者认为应从犯罪本质、前置法、罪量三方面限制非法经营罪的成立。[1] 有学者认为，应该对其"口袋"之口径进行限缩。[2] 有学者认为，其堵漏条款存在失控趋势。[3] 有学者甚至认为，应该取消该罪。[4]

（四）在实际案件中使用上义词

在裁判中，为了入罪，法官有时也不得不使用上义词。例如，在朱某某故意毁坏财物案中，行为人为泄私愤，非法侵入他人股票账户，高买低卖，造成他人资金巨额损失。法院认定，行为人构成故意毁坏财物罪。对此，有学者认为，法院的意见是把故意毁坏财物罪演变为了故意使他人财物遭受损失的行为，这使得"毁坏"一词失去界限功能。无论对"毁坏"一词作何种宽泛的解释，高进低出买卖股票的行为都难以为毁坏所涵摄。[5] 本书认为，"毁坏"的词义边界问题是核心问题。故意使他人财产遭受损失，是一个上义词，而毁坏是下义词，自然不能等同，不能过度扩张下义词的文义边界到上义词的领地。高进低出买卖股票的行为的的确确不能为"毁坏"一词所涵摄，的的确确不是"毁"。《说文》解释"毁"为缺也，这意味着毁坏的对象只能是实体的物。因此，故意毁坏财物罪的涵摄范围不能无限制地扩张。例如，受托人故意将委托人的房产贱卖，也无法解释为故意毁坏财物罪。因此，该案件裁判法官实际上是选择了上义词——使他人财产遭受损失。而案件适用的罪名是故意毁坏财物罪，财物是一个下义词。这当然是存在解释的距离的。因而，裁判不够准确。

（五）在司法解释中使用上义词

解释者应该注意语言中的上下义用法以及表述错误，以便进行合适的刑法解释。

---

〔1〕 刘晓萌：《非法经营罪兜底条款适用的再解释——基于行政不法与刑事不法的规范关联》，载《东南大学学报（哲学社会科学版）》2022年第S1期。

〔2〕 张天虹：《罪刑法定原则视野下的非法经营罪》，载《政法论坛》2004年第3期。

〔3〕 胡敏、曹坚：《论非法经营罪堵漏条款的合理认定》，载《华东政法学院学报》2003年第5期。

〔4〕 徐松林：《我国刑法应取消"非法经营罪"》，载《法学家》2003年第6期。徐松林：《非法经营罪合理性质疑》，载《现代法学》2003年第6期。

〔5〕 陈兴良：《形式与实质的关系：刑法学的反思性检讨》，载《法学研究》2008年第6期。

例如，《刑法》第 363 条第 2 款为他人提供书号出版淫秽书刊罪中前后矛盾的书号与书刊。书刊，当然包括书与刊，涉及的就包括书号与刊号两大类，这是上义词。而书号的书，是书刊的下义词。因此，这里的上下义的关系是混乱的。正因如此，有学者就曾经批评《最高人民法院关于审理非法出版物刑事案件具体应用法律若干问题的解释》中"为他人提供书号、刊号，出版淫秽书刊的，依照刑法第三百六十三条第二款的规定，以为他人提供书号出版淫秽书刊罪定罪处罚"是"超出了语词的可能含义，其合法性值得怀疑"。[1] 本书认为，由于刑事司法者对出版行业等具体行业不甚熟稔、把关不严，容易导致刑事司法中的语言错误与语义瑕疵。

又如，《刑法》第 229 条提供虚假证明文件罪中虚假证明文件的外延问题。根据法条的规定，证明文件包括资产评估文件、验资验证文件、会计审计文件、法律服务文件、保荐文件、安全评价文件、环境影响评价文件、环境监测文件等。这是一个典型的枝干义场，枝的部分还在不断增加中，干的部分已经定名为虚假证明文件。实际上，司法解释已经在扩张证明文件的外延了，即证明文件已不限于"中介组织"出具的文件，而是扩张到了任何具有证明价值、证明性质的文件。例如，在 2017 年的《最高人民法院、最高人民检察院关于办理药品、医疗器械注册申请材料造假刑事案件适用法律若干问题的解释》（已失效）中，将药物非临床研究机构、药物临床试验机构、合同研究组织都作为"中介组织"。其中，药物非临床研究机构是获得 GLP 认证的机构。[2] 药物临床试验机构是医疗机构。[3] 合同研究组织是指受药品或者医疗器械注册申请单位、药物非临床研究机构、药物或者医疗器械临床试验机构的委托，从事试验方案设计、数据统计、分析测试、监查稽查等与非临床研究或者临床试验相关活动的单位。将民事合同的一方作为"中介组

〔1〕　时延安：《论刑法规范的文义解释》，载《法学家》2002 年第 6 期。

〔2〕　药物非临床研究质量管理规范（Good Laboratory Practice，GLP）是药物进行临床前研究必须遵循的基本准则。其内容包括药物非临床研究中对药物安全性评价的实验设计、操作、记录、报告、监督等一系列行为和实验室的规范要求，是从源头上提高新药研究质量、确保人民群众用药安全的根本性措施。我国的药物非临床研究机构既有制药公司，也有研究所。有的明显不属于一般公众认知范围内的中介组织。自 1993 年起，我国才开始起草、试点实施 GLP 规范。2003 年《药物非临床研究质量管理规范》已经废止。现行有效的是 2017 年《药物非临床研究质量管理规范》。

〔3〕　参见 2004 年《国家食品药品监督管理局关于印发〈药物临床试验机构资格认定办法（试行）〉的通知》（已失效）。

织",极大地扩张了构成要件的外延,而且已经偏离了语词的基本意义,这会导致公众的预测可能性彻底落空。该司法解释标题中的"药品、医疗器械注册申请材料"是否可以解释为"虚假证明文件"或者"中介组织出具的虚假证明文件",应该从语义层面认真反思。本书初步认为,"药品、医疗器械注册申请材料"可以勉强解释为"虚假证明文件"这个上位概念(解释为"虚假证明材料"更准确),但不宜解释为"中介组织出具的虚假证明文件"这个下位概念。在语义层面,证明文件、证明材料、证明文书等不同表述方式,是否应等量齐观,不无问题。前述司法解释将"证明文件"事实上扩张为"证明材料或者证明文书",其思路虽然有迹可循,但是解释技术上显然还是将下位概念换为上位概念,以此达到扩大解释的目的。

二、寻找终极上义词

构成要件的上下义关系不是绝对的,是与时俱进的。立法者、司法者甚至会积极找寻"终极上义词"来描述新时代、表达新观念,最大限度地实现保护法益的任务。同样,刑法解释者自然也有这样的内在冲动,以适应日益复杂的罪名选择难题,适应日益艰难的构成要件解释问题。这都给刑法解释学带来新的挑战,也给罪刑法定主义的坚守带来不确定性。从类型化视角来看,寻找"终极上义词"是一种高度类型化。当某个罪名或者构成要件的文义射程不能满足需要的时候,当扩大解释受到语言外壳与罪刑法定的严格限定的时候,"终极上义词"就应运而生。例如,从文化遗产到文化资产,从个人隐私到个人信息,从财物到财产(或财产性利益),从土壤、大气到环境再到生态,等等。词义不断引申,义素不断脱落、减少,涵摄范围不断增大。

(一)广告的终极上义词

"广告"一词,始于日语,进入汉语的时间是1899年,最初与商品推广介绍有关。[1]民国时期,《内务部核定告示广告张贴规则》(1912年)中,告示与广告连用,告示指的是公文性质的,广告指的是商业性质的。而在我国现行《刑法》语境中,一般认为,广告分为商业广告与公益广告。但是二者的界限并非是绝对的,有的貌似属于商业广告,而实际上是公益广告,这

---

[1] 黄河清编著:《近现代汉语辞源(上册)》,上海辞书出版社2020年版,第589页。

也提醒研究者概念厘定的艰难。例如，2022 年 6 月 4 日，东方卫视晚间新闻节目的广告语是"世界很小，我们在上海同行……世界很大，上海是家"，这其中就有别克这一汽车品牌的冠名。[1] 那么，这一广告到底是商业广告还是公益广告呢？"广告"作为商业广告与公益广告的上义词是合适的吗？或者，商业广告与公益广告的上义词是广告真的是合适的吗？随着人们认知的不断发展、迭代，上下义关系也处于变化之中。本书认为，即便是公益广告、慈善广告，在理论上也存在着可能是虚假的或者重大误导性陈述的或者隐瞒真相的情形。不仅如此，硬广告、软广告、植入式广告、软文、充值式的评论等新名词频出的背后，足以说明何为"广告"本身已是一个严肃的学术问题，是需要严格予以认定的。在新闻宣传机器开足马力的特殊历史时期，即便是正常的新闻报道、人物报道与行业新闻，也会成为一种特殊形式的"广告"。如今，自媒体大行其道，算法推荐比比皆是，何为"广告"本身已经成为一个艰难的界定问题了。随着我国社会生活的急剧变化、商业形态的快速迭代，虚假广告罪中的构成要件的解释变得日益艰难。如果广告的外延继续扩张，广告与宣传、广告与新闻报道之间的界限必然逐渐模糊。虚假广告罪也许会逐渐泛化、演变为虚假宣传罪。而这又势必会影响到虚假陈述行为（本来只限于证券法领域）的认定。

从广告出发寻找终极上义词，其结果也许是"陈述""信息发布"。

（二）秘密情报的终极上义词

在刑法观念发生巨变的特定时期，刑法中原有的上下义关系一定会被打破，进而产生新的上下义关系，最终产生或者创造话语掌控者心目中的"终极上义词"。

例如，基于国家秘密、情报、信息、数据（大数据）四个构成要件的关系，数据（大数据）逐渐成为终极上义词，这是各种相关构成要件（开放的刑法语义场中的构成要件）终极抽象化、终极类型化的结果。在之前的较长时期内，数据（大数据）的重要性尚未凸显至今天极其重要的地位，那时，商业性质、文化教育性质、学术性质的数据库一般只能解释为信息，并不涉及国家安全、网络安全等重大法益。而随着数字化、网络化的深入发展与深

---

[1]　2022 年 6 月 4 日，东方卫视晚间 18 点的新闻节目中插播的广告。别克品牌新的 LOGO 也在此广告上使用。该广告由上海广播电视台、别克联合发布。

刻变革，重要的学术数据库已经涉及国家安全、网络安全等重大法益。正如新闻所说：为防范国家数据安全风险，维护国家安全，保障公共利益，依据《中华人民共和国国家安全法》（以下简称为《国家安全法》）、《中华人民共和国网络安全法》（以下简称为《网络安全法》）、《数据安全法》，按照《网络安全审查办法》，2022 年 6 月 23 日，网络安全审查办公室约谈同方知网（北京）技术有限公司负责人，宣布对知网启动网络安全审查。据悉，知网掌握着大量个人信息和涉及国防、工业、电信、交通运输、自然资源、卫生健康、金融等重点行业领域重要数据，以及我重大项目、重要科技成果及关键技术动态等敏感信息。[1] 这种剧烈变化背后当然与刑法观念、国家安全观念、网络安全观念、数据安全观念、宣传观念等观念的升级息息相关。终极上义词在我国的基本规律就是，观念先导，词语出新，概念变迁，认知升级，然后就使得构成要件需重新解释。

从秘密出发寻找"终极上义词"，其结果也许是"数据（大数据）"。

（三）资源环境的终极上义词

资源、环境、生态与可持续发展、社会秩序等法益的关系，发生过也正在发生着剧烈的历史变迁。结合我国新闻语境中的绿水青山、绿色地球（健康地球[2]）、人类命运共同体、永续利用、生灵涂炭、空前浩劫等字眼，该语义场中的上下义词语的确定是非常困难的。本书认为，人类的福祉与健康、中国人的福祉与健康一定是终极的上义词，在此之下，环境、资源、生态、噪声防治、恶臭防治、光污染防治、未经许可饲养动物等行为，都最终服从于中国人的福祉与健康乃至人类的福祉与健康。没有这样的高度，任何具体的刑法法益都是不全面的，自身也得不到合理的语义上的解释。因此，语义问题只是个表面问题，是概念的搬运与制造问题，而背后则是人的语言、逻辑与观念问题。由于语言的升级、政府机构的改革，目前的司法解释中普遍使用的是"生态环境"一词，例如 2019 年的《最高人民法院关于审理生态环境损害赔偿案件的若干规定（试行）》，2021 年的《最高人民法院关于生态环境侵权案件适用禁止令保全措施的若干规定》，2022 年的《最高人民法院

---

〔1〕《网络安全审查办公室对知网启动网络安全审查》，载 https：//baijiahao. baidu. com/s？id＝1736499777709740373，最后访问日期：2022 年 11 月 28 日。

〔2〕 联合国官网主页使用的是"healty planet"。

关于审理生态环境侵权纠纷案件适用惩罚性赔偿的解释》，等等。因此，刑法典分则第六章第六节破坏环境资源保护罪应适时修改为"破坏环境生态罪"或者"破坏生态环境罪"。将"生态环境"连用，作为这一类法益的上义词，既是顺应时代发展之举，也是语言逻辑发展的自然结果。

从资源环境出发寻找"终极上义词"，其结果也许是"健康地球"或者"健康中国"。

（四）财物财产的终极上义词

随着社会发展和资产多元化，以及无形产权的种类日益增多，刑法中财产犯罪的对象面临新的挑战：盗窃他人游戏装备是否构成盗窃罪？侵入他人计算机非法取得智力成果是否构成盗窃罪？也许今后，凡是有市场价格的都是财产罪的犯罪对象，如和巴菲特共进午餐的权利和席位、股东的有优先表决权的股票等。

本书认为，"资产"一词目前可能是涵摄性最强的了。改革开放之后，我国经济体制改革与国企改革的历史上用得较多的一个词就是"清产核资"，它既包括产业、财产、产权、债权、知识产权、土地使用权、财产性利益、应收账款，也包括资金、存款、贷款、债务等。所以，会计学中的资产，既可以涵摄财物、产品、库存，也可以涵摄现金和权益类的资产。实体资产、现金类资产、权益类资产，就能够涵摄刑法学中的财产和财产性利益的传统表述方式。资产与负债相对称，前者表示资金的运用，后者表示资金的来源。[1]

我国台湾地区将文化遗产、自然遗产等统称为文化资产，出台了"文化资产保存法"（2005年2月5日修正）。该法中的文化资产包括古迹、历史建筑、聚落、遗址、文化景观、传统艺术、民俗及有关文物及古物、自然地景。[2]

因此，从财产、财物、财产性利益等传统财产犯罪的侵害法益出发，寻找"终极上义词"，其结果也许是"资产"，甚至这个终极上义词可以涵摄"文化"，形成"文化资产"。

---

〔1〕　中国社会科学院语言研究所词典编辑室编：《现代汉语词典》，商务印书馆2016年版，第1732页。

〔2〕　《文化资产保存法》，载《刑事法杂志》2005年第3期。

三、寻找兼有上下义的同一构成要件

由于立法参差与言语缺陷，刑法中的同一个构成要件、同一个词汇，也许具有广义、中间义、狭义等不同外延，即同一构成要件兼有上下义。那么久会导致奇怪的现象发生：A 是 A 的上义词。前后两个 A，是语言外壳相同但是外延不同的构成要件。例如，强迫劳动罪的强迫是外延最大的一个强迫，就可能会涵摄其他强迫罪名中的强迫（或者强制）。于是，A 是 A 的上义词，强迫是强迫的上义词。这是刑法学界要特别注意的语义逻辑问题。因为言语受限，暂时无法找到下义词 A 的替代词汇，或者暂时无法找到上义词 A 的替代词汇。

刑法构成要件中，诸如安全、暴力、福祉（福利）、健康、尊严、秩序、破坏、妨碍、危害、危险、管理（监管或监督）等高频构成要件，往往都同时具有上义、中义与下义等多种外延。随着刑法观念的嬗变与刑法语言的相应更新，立法者与解释者都逐渐使用上义来表达其思维，这也是某种观念的泛化，如安全观的泛化、暴力观的泛化等。像"文旅部"等政府机构的定名，其也会强烈影响社会受众的心理与语言，必然会影响刑法解释的走向。例如，本书认为，妨害传染病防治的行为，侵害的是公共卫生法益，但是同时行为也涉及公共安全法益，因此，该行为就同时该当以危险方法危害公共安全罪的构成要件。但是，如果对公共卫生法益持较为保守的观念，将其限定为一个下义词，则不会认为妨害传染病防治的行为该当以危险方法危害公共安全罪的构成要件。

（一）暴力

在刑讯逼供罪、暴力取证罪、虐待被监管人罪三个罪名中，除了以体系解释加以观照之外，也应该具有上下义观念。将三个罪名中的刑、暴力、殴打、体罚、虐待等构成要件从整体上加以考察；将三个罪名中的司法工作人员、监管机构的监管人员等构成要件从整体上加以考察；将三个罪名中的犯罪嫌疑人、被告人、被监管人等构成要件从整体上加以考察。即这三个罪名都是司法工作人员侵犯被监管人人身权利的犯罪类型，只不过是分为三个罪名罢了。有了这样的类型化思维，就能解决如下难题：监察委对被审查调查人员采取留置措施时，有关人员对被留置人员实施的暴力行为，其定性是什

么？本书认为，应该同时触犯《刑法》第 247 条刑讯逼供罪与第 248 条虐待被监管人罪。因为在目前监察委定位尚不完全清晰的情况下，在刑事诉讼基本概念被监察法的规定冲击得观念破碎的情况下，被留置人员既可被解释为犯罪嫌疑人，也可以被解释为被监管人。因此，监察委工作人员实施的侵犯被审查调查人员人身权利的犯罪，必须在刑法上予以确认，而不能含糊其辞。综上所述，暴力是本部分犯罪行为共同的上义词，司法工作人员是本部分犯罪主体共同的上义词，被监管人则是本部分涉及的犯罪对象共同的上义词。此外，强制隔离戒毒所也应解释为《刑法》第 248 条中的监管机构这一构成要件为宜。[1]

另外，监察法中的留置，其本质是剥夺人身自由的强制措施。刑事诉讼法中的拘留、逮捕，同样是剥夺人身自由的强制措施。因此，从上下义的视角来审视，二者都是剥夺人身自由的强制措施。只不过前者是监察机关采取的剥夺人身自由的强制措施，后者是狭义的侦查机关（包括公安机关与检察机关）采取的剥夺人身自由的强制措施，明显存在着上下义的关系。当然，根据本书的刑法观念与语言逻辑，监察机关在行使留置职权的时候，本质上仍然是犯罪侦查机关。

不仅如此，由于某个概念语义外延难以确定，泛化后的构成要件肯定会连锁性地导致有关联的构成要件也不得不随之改变语义。例如，当暴力的外延极度扩张之后，狭义暴力与轻微伤（殴打等）的关系就从原来的并列关系演变为广义暴力与轻微伤（殴打等）的属种关系。而这也会导致袭警罪中的暴力袭击的解释面临艰难抉择——推搡拉扯等最轻微的行为真的构成袭警罪吗？本书认为，至少从口语与法感觉而言，袭警是严重的行为，推搡拉扯、吐口水等不构成袭警。

（二）强迫

高度警惕同一语言外壳表达的不同概念是当前刑法解释的矛盾集中点。本书认为，在学界尚未穷尽语义之前、尚未厘清刑法解释的"天花板"到底在哪里之前、尚未对汉语语义的高度多样性有深刻认知之前，必须高度警惕

---

〔1〕《中华人民共和国执行〈禁止酷刑和其他残忍、不人道或有辱人格的待遇或处罚公约〉的第六次报告》，载 https://www.mfa.gov.cn/web/ziliao_674904/tytj_674911/tyfg_674913/201507/t20150710_7949679.shtml，最后访问日期：2022 年 11 月 2 日。

同一语言外壳表达的不同概念之间可能存在着事实上的上下义关系、交叉关系、同一关系，甚至是互斥关系。从逻辑学的同一律角度来看则更为简单，即同一语言外壳表达的不同概念，实际上是违背同一律的，在进行判断推理的时候，特别容易造成偷换概念的错误。

例如，强迫罪名有很多。有的强迫只能解释为胁迫或者恐吓的语义，而不应解释为包括暴力，如强迫劳动罪、强迫卖淫罪。假如将强迫劳动罪、强迫卖淫罪解释为包括暴力的话，实际上这两个罪名就异化为了奴隶犯罪、性奴役犯罪。国际劳工组织对强迫劳动的解释就仅仅指的是使用威胁方法迫使他人劳动。[1] 因此，可以说，在现行《刑法》全部语料之中，有时候，某处的"强迫"可能是另一处"强迫"的上位概念，或者相反，某处的"强迫"可能是另一处"强迫"的下位概念。

不仅如此，虽然某些概念在语词形式上是相同的，但是实际上是不同的概念，因此，义素实际上也不同。

（三）破坏计算机信息系统

《刑法》第286条破坏计算机信息系统罪中，"对计算机信息系统功能进行删除、修改、增加、干扰"，有学者认为删除、修改、增加、干扰四个动词是并列关系，[2] 并认为破坏计算机信息系统罪仅仅指的是"造成计算机信息系统内部运行机理的重大变化"[3]。本书认为不妥。因为根据法条，行为人"造成计算机信息系统不能正常运行"就成立此罪，并不应该将其限制为"内部运行机理的重大变化"。因而，李某等人采用棉纱堵塞采样器的行为被法院解释为"干扰采样致使检测数据严重失真"，并非什么"软性解释"[4]，而是作为上义词的"干扰"本身就具有的文义射程范围。因而，本书认为，至

---

〔1〕 四川巴中职业技术学院以毕业证和学分要挟学生进厂社会实践的错误做法，其本质就是威胁他人进行劳动（而非劳动教育），即强迫劳动。假如行为人使用暴力（狭义的暴力即殴打、禁闭等）逼迫学生进厂劳动，则属于性质迥异的奴隶行为。参见《四川教育厅回应"巴中一高校强制学生劳动教育"：已不强制》，载 https://www.thepaper.cn/newsDetail_ forward_ 13009178，最后访问日期：2022年11月2日。

〔2〕 周光权：《刑法软性解释的限制与增设妨害业务罪》，载《中外法学》2019年第4期。

〔3〕 周光权：《刑法软性解释的限制与增设妨害业务罪》，载《中外法学》2019年第4期。

〔4〕 马春晓：《轻罪立法时代无证经营成品油行为的刑法定性——基于建构性刑法解释的展开》，载《法学》2022年第3期。本书按：该文中"软性解释"一语比较暧昧，不应推广。刑法解释、刑法构成要件的解释事关基本人权，理应都属于"硬性"的解释，容不得丝毫暧昧与似是而非。

少从汉语语义而言，"干扰"是上义词，而"删除""修改""增加"都是其下义词。"干扰"就是"影响"的意思。另外，采用棉纱堵塞采样器的行为，实际上是对特定环保检测性质的计算机信息系统外部设备（采样设备）正常运行的干扰，对这些设备的干扰导致的数据采集失真，当然是对计算机信息系统的干扰与破坏。对于计算机信息系统的理解，不应局限于计算机硬件本身，而应全面掌握计算机信息系统的前端与后台、外部设备与内部运行、硬件与软件、客户端与开发端、数据上行与下行等之间的有机联系。换句话说，计算机信息系统数据与程序、运行与维护不是孤立的，而是一个庞大的系统，这个系统数据庞大、末梢丰富、用户多样、结构复杂；割裂式的解释刑法中的相关构成要件，是不妥的。本书坚持构成要件的客观文义，采用的是客观解释的立场。

四、寻找同一关系

与上下义关系紧密相关的，还有实际上的同一关系。这种同一关系，使用了不一致的语言外壳。

（一）噪声与环境噪声

1996 年的《中华人民共和国环境噪声污染防治法》（以下简称为《环境噪声污染防治法》）与 2021 年的《中华人民共和国噪声污染防治法》（以下简称为《噪声污染防治法》）的区别，表面上看是从"环境噪声"改为了"噪声"，是从下义词改为了上义词，其实，"环境噪声"与"噪声"的内涵、外延完全一致。根据 1996 年的《环境噪声污染防治法》，环境噪声，指的是在工业生产、建筑施工、交通运输和社会生活中所产生的干扰周围生活环境的声音。而环境噪声污染，是指所产生的环境噪声超过国家规定的环境噪声排放标准，并干扰他人正常生活、工作和学习的现象。而根据 2021 年通过的《噪声污染防治法》，"噪声"指的是在工业生产、建筑施工、交通运输和社会生活中产生的干扰周围生活环境的声音。而噪声污染，是指超过噪声排放标准或者未依法采取防控措施产生噪声，并干扰他人正常生活、工作和学习的现象。尽管"噪声"的概念中新增了"未依法采取防控措施产生噪声"的情形，但是，显然两部法律是同等看待"环境噪声"与"噪声"的，"环境噪声"并非"噪声"的下义词。也就是说，表面上看，环境噪声 A1 是噪声 A

的下义词，实际上，A1 等于 A。那么，A1 其实不是 A1，而是 A。

（二）发生性关系与性交

对于《刑法》第 236 条之一负有照护职责人员性侵罪中发生性关系的解释，应全面考虑语义场。本罪中的性关系，指的是《刑法》第 236 条中的性关系，即负有照护职责的男性的性器官与已满 14 周岁不满 16 周岁的女性的性器官的接触或者结合，即性交。如果负有照护职责人员实施其他类型的性行为[1]（如行为人性器官接触或者结合被害人的肛门、口腔等），则不构成本罪的性关系。也就是说，本罪中的性关系的解释限度问题，单看本条的条文是无法解决的。只有建立一个性侵犯罪的语义场，才能发掘各罪名构成要件的真实语义。

顺便指出的是，《刑法》第 236 条之一第 2 款的规定是错误的，应该删除。第 2 款认为，《刑法》第 236 条之一负有照护职责人员性侵罪与第 236 条强奸罪会"同时构成"，即存在产生竞合犯的可能性。本书认为，完全不会出现两个罪名的竞合现象。因为《刑法》第 236 条是强奸罪，包括两个类型：一类是有暴力的性关系，一类是与不满 14 周岁女性的性关系。而《刑法》第 236 条之一负有照护职责人员性侵罪，既无暴力，被害人也不是不满 14 周岁的女性，两罪名怎么可能产生竞合犯呢？正因如此，本罪才使用了"与该未成年女性发生性关系"这样的中性的词汇、表达方式，而不像强奸妇女、奸淫幼女这样的明显的谴责性质的词汇、贬义词汇。

（三）同义词与等义词

众所周知，传统训诂学的开端就是研究同义词。[2] 训诂包括义训、形训、音训三种，而《尔雅》为义训的代表，其中含有大量同义词。

刑法语义场也存在大量的同义词甚至等义词（即异名），这些词语或者短语之间经常进行互训、相互解释，以形成解释循环。如《刑法》第 338 条污染环境罪中的排放与废物，放即是废，"废犹放也"[3]。今日汉语，废弃、放弃等词汇是国民熟知的基本词汇。如敲诈与恐吓、不满 14 周岁的幼女与女童

---

[1] 如果本罪行为人对符合法定条件的被害人实施双方自愿基础上的猥亵行为的，也不构成本罪的发生性关系。即一般意义上的猥亵行为，都不属于本罪中的发生性关系。
[2] 王建莉：《〈尔雅〉同义词考论》，浙江大学 2005 年博士学位论文。
[3] 黄坤尧：《〈周礼正义〉引〈释文〉考》，载中国训诂学会《中国训诂学报》编辑部编：《中国训诂学报（第一辑）》，商务印书馆 2009 年版，第 122 页。

（女性儿童）、偷越国（边）境与偷渡、保税货物[1]与附条件的免税货物等。有的同义词，理性意义完全一样，附加意义略有不同。例如，偷越国（边）境与偷渡就是如此，二者仅附加意义有别，一个是书面语词，一个是口语词。邮政与快递，二者仅附加意义有别，一个是早期惯用词，一个是当前惯用词；早期口语中使用"寄东西""邮东西"，现在口语中使用"发快递"。

第三节　隐性义素

隐性义素是义素分析过程中没有列出的语义成分，受主观、逻辑与心理的影响。例如，男人［+男性］［+成年］［+人］中，［+胡子］就是隐性义素。女人［-男性］［+成年］［+人］中，［-胡子］就是隐性义素。[2]而今以现代语义学视角重新解读古汉语语义场，有学者认为也存在隐性义素，例如尬隤、坏隤、痕瘕等词的共同隐性义素是"下坠"。[3]

隐性义素是由张志毅[4]提出的，他对义素作了新的分类，将其分为显性义素和隐性义素。又有学者进一步将隐性义素分为深层与浅层，如深层隐义素、深层隐含义等提法。[5]丁金国[6]认为，隐性义素更多依赖于特定的时间和空间、特定的交际对象、目的、内容，其具有不确定性、多样性和对语境的强烈依赖性。[7]由于刑法语义场往往具有特定的语境，刑法解释往往包含着强烈的主体心理特质与主体逻辑习惯，因此，其隐性义素也具有自己的特点：稳定性较差，是潜在的、活跃的、流动的、繁杂的，带有更多的主观

---

　　〔1〕《中华人民共和国海关法》第100条对保税货物的定义是：经海关批准未办理纳税手续进境，在境内储存、加工、装配后复运出境的货物。

　　〔2〕马宏基：《组合关系中的隐性义素》，载《淄博学院学报（社会科学版）》2000年第1期。

　　〔3〕王彦坤：《读〈诗〉四法》，载《学术研究》2010年第7期。

　　〔4〕张志毅（1937—2014），烟台师范学院（现鲁东大学）教授，词汇学、语义学、辞书学著名学者。

　　〔5〕苏宝荣：《词义研究与辞书释义》，商务印书馆2000年版，第209页以下。

　　〔6〕丁金国（1935—），烟台大学教授，研究方向为语体风格、语义学、语言学。

　　〔7〕丁金国：《语义问题说略》，载《烟台大学学报（哲学社会科学版）》1995年第1期。王世友、莫修云：《从行业词语的全民化看隐性义素的显化》，载《唐山高等专科学校学报》2000年第1期。

色彩。[1]

一、隐性共同义素

隐性共同义素，指的是不能从表面发现的语义场内各个词汇之间存在着的共同义素。这与语言语汇的选择偏好、使用习惯以及人们的认知视角息息相关。毕竟，抽象化的认知并非人们的习惯性思维，抽象的评价定性与具象的社会事实之间总是存在认知的鸿沟。由于涉及构成要件符合性的判断、同类解释规则等刑法解释学问题，因此，隐含的共同义素就是一个无法回避的语义问题和刑法解释问题。

（一）分类义场中的隐性共同义素：以制造为例

纺织、酿酒、建筑，三者是什么关系？三者有没有共同义素存在？是否存在语义的交叉与重合部分？本书认为，对他们进行适度的"拆解"或者"再描述"，可能得出不太一样的结论，这就涉及隐性共同义素。下面试作"拆解"或者"再描述"。

纺织，可以重新表述为织造，这是古代汉语的智慧和知识。酿酒，可以重新表述为酿造酒，这是古代汉语和现代汉语都有的智慧和知识。建筑，可以重新表述为建造。经过重新表述，可以发现，织造、酿造、建造，三者显然都是"造"的不同侧面，都属于制造、制造业。织造、酿造、建造、营造、打造、锻造、铸造、修造、烧造、炮制、腌制、糟制、熏制、卤制、酱制、烧制、煎制、炸制、炖制、焖制、烤制、煨制、蒸制、锻打等，都是造，都属于造。"造"，就成为这些概念、词语的隐性共同义素。于是，现代的产业经济学把这三者分别作为第二产业（制造业），建筑业则暂时统计为第三产业。

纺织业、纺织、纺织厂、纺织工人等，是现代的名词。古代则称作织造，如织造府、江宁织造等。酿酒、制醋，都是酿造。制、造，是同义词，也是很多下位概念的上位概念，为诸多合成词的共同义素。但是，捏造、编造等

---

[1] 张廷远：《隐含义素的剖析及其语用价值》，载《汉语学报》2007 年第 3 期。本书按：该文将隐含义素分为常识性义素、内涵义素、联想义素。

中的造，就是假编、捏造之意。[1] 做，制作，是造的一个义项。假编、捏造，则是造的另一个义项。两个义项中，后者是前者的引申义，仍属于同一义位。纺织、酿酒、建筑，三者是共同的一个大类——制造业，但是同时三者本身又自成一个小类。例如，纺织和纺织业作为一个独立的产业类别，可以根据不同标准再次进行分类：按照原料分类，纺织品的原料主要有棉花、羊绒、羊毛、蚕茧丝、化学纤维、羽毛羽绒等；按照下游产业分类，纺织业的下游产业主要有服装业、家用纺织品、产业用纺织品等；按照产业细分，纺织业细分下来包括棉纺织、化纤、麻纺织、毛纺织、丝绸、纺织品针织行业、印染业等；等等。"长丝织造"一词，算是古代汉语的继承，也是一种古代汉语的现代遗存，更加证明了"造"是一个上位词语、上位构成要件。[2]

综上所述，隐性共同义素是需要结合其他领域的知识来发掘的，而不能仅从字面上来判断。语料的选择、语言的转换和知识结构的完善，是发掘和表达隐含的共同义素的前提与基础。举例来说，《刑法》第 224 条所谓的合同诈骗罪，实为以合同为手段的诈骗罪，在该罪名的构成要件中，隐含的共同义素是"诈骗"。尽管第 224 条的法条文本中使用了各种词语，如骗取、虚构、冒用、伪造、虚假、诱骗，唯独没有使用"诈骗"一词，但是并不妨碍"诈骗"一词成为隐含的共同义素，也不妨碍确定罪名是合同诈骗罪。

如果转换一个看待问题的视角，隐性共同义素往往能成为上位概念和犯罪类型，起到涵摄诸要素、诸义素的作用。上述的纺织、酿酒、建筑中隐含的共同义素是"制"或者"造"，这就是三者乃至所有制造的共同义素，可以包括但不限于手工编织、药材炮制、书籍印制等，涵摄范围极广。如果使用制造一词的引申意义，则不限于制造业，还可以用于打造优质品牌，打造企业形象，打造优秀人才[3]等抽象领域，包括常用词造势、造神、制冷、制热等。这已经是当前现代汉语中非常普遍的用法了。

因此，刑法中的生产、销售（俗称"制售"）伪劣产品罪各个罪名，危

---

〔1〕　中国社会科学院语言研究所词典编辑室编：《现代汉语词典》，商务印书馆 2016 年版，第 1625 页。

〔2〕　制，也是上义词，适用范围很广。比如制冰、制种、制革、制药、制砖、制图、制假、制版、制片、制冷、制热，等等。

〔3〕　中国社会科学院语言研究所词典编辑室编：《现代汉语词典》，商务印书馆 2016 年版，第 237 页。

险作业罪、重大责任事故罪、交通肇事罪、虚假广告罪、制造毒品罪、编造虚假恐怖信息罪、编造虚假信息罪等，其隐性共同义素是造、作、制。[1]

（二）分类义场中的隐性共同义素：以固体废物为例

2020年4月29日公布、自2020年9月1日起施行《中华人民共和国固体废物污染环境防治法》（以下简称为《固体废物污染环境防治法》）第124条规定："本法下列用语的含义：（一）固体废物，是指在生产、生活和其他活动中产生的丧失原有利用价值或者虽未丧失利用价值但被抛弃或者放弃的固态、半固态和置于容器中的气态的物品、物质以及法律、行政法规规定纳入固体废物管理的物品、物质。经无害化加工处理，并且符合强制性国家产品质量标准，不会危害公众健康和生态安全，或者根据固体废物鉴别标准和鉴别程序认定为不属于固体废物的除外。（二）工业固体废物，是指在工业生产活动中产生的固体废物。（三）生活垃圾，是指在日常生活中或者为日常生活提供服务的活动中产生的固体废物，以及法律、行政法规规定视为生活垃圾的固体废物。（四）建筑垃圾，是指建设单位、施工单位新建、改建、扩建和拆除各类建筑物、构筑物、管网等，以及居民装饰装修房屋过程中产生的弃土、弃料和其他固体废物。（五）农业固体废物，是指在农业生产活动中产生的固体废物。（六）危险废物，是指列入国家危险废物名录或者根据国家规定的危险废物鉴别标准和鉴别方法认定的具有危险特性的固体废物。（七）贮存，是指将固体废物临时置于特定设施或者场所中的活动。（八）利用，是指从固体废物中提取物质作为原材料或者燃料的活动。（九）处置，是指将固体废物焚烧和用其他改变固体废物的物理、化学、生物特性的方法，达到减少已产生的固体废物数量、缩小固体废物体积、减少或者消除其危险成分的活动，或者将固体废物最终置于符合环境保护规定要求的填埋场的活动。"

由此可知，固体废物是生活垃圾、建筑垃圾、农业固体废物、危险废物、工业固体废物等的上位概念，也是这个语义场各个组成部分的共同义素，它们组成一个枝干义场或者分类义场。[2] 但是，如果解释者仅仅从字面上分析观察的话，并不能清晰且立刻得到这个隐含的共同义素，因为有的概念使用

---

[1] 造，就也。成也。有作成的意思。参见（清）段玉裁撰：《说文解字注》，中华书局2013年版，第71页。

[2] 如果这五种具体的固体废物已经构成固体废物的全部内容的话，该语义场则属于分类义场。

了"垃圾"而不是"废物"。例如，畜禽粪便或者畜禽粪污，也属于农业固体废物，即属于固体废物。把畜禽粪便或者畜禽粪污与固体废物建立起直接联系，把农用废弃的薄膜等与固体废物建立起直接联系，把畜禽粪养殖废弃物与固体废物建立起直接联系，这可以促进语义场中词汇的丰富，反过来为下位概念找准定位、明晰类别，这是刑法学的基本操作，是符合性的基本操作。例如，随着环保法规的日益健全与完善，以往不被规制的社会生活事实如畜禽粪便或者畜禽粪污的处理、农用废弃的薄膜的处理等，都从属于固体废物的处理范围。那么，再实施随意倾倒、排放畜禽粪便或者畜禽粪污等行为的，就会触犯污染环境罪中的诸多构成要件——其他有害物质、固体废物等。我国农业农村部畜牧兽医局下设有一个畜禽废弃物利用处（畜禽粪污资源化利用办公室），顾名思义，畜禽废弃物当然是"废物"。根据有关法规范，包括：《固体废物污染环境防治法》《中华人民共和国水污染防治法》（以下简称为《水污染防治法》）、《畜禽规模养殖污染防治条例》《畜禽粪便无害化处理技术规范》（GB/T 36195）、《畜禽粪便还田技术规范》（GB/T 25246）、《畜禽粪污土地承载力测算技术指南》《畜禽养殖业污染物排放标准》（GB 18596）、《农田灌溉水质标准》（GB 5084）等，畜禽粪便、畜禽尸体、污水等都属于需要治理的对象，都属于畜禽养殖废弃物。

进一步来看，医疗废物、感染性医疗废物等构成要件与固体废物之间同样存在着基于语义、义素而发生的内在联系。《医疗废物管理条例》中所称的医疗废物，是指医疗卫生机构在医疗、预防、保健以及其他相关活动中产生的具有直接或者间接感染性、毒性以及其他危害性的废物。而根据《医疗卫生机构医疗废物管理办法》第 11 条的规定，医疗卫生机构应当按照以下要求，及时分类收集医疗废物：①根据医疗废物的类别，将医疗废物分置于符合《医疗废物专用包装物、容器的标准和警示标识的规定》的包装物或者容器内；②在盛装医疗废物前，应当对医疗废物包装物或者容器进行认真检查，确保无破损、渗漏和其他缺陷；③感染性废物、病理性废物、损伤性废物、药物性废物及化学性废物不能混合收集。少量的药物性废物可以混入感染性废物，但应当在标签上注明；④废弃的麻醉、精神、放射性、毒性等药品及其相关的废物的管理，依照有关法律、行政法规和国家有关规定、标准执行；⑤化学性废物中批量的废化学试剂、废消毒剂应当交由专门机构处置；⑥批量的含有汞的体温计、血压计等医疗器具报废时，应当交由专门机构处置；⑦医疗废物中病原体的培养基、标本和菌种、毒种保存液等高危险废物，应当首先在产生地点进行压力蒸汽灭菌或者化学消毒处理，然后按感染性废物收集处理；⑧隔离的传染病病人或者疑似传染病病人产生的具有传染性的排泄物，应当按照国家规定严格消毒，达到国家规定的排放标准后方可排入污水处理系统；⑨隔离的传染病病人或者疑似传染病病人产生的医疗废物应当使用双层包装物，并及时密封；⑩放入包装物或者容器内的感染性废物、病理性废物、损伤性废物不得取出。根据《医疗废物分类目录》，医疗废物分为感染性废物、病理性废物、损伤性废物、药物性废物、化学性废物五大类。

综上所述，可得出如下简单的结论：

第一，固体废物是上义词，农业固体废物、危险废物等是其下义词。而畜禽粪污又是农业固体废物的下义词。医疗废物又是危险废物的下义词。感染性废物又是医疗废物的下义词。正如学者所说："分类义场可以是多层次的，大类之下分小类，小类之下又可以分出更小的类，层层叠叠，虽复杂，却严整。"[1] 但无论多少小类，其隐性共同义素是"丧失原有利用价值或者虽未丧失利用价值但被抛弃或者放弃"中的"无用"或者"无价值"，无论是彻底无价值，还是对抛弃者无价值。

第二，废物的词典义是失去原有使用价值的东西。[2] 固体废物，是指在生产、生活和其他活动中产生的丧失原有利用价值或者虽未丧失利用价值但被抛弃或者放弃的固态、半固态和置于容器中的气态的物品、物质以及法律、行政法规规定纳入固体废物管理的物品、物质。随着环保理念的普及，工艺水平的提高，再制造、再加工、再利用、再循环等产业日益发展，废物中的"失去原有使用价值"这一义素逐渐脱落，不再适用于所有的废物。因此，虽未丧失利用价值但被抛弃或者放弃的，也属于法规范中的废物。如果继续发展，"失去原有使用价值"这一义素有可能彻底脱落，废物的定义就会变成"被抛弃或者放弃的东西"，也就是口语中的"扔掉不要的东西"。其隐性义素从原来的"失去原有价值"逐渐变迁为"被抛弃"或者"被扔掉"。也就

〔1〕 贾彦德：《汉语语义学》，北京大学出版社 1992 年版，第 148 页。
〔2〕 中国社会科学院语言研究所词典编辑室编：《现代汉语词典》，商务印书馆 2012 年版，第 378 页。

是说，"失去原有价值"不等于"失去价值"。

二、隐性区别义素

（一）两极义场中的隐性区别义素

1. "不得诋毁、污蔑中医药"

污蔑、诋毁、诽谤、造谣、质疑、批判等词语，隐含的区别义素是否定他人，对他人的否定性评价。但是前 4 个词语（污蔑、诋毁、诽谤、造谣），是基于捏造的事实进行的否定性评价，是贬义词。这是一个同义义场。而后 2 个词语（质疑、批判），则是基于客观事实进行的否定性评价，是中性词甚至是褒义词。这又是一个同义义场。两个同义义场，语义存在本质区别。前者是非法行为，后者是合法行为甚至是立法者鼓励的行为。同时，两个义场又组成一个大的两极义场：两极的一极是相信、信服、肯定等肯定评价，两极的另一极是污蔑、诋毁、诽谤、造谣等否定评价，中间的过渡地带是质疑、批判——既不肯定也不否定。

污蔑，词典义是捏造事实败坏别人的名誉。[1] 诋毁，词典义是毁谤，污蔑。这二者的核心义素是谤，污，诬。而质疑，词典义是提出疑问[2]，显然并没有污蔑、诋毁中捏造事实的义素。因此，污蔑、诋毁不可能与质疑、批判混淆。北京市有实际的案例，正好与这个语义场有关。

2020 年，《北京市中医药条例（草案公开征求意见稿）》中关于"不得诋毁、污蔑中医药"及相应追责处罚条文引发大量讨论与争议。草案第 36 条、第 54 条引发大量争议。第 36 条提出，任何组织或者个人不得对中医药作虚假、夸大宣传；不得冒用中医药名义牟取不正当利益、损害社会公共利益；不得以任何方式或行为诋毁、污蔑中医药。第 54 条则提出，违反该条例第 36 条第 2 款之规定，诋毁、污蔑中医药，寻衅滋事，扰乱公共秩序，构成违反治安管理行为的，由公安机关依法给予治安管理处罚；构成犯罪的，依法追究刑事责任。

---

〔1〕 中国社会科学院语言研究所词典编辑室编：《现代汉语词典》，商务印书馆 2016 年版，第 1380 页。

〔2〕 中国社会科学院语言研究所词典编辑室编：《现代汉语词典》，商务印书馆 2016 年版，第 1690 页。

不少网友认为上述条文不合理，提出了反对意见。有网友认为，该条文有悖科学精神。"医学是一门科学，在不断否定中发展进步，不存在诋毁、污蔑的说法，如果中医药是科学，就应该接受批评和否定""中医药的声誉和价值不能靠禁止议论、动辄处罚来建立"。有网友发问，该条例是否意味着不能反对、质疑中医，质疑者将受到处罚。已有网友针对此现象写出段子，调侃患者日后若质疑中医药，医生可以报警抓人。还有网友提出，怎么界定诋毁和批评？执行时会不会容易变成"口袋罪"？针对引发争议的两项条文，记者联系北京市中医管理局相关负责人，其表示条文遭到了误读。对于中医药是否不容置疑，他予以否定。"网友们说的'质疑''妄议'和诋毁、污蔑是两个概念。"他还提到，不存在所谓质疑就要被处罚，也并非诋毁、污蔑就要判刑。"原文里对于处罚有很多限定。"他说，如治安管理处罚的前提，是"寻衅滋事，扰乱公共秩序，构成违反治安管理行为"，追究刑事责任的前提是"构成犯罪"。"我们有公开征求意见的途径，也有收到一些建议。"征求意见期结束后，会根据建议进行评估，形成一个确定的版本，之后提交给司法局等部门，最终由北京市人大常委会审议后出台，该条例已于2020年11月27日发布。北京市康达律师事务所韩某介绍，诋毁、污蔑并不属于一个法律词汇。关于如何界定其行为是否构成违反《中华人民共和国治安管理处罚法》（以下简称为《治安管理处罚法》），应当依据《治安管理处罚法》相关规定，如是否构成"散布谣言"或其他寻衅滋事行为。以是否构成散布谣言行为来说，要考虑行为人所言是否为凭空捏造出来的、毫无根据的虚构言论，并且足以扰乱公共秩序。若行为人构成上述行为，可能违反《治安管理处罚法》相关规定，面临承担罚款、拘留等行政责任。而根据该草案的内容，在刑事责任方面，可能涉嫌的罪名为寻衅滋事罪。若行为人发布不实言论的行为扰乱社会秩序且情节较为严重，如造成某些混乱情况，或在网上引发骚乱占用过多公共资源等，可能构成寻衅滋事。[1]

2. 老赖不能乘坐私人飞机

例如，有一则新闻，标题是："这个飞机是不是飞机：老赖的王某某不能

---

〔1〕《"不得诋毁污蔑中医药"引争议 北京中医管理局这样回应》，载 https://news.ifeng.com/c/7x1uQVcF6tE，最后访问时间：2023年3月7日。

乘坐私人飞机？"[1] 以下是新闻的具体内容，为了了解、分析部分公众的法观念与法逻辑，特实录如下：

一种说法是，私人飞机也属于飞机，限制令明确了当事人王某某乘坐交通工具时不能选择飞机，便表明他不能乘坐私人飞机。这届网友真是为王某某操碎了心。2019 年 10 月 12 日，因为没有在执行通知书指定的期间履行生效法律文书确定的 1.5 亿元给付义务，熊猫互娱的实际控制人王某某被上海市嘉定区人民法院下达了限制消费令。限制令显示，依照《中华人民共和国民事诉讼法》（以下简称为《民事诉讼法》）和《最高人民法院关于限制被执行人高消费及有关消费的若干规定》（以下简称为《关于限制被执行人高消费及有关消费的规定》）等有关规定，王某某被限制实施：①乘坐交通工具时，选择飞机、列车软卧、轮船二等以上舱位；②在星级以上宾馆、酒店、夜总会、高尔夫球场等场所进行高消费……⑨乘坐 G 字头动车组列车全部座位、其他动车组列车一等以上座位等其他非生活和工作必需的消费行为。消息一发布，就成了网民关注的热点。很多人关注的是，被限制了高消费的王某某，还能不能乘坐私人飞机？还有人翻出了 2017 年王某某在朋友圈带爱犬坐私人飞机的一张截屏，煞有其事地论证讨论乘坐私人飞机这一问题的必要性。答案是不可以。原因很简单，私人飞机也属于飞机，限制令明确了当事人王某某乘坐交通工具时不能选择飞机，已经表明他不能乘坐私人飞机，这是法律逻辑上再简单不过的一个事情了。同时，《关于限制被执行人高消费及有关消费的规定》还规定，如果被执行人违反限制消费令进行消费的行为属于拒不履行人民法院已经发生法律效力的裁定的行为，经查证属实的，依照相关法律，将予以拘留、罚款；情节严重，构成犯罪的，追究其刑事责任。直白来说，如果王思聪坐了飞机，那么就会面临法律的严惩。只不过，一般被限制高消费的当事人想乘坐飞机，必须购买机票，这是一个比较容易被查证的行为，也就是法律上所说的属于拒不履行人民法院已经发生法律效力裁定的行为。明目张胆地乘坐民航客机，是很容易被发现和举报的。而乘坐私人飞机，是不需要买机票的，是一种比较私密的出行方式，很难被普通人察

---

[1] 《王思聪被"限高"他还能坐私人飞机吗》，载 http：//hb. ifeng. com/a/20191111/7814563_0. shtml，最后访问日期：2023 年 3 月 7 日。

觉，法院要发现也不容易。那么，所谓的限制令也就成为一张纸了。网友的焦点，或许就在于此。其实不然。无论是搭乘普通航班，还是乘坐私人飞机，都要通过机场的安检程序，都要核查其有效乘机身份证件、客票和登机牌，这是《民用航空安全检查规则》的明确规定。换言之，王某某只要乘坐私人飞机，就会留下痕迹，成为拒不履行已发生法律效力裁定的证据。回到《关于限制被执行人高消费及有关消费的规定》本身来说，尽管制定者没有明确乘坐的飞机是普通客机，还是私人飞机，包括是自己所有的私人飞机，还是搭乘别人的私人飞机，其立法宗旨只是通过间接地限制高消费的手段，敦促被执行人积极履行法律上的义务——"你有钱高消费，你凭什么不还钱啊？"至于区别飞机的类型是否属于立法的"瑕疵"，更没必要。法律永远是一件严肃的事情，拒不履行法院生效的判决、裁定更是一件严重的事情。法律面前人人平等，无论是身家数亿的王某某，还是作为普通人的李某某、张某某，都应该心怀对法律的敬畏之心。遵守法院的生效判决，这是依法治国时代的起码要求。

本书认为，这个新闻中涉及的问题并不简单。

第一，飞机分为军用飞机和民用飞机，也就是军机和民用航空器。民用航空器分为民用飞机、民用飞艇、民用热气球等。民用飞机分为公务飞机、公共交通工具的飞机、私人飞机。老赖的王某某不能乘坐私人飞机吗？笔者认为应该是可以的。限制消费令中的飞机显然应该限制解释为属于公共交通工具的飞机，而不包括公务飞机、私人飞机、军机乃至热气球。此飞机不是彼飞机。限制消费令中的飞机显然不是一个上位概念，而是飞机的下位概念，是指特定的公共交通工具的飞机。

第二，由于私人飞机不是公共交通工具，没有公共性质，那么私人与公共是相反的，形成一个两极义场。公共性质，就是限制消费令中一个隐性区别义素。这个区别义素并没有被人民法院明确指出，导致了部分网友在阅读该案件的时候，意见争论很大。本书认为，隐性区别义素（公共或者公共交通）这一点，在判断该案件的是非曲直的时候，显得非常重要。

第三，私人飞机是私人交通工具的下义词，而私人交通工具与公共交通工具组成两极义场，中间的过渡地带是公务性的交通工具——既不是私人交通工具也不是公共交通工具。

（二）同义义场中的隐性区别义素

寻衅滋事罪的随意殴打他人中的随意，其义素是什么？本书认为，应该先把随意、特意、任意、故意等组建一个同义语义场，再来挖掘随意一词的隐性义素。

随意，词典义是任凭自己的意思。[1] 这个解释还没有给出刑法解释者心目中期待的答案，例如，殴打特定的对象是不是词典义的随意呢？刑法解释者大多认为，随意殴打含有对不特定人的殴打的意思，因此，随意的义素之一是殴打对象的不特定性。也就是，"一般意味着殴打的理由、对象、方式等明显异常"[2]。而如果对此关键性义素视而不见，则会造成不合理的扩大解释，如有学者就认为，随意"同时具有随心所欲之意，具有针对特定的人随心所欲、放纵殴打的含义""由于扩大了随意的含义，使其可以适用于针对特定人的犯罪"[3]。对此见解本书是反对的。如果随意可以扩张为针对特定人的犯罪，那与"特意"还有什么区别呢？例如在方某遇袭案中，行为人是特意殴打方某的，当然不是随意的，其犯罪对象是预谋好的、精心挑选的。这不是流氓动机，而是针对特定人的报复动机，所以，不是"随意殴打他人"。

故意包括随意和特意。而随意就是任意。随意、任意中，隐性区别义素是"针对不特定的人"。特意中，隐性区别义素是"针对特定的人"。

三、隐性核心义素

核心义素，又称核义素、源义素[4]，与类义素相对称，指的是显示词义特点的义素，相当于语义场的区别义素。例如，"凌/陵迟"的核心义素是

---

〔1〕中国社会科学院语言研究所词典编辑室编：《现代汉语词典》，商务印书馆 2016 年版，第 1253 页。

〔2〕张明楷：《刑法学》，法律出版社 2016 年版，第 1063 页。

〔3〕姜洁：《从实质解释论反思方舟子遇袭案》，载《山西省政法管理干部学院学报》2015 年第 2 期。

〔4〕王宁：《汉语词源的探求与阐释》，载《中国社会科学》1995 年第 2 期。冯凌宇：《核心义素在兼类词判别中的意义》，载《语言研究》2003 年第 1 期。

"缓慢、渐渐"。[1] "交"的核心义素是"转移""给"两个。[2] "收集、搜集"的核心义素是"使聚集在一起"。[3] 某个构成要件的义素,其核心成分是什么,尤其是其深层核心成分是什么,有时候未必是清晰的。只有当遇到实际的案件时,才凸显出来,才会受到学界的反思与重视。或者需要追溯立法原意,比较立法变迁,才能得到构成要件真实语义与真实义素。因此,这样的真实义素实际上是隐含在构成要件深层之内的,需要刑法解释者的挖掘、甄别。而且,从词汇史来考察的话,核心义素包括隐性核心义素也处于变迁中。例如,"好"的核心义素经历了"静态描绘→动态评价→主观建议"的变化。[4]

(一) 贪污罪的隐性核心义素

例如,贪污罪的利用职务上的便利,其核心义素是什么?本书认为,既包括职责上的便利,也包括职权上的便利。换言之,行为人负有职责必然相应具备一定的职权,而真正提供便利的,显然是其职权而非职责。因此,贪污罪利用职务上的便利的核心义素,是职权上的便利、方便。没有职权上提供的便利、方便,贪污罪是不可能排除旧的占有关系从而建立一个新的占有关系的。

但是,有学者认为,国有公司的出纳未使用其保管的保险柜的钥匙与密码,而是利用其他作案工具打开保险柜、取走现金的,构成贪污罪。[5] 并由此衍生出一道试题,答案也是贪污罪。试题与解析如下:

某国有公司出纳甲意图非法占有本人保管的公共财物,但不使用自己手中的钥匙和所知道的密码,而是使用铁棍将自己保管的保险柜打开并取走现金3万元。之后,甲伪造作案现场,声称失窃。关于本案,下列哪一选项是正确的?(2008年国家司法考试试卷二第18题)

---

〔1〕 刘文正、吴舟舟:《"凌/陵迟"的联绵词化及相关理论问题》,载《湖南大学学报(社会科学版)》2022年第2期。

〔2〕 王兴隆、张志毅:《义位的要素三分及其在辞书中的价值导向》,载《语言文字应用》2007年第4期。

〔3〕 何小静:《"收集"和"搜集"》,载《现代语文(语言研究版)》2009年第10期。

〔4〕 李小军、王勤:《"好"的评价、建议功能及相关构式的规约化》,载《古汉语研究》2019年第1期。

〔5〕 张明楷:《刑法学》,法律出版社2011年版,第1046页。

A、甲虽然是国家工作人员，但没有利用职务上的便利，故应认定为盗窃罪

B、甲虽然没有利用职务上的便利，但也不属于将他人占有的财物转移为自己占有，故应认定为侵占罪

C、甲将自己基于职务保管的财物据为己有，应成立贪污罪

D、甲实际上是通过欺骗手段获得财物的，应认定为诈骗罪

解析：本题主要考查对"利用职务上的便利"的理解。"利用职务上的便利"，是指利用职务权力与地位所形成的主管、管理、经营、经手公共财物的权力及方便条件。相对于侵吞形式的贪污而言，"利用职务上的便利"，是指将基于职务占有的公共财物据为己有或者使第三者所有。因此，国有公司的出纳，即使并未使用所保管的保险柜钥匙与密码，而是利用作案工具打开保险柜后取走现金的，也应认定为贪污罪，而不是认定为盗窃罪。甲作为出纳享有管理财物的权力，尽管其行为方式表面上与其职务无关，但是，其"监守自盗"的行为本质上与其职务有关。因此，甲的行为仍然构成贪污罪。本题答案：C。[1]

本书认为，以上解析是错误的。理由如下：

第一，该行为人实际上只有一部分行为是基于职务便利——保管保险柜。甚至可以认为，保管保险柜只是其职责，而与该职责对应的职权就是体现为钥匙与密码。行为人恰恰放弃了异常方便的条件（钥匙与密码），使用了职权便利之外的手段来建立新的占有关系，这岂能解释为"利用职务上的便利"？

第二，这种试题显然是想象出来的，实际生活中很难出现，因为这违背"罪犯是理性的人"的常识。即便真有这样的罪犯，我们在解释的时候，最多也只能将"保管保险柜"这部分定性为职务便利，但是更重要的大部分（"使用钥匙与密码"）是与职务便利无关的。也就是说，行为人的犯罪行为，有很少的贪污罪的色彩，反而有强烈的盗窃罪的色彩，岂能断然定性为贪污罪？

第三，机械理解职务便利，而不挖掘其核心义素——职权便利，并不会帮助我们深刻理解构成要件。众所周知，只有职权才会造成方便，职责并不

---

〔1〕　引自吴情树编纂的《国家司法考试 1999~2017 年真题精解》。细细比较可以发现，该试题的解析实际上是照搬了张明楷《刑法学》（2011 版）中的文字。

会给人提供方便甚至造成负担。职责背后必定有对应的职权。本道试题，强行将出纳岗位的职责与职权相分离，本身就非常滑稽。如此"费劲"、如此"费力"的贪污罪，哪有"方便"与"便利"可言？真的符合贪污罪的本质特征吗？便，便捷。[1] 也就是说，贪污罪具有隐性核心义素——方便、便利或便捷。从这个角度来推及，职务侵占罪就是一种贪污罪，即公司、企业、单位人员贪污罪。[2] 从这个角度来说，贪污罪中的窃取与盗窃罪的盗窃相比，前者要方便、便利、便捷得多。与贪污罪中的"方便地"窃取相比，"不怎么方便的"盗窃罪真的算是夺取罪。

第四，根据该学者的观点，侵吞形式的贪污罪其实质是侵占。[3] 那么，"出纳强开保险柜案"理应是职务上的侵占罪。[4] 由于主体身份是国家工作人员，因而才被定性为贪污罪。既然如此，论者为何提及的罪名是盗窃罪而非侵占罪呢？本书认为，表面上看，"出纳强开保险柜案"是行为人将合法占有转为非法所有，似乎是符合侵占罪特征的；而实际上，行为人从合法占有转为非法所有的过程，非常"费劲"与"费力"，明显不是侵占罪那种异常轻松的犯罪模式，而是需要"费力"排除旧的占有关系的盗窃罪。之所以说侵占罪是异常轻松的犯罪，是因为犯罪对象本就处于行为人合法占有之下，转为非法所有是不费吹灰之力的事情。所以，"出纳强开保险柜案"是一种窃取类型的犯罪，而绝不应解释为侵吞类型的犯罪，即侵占罪。这也是该论者逻辑上的自相矛盾之处。

第五，出纳的身份必须与其职权紧密结合在一起。假如只看到其国家工作人员的身份，就将其行为定性为贪污罪，而不顾及其国家工作人员身份所具有的实质上的内容——职权，那么，这样的国家工作人员的身份并无实际

---

〔1〕"猱蝯善援。释曰：猱一名蝯。善攀援树枝。郭云：便攀援者。便谓便捷也。"（北宋）邢炳撰：《尔雅疏》卷第十·释兽第十八，四部丛刊续编景宋刻本。

〔2〕张明楷：《刑法学》，法律出版社 2003 年版，第 785 页。张明楷：《刑法学》，法律出版社2011 年版，第 907 页。本书按：表述为公司、企业、单位人员贪污罪，显然不合语法，应改为"公司、企业、其他单位人员贪污罪"。

〔3〕张明楷：《刑法学》，法律出版社 2011 年版，第 1046 页。

〔4〕刑法学界一般将典型侵占罪表述为委托物侵占。本书认为，定名为持有型侵占更准确。其一，是因为未必都是委托物，很多时候是委托财产。其二，是因为未必都具有委托关系，很多时候只是事实上的占有。其三，持有的涵摄力强于委托，能够更好地反映各种侵占犯罪现象。正因如此，我国台湾地区"刑法"对于普通侵占罪使用的就是持有。

意义。换言之，国家工作人员的身份与职务上的便利理应相互解释，互相参照。"出纳强开保险柜案"的主要部分与其职务、身份无关，理应处断为盗窃罪。

第六，解析中的一句话——其"监守自盗"的行为本质上与其职务有关——不够全面。这是不是监守自盗，本身需要加强解释，而不能仅从外观来判断。其实这不是监守自盗。监守自盗，应该是"很方便""不费劲"的财产犯罪。而本案，哪里轻松？哪里方便？拿着铁棍，何来监守自盗？即，监守自盗的核心是钥匙和密码，而不能仅仅是看管保险箱。既要从整体上把握职权与职责，更要分清职权与职责的不同。

这样的案件还有更复杂的，例如行为人既利用了职权便利，同时也实施了秘密窃取行为。以下案件即为适例：

被告人郑某曾在福建省兴业银行晋江市支行青阳新市场储蓄所任负责人，后调到兴业银行晋江支行磁灶分理处任复核员，但其住宿仍在原新市场储蓄所宿舍。1998年6月2日上午7时许，被告人郑某利用其在新市场储蓄所住宿的便利，进入该所营业厅，并利用其掌握的柜员密码及该所负责人放于桌面的授权卡操作电脑，采用自行列支利息的手段，将兴业银行的10万元资金转入户名为朱某的存折中。数日后，郑某将该存折加入密码，实现通存通兑。1998年6月28日，郑某利用担任磁灶分理处复核员的职务之便，将存入朱某存折中的10万元全部领出。对于本案，检察院以贪污罪起诉，一审法院则认为，被告人郑某以非法占有为目的，采用秘密手段窃取数额特别巨大的公有财产，因其进入新市场储蓄所操作电脑并非利用职务之便，故不构成贪污罪，而构成盗窃罪。而二审法院认为，上诉人郑某身为国有企业的工作人员，利用职务之便，采用窃取、骗取手段，非法占有现金10万元的国有财物，其行为构成贪污罪。[1]

有学者分析认为：该案可以分为两个阶段，前一阶段系利用工作之便，后一阶段是否属于利用职务之便，交待不明。如果认为被告人郑某将该存折加入密码实现通存通兑，以及将存入朱某存折中的10万元全部领出的行为，利用了其本来的职责权限，即如果没有其作为银行职员的职责权限，就无法

〔1〕 福建省泉州市中级人民法院（1999）泉刑终字第296号刑事判决书。

领出存折中的款项，则属于利用职务之便侵吞或者窃取其占有、控制下的财物，成立贪污罪。否则，只能认定为普通的盗窃罪。[1]

本书认为，上述分析仍有未尽之处。行为人有五个重要事实涉及是否具有职务便利：第一个利用住宿便利，第二个利用其掌握的柜员密码（即进入营业柜台安全门的密码）进入柜台，第三个利用新市场储蓄所负责人放于桌面的授权卡操作电脑，第四个设置存折密码便于通存通兑，第五个利用担任磁灶分理处复核员的职务之便将 10 万元全部领出。这五个事实中，与其职务职守有关的是第二个、第五个。其中，第二个利用其掌握的柜员密码，明显是行为人调任磁灶分理处任复核员之前的职守所掌握的。第五个明显是利用担任磁灶分理处复核员的职务之便。第四个是否属于职务职守则不太清晰。与其职务职守无关的是第一个、第三个。因此，本案既有贪污罪的部分，也有盗窃罪的部分，还有不太清晰的部分。所以，贸然处断为盗窃罪或者贪污罪，都不够准确、全面。

第七，监守、职守、监临、职分、职务、职权、经手、管理、主管、负责、承办等不同时期的用语，在具体案件中的含义并不完全一致。应该说，不断改变刑法语料恰恰说明对于贪污罪的形象建构还远未结束。不仅如此，职务便利（包括"便利条件"）的外延还在扩张，像制约权、隶属权、原职权、原地位等也被解释为属于职务便利或者便利条件，甚至没有制约权、隶属权的，仅有"产生的影响""一定的工作联系"的，也被解释为"便利条件"。[2] 可见，职务便利（包括"便利条件"）的语义扩张轨迹非常清晰。由于便利条件、影响、一定的工作联系[3]等关键构成要件的含义极其模糊，

---

〔1〕 陈洪兵：《体系性诠释"利用职务上的便利"》，载《法治研究》2015 年第 4 期。

〔2〕 2003 年《最高人民法院关于印发〈全国法院审理经济犯罪案件工作座谈会纪要〉的通知》认为：刑法第 385 条第 1 款规定的"利用职务上的便利"，既包括利用本人职务上主管、负责、承办某项公共事务的职权，也包括利用职务上有隶属、制约关系的其他国家工作人员的职权。担任单位领导职务的国家工作人员通过不属自己主管的下级部门的国家工作人员的职务为他人谋取利益的，应当认定为"利用职务上的便利"为他人谋取利益。刑法第 388 条规定的"利用本人职权或者地位形成的便利条件"，是指行为人与被其利用的国家工作人员之间在职务上虽然没有隶属、制约关系，但是行为人利用了本人职权或者地位产生的影响和一定的工作联系，如单位内不同部门的国家工作人员之间，上下级单位没有职务上隶属、制约关系的国家工作人员之间，有工作联系的不同单位的国家工作人员之间等。

〔3〕 一定的工作联系，指的是有工作联系的不同单位的国家工作人员之间。多少联系属于"一定的工作联系"？这实在难以判断。揣测该纪要原意的话，似乎只要有工作联系即可，多少在所不论。

文义边界极其模糊，因此，这样的规定实际上并不符合罪刑法定主义的要求，这样的解释循环非常牵强。而为了与此司法实务见解相呼应，刑法学界开始使用"职务关联性""职务相关性"[1]表述，而"关联性""相关性"同样含义不清、边界不明，其口语词义就是可认可否、可多可少、可有可无的"沾边""有关"等，必然导致极端的扩大解释，不利于嫌疑人人权的保障。[2]这些观点和规定的背后，的确可以看到所谓功能主义刑法解释论、规范目的、极端主观解释等思想观念在支撑运行。这种不断扩张语义的刑法解释实践，导致关键构成要件义素的确定几乎难以进行。

职，主也。[3]而扩大解释之后的职，已经包括了"沾边""有关"，不一定是行为人所"主"、主宰、宰职。这种扩大解释是对汉语语义的篡改，是对义素的非常激进的人为脱落行为。

需要注意的是，行为人通过其他国家工作人员职务上的行为受贿的，行为人并不符合"职，主也"，而是其他国家工作人员符合"职，主也"，此时，对其他国家工作人员分别以具体情形，论"枉法不赃"和"枉法赃"即可。对收受财物的行为人则不能论以"枉法赃"，也不能论以"不枉法赃"。之所以不能处断为"枉法赃"，是因为其本无请托事项的职务便利。之所以不能处断为"不枉法赃"，是因为其收受的财物与职务内的权限无关，岂能认为是"赃"？

（二）计划生育的隐性核心义素

计划生育是不是"有计划生育"的简称呢？本书认为不是。

如果追溯历史沿革的话，早在 1953 年，我国就产生了倡导节制生育的意

---

〔1〕　参见姜涛：《依法益区分贪污罪与受贿罪的职务关联性差异》，载《检察日报》2018 年 7 月 11 日，第 03 版。劳东燕：《论受贿罪的实行行为》，载《政法论坛》2020 年第 3 期。

〔2〕　例如，有学者就认为：基于信赖保护说，对受贿罪中的职务关联性应作扩大理解，只要行为人所收受的财物与其职务之间有所关联，即使双方之间并不存在实际的就某些具体事项的请托与承诺，其收受贿赂的行为也会使得公众对其日后的职务行为的公正性产生疑问，有将其职务行为置于贿赂影响之下的危险，即可认定存在职务关联性。参见姜涛：《依法益区分贪污罪与受贿罪的职务关联性差异》，载《检察日报》2018 年 7 月 11 日，第 03 版。

〔3〕　"尸，职，主也。左传曰：杀老牛，莫之敢尸。"参见（晋）郭璞注：《尔雅》尔雅卷上·释诂第一，四部丛刊景宋本。"职方氏，中大夫四人，下大夫八人，中士十有六人，府四人，史十有六人，胥十有六人，徒百有六十人。职，主也。主四方之职贡者。职方氏，主四方官之长。"参见（东汉）郑玄注、（唐）陆德明音义：《周礼》卷第七·夏官司马第四，四部丛刊明翻宋岳氏本。

向。1962 年提出要计划生育，但未奏效。十年动乱期间，我国人口无序自然增长，出生率屡创新高。在 1978 年以前，我国人口控制工作主要着眼于对人口数量的抑制，未把有关人口的各项指标纳入国民经济计划，忽视了人口质量的提高和结构调整，某些社会政策仍向多子女户倾斜，存在矛盾性政策。[1] 1982 年 9 月计划生育被定为基本国策，同年 12 月写入宪法。主要内容及目的是：提倡晚婚、晚育，少生、优生，从而有计划地控制人口，提高劳动生产率。计划生育这一基本国策自制订、实施以来，对中国解决人口问题和发展问题的积极作用不可忽视，但是也逐渐带来了人口老龄化问题。到 21 世纪初，中国的计划生育政策又作出了一些调整。由于 20 世纪 80 年代出生的第一批独生子女已经到达适婚年龄，在许多地区，特别是经济较为发达的地区，计划生育政策有一定程度的放松。2021 年 5 月 31 日，中共中央政治局召开会议指出，进一步优化生育政策，实施一对夫妻可以生育 3 个子女政策及配套支持措施，有利于改善我国人口结构、落实积极应对人口老龄化国家战略、保持我国人力资源禀赋优势。同年 6 月，中共中央、国务院颁布了《中共中央、国务院关于优化生育政策促进人口长期均衡发展的决定》，明确提出要实施三孩生育政策及配套支持措施。2021 年 8 月 20 日，全国人大常委会会议表决通过了《全国人民代表大会常务委员会关于修改〈中华人民共和国人口与计划生育法〉的决定》，修改后的《中华人民共和国人口与计划生育法》（以下简称为《人口与计划生育法》）规定，国家提倡适龄婚育、优生优育，一对夫妻可以生育 3 个子女。

可见，在 2021 年 5 月 31 日之前的计划生育的隐含义素是减少与控制人口增长，提高人口素质，减轻我国的环境与资源的负担。而在此时间节点之后，计划生育的隐含义素则急转为促进人口增长，应对迅速上升的老龄化趋势。因此，政策表述从晚婚晚育变为了适龄婚育。

而如果结合刑法中的非法进行节育手术罪的立法目的（规范目的），就能更好地把握计划生育的隐含义素。《刑法》第 336 条第 2 款中的擅自为他人进行节育复通手术、假节育手术、终止妊娠手术、摘取宫内节育器，明显都是维护、配合之前的以控制人口为核心的计划生育政策的。例如，行为人未取

---

〔1〕 任淑艳：《开创我国人口理论与实践的新局面——党的十一届三中全会与我国人口控制政策的制定》，载《社会科学》1998 年第 11 期。

得医生职业资格实施"摘取宫内节育器"，会促进怀孕与分娩，是促进生育的，当然符合构成要件。但是，如果行为人未取得医生职业资格而擅自实施"安装宫内节育器"，则会降低生育、阻碍生育，那么就不符合构成要件。而由于我国人口政策的快速转向，这样的擅自"安装宫内节育器"的行为，今后有可能会被犯罪化。

如果单看字面意思，计划生育被解释为"有计划的生育"，似乎是符合汉语语义的。但是，假如进行刑法解释，这样的解释则是忽略立法旨趣与立法原意，不顾立法沿革的机械解释。因此，计划生育基本国策的隐性义素是控制人口增长。

需要注意的是，虽然计划生育并不是刑法的构成要件，而只是其他构成要件的语境，但是，相关构成要件的解释又离不开对计划生育全面含义的理解与引用，因此，计划生育中会生成新义素——控制（减缓）人口增长。这个新义素必然会参与到其他构成要件的解释中去。也就是说，计划生育具有隐性核心义素——控制（减缓）人口增长。

第四节　定量义素

定量义素，指的是刑法构成要件语义的诸义素中定量化的义素。在《刑法》典中，定量的构成要件本来就极少。[1] 而对构成要件进行解释的时候，刑法学界一般也不会涉及定量的层面。定量义素是一种重要的隐性义素，这与有学者所说的罪量要素并不相同。该学者认为，罪量要素是犯罪的数量要素，其性质是构成要件，具有独立的构成要件的地位，并认为情节严重、情节显著轻微等都属于罪量要素。[2] 本书认为，情节严重、情节显著轻微等仍可能属于定性要素（如具有符合性意义的量[3]），与量、定量毫无关系。而且，罪量要素可以是行为的要素之一（如醉酒），也可以是对象的要素之一

---

〔1〕 已满14周岁，不满16周岁，不满10周岁，已满75周岁，鸦片200克等，是屈指可数的定量构成要件。

〔2〕 陈兴良：《作为犯罪构成要件的罪量要素——立足于中国刑法的探讨》，载《环球法律评论》2003年第3期。

〔3〕 像寻衅滋事罪，虐待罪，遗弃罪，虐待被监护、看护人罪，倒卖文物罪，披露、报道不应公开的案件信息罪等。

（如枪支），在构成要件符合性阶段，都可能涉及罪量要素。[1]

相较而言，传统上对构成要件的释义往往是得出定性义素，如严重的社会危害性、非法所有、情节严重、露骨宣扬色情、金额较大、职务便利、贴身禁忌、处分财产，等等。考虑到刑法必然具有精确性的发展趋势，基于我国刑事司法实践的需要，同时考虑到严格的罪刑法定主义与严格解释刑法，定量义素的研究是整个刑法学界都不得不面临的严肃问题。[2] 而定量义素往往是隐性义素，即在法规范中所没有的义素，其具体数值存在于位阶较低的规范性文件中。之所以如此，是因为位阶较高的法规范具有高度抽象性特点，其真实语义、认定判断标准与操作规则等，都需要通过反复的、持续的、具体的刑法解释活动予以明确，这才能形成解释循环。

一、定量义素的基础观念

（一）定量义素的刑法意义

定量义素的出现，显然是契合了刑事司法、刑法学等人文社会学科日益精确化的需要的。这就使得刑法解释也要求实现日益精确化、定量化。这是历史的进步，也是历史的必然。定量性质的义素，使得描述性的刑法解释变得科学化了，法官的自由裁量空间进一步缩小，大大提高了刑事司法的整体水平和公正水平，也不会把刑事司法质量的高低完全寄托在具体办案人的身上。这也许是在我国实现近代刑法之父贝卡利亚在《论犯罪与刑罚》中宣示的伟大刑法理想的一个契机。

定量义素进入刑法立法和刑法裁判，不仅仅只是构成要件符合性判断日趋精确那么简单，其巨大的刑法价值怎么形容都不过分。

第一，构成要件符合性以及罪刑法定主义的明确性，如何落实到细微的各个环节而不是仅仅停留在纸面上和宣示中，一直以来，各界都在探索合适

---

[1] 有学者认为，罪量要素是实行行为的一部分。该观点恐失全面。参见王安异：《商业欺诈的罪与非罪研究》，中国人民公安大学出版社 2014 年版，第 164 页以下。

[2] 定量义素不仅存在于刑法学、刑法解释学中，在竞争法、反垄断法等其他部门法中也是常见现象。例如，滥用市场优势地位、恶意拖欠账款等表述中，何为滥用、恶意，就需要在司法实务中予以定量化，从而实现对滥用、恶意的合理解释与正确定性。从理想的角度来看，对于定性性质的构成要件的解释，都可以实现合理的定量化。也就是说，都可以具体为数据化的认定标准。这好比刑法学中的追诉标准对于情节严重、后果严重的定量化。

的落脚点和解决方案。而定量义素的出现，至少在部分罪名中看到了解决此问题的希望。之所以说是部分罪名，是因为目前还不能寄希望于所有罪名、所有构成要件都实现数学一样的精密，彻底排除自由裁量和论理空间的刑法学是不现实的。但是，在能够实现量化的罪名和构成要件中，积极引进定量义素、定量构成要件，不但与追诉标准和量刑指南等起到同样的效果，还能够解决"内部法规范不透明""法官造法"与"司法解释立法化"等问题。

本书认为，除了下文已经涉及的枪支的定量义素、醉驾的定量义素、严重超载的定量义素等之外，还需要扩大定量义素的范围，尤其是在以往较少运用定量指标的罪名中，采用定量义素来推动刑法进步、刑法解释进步和刑事司法民主进步。例如，非法经营罪、寻衅滋事罪、破坏生产经营罪、破坏交通工具罪、以危险方法危害公共安全罪、高空抛物罪等热点罪名的解释难题，就需要引进或结合定量义素来破解。像高空抛物罪中的高空，可否是抛掷最高点距离地面 2 米以上？这虽然有点机械，但毕竟是一个量化的标准。

第二，定量义素将推动刑法解释学走向精确。刑法解释学走向精确，是贝卡利亚时代的刑法理想，似乎也是无数先哲孜孜以求的目标。无奈，时至今日，刑法学、刑法解释学都是以定性居多的。这需要刑事司法人员的良知、专业、水准的配合才行。而逐渐增多的定量义素将推动刑法解释学走向精确，会将昔日的寄希望于具体办案人转变为寄希望于仪器的测量上来。无论是犯罪嫌疑人血液中的酒精含量，还是涉案枪支的枪口比动能，都成为了刑法的构成要件的必要义素与关键性义素，其意义不可估量。

第三，定量义素能够彻底杜绝扩大解释，使得解释余地彻底丧失。这让部分罪名、部分构成要件率先步入刑法解释与刑事裁判的科学时代。

众所周知，刑法中的严重、重大、显著、特别、明显、轻微、不大等构成要件出现的频次很高，给刑法解释带来"无尽的烦恼"：严重是有多严重？多轻微才算是轻微？这是一个刑法学不得不直面的解释学问题。而这个问题的解决，对于刑法学提出了更高的要求。含混的、模糊的、只定性不定量的刑法学不可能适应新时代的要求了。

情节严重、后果严重、严重残疾、严重伤害（重伤）、特别残忍，诸如此类的语言表述，急需得到更精确的描述和更科学的测量。我国刑法学中最早出现的轻伤鉴定标准和重伤鉴定标准是在 1990 年，这是个很好的定量义素的开头——没有精确的法医鉴定，就不可能进行优质的刑法裁判。应该说，这两个人体损伤的鉴定标准背后的进步科学的刑法学观念，并没有一直继承下去，现在到了重拾优秀传统的时候了。作为犯罪构成要件的重要部分，鉴定标准、追诉标准、测量标准等定量的、量化的数据，理应贯彻到日常的刑法学教学和日常的刑法学研究中去，但是，正统刑法教科书中很难发现其踪迹，这是非常令人遗憾的事情。法学生们习惯于从理论到理论，根本没有受到数据思维的训练，刑法观念总是偏于粗疏、模糊、空泛、定性、描述，长此以往，危害甚大。

第四，没有定量义素，在很多场合中，刑法解释就没有确定的边界，构成要件的文义边界难以清晰划定，会造成刑事裁判的严重偏差。

例如，下面这句话："这是一个优秀的百米运动员。"其实还不知道他有多优秀。只有把"优秀"定量为"跑进11秒"或者"跑进10秒"等，才知道其优秀程度。

又如，严重危及人身安全的暴力犯罪中的"严重"，其文义边界为生命权、健康权、人身自由权、性自决权四大类别。也就是说，定性化的词语"严重"可以量化为上述四种法益。除此之外的法益被侵害，则不属于"严重"。正是基于此，本书认为，于欢防卫过当案中，讨债者裸露下体令苏某某（于欢的母亲）观看的行为，属于强制猥亵、侮辱罪的实行行为，但由于不是所有类型、程度的强制猥亵、侮辱行为都可处断为严重危及人身安全的暴力犯罪，只有使用明显暴力手段或胁迫手段，接触被害人实施猥亵的，才属于严重危及人身安全的暴力犯罪，因此，于欢对此程度较轻微的强制猥亵、侮辱行为实施防卫，致侵害人死伤，已经明显超过必要限度，构成防卫过当。[1] 而行为人对于欢、苏某某二人的非法拘禁行为，则属于严重危及人身安全的暴力犯罪，于欢对此实施防卫行为，并未过当，成立无限防卫。

---

[1] 最高人民法院指导案例93号于某3故意伤害案中认为，"于欢的捅刺行为不属于特殊防卫"。本书认为不全面。其一，没有明确本案客观存在的强制猥亵、侮辱罪性质。其二，没有将无限防卫中的"人身安全"量化为四种具体的法益类型。其三，与生命权、健康权相比，最高人民法院对《刑法》第238条的人身自由权、第237条的性自决权的重要性的认知不准确。其四，对于性自决权涉及的强奸罪和强制猥亵、侮辱罪的分型、定量等付之阙如，不利于司法实践。其五，"严重危及人身安全的暴力犯罪"是一个动态的、流变的概念，其具体内容需要与时俱进。其六，即便认可该指导案例的结论，也不应全部认可其论证过程。

第五，英美法中的"法律是一门科学"观念对我国的影响。形式主义法学的代表人物是美国的兰德尔[1]。他把关注法律的视角从永恒不变的超验的自然法则转移到实证的法律体系和公理性原则上来，思想中渗透着现代早期的科学精神，崇尚严谨的演绎逻辑。他认为正是由于缺乏符合演绎逻辑的法律科学，才导致了法律实践的混乱，相信完美的"法律科学"体系可以解决普通法危机。而我国刑法中定量义素的实践，无疑推动了我国刑法的精确化与量化，这为科学化奠定着必要的基础。

（二）定量义素与刑法但书

现行《刑法》第13条中的但书"但是情节显著轻微危害不大的，不认为是犯罪"，可谓是《刑法》中谜一样的文字。它含义暧昧，难以解释，不好定量，没有标准，无法操作。之所以这么说，是因为这句话似乎是画蛇添足之语，说了等于没说。众所周知，犯罪是具有严重社会危害性的行为，既然如此，"危害不大"的自然不是犯罪，使用"不认为是犯罪"这样的语言，的确令人不解。况且，何为显著轻微，何为危害不大，本就是无法度量的，给刑事司法实务也不能提供任何操作建议和操作标准。

本书认为，"但是情节显著轻微危害不大的，不认为是犯罪"，实际上是需要在刑事司法实践中予以精确度量的。既然是"显著轻微""危害不大"，本就不可能具有严重的社会危害性，自然不是犯罪。只有定量之后，即在具体罪名中成为定量义素，才能判断符合性，进而才能进行后续的判断过程，以便完成整个犯罪判断环节，完成解释循环。因此，情节显著轻微危害不大，既不是宏观上判断是否构成犯罪的依据，也不是微观上判断是否构成某种具体犯罪类型的依据。对于实现罪刑法定，毫无帮助，反倒有可能成为任意出罪的理由。例如，醉驾型危险驾驶是不是情节显著轻微危害不大？既然醉驾已经具有了构成要件符合性，当然不是、也不可能是情节显著轻微危害不大。此时，再以一个醉驾案件中的情节显著轻微危害不大而出罪，可谓是玩弄法条，危害甚大。这不仅在最高司法机关权威人士的发言中能找到痕迹，在

---

[1]　克里斯托弗·哥伦布·兰德尔（1826—1906），哈佛大学法学院首任院长，法律科学化、案例教学法都是他对美国法的重要贡献，其思想体系被称为兰德尔主义，兰德尔主义是美国现代法律思想的第一波。

2022 年两会上也能找到支持者。[1]

情节显著轻微危害不大，不符合构成要件语义的义素定量趋势，是一种立法技术和立法观念的倒退或者说是不成熟。这种表述，无疑为任意出入罪留下了巨大的操作空间，最好予以删除。本书认为，只有在完全不规定定量义素或者无法规定定量义素的情形下，才能启动但书条款。但书条款的规定实际上是属于法官自由裁量的范围，它与定量义素是相反的存在。进一步来说，当已经存在着明确的追诉标准与义素规定的时候，根本不应该再谈什么自由裁量和但书条款。

基于以上分析，本书更愿意将刑法但书条款理解为是一种宣示，即不应将情节显著轻微危害不大的行为定性为犯罪行为，不应将任何情节显著轻微危害不大的行为判断为具有具体犯罪的符合性。反之，已经确定具有构成要件符合性的行为，则不可能符合刑法但书的规定，于是必须认定为有罪并确定罪名。

二、定量义素的刑法实践

实际上，我国刑法已经开始了定量义素的实践，只不过尚处于摸索阶段。自 1997 年《刑法》至今，各种罪名追诉标准的出台就是最好的证明。有的司法实践已经取得了很好的司法效果，例如醉驾型的危险驾驶罪追诉标准中，驾驶人血液中乙醇浓度达到 80 毫克/100 毫升这一定量义素。有的司法实践则有待时间的检验，例如枪口比动能达到 1.8 焦耳/平方厘米这一定量义素对于"枪支"认定的意义。

（一）枪口比动能≥1.8 焦耳/平方厘米：枪支的义素

如果不是天津赵春华非法持有枪支案[2]的出现，恐怕无人知晓公安机关还有一个枪口比动能数据，以及这个数据背后的重要刑法意义。

天津赵春华非法持有枪支一案中涉及的枪口比动能标准问题，就涉及了

---

[1] 2011 年，时任最高人民法院党组副书记、副院长张军在全国法院刑事审判工作座谈会上表示，对醉酒驾驶者追究刑责应慎重，应注意与行政处罚相衔接。2022 年 3 月，建议废除醉驾型危险驾驶罪的两会代表委员不止一人。

[2] 2016 年 12 月 27 日，天津赵春华因为摆设射击摊位，被警方抓获，并因非法持有枪支罪被一审法院判处有期徒刑 3 年 6 个月。2017 年 1 月 26 日，天津市第一中级人民法院综合考虑赵春华案的各种情节，对其量刑依法予以改判，以非法持有枪支罪判处上诉人赵春华有期徒刑 3 年，缓刑 3 年。

枪支的认定标准，也就是枪支这一构成要件的符合性判断的标准。枪口比动能必须小于 1.8 焦耳/平方厘米的标准，否则就成为刑法中的枪支。社会公众普遍认为法规范、公安机关所设置的标准过低，于是，达到这一过低指标的都被定性为《中华人民共和国枪支管理法》（以下简称为《枪支管理法》）中的枪支，这个标准就成为刑事司法中的枪支的义素了。显然，这个义素使得玩具枪、射击游戏气枪、仿真枪等大批民间的枪形物都成了"枪支"，当然这也很难获得公众认同。

毋庸置疑，枪口比动能这一定量义素已经成为枪支的核心义素了。同时，也是决定是否被解释为刑法意义的枪支的区别义素，也是是否具有符合性的区别义素。

在赵春华一案定谳之后，最高人民法院、最高人民检察院发布了《最高人民法院、最高人民检察院关于涉以压缩气体为动力的枪支、气枪铅弹刑事案件定罪量刑问题的批复》（以下简称为《关于涉以压缩气体为动力的枪支、气枪铅弹刑事案件定罪量刑问题的批复》），其中第 1 条规定："对于非法制造、买卖、运输、邮寄、储存、持有、私藏、走私以压缩气体为动力且枪口比动能较低的枪支的行为，在决定是否追究刑事责任以及如何裁量刑罚时，不仅应当考虑涉案枪支的数量，而且应当充分考虑涉案枪支的外观、材质、发射物、购买场所和渠道、价格、用途、致伤力大小、是否易于通过改制提升致伤力，以及行为人的主观认知、动机目的、一贯表现、违法所得、是否规避调查等情节，综合评估社会危害性，坚持主客观相统一，确保罪责刑相适应。"对此司法解释，有语言学者表示肯定，其认为：这一司法解释中提及的"主观认知""动机目的""一贯表现""违法所得""是否规避调查"等情节基本考虑到了法律图式、百科图式、经验图式的有机结合，特别强调了经验图式的影响，基本可以比较容易地排除掉玩具枪、塑料枪、发 BB 弹的枪、玩具市场购买的仿真枪等争议现象，非常具有可操作性。[1]

本书则不这样认为。

第一，该批复使用了"枪口比动能较低的枪支"这样的暧昧表述方式，应该说是一种退步。换句话说，这样的表述方式无助于枪支的认定和符合性

---

〔1〕 王东海、郑振峰：《语文词到法律表述词元的转化及争议词元界定研究——一个词典学的视角》，载《山东师范大学学报（社会科学版）》2020 年第 2 期。

的判断。"枪口比动能较低的枪支"显然不是精确的立法语言，对于符合性的判断没什么帮助，违背了罪刑法定主义所要求的明确性。实际上，由于"枪口比动能较低"属于不明确的非定量的语言表述方式，因此，对于玩具枪、塑料枪、发 BB 弹的枪、玩具市场购买的仿真枪等争议现象，这个司法机关的批复仍然不具有良好的可操作性。

第二，前述语言论者主张：可用司法解释释义、法律词典释义、语文词典释义，搭建起由法律图式、百科图式、经验图式构成的"三位一体"的界定模式。争议词元的界定要注意三个图式的综合使用，要树立法律图式在界定争议词元操作中的核心性和主导性，要注意争议词元图式特征的发展性，以及语文词典的立目和释义要考虑各种专业应用场景和实际需求等。[1] 本书则认为，法律图式在界定争议词元操作中的核心性和主导性是非常值得怀疑的。在我国目前的刑法解释中，恰恰是由于法律图式结果模糊或者不可靠，而不得不使用其他图式对构成要件的刑法解释予以完善与补缺。因此，这种法律图式的核心性和主导性暂时还难以建立起来，尤其在疑难案件、新型案件、罕见案件、行业特点突出案件中，更是如此。笔者推测，这也许是因为该语言领域的研究者并没有深刻了解我国目前刑法解释的实际状况。[2]

（二）血液中乙醇含量≥80 毫克/100 毫升：醉驾的义素

如醉驾的标准问题。血液中乙醇含量≥80 毫克/100 毫升的入罪标准，之所以能够获得公众的广泛认同，成为危险驾驶罪中醉驾型的危险驾驶罪的义素之一，是因为这个标准是妥当的、科学的，与交通实践和司法实践等是和谐统一的，且这个标准是反映了社会危害性的质与量的。

毋庸置疑，定量义素已经成为醉驾型危险驾驶罪的核心义素了。同时，这也是决定是否被解释为刑法意义的醉驾型危险驾驶罪的区别义素。同时，也是是否具有构成要件符合性的区别义素。我国台湾地区"刑法"更是将"吐气所含酒精浓度达每公升 0.25 毫克或血液中酒精浓度达 0.05%以上"明确写进"刑法典"条文中，这当然足以表明，在我国的定量义素已经在某些

---

　　[1]　王东海、郑振峰：《语文词到法律表述词元的转化及争议词元界定研究——一个词典学的视角》，载《山东师范大学学报（社会科学版）》2020 年第 2 期。

　　[2]　我国刑法解释的实际状况是：立法、学理与司法冲突较大，刑法解释仍待深化，刑法解释水平需提高，刑法解释实践的积累还不够，疑难案件中的刑法解释面临较大难题，同一构成要件的解释者结论迥异，等等。

地区中上升为实际的构成要件了，"吐气所含酒精浓度达每公升 0.25 毫克或血液中酒精浓度达 0.05%以上"的地位已经与任何一个构成要件没有差别了。这实际上是一个国家或者地区刑事立法的一个趋势，是罪刑法定主义实质侧面——明确性——的题中应有之义，也是刑法民主化的当然要求和必然选择。

（三）车厢有效站立面积上的人数≥8 人/平方米：严重超载的义素

根据《刑法》第 133 条之一第 1 款第 3 项的规定：从事校车业务或者旅客运输，严重超过额定乘员载客，会构成危险驾驶罪。所以按照规定理解，只要属于从事旅客运输，存在严重超过额定乘员载客，就会构成危险驾驶罪。公交车也应该属于旅客运输的范畴，因此，判断驾驶公交车的行为是否会构成危险驾驶罪，还要看公交车是否存在有严重超过额定乘员载客的情形。而《机动车安全运行技术条件》规定，"按站立乘客用的地板面积计算，城市公共汽车及无轨电车按每人不小于 0.125 平方米核定"。住房和城乡建设部（原建设部）公布的《建设部关于印发城市建设统计指标解释的通知》中也提出，运营车的额定载客量可按"客位数＝车厢固定乘客座位数+车厢有效站立面积（平方米）×每平方米允许站人数"计算，并指出每平方米允许站立人数按 8 人计算。按上述规定来看，城市公交很难或几乎不可能出现严重超过额定乘员载客的现象，自然也不会因为超载被认定为危险驾驶罪了。但是，罕见的案例还是出现了。

在湖南常宁李某某严重超载型危险驾驶案中，法官判决李某某构成危险驾驶罪的理由是李某某驾驶的客车并非在城区运营，而且当天超载的很多乘客是小学生，即法官认为李某某驾驶的客车不属于城市公交，并且可能有重大的安全隐患，因此构成犯罪。但是据此来认定李某某构成危险驾驶罪，值得商榷。罪刑法定原则是刑法的基本原则，判断李某某是否构成危险驾驶罪还是需要严格适用法律规定，所以本案的重点还是在李某某所驾驶的车辆是否存在严重超过额定乘员载客的情形，如果有，则李某某涉嫌危险驾驶罪，如果没有，则李某某不构成危险驾驶罪。[1]

也就是说，该行为人驾驶客运车辆的时候，必须符合车厢有效站立面积

---

[1]《公交司机超载被判拘役 3 个月，当事人：太冤枉》，载 https://news.ifeng.com/c/7z8R6AzeTLc，最后访问日期：2022 年 11 月 28 日。

上的人数≥8 人／平方米。否则，不应认定为有罪。但法官并未根据这个定量义素审理该案，因此，该判决"值得商榷"，即判决行为人李某某构成超载型危险驾驶罪是错误的。

第五章　义素分析实践

第一节　学界义素分析实践

一、学界进行义素分析的全貌

（一）义素分析是学界不约而同的选择

我国刑法学界和刑法学者已经在有意或者无意地使用义素分析法进行义素分析，也已经在有意无意地使用着词典的释义结构。除此之外，目前也并未找到更好的释义方法、释义模式。在刑法解释学深化的历程中，不断探寻某个构成要件的内部组成要素和微观组成部件，从语言学角度来审视，就是在探寻该犯罪构成要件（表现为汉语词汇或者词组等）语义中的义素。

解释结论、解释过程是解释主体对文本的一种解释、诠释。其中的前理解是解释者对文本及其背景等诸多事项的综合印象，解释结论、解释过程就是建立在此基础上的一种个人化的解释，刑法解释即个人化的、个体化的诠释。但是，有了前理解，还不能保证整个诠释学循环得出最适宜的结论。作为解释循环的开端，前理解只是循环的一个零件，要想整个解释循环顺利进行下去，必须保证所有零部件以及零部件之间的连接都万无一失。刑事习惯法、刑法史的传统知识、解释者的知识结构与知识背景、一国的特定国情与常识常理等内容，都会成为前理解的重要内容，决定和制约着刑法解释的方向、过程与结论。其中，生成什么义素、提炼什么义素、选择什么义素、重视什么义素、信仰什么义素等，就是前理解诸多内容中与构成要件语义关系最密切的。某种意义上说，综合性的、不可捉摸的、比较难以把握的个人化的前理解中，最为具体而真实的就是个人化的义素的提炼。可以说，在构成要件中，个人化的义素的提炼，是刑法解释的关键与核心。从心理的深层角度来看，某个具体的解释者之所以提炼出某个义素而不是另一个义素，与其成长过程中的合力息息相关，包括解释者的知识结构、教育经历、家庭熏陶、阅读实践、思维模式、认知深度与广度，等等。例如，刑法学界热衷讨论的财产犯罪的占有、强奸罪的方法行为强制、非法获取计算机信息系统数据罪的数据、破坏生产经营罪的破坏、组织卖淫罪的卖淫。这些热点义素的产生与迭代，都熔铸了解释者独特的个体信息。

例如，有学者认为，德国刑法中的恶言中伤罪，其客观构成要件有三个，一个是有损名誉的事实，一个是与他人相关，一个是通过宣称或者散布对第三人表达。[1] 此外，还有一个客观处罚条件是——不能证明为真实。可见，该罪名类似于我国刑法的诽谤罪。而我国"中伤"的词典义解释是污蔑别人使受损害。[2] 两相比较，究竟有多大差异呢？现代汉语词典义中"中伤"的义素之一——污蔑，不能证明为真实，就是假的，污蔑就是诬蔑，词典义是捏造事实败坏别人的名誉，捏造事实是核心义素之一。词典义的"使受损害"当然是有损他人的名誉。词典义的"别人"即被害人，当然是与他人相关。唯一不同的，就是通过宣称或者散布对第三人表达，这在我国的词典义里面虽然没有明示，但是完全可以推知，因为，污蔑别人使受损害，显然需要为被害人以外的人即第三人知晓。应该说，德国刑法分则对于恶言中伤罪的构成要件的解释，其实已经深入到了语言的义素层次、义素程度和义素阶段。这完全是合理的，也是不可能绕过的思维历程——要解释好一个具体的构成要件的含义，除了分析该构成要件的必要组成部分，是否还有更好的办法尚未可知，德国刑法分则的这种解释模式，究竟受到德国语言学多大的影响和惠泽仍无定论，但是，无论如何，人类思维与语言的共同性是高度一致的，汉语也有同样的思维与逻辑。

但是，需要注意的是，汉语尤其是古代汉语，在解释事物含义的时候，具有语义学的独特气质。古代汉语对于词义的解释似乎总是惜墨如金，古汉语的训诂总是尽量使用最少的字数。直至今日的词典，其释义也往往不一定

---

〔1〕 王钢：《德国判例刑法（分则）》，北京大学出版社 2016 年版，第 127~128 页。
〔2〕 中国社会科学院语言研究所词典编辑室编：《现代汉语词典》，商务印书馆 2016 年版，第1701 页。

都选用欧式的长句，或定语+定语+定语+中心词的结构，或状语+状语+状语+中心词的结构。当然，历代训诂大家们的释义，风格各异，手法纷呈，有的已经不再拘泥于最传统的释义模式，转而使用类似于现代哲学逻辑学、哲学语言学的释义方式了。例如，《唐律疏议》中的释义，大量采用描述的方法、列举的方法、归纳的方法，而非规范的方法；《唐律疏议》卷第十·职制中所写：制书有误，谓旨意参差或脱剩文字，于理有失者，皆合覆奏，然后改正、施行。[1] 这就列举了制书有误的三种表现形式：一为旨意参差，这是文章主题不明或者主题混乱，属于论点失误。二为脱剩文字，这是文字方面的失误。三为于理有失，这是论证说理方面的失误，属于论证失误。即，制书有误的三种犯罪类型分别是义理失误、辞章失误、考据失误。

德国刑法将盗窃罪客观构成要件解释为取走（破除他人对财物的占有，建立新的占有）他人可移动的物。[2] 这一动宾结构——取走他人可移动的物——的解释模式、结构，不就是我国的词典义"用不合法的手段秘密地取得"[3] 吗？"取得"这一义素，是德国刑法解释和我国的词典义的核心义素，二者殊途同归。

（二）义素分析是学界共同努力的方向

纵观我国刑法学界，其实很多学者都在努力尝试去实践构成要件语义的义素分析、义素挖掘。可以说，义素分析是学界共同努力的方向。就语义深层而言，学者们的刑法解释，就是为了找到构成要件内蕴的各种义素，如抢夺罪中的对物暴力、携带凶器抢夺中的显露凶器，等等。为了解决各个刑法难题，刑法学者们的努力是值得敬佩的。

例如，为了解决国家工作人员的认定难题，学者们演绎出了服务对象的公共性、职务权限的公职性、事务内容的公益性等细节特征——而这些就是刑法学视野中的国家工作人员的义素。有学者认为，容留卖淫罪、容留吸毒罪中的容留不等于允许，核心义素是提供场所，并且须结合不同情形判断是

---

〔1〕　刘俊文撰：《唐律疏议笺解（上册）》，中华书局 1996 年版，第 781 页。

〔2〕　王钢：《德国判例刑法（分则）》，北京大学出版社 2016 年版，第 154 页。

〔3〕　中国社会科学院语言研究所词典编辑室编：《现代汉语词典》，商务印书馆 2016 年版，第 268 页。

否具有容留的符合性。[1] 有学者认为交通肇事罪中的道路的义素是"公共通行性"。[2] 有学者认为，贴身禁忌是扒窃类盗窃罪的核心义素。[3] 有学者认为，"侵占公司财产"是抽逃出资罪的关键义素。[4] 有学者认为，有毒有害食品的核心义素是"危害人体健康"。[5] 有学者认为，传统书信与现代电子邮件都是"信件"，其核心义素就是"承载信息的事物"。[6] 有指导性案例认为，干扰环境监测设备采样构成破坏计算机信息系统罪。[7] 大陆法系刑法学者的思维也是如此。例如，有日本刑法学者认为，藏匿人犯罪的行为是"一切使其免予被官方发现、拘捕的行为"[8]。

又如，我国台湾地区学者对于内乱罪的义素的确定，经历了较长的时间，而且直接推动了我国台湾地区"刑法"第100条内乱罪的修改。在现代汉语中，乱，指的是叛乱[9]，即叛变作乱（多指武装叛变）[10]，也就是古代刑法的"谋危社稷有害君父"，这当然需要具备"武力"。显然，这个罪名相当于大陆刑法中的武装叛乱、暴乱罪，是一种反罪，即俗称的造反、反贼、反逆。当然，作为普通词汇的内乱与作为刑法词汇的内乱，前者的外延实际上比后者大得多。例如，内乱，词典义指的是国内的动乱或统治阶级内部的倾轧甚

---

〔1〕 吴仁碧：《论容留卖淫罪、容留吸毒罪的"容留"》，载《西南政法大学学报》2014年第6期。

〔2〕 夏云凤：《目的解释的刑法适用——以交通肇事罪中的"道路"切入》，载《太原城市职业技术学院学报》2021年第1期。

〔3〕 车浩：《"扒窃"入刑：贴身禁忌与行为人刑法》，载《中国法学》2013年第1期。

〔4〕 樊云慧：《从"抽逃出资"到"侵占公司财产"：一个概念的厘清——以公司注册资本登记制度改革为切入点》，载《法商研究》2014年第1期。

〔5〕 周光权：《刑法各论》，中国人民大学出版社2016年版，第212页。

〔6〕 吴亚可：《刑法上"禁止类推"禁止的是什么？——一个方法论上的考察》，载《东南大学学报（哲学社会科学版）》2020年第3期。本书按：信件的核心义素应该是通信秘密的物质性载体。信件、邮件、书信并非完全相同的构成要件，不可混为一谈。

〔7〕 最高人民法院指导案例104号李森等人破坏计算机信息系统案。本书按：破坏计算机信息系统，即一切导致计算机信息系统不能正常运行的行为。

〔8〕 ［日］西田典之：《日本刑法各论》，刘明祥、王昭武译，武汉大学出版社2005年版，第319页。

〔9〕 《古代汉语词典》编写组编：《古代汉语词典》，商务印书馆1998年版，第1019页。

〔10〕 中国社会科学院语言研究所词典编辑室编：《现代汉语词典》，商务印书馆2012年版，第972页。

至战争。[1] 词典义的这个解释实际上将内乱基本等同于动乱了。这很正常，也符合词典义外延往往大于刑法语义外延的一般规律，符合刑法语义义素多于词典义义素的一般规律。

（三）义素分析是学界亟待完善的领域

第一，不同学者给出的义素不一样。同样是解释构成要件"诈骗"，有的认为其义素包括虚构事实、隐瞒真相、处分财产等。有的则认为其义素包括非法占有、骗取财物[2]等。有的则进一步认为其义素包括排除意思、利用意思[3]等。而这些观点实际上都与"诈骗"的词典义——讹诈骗取——有一点距离。[4] 但是，这种距离更多是汉语的特殊表达习惯所致。

第二，不同学者探寻构成要件的义素，与认知能力及汉语能力息息相关。进行义素分析，虽然结果不尽一致，路径也未必完全一样，但是，能否对该构成要件、犯罪类型等有深刻的认知与领悟，以及认知之后如何用汉语传达出来，是最关键的两个环节。此时，刑法学者的才情似乎不是最重要的，认知水平和语言水平才是最重要的，而实际上，认知即语言，有什么样的认知就有什么样的语言。当前，学界在表达对构成要件语义的认知时，遗憾与瑕疵不少，有的拾人牙慧，有的食古不化，有的词不达意，有的见识短浅，有的语言贫乏，有的无计可施，有的前后不一，有的生搬硬套，有的不顾汉语文脉、传统、章法、规矩，有的甚至还捏造新词、生造语义、编造义项。

第三，本节将选取部分刑法学者使用义素分析法进行刑法解释的实践，来实地观察一下，义素分析到底与刑法解释已经融合到了何种地步，在刑法解释中已经发挥了多大作用，学者们的刑法解释实践是否能推进义素分析，等等。

---

　　[1]　中国社会科学院语言研究所词典编辑室编：《现代汉语词典》，商务印书馆 2012 年版，第 939 页。

　　[2]　高铭暄、马克昌主编：《刑法学》，北京大学出版社、高等教育出版社 2005 年版，第 563 页。

　　[3]　周光权：《刑法各论》，中国人民大学出版社 2016 年版，第 99 页以下。

　　[4]　中国社会科学院语言研究所词典编辑室编：《现代汉语词典》，商务印书馆 2012 年版，第 1631 页。

二、学界进行义素分析的个案

（一）张明楷：对物暴力是抢夺罪的义素

张明楷对于抢夺罪的界定以及义素挖掘经历了一个明显的变迁过程，这也是其不断完善自身思辨的一个过程。从义素挖掘角度而言，这当然也是充满风险的一个过程。之所以说是充满风险的，是因为未必每次解释都是对其之前解释的进步、完善与推动，也许后来的解释与之前的解释相比更逊色。其中，"对物暴力"这一义素的浮现是其最明显的一个学术成果，这引起了刑法学界的广泛注意——因为刑法学界一般使用的是"公然夺取"，罕有其他表述。

"对物暴力"是抢夺罪的义素，而这一义素本来并不是凸显在该罪名表面的，而是在抢夺罪与盗窃罪对比时才出现或者被发现的。张明楷认为，盗窃罪与抢夺罪的区分在于是否存在对物暴力，存在对物暴力的构成抢夺罪，不存在对物暴力的，一般构成盗窃罪。[1] 这当然是该学者自己使用义素分析法得到的结果，思路完全没问题，而且将这一思路贯彻下去，会得出很多有启发意义的刑法解释结论，非常值得借鉴。但是，这一观点也引起不少的反对意见或者商榷意见。

对于抢夺罪，张明楷所著历次教材中的表述是有明显变化的。早期的表述是"公然对财物行使有形力"[2]（1997 年）。后来，开始有了一点调整——"对财物行使有形力"[3]（2003 年）。之后，又有了比较大幅度的调整——"当场直接夺取他人紧密占有的数额较大的公私财物""对物暴力，也不排除使用轻微的对人暴力"[4]（2011 年）。"当场直接夺取他人紧密占有的数额较大的公私财物""直接对物使用暴力（对物暴力）""不排除行为人使用轻微的对人暴力"[5]（2016 年）。张明楷《刑法学》第 6 版教材的表述则是"以非法占有为目的，当场直接夺取他人紧密占有的数额较大的公私财

〔1〕 张明楷：《刑法学》，法律出版社 2011 年版，第 882 页以下。
〔2〕 张明楷：《刑法学（下）》，法律出版社 1997 年版，第 769 页。
〔3〕 张明楷：《刑法学》，法律出版社 2003 年版，第 759 页。
〔4〕 张明楷：《刑法学》，法律出版社 2011 年版，第 865 页。
〔5〕 张明楷：《刑法学》，法律出版社 2016 年版，第 994、995 页。

物……"〔1〕（2021年）。

显然，纵观张明楷对抢夺一词的解释实践和义素挖掘，有几点需要特别指出：

第一，总的趋势是，其使用的义素越来越多，征表出其思虑日益缜密（当然抽象性、概括性也越来越弱）。反过来说，则表明其早期的表述实际上是不够精确的（但是抽象性、概括性却很强）。其中，从"财物"到"他人紧密占有的财物"是最大的变化，这意味着，如果受侵害的财物并非处于他人紧密占有之下，此时行为人对之予以密接、侵犯并完成支配与控制的，则行为人更可能构成盗窃罪或者侵占罪。

第二，从"有形力"变为"暴力"，这是再次运用了外延极难确定的"暴力"一词，也是不得不采取的一种语言策略——因为"暴力"的外延难以精确界定，所以为自己的学说主张的自圆其说反倒留下了较大的回旋空间与解释余地。

第三，本书认为，即便经历了20多年的完善，也很难说张明楷对于抢夺罪的认知就已经达到了其个人的最佳状态和终极状态。今后，如果再出现抢夺罪文字表述的微调和改变也完全是可以预料的事情。而且，目前的表述似乎是有些问题的，如"直接夺取"与"他人紧密占有"两个词组的义素有雷同之处："直接夺取"意味着犯罪对象被"他人紧密占有"，行为人不实施直接夺取则不能排除这种紧密的占有关系；而正因为"他人紧密占有"才导致行为人不得不实施"直接夺取"。众所周知，"他人紧密占有"，不仅出现于抢夺罪之中，也出现于抢劫罪之中。这是两罪名的共同义素。

第四，抢夺罪是否必然要使用有形力？拉、拽、拖、拧、撕、踢、踩、踏等是有形力，但是借助磁铁、负压、热力、浮力等科技手段，甚至不接触犯罪对象而实施抢夺行为也是可能的，此时，是否还属于有形力，就很难判断。刑法学者不是物理学家，今后的犯罪手法和犯罪样貌会发生何种变化，很难预测。因此，使用如"有形力"一类的完全依赖刑法历史文献或者经验累积而形成的刑法语言，其实面临着随时被犯罪新样貌挑战甚至挑落的风险。刑事立法者也不得不与时俱进，改变立法语言。同样，刑法学者也很无奈，

---

〔1〕　张明楷：《刑法学》，法律出版社2021年版，第1295页。

不得不经常调整自己的言语表述，毕竟，当初的认知也许惊艳，但后来总会被新的事实、犯罪事实颠覆得令人无地自容。任何天才的立法者、解释者，实际上都还没有聪慧到以不变应世间万变的地步，也没有睿智到以自己过去的解释语言来解释现在的案件的程度。本书认为，"抢夺罪对物使用有形力"这一表述，似乎可以考虑改为"对物使用外力"。

第五，综上所述，对物暴力是抢夺罪的义素，但还不能说是理想的刑法解释的结果。在类型化意义上，根据被害人与其财物之间的关系，现行刑法的抢夺罪至少应该分为两种：一种是被害人对其财物并没有手持肩扛、随身携带佩戴等的支配状态，此时行为人的抢夺行为不可能对被害人产生任何人身伤害的可能性。另一种是被害人对其财物具有手持、肩扛、腰扎、背负、随身携带佩戴等的支配状态，此时行为人的抢夺行为必然对被害人产生某种人身伤害的可能性与现实性，那么，抢夺行为势必升级为对人身权利的侵犯，包括拉扯、揪扯、撕扯、撸扯等，尤其是对他人佩戴的首饰的"抢夺"，往往造成他人肩膀受伤、耳朵撕裂伤、颈部拉扯伤、手指手腕软组织挫伤等。因此，前一种应属于典型的抢夺罪。而后一种"抢夺"，由于事实上涉及了对人的身体的侵犯，因此，刑法评价应该重新进行，不应该解释为抢夺罪——此种抢夺实为"抢人"。这就类似于，行为人对于驾驶人（人或者犯罪对象）的拉扯实为抢夺车辆方向盘（物或者犯罪对象）的公共危险行为。本书认为，行为人的侵犯财产的行为导致被害人不敢反抗、不能反抗、不知反抗、来不及反抗的，都处断为抢劫罪为宜，因为来不及反抗的抢夺，同时也可解释为不能反抗和不知反抗。

因此，本书的初步结论是：

第一，对物暴力不是抢夺的义素。要是对之进行完善的话，可以重新表述为"对物暴力并且不存在任何对人暴力"。对于实施对物暴力并且同时存在对人暴力的情形，不应该定性为抢夺罪。至少，此种情形定性为抢夺罪属于刑法评价不足。

第二，几个相关罪名可以排列组合如下：

存在对物暴力并且必然牵连到存在任何对人暴力，不应该构成抢夺罪。这是人与物没有分离的情形。

存在对物暴力并且不存在任何对人暴力，构成抢夺罪。这是人与物分离的情形。

存在对人暴力并且不存在任何对物暴力，构成抢劫罪。这是人与物分离的情形。

存在对人暴力并且存在对物暴力，构成抢劫罪。这是人与物没有分离的情形。

第三，对物暴力这一表述应被替换，这一描述不符合汉语习惯，也与有关学者自身的研究自相矛盾。在社会公众的一般观念中，暴力只能是对人实施的。[1] 因此，对物暴力的表述，实际上往往会被理解为行为人实施的打砸抢等毁坏财物的行为。[2] "公然对财物行使有形力"中的"有形力"一词来自于日本，后被学者替换为"对物暴力"，这并不稳妥。本书认为，抢夺罪的所谓"对物暴力"很大程度上来自对人的轻微暴力，来自人与财物的紧密占有关系，实际上是行为人为了排除这种合法的紧密占有而不得不采取的行为，以便建立新的紧密占有关系。因此，对物暴力的表述并不十分贴切。之所以说这一表述与有关学者自身的研究相矛盾，是因为只要谈到暴力，都是针对人而言的，现在突然又冒出一个"对物暴力"，瞬间就扩张了"暴力"一词的外延。这造成了"暴力"实际上有三种，或者称之为三个"暴力"概念。一种是对人暴力加上对物暴力集合而成的一个"暴力"，有学者称之为最广义的暴力；[3] 一种是对人的暴力；一种是对物暴力。需要注意的是，在现行刑法文本中的暴力，都指的是对人的行为，无一例外，包括强奸罪、抢劫罪、妨害公务罪、暴力危及飞行安全罪、强迫交易罪、强迫卖血罪，组织、领导、参加黑社会性质组织罪，等等。也就是说，有关学者的理解实际上与刑法文

---

〔1〕 "对人的暴力"这一表述，其实也不容易确定其刑法学中的真实语义。根据2015年通过的《中华人民共和国反家庭暴力法》（以下简称为《反家庭暴力法》）第2条：本法所称家庭暴力，是指家庭成员之间以殴打、捆绑、残害、限制人身自由以及经常性谩骂、恐吓等方式实施的身体、精神等侵害行为。可见，该法的暴力明显包括了所谓的"精神暴力"。而根据2022年《最高人民法院关于办理人身安全保护令案件适用法律若干问题的规定》第3条：家庭成员之间以冻饿或者经常性侮辱、诽谤、威胁、跟踪、骚扰等方式实施的身体或者精神侵害行为，应当认定为反家庭暴力法第2条规定的"家庭暴力"。该司法解释对家庭暴力的外延进行了进一步扩张，明确了经常性诽谤、跟踪、骚扰等方式实施的精神侵害行为，也属于家庭暴力。这显然与刑法学中一般理解的"暴力"的外延是不一致的。

〔2〕 至少，这是本书所理解的意义。

〔3〕 张明楷：《刑法学》，法律出版社2011年版，第619页。

本、汉语习惯等存在较大距离。暴力词典义的两个义项中，都有一个义素——强制。[1] 这一点很关键，也很有启示性，即，暴力是对人的强制，而对物则可能谈不上强制的问题。

第四，"对物暴力"这个语汇到底是始于何时、何人、何种文献，本书暂时无法考证。但可以指出的是，"对物暴力"应该不是源自我国本土刑法资源，而是源自翻译引进。这种小众化的、专业性的刑法学术词汇的翻译和引进，实际上也在悄悄改变着汉语以及汉语的使用者，进而影响刑法学中的重要的形式逻辑与类型化结果（例如暴力是否可分型为对人暴力与对物暴力）。本来，暴力就只是针对人的强制行为，但是，对物暴力这一刑法学术语的出现和推广，使得"强制"义素消失于"对物暴力"这一术语之中，于是，悄悄地消解了约定俗成的暴力的语义及其义素，使得"有形力"等语词逐渐替代了"暴力"，这实际上是偷换概念，偷换汉语词汇，偷换语义中的义素。这种刑法领域的语言现象不但出现在法院的判决书和辩护人的辩护词中，而且还通过新闻媒介、课堂教学、法学著作与教科书，迅速到达了目标人群（包括法科学生等）的头脑之中。由于缺少辨析与汉语语义分析，这些强势的刑法学专业术语逐渐变成了大众话语，以讹传讹，流弊甚重。

第五，我国有些地区刑法学对于抢夺罪义素的分析也值得借鉴。例如，我国台湾地区有学者认为，抢夺罪是"以暴力掠取财物""以武力抢取""使用不法腕力"。[2] 显然，此处并未区分暴力与武力。[3]

第六，紧密占有这一义素在财产犯罪中的意义。众所周知，在抢劫罪、抢夺罪等财产犯罪中，行为人的行为必须侵害到被害人对财产的紧密占有。这与暴力的使用息息相关。而在盗窃罪中，行为人的行为则未必侵害到被害人对财产的紧密占有。因为盗窃罪类型丰富，既有被害人对财产紧密占有的形态，也有被害人对财产宽松占有的形态，也有被害人对财产不占有的形态。被害人对财产紧密占有的形态，例如贴身盗窃、扒窃等。被害人对财产宽松占有的形态，如在楼上眼睁睁地看着自己放在楼下的电脑被人偷走，或者放

---

〔1〕 中国社会科学院语言研究所词典编辑室编：《现代汉语词典》，商务印书馆2016年版，第51页。

〔2〕 林山田：《刑法特论（上册）》，三民书局1978年版，第249页。

〔3〕 武力是武装的上义词，武装掩护走私只是武力掩护走私的一个部分。因此，武力走私不等于武装走私，二者社会危害性有别。

在另一城市的处于远程监控中的私人车辆被人强行搬走、运走、开走等。被害人对财产不占有的形态,实际上是被害人的所有权与占有权能彻底分离,例如,在深圳上班的人,其位于鹤岗家中的财产被盗。

而在侵占罪中,被害人对财产的紧密占有也不存在。在委托物类型的侵占罪中,因为行为人已经合法占有(持有)犯罪对象、委托物,所以,其侵占行为根本没有侵害被害人的占有权能。而在脱离物类型的侵占罪中,由于遗忘物、埋藏物的性质,被害人对财产的占有实际上非常宽松(埋藏物),甚至不占有(遗忘物)。总之,在侵占罪中,被害人对财产的紧密占有也不存在。

而在敲诈勒索罪中,由于不一定是当场取得财物,因此,被害人对财产的紧密占有也不一定存在。即便是当场取得财物的敲诈勒索罪,被害人也未必对财产紧密占有。例如,行为人实施敲诈勒索,被害人决定到银行取现金后交给行为人,此时,被害人对财产(现金)并不是紧密占有的。当然,也可以是紧密占有。例如,敲诈勒索罪的被害人基于内心的恐惧,当场交付身上的现金。所以,紧密占有这一义素在财产犯罪中的意义,主要体现在抢劫罪、抢夺罪上面。

第七,对物暴力这样的语言表述方式的普遍适用性并不强。众所周知,故意毁坏财物罪往往就是行为人对财物的暴力行为,通过暴力而毁灭其效用或者减少其效用。而刑法学界在解释故意毁坏财物罪的时候,并没有使用"对物暴力"这样的表述。同样地,刑法学界对于抢劫罪也并不会使用对物暴力这样的语言表述方式。如果对物暴力是抢夺罪所独有的义素的话,就应该明确其内涵与外延;如果对物暴力并非是抢夺罪所独有的义素的话,就应该在语义场中对其含义予以明确。

第八,尽管时代不同了,但是,古代刑法的知识仍然有很大的启发性。夺,脱也。根据这一古代文义,现行刑法中的抢夺的语义,就含有"使脱离""使失控"这个义素,即当前刑法学界常说的"排除旧的占有支配关系,建立新的占有支配关系"。唯一遗憾的是,仅仅是"使脱离""使失控"还不足以定性为抢夺罪,因为,"使脱离""使失控"是所有取得罪的特点。

第九,该语义场义素分析如下:

抢劫罪 [+取得] [+他人占有的财产] [+对人实施强度很大的暴力或胁

迫］［+排除旧的占有］［+建立新的占有］［+强取］［+当场取得］［-被害人处分或交付］

抢夺罪［+取得］［+他人占有的财产］［+对人实施强度很小的暴力或胁迫］（或者［-对人暴力或胁迫］）［+对物实施外力］［+排除旧的占有］［+建立新的占有］［+夺取］［+当场取得］［-被害人处分或交付］

盗窃罪［+取得］［+他人占有的财产］［-暴力］［+排除旧的占有］［+建立新的占有］［+窃取］［+当场取得］［-被害人处分或交付］

诈骗罪［+取得］［+他人占有的财产］［-暴力］［+排除旧的占有］［+建立新的占有］［+骗取］［+被害人处分或交付］

侵占罪［+取得］［+自己占有的他人财产］［-暴力］［-排除旧的占有］［+建立新的占有］［-被害人处分或交付］

敲诈勒索罪［+取得］［+他人占有的财产］［+对人实施强度较小的胁迫］［+排除旧的占有］［+建立新的占有］［+讹取］［+被害人处分或交付］

其中要注意的是：抢夺罪、抢劫罪的暴力与紧密占有息息相关。但是二者的暴力程度大不相同。假如可以整合二者，就无需区分暴力的程度，一律处断为抢劫罪即可。这当然需要改变观念与立法才能实现。目前，抢夺罪被建构成为一种有暴力但又是很轻微的暴力的财产犯罪的形象。另外，抢夺罪也包括对人实施轻微胁迫当场取得他人占有的财物的行为（被害人没有财物处分环节或者交付行为，财物仍是被夺走的）。乘人不备，公然夺取，当然是抢夺罪。被害人有防备，行为人使用轻微胁迫当场取得财物的，因为既不符合抢劫罪，也不符合盗窃罪，也不符合诈骗罪，所以只能处断为抢夺罪了。这种情形下，抢夺罪与敲诈勒索罪又很难区别，二者应该从有无被害人处分或交付来判断，有被害人处分或交付环节或行为的，构成敲诈勒索罪；没有的，构成抢夺罪。有学者也是这样分类的，并且分别称之为交付罪与夺取罪。[1] 但是，这样的分类又将"温柔""平和"的盗窃罪划入了夺取罪，显然在汉语语言上严重不符合公众认知，因而也存在语言逻辑上的重大瑕疵。

---

〔1〕 张明楷:《刑法学》，法律出版社 2011 年版，第 849 页。

（二）谢望原：伪证是违反自己的记忆的陈述或者陈述行为

谢望原认为，伪证是违反自己的记忆的陈述或者陈述行为。[1] 这一分析和论断，与古代刑法中的"证不言情"是有差距的。虽然不符合自己的记忆，但是却符合事实的作证、陈述，是不是伪证罪？这是双方的分野所在。

虚假的标准，有客观与主观两种。与事实不符的，是客观标准；与自己的记忆不符的，是主观标准。在刑法文本中，虚假是一个反复出现的构成要件，应该前后照应，统一解释为宜。例如，虚假诉讼罪的虚假，指的是捏造事实提起民事诉讼。显然，这里采用的是客观标准。假如行为人不依据自己的主观记忆提起民事诉讼，但是却并未捏造事实，当然不构成本罪。况且，嫌疑人是不是在违反自己的记忆，在侦查阶段是很难查证的。

所以，虚假的义素，只能是"跟实际不符"[2]，而不是根据主观记忆为标准来进行分析，即虚假不能是"跟记忆不符"。捏造是假造事实。[3] 虚假与捏造，需要互训，才能得到各自的真实语义。违反自己记忆的陈述行为，只有当"跟实际不符"的时候，才能被认定为虚假，才构成伪证罪。而违反自己记忆的陈述行为、作证行为，"跟实际符合"的时候，就不能被认定为虚假，不构成伪证罪。

（三）马荣春：性交易都是卖淫

有学者认为：性交易都是卖淫。[4] 性交易（上位概念）都是卖淫（下位概念），这个论断显然是错误的，是违反逻辑、常识的。而反过来说，卖淫都是性交易或都属于性交易，这一论断则是符合逻辑的。卖淫的义素之一，是女子对男子，这一点是不能无视的。对于刑法解释而言，无视汉语的义素挖掘，当然非常危险，也不可能得到正确的、正义的解释结论。因此，一旦刑法学者主张性交易（上位概念）都是卖淫（下位概念），就意味着所有类型

〔1〕谢望原、赫兴旺主编：《刑法分论》，中国人民大学出版社 2016 年版，第 356、363 页。本书按：该解释循环中的陈述一词，并非始于现在。1948 年颁布的《东北解放区交通肇事犯罪处罚暂行条例》中，就有"故为虚伪陈述者"等语。

〔2〕中国社会科学院语言研究所词典编辑室编：《现代汉语词典》，商务印书馆 2016 年版，第 1478 页。

〔3〕中国社会科学院语言研究所词典编辑室编：《现代汉语词典》，商务印书馆 2016 年版，第 956 页。

〔4〕马荣春：《警醒刑法学中的过度类型化思维》，载《法律科学（西北政法大学学报）》2012 年第 2 期。

的性交易（上位概念）都是女子对男子实施的非法行为，这显然是错误的。只有当卖淫一词的语义发生重大变化，才可能等价于性交易（上位概念）。现在，我国似乎有这个趋势，但也仅仅是个趋势，还不是现实。

该论者主张的是实质解释论（本书义素运行一章所涉及的内容），但是其主张有时候会成为事实上的缩小解释，有时候又会成为事实上的扩大解释。如该论者认为下述案例中法院的判决是形式解释，是存在人权危险的，而事实上法院的解释是一种扩大解释：

李某花费一定代价从孟某处买得事后被鉴定为国家秘密的《内部参考》等并提供给境外，内容包括《北京等地"绿色蔬菜"产销调查》和"政法委领导班子过民主生活会"等。某市法院依据《刑法》第 111 条判决李某的行为构成为境外收买、非法提供国家秘密罪，判处有期徒刑 15 年；孟某的行为构成为境外非法提供国家秘密罪，判处有期徒刑 10 年。本案的罪名认定典型地体现了刑法形式解释论在当下刑事领域的市场，刑法形式解释论在本案中有两处体现：一是体现在对《刑法》第 111 条中"国家秘密"的认识上。《刑法》第 111 条所规定的犯罪是危害国家安全的犯罪，故该条中的"国家秘密"应"实质地"解释为危害国家安全的国家秘密。《宪法》第 54 条规定："中华人民共和国公民有维护祖国的安全、荣誉和利益的义务……"而《中华人民共和国保守国家秘密法》（以下简称为《保密法》）第 2 条规定："国家秘密是关系国家安全和利益，依照法定程序确定，在一定时间内只限一定范围的人员知悉的事项。"这就为国家秘密应区分为关系国家安全的国家秘密和关系国家利益的国家秘密提供了法律依据。而如果将本案所涉国家秘密作为《刑法》第 111 条中的"国家秘密"即关系国家安全的国家秘密对待，显然是只取形式而不顾实质的刑法形式解释论的典型体现。[1]

但是该论者对于组织卖淫罪中卖淫的解释又成了扩大解释。可见，从义素视角来看，其对于"国家秘密"应"实质地"解释为危害国家安全的国家秘密，是增加了"危害国家安全"这个区别义素，当然会成为事实上的缩小解释。但仍旧是该论者，其在解释组织卖淫罪时删除了卖淫一词的一个重要

---

〔1〕 马荣春：《刑法形式与实质融合解释观的提倡——兼论刑法扩张解释与类推解释的区别》，载《甘肃政法学院学报》2018 年第 6 期。

的区别义素（女性对男性）〔1〕，又导致成为事实上的扩大解释。但是，其对构成要件语义中义素的随意增、减，都值得商榷。本书认为，至少在义素层面，该论者没有做到一以贯之：忽而增加区别义素，忽而删除区别义素，但都是主张实质解释，那么，本书不禁要问：该论者的实质解释为什么会产生迥然相反的解释学效应呢？既然都主张保障人权、主张警惕侵犯人权的危险，为什么其解释结论，时而危及人权（扩大解释效应的实质解释），时而保障人权（缩小解释效应的实质解释）？

其实，把同性对同性实施的性交易行为，解释为卖淫，本质上是一种类推解释，是违背罪刑法定原则的。因为，女性对男性的性交易行为被提升为同性对同性（即不限性别）的性交易行为，也就是被提升为人对人实施的性交易行为，正是"将所要解释的概念提升到更上位的概念"〔2〕。把所要解释的概念——女性对男性、女人对男人的性交易，提升到了（被解释为）——人对人的性交易。

（四）王志祥：显露凶器是携带凶器抢夺的义素

有学者认为，《刑法》第 267 条第 2 款规定的"携带凶器抢夺"只具备抢劫罪中侵犯财产法益的特征，而不符合抢劫罪中侵犯人身法益的要求。因此，要对"携带凶器抢夺"以抢劫罪定罪处罚，就必须在"携带凶器"之外添加"显露、威胁使用甚至使用凶器"的行为要素，从而填补"携带凶器抢夺"行为在侵犯人身法益方面的欠缺。〔3〕

对此观点，本书不敢苟同。因为，"携带凶器抢夺"构成抢劫罪，是一种法律拟制。拟制之后，本来并不具有抢劫罪全部义素的"携带凶器抢夺"，不是立刻就具备抢劫罪的全部义素了，而是因为立法者的特殊规定删除了"显露、威胁使用甚至使用凶器"。此时，只能说，"携带凶器抢夺"构成的抢劫

---

〔1〕 马荣春：《警醒刑法学中的过度类型化思维》，载《法律科学（西北政法大学学报）》2012年第 2 期。

〔2〕 张明楷：《刑法学》，法律出版社 2011 年版，第 62 页。本书按：类推解释是否都属于"将所要解释的概念提升到更上位的概念"，仍值得深究。本书认为，类推解释还包括"将所要解释的概念提升到有共同义素的任何概念"的情形。在刑法学术界对于何为类推解释仍存较大争议的时候，不应该过早下结论。

〔3〕 王志祥、王艺丹：《"携带凶器抢夺"性质的刑法教义学分析》，载《南都学坛》2018年第 5 期。

罪是典型性的抢劫罪之外的另一种抢劫罪。或者说,是两个"不同的"抢劫罪,一个是具有全部义素的抢劫罪,一个是并不具有全部义素的抢劫罪。从逻辑上而言,这当然是一种无逻辑的刑事立法实践。如果添加"显露、威胁使用甚至使用凶器",就几乎成为典型的、本来的抢劫罪了,那还是法律拟制吗?

第二节　本书义素分析实践

下面,本书将以几个刑法中的语义场为例,进行义素分析。

一、乘员语义场义素分析

(一) 语义场组成

该语义场包括乘员、客、旅客、人,等等。也包括普通用语中的乘客、乘车人。

《刑法》第 133 条之一危险驾驶罪中,校车业务、旅客运输、超过额定乘员载客等,旅客、乘员[1]、客[2],指的是什么人?哪些人?本书认为,实际上指的是乘坐车辆的人(包括驾驶员在内),这些人未必是旅行者,也未必是客人、游客。例如,随从驾驶员出行的驾驶员的小孩、亲属等。显然,这需要纵观该条所建立的语义场来进行分析、判断,旅客、乘员、客、乘车人、乘坐人员等组成的语义场,互相限制了对方的含义,也互相生发了对方的含义。例如,中小学春游的包车、单位的会议包车、单位的通勤车、校车,等等,如果"严重超过规定时速行驶",应该解释为"旅客运输"。此时,"旅客运输"指的是"人员运输",对"旅客"的含义需要生发为"人员""乘客""乘员"等,而不能拘泥于口语意义上的"旅客"——外出旅游的人。旅客,词典义是旅行的人。而旅行,词典义是为了办事或游览从一个地方去

---

〔1〕　乘员一词,源自日语,最早出现于汉语是在 1884 年。参见黄河清编著:《近现代汉语辞源(上册)》,上海辞书出版社 2020 年版,第 179 页。

〔2〕　《说文》:客,寄也。寄,托也。现代汉语中的客,可能受到了日语等外语语义的影响,与古代汉语的客的词义明显不同。现行刑法中的客,一般指的是乘客、旅客等,是一个名词。而古代汉语的客,是一个动词。

到另一个地方（多指路程较远的）。〔1〕 那么，两点之间路程较近的某某单位通勤车上的乘员，也应解释为本罪的"旅客"。两点之间路程较远的客车上的人员，同样是"旅客"。这是客观文义，是客观解释的结果。

所以，"旅客运输"与"校车业务"比较而言，"旅客运输"应该属于上位概念，"校车业务"属于下位概念，"校车业务"属于"旅客运输"中的一个具体种类而已。本书认为，"旅客运输"外延比较大，包括但是不限于校车运输业务、通勤运输业务、包车游客运输业务、公共性质的长中短途运输业务、县市省际班车，等等。也应该包括临时转运特殊人员例如涉疫隔离人员等临时性的人员运输。〔2〕 现行刑法规范将校车业务、旅客运输并列连用，仅仅表明对于校车业务安全性的高度关注而已，并不能证明二者就是并列关系。相反，立法者不是万能的语言智者，其文字运用中的毛刺需要结合客观解释、客观文义与社会生活实际予以抚平。

（二）义素分析

下面用义素分析法对该语义场试作分析：

旅客 ［+人］［+乘坐］［+机动车］［+旅行］

乘员 ［+人］［+乘坐］［+机动车］［+旅行］（［-旅行］）〔3〕

客 ［+人］［+乘坐］［+机动车］［+旅行］〔4〕

人 ［+人］［+乘坐］（［-乘坐］）［+机动车］（［-机动车］）〔5〕

校车业务中的人 ［+人］［+乘坐］［+机动车］［+旅行］（［-旅行］）［+学校（或者幼儿园）］［+上下学］

需要说明的是，构成要件的校车业务外延不清晰。狭义的校车业务，指的是从事学生上下学运输的业务，包括从事幼儿上下幼儿园运输的业务。而广义的校车业务，还包括运输学校或者幼儿园教职工上下班、外出开会、外

---

〔1〕 中国社会科学院语言研究所词典编辑室编：《现代汉语词典》，商务印书馆2016年版，第852页。

〔2〕 根据《交通运输部、公安部、应急管理部关于印发〈道路旅客运输企业安全管理规范〉的通知》（2018修订）的规定，长途客运车辆凌晨2时至5时停止运行或实行接驳运输；从事线路固定的机场、高铁快线以及短途驳载且单程运营里程在100公里以内的客运车辆，在确保安全的前提下，不受凌晨2时至5时通行限制。

〔3〕 这个义素分析，其实就是：乘员 ［+乘坐］［+机动车］［+人］。

〔4〕 这个义素分析，等价于旅客。

〔5〕 这个义素分析，其实就是：人 ［+人］。

出春游、外出比赛等的业务。因为校车业务一语的客观文义射程可能很远，从法益保护的角度来解释该构成要件是合适的选择，因此，校车业务的外延应最大限度接近紧接其后的旅客运输一词为宜，解释范围不宜过窄。

二、性关系语义场义素分析

（一）语义场组成

性关系（或者性交）语义场大致包括：强奸、奸淫、轮奸、嫖娼、卖淫、嫖宿、准强奸、趁机性交、性进入、性侵入、发生性关系、淫秽表演、淫秽物品、聚众淫乱、公然威胁等语料。

下面用义素分析法对该语义场试作分析：

性关系或者性交［+性器官］［+接触或者插入］［+异性性器官］

强奸［+性关系］［+强行］［+被害人难以反抗］［+男性施事］［+女性受事］

轮奸［+性关系］［+强行］［+2人以上］［+轮流］［+男性施事］

奸淫［+性关系］［+强行］（［-强行］）

嫖娼［+性关系］［-强行］［+交易］［+购买］［+男性施事］［+女性受事］

卖淫［+性关系］［-强行］［+交易］［+出卖］［+女性施事］［+男性受事］

嫖宿［+性关系］［-强行］［+交易］［+购买］［+男性施事］［+不满14周岁的女性受事］

由于刑法学界对嫖娼、卖淫概念的内涵、外延尚存在巨大争论，因此，以下结合本书观点与笔者一贯的逻辑，以尊重词典义为前提，对以上构成要件的义素进行完善或改写，以便更好地完成刑法解释：

嫖娼［+性关系］［-强行］［+交易］［+男性购买］［+女性出卖］

卖淫［+性关系］［-强行］［+交易］［+女性出卖］［+男性购买］

嫖宿［+性关系］［-强行］［+交易］［+男性购买］［+不满14周岁的女性出卖］[1]

（二）性犯罪的义素分析

可见，嫖宿就是嫖娼、嫖妓，义素分析的结果是完全一样的。只是由于

---

［1］［-强行］，就是［+自愿］。［+强行］，就是［-自愿］。

我国刑法文本中的嫖宿只出现了一次，容易令人以为嫖宿只能是针对幼女实施的行为，即嫖宿幼女罪，这实际上是一种误解。在汉语语料中，除了嫖宿，还有奸宿、群奸群宿等，其语义并不见得是词典义所谓的"强调在一起过夜"[1]，而强调的可能是男女"在一起睡觉"即发生性关系而已。在目前的汉语口语中，"睡觉""上床"等都有发生性关系的意思。随着嫖宿幼女罪的废除，嫖宿这个构成要件也就消失了。但是，曾经作为刑法文本中的一个构成要件来说，嫖宿的真实语义的探寻尚未真正结束。本书认为，嫖宿中的嫖就是宿，都是发生性关系即性交的意思。刑法学者们也没有将嫖宿解释为具有"过夜"义素的，例如，有学者认为，嫖宿是指"以交付金钱或者其他财物为代价与卖淫幼女发生性交或者从事其他猥亵活动"[2]。这个解释已经属于扩大解释。本书认为，行为人嫖宿幼女的内容只能是性交，即发生性关系。如果只是在一起进行抠抠摸摸、搂搂抱抱、吸吸吮吮等"其他猥亵活动"，不应处断为嫖宿幼女罪，在该罪名被废除后，这些"其他猥亵活动"当然也不可能被定性为《刑法》第236条中的强奸罪。假如这些行为被处断为嫖宿幼女罪，现在就会被处断为强奸罪，这当然是错误的。

在这个语义场中，由于性关系（或者性交）这个义素的内涵和外延正在发生剧烈变动（即广义与狭义的性关系），因此，必然直接牵连强奸、奸淫、轮奸、嫖娼、卖淫、嫖宿等语料的义素分析结果。这已经不是本书研究的主要范围，坊间文献也很多，兹不赘述。

最后需要说明的是，《刑法》第236条之一中的发生性关系，就是性交，指的是强奸罪所涵摄的性关系，即男性性器官接触或插入被照护的年满14周岁不满16周岁女性的性器官的行为。

（三）淫秽犯罪的义素分析

另外，相关的构成要件还有淫秽物品、公然猥亵、聚众淫乱、淫秽表演等，在此也进行初步的义素分析。以影响恶劣的"黄鳝门"案为例：

经查明，2016年12月开始，有多名犯罪被告人投资支持直播平台技术人员到菲律宾对"逗趣"直播源代码进行修改，在境内租用杭州阿里云计算有

---

〔1〕　中国社会科学院语言研究所词典编辑室编：《现代汉语词典》，商务印书馆2012年版，第994页。

〔2〕　张明楷：《刑法学》，法律出版社2003年版，第888页。

限公司 api 服务器和郑州腾佑科技有限公司流媒体服务器，将停运的"红杏"直播平台升级改版为"老虎"直播平台。平台以会长制组建 L 家族、MT 家族、花族等家族公会，组织琪琪等上千名男女主播在"老虎"直播平台进行淫秽表演。用户登录"老虎"直播平台充值后，向女主播刷礼物、进行互动并在线观看淫秽表演。该平台共有注册会员 100 余万人，非法牟利 700 余万元。法院经审理认为，这 23 名被告人以牟利为目的，传播淫秽物品，均应当以传播淫秽物品牟利罪追究刑事责任，部分系共同犯罪。2019 年 1 月，浙江省诸暨市检察院以涉嫌传播淫秽物品牟利罪对"黄鳝门"事件 23 名被告人依法提起公诉。"黄鳝门"事件的女主播琪琪也在被判刑人员当中，以传播淫秽物品牟利罪被判处有期徒刑 1 年 9 个月，并处罚金 5 万元。这个案件是由全国"扫黄打非"办公室、公安部督办的全国第一起网络直播平台传播淫秽物品牟利案，被网友称为"黄鳝门"事件。2017 年 3 月的一天，琪琪直播的时候，一个老板点名要看"黄鳝表演"，还给琪琪包了个大红包。琪琪觉得，当时那几个人都是她的 VIP，认为就几个人观看不妨事，就建了个群给他们表演了一下。她以为表演完了这个事情就算过去了，让她没想到的是，有人把视频截图发到网上，造成恶劣影响。2017 年 5 月 4 日，涉案女主播琪琪被诸暨市公安局依法刑事拘留，2017 年 6 月 10 日被依法批准逮捕。经查明，琪琪系"老虎"直播平台花族公社女主播，昵称全名"花族琪琪"，其在"老虎"直播平台从事淫秽直播累计获得价值 3 万余元的平台钻石币；同时其将直播平台上结识的用户邀请加入自己组建的 QQ 群进行淫秽直播，非法获利 2.9 万余元，"黄鳝门"淫秽视频就是其在 QQ 群直播被录屏流传到网上。〔1〕

在深入的刑法解释中，淫秽直播与淫秽物品二者的语言逻辑关系还要进一步厘清，这直接决定着几个相关罪名的关系。本书认为：

第一，刑法典第六章第九节制作、贩卖、传播淫秽物品罪，其标题不能涵摄全部罪名，不能涵摄淫秽表演。

第二，淫秽物品可以涵摄淫秽书刊，但是不能涵摄淫秽表演。"黄鳝门"案中的淫秽表演者以及组织其进行淫秽表演的人，构成共同犯罪关系。组织者构成组织淫秽表演罪（正犯），淫秽表演者也构成组织淫秽表演罪（帮助

---

〔1〕《"黄鳝门"案判了：女主播以传播淫秽物品牟利罪获刑》，载 https://news.ifeng.com/c/7jaN339ip0a，最后访问日期：2022 年 11 月 28 日。

犯）。

第三，淫秽物品是物，而淫秽表演则是人的行为，二者不可能有重合部分。将人的淫秽表演进行录制，制作为音像制品，则为淫秽物品，而非淫秽表演。在线直播是一种观众处于非现场的表演，与现场表演相对应。正如新冠疫情之后，国际国内各种在线会议、讲座等，应被视为人的行为而不可能被认为是一种"物品"。在线直播等新型传播方式，传播的不是物品。

第四，《刑法》第367条淫秽物品的概念中，使用的关键词包括物品、著作、作品等，这些显然不是"表演"。播放电影、录像等音像制品，也同样不是表演，而是播放"记录人的表演"的介质、媒介，而介质、媒介都是物。

第五，淫秽表演实质是一种公然的猥亵行为。由于我国现行刑法并未设置独立的公然猥亵罪，学界尚未意识到淫秽表演的本质，司法机关往往将其处断为传播淫秽物品罪或者传播淫秽物品牟利罪。其实，表演是一种行为，淫秽表演也是一种行为，而不是物品。从涵摄力角度来看，刑法应该设置"实施淫秽行为罪"之类的罪名，该罪名包括公然猥亵、淫秽表演、淫秽视频、淫秽直播等。

第六，如果从形式逻辑角度进行分型，隐秘的成人间的淫秽行为，还包括聚众淫乱罪。因此，聚众淫乱、淫秽表演等行为类型都属于大陆法系公然猥亵罪的规制范围。根据义素分析法，义素分析如下：

聚众淫乱［+性关系］［-强行］［+交易］（［-交易］）［+3人以上］

淫秽表演［+性关系］（或者［+猥亵行为］）［-强行］［+交易］（［-交易］）［+3人以上］（［+3人以下］）[1]

公然猥亵［+性关系］（［+猥亵行为］）［-强行］［+交易］（［-交易］）［+3人以上］（［+3人以下］）

第七，内链与外链这一组犯罪方法与构成要件的关系。淫秽物品类犯罪的内链行为人，实施了复制、存储、传播、展示淫秽物品的行为。而外链行为人，虽然没有实施复制淫秽物品的行为，但是同样实施了传播淫秽物品的行为。二者都构成传播淫秽物品罪或者传播淫秽物品牟利罪。

---

［1］　有交易因素的淫秽表演，实际上是一种出卖性服务的行为；而没有交易因素的淫秽表演，实际上是一种公然猥亵行为。淫秽表演，既可以出现最狭义的性行为、最狭义的性关系，也可以出现"其他猥亵行为"。

第八，淫乱行为的分类。淫乱，包括有交易性质的淫乱、无交易性质的淫乱，这是第一次分类。有交易性质的淫乱，包括女性对男性的、女性对女性的、男性对女性的、男性对男性的、女性对动物的、男性对动物的，等等；无交易性质的淫乱，包括女性对男性的、女性对女性的、男性对女性的、男性对男性的、女性对动物的、男性对动物的，等等；这是第二次分类。此外，第一次分类，如果采取不同标准，也可以分为聚众性的淫乱和非聚众性的淫乱，等等。

因此，聚众淫乱罪，包括聚众、淫乱等义素，至于是否包括交易性质，从客观文义上是看不出来的，必须结合沿革解释才能确定。也就是说，单看文字，聚众淫乱罪也是包括交易性质的聚众淫乱、非交易性质的聚众淫乱两种类型的。但是，如果结合沿革解释考察，本罪应该是没有交易性质的聚众淫乱行为。[1] 换言之，如果出现的是买卖性质、交易性质的聚众淫乱行为，则一般应该解释为组织卖淫罪等罪名。当然，如果完全坚持客观解释立场的话，则会解释为聚众淫乱罪与组织卖淫罪的竞合犯。

三、间谍语义场义素分析

（一）其他法域中的间谍罪与间谍行为

各国、各地区法典对于间谍罪的规定都是围绕"秘密、情报"等核心词进行定义的。例如，1950 年《捷克斯洛伐克共和国刑法典》第 86 条"间谍行为"规定："意图将国家机密交付外国从而进行刺探的；故意将国家机密交付外国的。"[2] 也就是刺探和提供国家机密。1960 年《苏俄刑法典》规定的"间谍活动"："将属于国家机密、军事机密的情报交付给外国、外国的组织或它们的代理人……"[3] 1961 年《保加利亚人民共和国刑法典》规定，"为了外国或者被禁止的组织的利益，泄露或者准备泄露国家机密，或者以泄露国家机密给他人为目的而搜集情报的……" 1994 年 3 月 1 日起生效的《法国刑

---

〔1〕 所以，只有综合使用各种刑法解释方法，而不是拘泥于某一种，才能得出稳妥、适宜的刑法解释结论。

〔2〕《捷克斯洛伐克共和国刑法典》，中央人民政府法制委员会编译室译，法律出版社 1956 年版，第 40 页以下。

〔3〕《苏俄刑法典》，王增润译，法律出版社 1962 年版，第 30 页。

法典》叛国罪与间谍罪一章中，有"向外国提供情报罪"，就是间谍罪。[1]
1996 年《俄罗斯联邦刑法典》规定的"间谍活动"也是关于情报、国家机密
的行为："向外国国家、外国组织或其代理人交付以及为交付而搜集、窃取或
保存构成国家机密的情报……"[2] 比较特殊的是意大利刑法，其间谍犯罪包
括"刺探涉及国家安全的消息""政治或军事间谍活动""刺探被禁止传播的
消息的间谍活动"三种，其中的"政治或军事间谍活动"是"以从事政治或
军事间谍活动为目的，刺探为了国家安全或者对内或对外政治利益而应当予
以保密的消息的"[3]。可见，意大利刑法的三种间谍犯罪都被描述为"刺
探……消息"，所以"刺探……消息"才是意大利刑法间谍罪的实行行为，根
本不涉及参加间谍组织。所以，参加间谍组织应该不是间谍罪的实行行为，
而可能是间谍罪的预备行为。

意大利军事刑法典的规定则比较特殊，分为"为间谍的目的"和"非间
谍目的"两种情形，例如，有为间谍的目的泄露军事机密罪、为间谍的目的
刺探秘密情报、为间谍的目的绘图或进入军事要地等罪名；也有非间谍目的
刺探秘密情报、在不具有间谍目的的情况下泄露机密情报等罪名。[4] 显然，
"间谍"在这里成了主观要件而不是客观要件。

（二）《反间谍法》中的间谍行为

2023 年修订的《中华人民共和国反间谍法》（以下简称为《反间谍法》）
第 4 条规定："本法所称间谍行为，是指下列行为：（一）间谍组织及其代理
人实施或者指使、资助他人实施，或者境内外机构、组织、个人与其相勾结
实施的危害中华人民共和国国家安全的活动；（二）参加间谍组织或者接受间
谍组织及其代理人的任务，或者投靠间谍组织及其代理人；（三）间谍组织及
其代理人以外的其他境外机构、组织、个人实施或者指使、资助他人实施，
或者境内机构、组织、个人与其相勾结实施的窃取、刺探、收买、非法提供
国家秘密、情报以及其他关系国家安全和利益的文件、数据、资料、物品，

---

〔1〕《法国刑法典》，罗结珍译，中国人民公安大学出版社 1995 年版，第 132 页。

〔2〕《俄罗斯联邦刑法典释义（下册）》，黄道秀译，中国政法大学出版社 2000 年版，第 773 页。

〔3〕《意大利刑法典》，黄风译，中国政法大学出版社 1998 年版，第 82~83 页。

〔4〕《意大利军事刑法典》，黄风译，中国政法大学出版社 1998 年版，第 35 页以下。

或者策动、引诱、胁迫、收买国家工作人员叛变的活动；（四）间谍组织及其代理人实施或者指使、资助他人实施，或者境内外机构、组织、个人与其相勾结实施针对国家机关、涉密单位或者关键信息基础设施等的网络攻击、侵入、干扰、控制、破坏等活动；（五）为敌人指示攻击目标；（六）进行其他间谍活动。"很明显，只有（二）、（五）与现行刑法间谍罪的规定基本一致[1]，其他的都不属于现行刑法间谍罪的罪状，所以，这个间谍行为规定的外延远远大于现行刑法的间谍罪的外延和规制范围。本书认为，现行刑法中间谍罪法条应该马上修改。

不仅如此，上述"间谍行为"的第一项——间谍组织及其代理人实施或者指使、资助他人实施，或者境内外机构、组织、个人与其相勾结实施的危害中华人民共和国国家安全的活动——具体是什么行为，根本不清楚。试问：实施的危害中华人民共和国国家安全的活动是什么活动？以"间谍组织及其代理人"来解释"间谍行为"，属于定义项中含有被定义项，当然也是不符合形式逻辑的基本要求的。说来说去，什么是"间谍"是首先应该搞清楚的。

（三）《刑法》第110条间谍罪中的间谍

现行刑法的间谍罪，包括两种情形：参加间谍组织或者接受间谍组织及其代理人的任务；为敌人指示轰击目标。这两个罪状其实并没有明确指出间谍罪的核心行为到底是什么，两个罪状之间的内在一致性是什么也不清晰。而实际上，《刑法》第111条为境外的机构、组织、人员窃取、刺探、收买、非法提供国家秘密或者情报的，也是典型的公众观念中的间谍行为，这在1979年刑法第97条中曾经有明确规定：进行下列间谍或者资敌行为之一的，处……①为敌人窃取、刺探、提供情报的；②供给敌人武器军火或者其他军用物资的；③参加特务、间谍组织或者接受敌人派遣任务的。这三种情形中的"供给敌人武器军火或者其他军用物资的"，属于现行刑法中的资敌罪。而为敌人窃取、刺探、提供情报的，参加特务、间谍组织或者接受敌人派遣任

---

[1] 之所以说是基本一致，是因为《反间谍法》使用的是"为敌人指示攻击目标"（第4条第5项），《刑法》使用的是"为敌人指示轰击目标"（第110条第2项），文字并不一致，这导致了两部法律的规制范围并不一致。本书认为，前者的打击范围更大、更利于保护法益。也就是说，"攻击目标"是"轰击目标"的上位概念、上义词。顺便指出，应该注意《刑法》第277条第5款的袭警罪中的"袭击""撞击"与间谍罪中"攻击""轰击"的关系。本书认为，这四个构成要件作为一个语义场的话，其各自真实语义具有不确定性。

务的，就是 1979 年刑法的间谍罪的两种情形。很明显，现行刑法间谍罪与 1979 刑法间谍罪之间也不一致，区别就在于"为敌人窃取、刺探、提供情报"不再属于现行刑法间谍罪了。本书认为，现行刑法的这种安排显然是错误的，不符合常理，不符合约定俗成的汉语语义。

在形式逻辑上，间谍罪又可以分为：没有实施间谍实行行为的间谍罪和实施间谍实行行为的间谍罪；没有实施间谍行为的间谍和实施间谍行为的间谍；等等。

（四）通过现行刑法典其他罪名中的"间谍"来确定间谍罪应然的实行行为

通过其他罪名中的"间谍"，也能证明间谍罪的实行行为。例如，在《刑法》第 283 条非法生产、销售专用间谍器材、窃听、窃照专用器材罪中，专用间谍器材指的是暗藏式窃听、窃照器材，突发式收发报机，一次性密码本，密写工具，用于获取情报的电子监听、截收器材，其他专用间谍器材等。[1] 这些专用间谍器材无一不是与窃取、刺探、收集、提供、传递国家秘密、情报有关的器材，而根本不涉及暗杀、投毒、爆炸等行为。这些专用间谍器材都是用来"窃""获取""收发"的器材。可见，间谍罪的实行行为就是窃取（包括窃听、窃照、窃录、窃视等）、刺探、收集、提供、传递、发送国家秘密、情报的行为。这是本来意义上的间谍罪的实行行为。至于有学者把"秘密战器材"分为防谍、谍报、谋略、宣传四类，包罗很广，这显然已经不是本来意义的间谍专用器材，而是包括特别行动（暗杀和爆炸等）所使用的器材了，[2] 这明显是对概念外延的扩张。

（五）简单的结论

综上所述，间谍罪的现行立法是存在重大缺陷的。由于立法缺陷导致义素分析逻辑起点错误，最终导致刑法推演无法进行或者推演出错误的结论。本书认为，作为名词使用的间谍的义素只有两个，一个是搜集情报[3]，一个是人；作为动词使用的间谍的义素只有一个，就是搜集情报。现行刑法中的

---

〔1〕《中华人民共和国国家安全法实施细则》（已失效）。

〔2〕［日］畠山清行：《陆军中野学校——谍报战史》，刘春兰译，群众出版社 1984 年版，第 313 页以下。

〔3〕搜集情报，即以中情出。中情，国中之情实。参见董康：《春秋刑制考》，载何勤华、魏琼编：《董康法学文集》，中国政法大学出版社 2005 年版，第 273 页。

"为敌人指示轰击目标",行为样态过于具象化,不应成为间谍罪的罪状。

四、食品药品语义场义素分析

语义场是开放性的。单个词的语义尚不足以从其自身得到确认和安定。而语义场内的词语的数量都是不断发展和变化的。譬如讳饰等修辞手法,就使语义场内的同义义位数目不断增加。刑法文本中的语义场,同样是开放的,而且随时与刑法文本之外的语义场发生紧密的互动,它把刑法文本之外的语词语料(包括经过评价后的案件事实)不断吸纳进现有的刑法语义场中,并与现有的刑法语义场中的构成要件进行比较、辨析,使得构成要件的真实语义不断浮现,并得以固定,使得语义安定,进而才能成为法官、检察官、警察、律师等人群定分止争的依据,才能使得参与各方息讼服判。这样,刑法文本中的一个语义场中的词语的数量始终处于动态的调整中,这种调整正是某个词语(构成要件)语义及其义素不断形成、逐渐固定和最终安定的一种必要的机制。开放的刑法语义场及其语义场内词语具体数量的增减,是刑法文本的正常现象,也是解释循环得以实现的必要机制和重要途径。

开放的刑法语义场,显然与体系解释密不可分。即,为了得到最适宜的刑法解释结论,理应最大限度地收集相关语料与解释资源,并将这些语料与资源作为一个体系加以审视。语料与资源组建起来的语义场,可能还存在着不同的层次。一个词汇(构成要件)与其左右、上下词汇(构成要件)之间的有机联系,是挖掘其真实语义必不可少的。该词汇(构成要件)的内在规定性,是在与其他词汇(构成要件)的互相对比、互相综合、互相分析中形成的,并得以以现代汉语的语词外壳形式加以呈现。这其中,考虑到一个词汇(构成要件)因为词义的变化而在不同语义场中的进入或者退出这一实际,解释者还不应机械地、教条式地进行解释。灵活地解释,也是很有必要的。这种灵活,根植于对特定词汇(构成要件)的语义的整体性认知(类型化)与微观性义素的把握(义素分析)。

食品药品语义场就是一个典型。

这个开放的语义场包括但不限于食物、食品、食品饮料、食品原料、非食品原料、食用农产品、农产品、工业化生产食品、自制食品、散装食品、保健食品、药食两用物质(食药物质)、药品、中药、农药、兽药、医疗器械、医用器材、食用、药用、保健品、吃的喝的[1]、初级加工产品，等等。本书认为，食物、药物属于上义词，食品、药品属于下义词。

（一）不同外延的食品概念

早期的现代汉语词典认为，食品是商店出售的经过一定加工制作的食物；[2] 近期的现代汉语词典则认为，食品是用于出售的经过加工制作的食物。[3] 两相比较，可以发现，40 多年之后，食品的词典义已经扩大了外延，删除了早期的区别义素"商店"。今天人们的一致观念是，无论是在商店出售的，还是在集贸市场出售的，还是在别人家里出售的，还是在街头巷尾或者流动摊贩出售的，都不影响其是或不是食品。出售的地点、场所、渠道、主体等，根本不会是食品的义素之一。

目前，食品的词典义是"用于出售的经过加工制作的食物"，这个解释既与实际不符，也与历史相左，其设置的词义的外延偏窄，可能不符合今天的实际。历史上的食品一词，源自日语，词典义是"供食用的物品"[4]，出现在汉语语料中的最早时间是 1853 年。食物，也源自日语，词典义是"食用的东西"[5]，出现时间是 1919 年。可见，食品与食物在进入汉语的早期的时候，并没有什么义素上的差别，都指的是吃的喝的东西，即食用的东西。与现代汉语时期相比，新增的"用于出售的""经过加工制作的"两个义素，用于刑法解释的时候，容易导致入罪门槛较低，造成打击圈偏小。

本书认为，目前急切地需要减少食品一词的义素，以扩张外延。建议删除"经过加工制作的"。把自家地里的蔬菜拔出来，直接运到路边贩卖，也算是非常简单的加工，此种蔬菜是初级农产品，是食用农产品，也当然是食品，当然是食物。到山里去采摘野果，拿到城里售卖，这些野果是食物，也是食品。由于"经过加工制作"这个义素难以解释，或者由于"加工"本身涉及

---

　　[1]　饮水饮酒为饮，吃东西为食，这是饮、食的日常意义与区别。而食品、食品工业、食品监管等的出现，逐渐模糊了饮、食二者的区别。例如，果冻等半流质食品，既可以吃，也可以饮。

　　[2]　中国社会科学院语言研究所词典编辑室编：《现代汉语词典》，商务印书馆 1978 年版，第 1034 页。

　　[3]　中国社会科学院语言研究所词典编辑室编：《现代汉语词典》，商务印书馆 2012 年版，第 1181 页。中国社会科学院语言研究所词典编辑室编：《现代汉语词典》，商务印书馆 2016 年版，第 1188 页。

　　[4]　黄河清编著：《近现代汉语辞源（下册）》，上海辞书出版社 2020 年版，第 1366 页。

　　[5]　黄河清编著：《近现代汉语辞源（下册）》，上海辞书出版社 2020 年版，第 1367 页。

的样态非常广泛，所以，删除"经过加工制作的"，方可适应今天的复杂的实际情况。在食品工业极其发达的今天，不能因为我们吃的食物主要是或绝大多数是加工后的工业化的食品而否定最原始的、最初级的食用农产品也是食品。

综上所述，食品与食物在近现代时期是外延相同的两个概念。今天，食品外延大大缩小了，这是监管所致，也许是为了便于监管，或者分部门监管的便利。

食品至少有三个外延、三个概念。第一个是实际生活中在最大外延意义上使用的食品概念，这个概念已经与食物一词混同使用了。这既是近现代汉语时期的外延，也是普通公众观念中的外延。在日常生活中，特别是在不那么严格的场景中，食物与食品又是等价的两个概念。第二个是食品的词典义的较大外延的概念。第三个是食品安全法中的较小外延的食品概念。

（二）当前食品概念的义素

目前，食品的词典义为"用于出售的经过加工制作的食物"。一共是三个义素：出售、加工制作、食物。因为食物的含义仍需要继续解释，以便形成解释循环，因此，食物的两个义素也成为食品的义素，一个是食用（吃的喝的），一个是物品（东西）。那么，食品的词典义包括四个义素，分别是出售、加工制作、食用、东西。

第一，该词典义中的义素之一"用于出售的"，并不一定合适。因为即便不是为了出售的（如农民自己食用），也当然是食品。《牛津高阶英汉双解词典》解释"food"就是食物——人或动物吃的东西。[1] 我国现行的《中华人民共和国食品安全法》（以下简称《食品安全法》），把食用农产品排除出去，采取的是两个行政主管部门[2]分别管理、二元治理的模式。这导致了《食品安全法》中食品的概念，其外延比社会公众通常理解的外延要小得多。"食用农产品"之中含有"食"和"品"，本身在汉字上就无法彻底摆脱"食

---

[1]　[英]霍恩比原著：《牛津高阶英汉双解词典》，赵翠莲等译，商务印书馆、牛津大学出版社2014年版，第812页以下。

[2]　这两个行政主管部门即农业农村部、食药监局。食药监局目前属于市场监管总局的下设机构。由于政府机构改革与职能改革的关系，今后也许还会变化，例如设立统一的食物安全管理局等。由于食品安全是涉及全链条的，因此，食品源头的安全，种植、养殖、采集等源头环节的安全，是不可或缺的。食物与食品的二元管理模式应该整合。

品"。因此，食用农产品应该解释为广义的食品。地里长的、树上结的、水里游的，只要是"给人吃的"，都是广义的食品。食品都属于食物，食物现在也都是食品（即便家庭主妇自己做的饭菜也是食品）。应该说，《食品安全法》规定的食品，其外延是被立法者有意限制了的。而口语中的食品，外延会大得多。

第二，该词典义中的义素之二"经过加工制作的"，从逻辑上看，应该包括直接农产品、加工农产品、工业食品。加工农产品又分为初加工农产品、深加工农产品等。本书认为，粮食作物经过收割、捆扎、运输、干燥、脱粒等环节产生的稻谷或者大米，完全可以解释为"经过加工制作的"食物。毕竟，"经过加工制作"不一定非要是经过工厂化的加工，农户自己的简单加工当然也是加工、制作，凡是增加了人的劳动的制作环节都是可以解释为加工的。

但是，因为食用农产品的初级加工特点，被《食品安全法》排除出去了。这导致本应一体看待、一体监管的初级加工食品和非初级加工食品被分别监管。前者，更是不属于《食品安全法》中的食品。

第三，该词典义中的义素之三"食物"，分别是指食用（吃的喝的）、物品（东西）。至于吃的喝的的具体样态是否包括空心毒胶囊等罕见物品，下文还会涉及。

（三）食用农产品的义素

2021年修正的《食品安全法》第2条第2款规定："供食用的源于农业的初级产品（以下称食用农产品）的质量安全管理，遵守《中华人民共和国农产品质量安全法》的规定。但是，食用农产品的市场销售、有关质量安全标准的制定、有关安全信息的公布和本法对农业投入品作出规定的，应当遵守本法的规定。"此处对于食用农产品的定义与2009年的《食品安全法》是一致的，基本无变化。2005年《商务部、财政部、国家税务总局关于开展农产品连锁经营试点的通知》附件《食用农产品范围注释》（2022年6月29日失效）则认为，食用农产品是指可供食用的各种植物、畜牧、渔业产品及其初级加工产品。在这两个法律规范中，表达出来的食用农产品的义素显然是不同的，一个是初级产品，一个是初级加工产品。而初级加工当然也是一种加工，这就导致食用农产品有很大可能成为食品（用于出售的经过加工制作的食物)。[1] 尽管《食用农产品范围注释》为明确食用农产品与食品的界限做了很大努力，但在实际执法中仍旧存在界限不清的可能性。例如，北京市高级人民法院（2020）京民再 56 号民事判决书，历经一审、二审、再审多次审理，才算是基本厘清了铁皮石斛粉的法律性质是食用农产品而不属于食品安案法中的食品（但又属于词典义中的食品），应该按照食用农产品来管理而不依据食品安全法来管理。当然，本书认为，这个判决是否具有长久生命力，仍然值得继续观察。

《食用农产品范围注释》规定了食用农产品的范围，有必要在这里予以引用：

一、植物类

植物类包括人工种植和天然生长的各种植物的初级产品及其初加工品。范围包括：

（一）粮食

粮食是指供食用的谷类、豆类、薯类的统称。范围包括：

1. 小麦、稻谷、玉米、高粱、谷子、杂粮（如：大麦、燕麦等）及其他粮食作物。

2. 对上述粮食进行淘洗、碾磨、脱壳、分级包装、装缸发制等加工处理，制成的成品粮及其初制品，如大米、小米、面粉、玉米粉、豆面粉、米粉、荞麦面粉、小米面粉、莜麦面粉、薯粉、玉米片、玉米米、燕麦片、甘薯片、黄豆芽、绿豆芽等。

3. 切面、饺子皮、馄饨皮、面皮、米粉等粮食复制品。

以粮食为原料加工的速冻食品、方便面、副食品和各种熟食品，不属于食用农产品范围。

（二）园艺植物

1. 蔬菜

蔬菜是指可作副食的草本、木本植物的总称。范围包括：

（1）各种蔬菜（含山野菜）、菌类植物和少数可作副食的木本植物。

---

[1] 其一，初级产品与初级加工产品显然不同。这是立法之间的冲突，立法的毛刺必须抹平。其二，如果初级加工产品是食用农产品的话，因为初级加工也是加工，又符合了食品的词典义。这是语义之间的冲突、义素之间的冲突，这种毛刺也必须抹平。

（2）对各类蔬菜经晾晒、冷藏、冷冻、包装、脱水等工序加工的蔬菜。

（3）将植物的根、茎、叶、花、果、种子和食用菌通过干制加工处理后，制成的各类干菜，如黄花菜、玉兰片、萝卜干、冬菜、梅干菜，木耳、香菇、平菇等。

（4）腌菜、咸菜、酱菜和盐渍菜等也属于食用农产品范围。

各种蔬菜罐头（罐头是指以金属罐、玻璃瓶，经排气密封的各种食品。下同）及碾磨后的园艺植物（如胡椒粉、花椒粉等），不属于食用农产品范围。

2. 水果及坚果

（1）新鲜水果。

（2）通过对新鲜水果（含各类山野果）清洗、脱壳、分类、包装、储藏保鲜、干燥、炒制等加工处理，制成的各类水果、果干（如荔枝干、桂圆干、葡萄干等）、果仁、坚果等。

（3）经冷冻、冷藏等工序加工的水果。

各种水果罐头，果脯，蜜饯，炒制的果仁、坚果，不属于食用农产品范围。

3. 花卉及观赏植物

通过对花卉及观赏植物进行保鲜、储蓄、分级包装等加工处理，制成的各类用于食用的鲜、干花，晒制的药材等。

（三）茶叶

茶叶是指从茶树上采摘下来的鲜叶和嫩芽（即茶青），以及经吹干、揉拌、发酵、烘干等工序初制的茶。范围包括各种毛茶（如红毛茶、绿毛茶、乌龙毛茶、白毛茶、黑毛茶等）。

精制茶、边销茶及掺兑各种药物的茶和茶饮料，不属于食用农产品范围。

（四）油料植物

1. 油料植物是指主要用作榨取油脂的各种植物的根、茎、叶、果实、花或者胚芽组织等初级产品，如菜籽（包括芥菜籽）、花生、大豆、葵花籽、蓖麻籽、芝麻籽、胡麻籽、茶籽、桐籽、橄榄仁、棕榈仁、棉籽等。

2. 通过对菜籽、花生、大豆、葵花籽、蓖麻籽、芝麻、胡麻籽、茶籽、桐籽、棉籽及粮食的副产品等，进行清理、热炒、磨坯、榨油（搅油、墩油）

等加工处理，制成的植物油（毛油）和饼粕等副产品，具体包括菜籽油、花生油、小磨香油、豆油、棉籽油、葵花油、米糠油以及油料饼粕、豆饼等。

3. 提取芳香油的芳香油料植物。

精炼植物油不属于食用农产品范围。

（五）药用植物

1. 药用植物是指用作中药原药的各种植物的根、茎、皮、叶、花、果实等。

2. 通过对各种药用植物的根、茎、皮、叶、花、果实等进行挑选、整理、捆扎、清洗、晾晒、切碎、蒸煮、蜜炒等处理过程，制成的片、丝、块、段等中药材。

3. 利用上述药用植物加工制成的片、丝、块、段等中药饮片。

中成药不属于食用农产品范围。

（六）糖料植物

1. 糖料植物是指主要用作制糖的各种植物，如甘蔗、甜菜等。

2. 通过对各种糖料植物，如甘蔗、甜菜等，进行清洗、切割、包装等加工处理的初级产品。

（七）热带、南亚热带作物初加工

通过对热带、南亚热带作物去除杂质、脱水、干燥等加工处理，制成的半成品或初级食品。具体包括：天然生胶和天然浓缩胶乳、生熟咖啡豆、胡椒籽、肉桂油、桉油、香茅油、木薯淀粉、腰果仁、坚果仁等。

（八）其他植物

其他植物是指除上述列举植物以外的其他各种可食用的人工种植和野生的植物及其初加工产品，如谷类、薯类、豆类、油料植物、糖料植物、蔬菜、花卉、植物种子、植物叶子、草、藻类植物等。可食用的干花、干草、薯干、干制的藻类植物，也属于食用农产品范围。

二、畜牧类

畜牧类产品是指人工饲养、繁殖取得和捕获的各种畜禽及初加工品。范围包括：

（一）肉类产品

1. 兽类、禽类和爬行类动物（包括各类牲畜、家禽和人工驯养、繁殖的野生动物以及其他经济动物），如牛、马、猪、羊、鸡、鸭等。

2. 兽类、禽类和爬行类动物的肉产品。通过对畜禽类动物宰杀、去头、去蹄、去皮、去内脏、分割、切块或切片、冷藏或冷冻等加工处理，制成的分割肉、保鲜肉、冷藏肉、冷冻肉、冷却肉、盐渍肉，绞肉、肉块、肉片、肉丁等。

3. 兽类、禽类和爬行类动物的内脏、头、尾、蹄等组织。

4. 各种兽类、禽类和爬行类动物的肉类生制品，如腊肉、腌肉、熏肉等。

各种肉类罐头、肉类熟制品，不属于食用农产品范围。

（二）蛋类产品

1. 蛋类产品。是指各种禽类动物和爬行类动物的卵，包括鲜蛋、冷藏蛋。

2. 蛋类初加工品。通过对鲜蛋进行清洗、干燥、分级、包装、冷藏等加工处理，制成的各种分级、包装的鲜蛋、冷藏蛋等。

3. 经加工的咸蛋、松花蛋、腌制的蛋等。

各种蛋类的罐头不属于食用农产品范围。

（三）奶制品

1. 鲜奶。是指各种哺乳类动物的乳汁和经净化、杀菌等加工工序生产的乳汁。

2. 通过对鲜奶进行净化、均质、杀菌或灭菌、灌装等，制成的巴氏杀菌奶、超高温灭菌奶、花色奶等。

用鲜奶加工的各种奶制品，如酸奶、奶酪、奶油等，不属于食用农产品范围。

（四）蜂类产品

1. 是指采集的未经加工的天然蜂蜜、鲜蜂王浆等。

2. 通过去杂、浓缩、熔化、磨碎、冷冻等加工处理，制成的蜂蜜、鲜王浆以及蜂蜡、蜂胶、蜂花粉等。

各种蜂产品口服液、王浆粉不属于食用农产品范围。

（五）其他畜牧产品

其他畜牧产品是指上述列举以外的可食用的兽类、禽类、爬行类动物的其他组织，以及昆虫类动物。如动物骨、壳、动物血液、动物分泌物、蚕种、动物树脂等。

三、渔业类

（一）水产动物产品

水产动物是指人工放养和人工捕捞的鱼、虾、蟹、鳖、贝类、棘皮类、软体类、腔肠类、两栖类、海兽及其他水产动物。范围包括：

1. 鱼、虾、蟹、鳖、贝类、棘皮类、软体类、腔肠类、海兽类、鱼苗（卵）、虾苗、蟹苗、贝苗（秧）等。

2. 将水产动物整体或去头、去鳞（皮、壳）、去内脏、去骨（刺）、擂溃或切块、切片，经冰鲜、冷冻、冷藏、盐渍、干制等保鲜防腐处理和包装的水产动物初加工品。

熟制的水产品和各类水产品的罐头，不属于食用农产品范围。

（二）水生植物

1. 海带、裙带菜、紫菜、龙须菜、麒麟菜、江蓠、浒苔、羊栖菜、莼菜等。

2. 将上述水生植物整体或去根、去边梢、切段，经热烫、冷冻、冷藏等保鲜防腐处理和包装的产品，以及整体或去根、去边梢、切段，经晾晒、干燥（脱水）、粉碎等处理和包装的产品。

罐装（包括软罐）产品不属于食用农产品范围。

（三）水产综合利用初加工品

通过对食用价值较低的鱼类、虾类、贝类、藻类以及水产品加工下脚料等，进行压榨（分离）、浓缩、烘干、粉碎、冷冻、冷藏等加工处理制成的可食用的初制品。如鱼粉、鱼油、海藻胶、鱼鳞胶、鱼露（汁）、虾酱、鱼籽、鱼肝酱等。以鱼油、海兽油脂为原料生产的各类乳剂、胶丸、滴剂等制品不属于食用农产品范围。

初级加工或者初加工的刑法意义。区分是食用农产品还是食品，初级加工、初加工成为关键义素。但是，众所周知，初级加工、初加工并非定量的语言表述，而是根据行业习惯、生活经验等产生的词语。一根萝卜从土地里拔出来，经过农民清洗、分级、去掉叶子，运输到集贸市场上出售，根据经验，这时候的萝卜还属于食用农产品；而还是这根萝卜，经过切丝、晾晒、腌制、调味等环节，还是运输到集贸市场上出售，根据经验，这时候的萝卜还属于食用农产品；但是，这根萝卜经过食品厂的杀菌、包装、流通后，则成为食品安全法中的食品。

　　根据 2019 年的《食用农产品市场销售质量安全监督管理办法（修订征求意见稿）》第 66 条，本办法下列用语的含义：食用农产品，指在农业活动中获得的供人食用的植物、动物、微生物及其产品。农业活动，指传统的种植、养殖、采摘、捕捞等农业活动，以及设施农业、生物工程等现代农业活动。植物、动物、微生物及其产品，指在农业活动中直接获得的，以及经过分拣、去皮、剥壳、粉碎、清洗、切割、冷冻、打蜡、分级、包装等加工，但未改变其基本自然性状和化学性质的产品，不包括由食品生产许可获证企业生产，并按照预包装食品进行包装标识的产品。[1]

　　那么，农民出售的散装食品，到底是食品还是食用农产品呢？稻谷、小麦加工后形成的米、面，到底是食品还是食用农产品呢？事实上，我国立法者在多个外延上面使用着"食品"概念，导致二者关系错综复杂，时而是并列关系，时而是属种关系，时而是交叉关系。[2]农业农村部、工业和信息化部、市场监管总局、应急管理部门等多部门出台的规范性文件，都涉及二者，造成二者关系错综复杂。比如，稻谷、小麦加工后形成的米、面，涉及食品安全的时候，显然是按照食品经营许可来管理的，属于最基本的一种食品。而涉及农民自产自销的时候，显然又是按照食用农产品来界定的，属于食用农产品。农民在市集上出售的稻谷、散装大米，属于食用农产品；而商贩们在超市、粮油店里出售的大米，则又属于食品。广义的食品显然包括食用农

---

　　〔1〕　可见，由食品生产许可获证企业生产，并按照预包装食品进行包装标识的产品，例如酱菜、腌菜等，并不属于 2005 年《食用农产品范围注释》（现已失效）中的食用农产品，而是属于食品。对于食用农产品的解释，2019 年《食用农产品市场销售质量安全监督管理办法（修订征求意见稿）》与 2005 年《食用农产品范围注释》的规定是不一致的。如果从解释循环视角来看的话，加工、初加工等义素是食品与食用农产品的关键义素。而初加工的限度是什么，最难界定。2022 年发生的"150碗扣肉案"的焦点其实也与此有关。农户自己家里生产、出品、网上销售的食物，按照食品来管理，还是按照食用农产品来管理，的确是个问题，因为其中还涉及乡村产业发展与振兴、增加农民收入、脱贫致富、共同富裕等宏观层面的大政方针政策。大量的食用农产品经过网络销售、个人直播带货等方式参与统一大市场流通，这可能是食品卫生法立法和修订时没有预测到的。由于经历过苏丹红、三聚氰胺等一系列严重损害国民健康的食品卫生公共事件，现行的食品卫生法是比较严格的。但却难以规范尚处于起步时期的农村地区的食用农产品的生产、加工、销售、运输等经营行为。毕竟，如果法规范过于严格，只会增加市场经营主体的成本，抬高经营门槛，这些当然不利于乡村产业发展起步时期的经营与农村地区市场主体的培育。

　　〔2〕　当食品等于食物的时候，食品与食用农产品是属种关系；当食品等于工业食品的时候，食品与食用农产品是并列关系；当食品采取当前词典义的时候，食品与食用农产品是交叉关系。

产品；而狭义的食品即食品安全法中的食品，又不包括食用农产品这些初加工的东西。

根据学者的研究，区分食用农产品（实际就是农业食品）、食品（实际就是工业食品或者称为工厂化加工制作的食品），要从产品属性、工艺属性、规模化程度、市场主体性质等多方面入手，结合生活实际与监管实际，综合加以判断：

食用农产品作为食品的一个类别，由于存在多部门职责分工，在监管依据上，食用农产品主要为《中华人民共和国农产品质量安全法》（以下简称为《农产品质量安全法》），工业食品为《食品安全法》，因此判定何为食用农产品、实现依法履职，始终困扰着一线监管执法。

第一，产品属性区分：直接产品和初级产品归属于食用农产品。《食品安全法》将食用农产品定义为"供食用（的）源于农业的初级产品"（第2条第2款），《农产品质量安全法》将初级产品定义为"在农业活动中获得的植物、动物、微生物及其产品"（第2条第1款）。由此可见，食用农产品的法律界定依据是清楚的，它包含两类，一是农业活动获得的直接产品，二是初级产品。

对食用农产品的疑惑产生在初级产品的判别上。农产品加工分为粗加工和深加工，一般粗加工产品为初级产品，深加工产品为工业食品。直接产品加工至何种程度方为初级产品呢？为了具体指导食用农产品的判定，原食品药品监管总局于2016年颁发的《国家食品药品监管总局关于食用农产品市场销售质量安全监督管理有关问题的通知》明确，食用农产品依据2005年的《食用农产品范围注释》划定。以粮食类作物为例，小麦、稻谷、玉米、高粱、谷子、杂粮等原粮，大米、小米、面粉、米粉、玉米粉、豆面粉、燕麦片、甘薯片、黄豆芽、绿豆芽等成品粮及初制品，切面、饺子皮、馄饨皮、面皮等粮食复制品，这三类都属于初加工产品，属于食用农产品。

第二，工艺属性区分：以生熟和性状改变为主要区分标准。农业活动的直接产品比较容易判别，难以确定清楚的是初级产品。个人理解，判定食用农产品，应以直接产品和初级产品为食用农产品的法理定义为基础，根据《食用农产品范围注释》，在实践中掌握两个基本原则，一是生熟之分、二是性状之分：

生熟之分的内涵，是指对于农业生产活动取得的直接产品和初级产品，未进行熟制加工之前的生制品一般为食用农产品，如粮食类的原粮、成品粮和初制品、粮食复制品均为食用农产品，而速冻食品、方便面、副食品（如酒、食醋等）、熟食品等经过熟制过程的为深加工食品，不属于食用农产品（也就是工业食品）。再以蔬菜为例，蔬菜，和经晾晒、冷藏、冷冻、包装、脱水等工序加工的蔬菜，以及腌菜、咸菜、酱菜和盐渍菜等属于食用农产品，蔬菜罐头和碾磨后的园艺植物（如胡椒粉、花椒粉等）不属于食用农产品。又如坚果果仁是食用农产品，炒制坚果果仁不属于食用农产品。

所谓性状是指性质或形状发生改变。前述碾磨后的园艺植物（如胡椒粉、花椒粉等）不属于食用农产品，属于典型的性状改变情形。如药用植物中，中成药的性质和形状均发生改变，因此不属于食用农产品。属于此类情形的还有奶制品，鲜奶、灭菌奶属于食用农产品，酸奶、奶酪、奶油等因性质改变，不属于食用农产品。

第三，规模化程度区分：机械化加工将食用农产品转变为工业食品。工业化的一个重要特征就是规模化生产，实现规模化的一个重要条件是机械化，而食用农产品中的初级产品一般则通过手工或称粗加工完成。以茶叶为例，毛茶为食用农产品，精制茶则不属于食用农产品范围。对于精制茶因机械化加工属于非食用农产品，1994年发布的《云南省国家税务局关于毛茶和精制茶划分问题的通知》（已失效）对其表述更为清楚。通知中定义，精制茶，是指将毛茶再经筛分、风选、拣剔、碎块、干燥、匀堆、包装、装箱等一定机械加工工序精制而成的茶叶和用茶鲜叶直接经上述机械加工工序连续加工的茶叶。其中，精制茶经过筛分、风选、拣剔和机械加工工序连续加工等工艺特点较为突出。

当然，并非全部手工制作均属食用农产品，在实际应用中也须注意具体规定，例如，上述云南省的通知，将"未经机械加工、以手工方式特别加工的'功夫茶'"也划入非食用农产品范围。

第四，市场主体类型区分：企业或公司主体作为关联参考条件。根据主体类型判定食用农产品较为复杂，它需要区分生产环节和销售环节。对于以食用农产品为原料的生产环节，应考虑生产过程具有的工业化生产特征。食品生产企业或公司开展活动需要取得食品生产许可证，这意味着企业进行的是工业化生产，需经历机械加工过程。如前所述，机械化一般类属于工业化生产，它不同于手工制作的粗加工初级产品（有特别规定的除外），因此，食品生产企业或公司生产的产品应为工业食品。以豆腐生产为例，若是小作坊或农民家庭手工制作，一般可认定为食用农产品，若在企业或公司生产，应认定为工业食品。

对于经销食用农产品的销售环节，因没有加工过程，其经销产品若符合直接产品和初级产品属性，也符合生熟、性状工艺属性，则属于经销食用农产品，若没有同时经销其他工业食品，该类市场主体不需要办理食品经营许可证。

结语：农业农村部门负责农产品生产环节监管，果品生产监管由自然资源部门的林草局负责，食品（包括食用农产品）进出口监管由进出口检验检疫部门负责，进入我国市场流通后由市场监管部门负责监管。食用农产品监管的专门法律依据有《农产品质量安全法》《食用农产品市场销售质量安全监督管理办法》（2023年12月1日施行），在《食品安全法》中也有第2条、第35条、第64~66条等专门监管条款。因此，只有准确判定食用农产品，才能分清对食用农产品的监管职责分工和正确适用法律依据，才能做到依法执法、精准执法。[1]

此外，是否包装销售，一般不是区分食品与食用农产品的标准。即，二者都可以无包装或者都可以有包装。但是，也有特殊的情形。2006年的《农产品包装和标识管理办法》第7条第1款规定："农产品生产企业、农民专业合作经济组织以及从事农产品收购的单位或者个人，用于销售的下列农产品必须包装：（一）获得无公害农产品、绿色食品、有机农产品等认证的农产品，但鲜活畜、禽、水产品除外。（二）省级以上人民政府农业行政主管部门规定的其他需要包装销售的农产品。"

本书认为，上述研究成果很值得借鉴。但是仍有难点。例如，"供食用源于农业的初级产品"显然是定性的语言表述方式，初级的判断很难有绝对一致的标准。例如铁皮石斛粉的定性。北京市高级人民法院（2020）京民再56号民事判决书认为，铁皮石斛粉是食用农产品，不属于食品、不需要取得食

---

[1] 王瑞萍：《学习！如何判定食用农产品什么是食用食品？》，载 http://www.thepaper.cn/newsDetail_forward_9828253，最后访问日期：2022年11月28日。

品经营的行政许可。而根据《食用农产品范围注释》，碾磨后的园艺植物（如胡椒粉、花椒粉等）不属于食用农产品。同样是加工为"粉"状，为什么铁皮石斛粉不是食品而胡椒粉就是食品？从本质上来看，问题的焦点仍在于"初级产品""初级加工"中"初级"的解释。众所周知，中草药饮片的炮制，有的很简单，有的则较为复杂。简单的，晾干、切片即可；复杂的，九蒸九晒才行。饮片厂生产的中药饮片显然是药品，有时候也是药食两用品。那么，何为初级？是不是经过简单加工的饮片都属于食用农产品？

我国市场监管部门对于食品安全法中的食品、食用农产品的解释，明显不同于一般公众的认知。例如，北京市高级人民法院（2020）京民再56号民事判决书认为，铁皮石斛粉是食用农产品，不属于食品、不需要取得食品经营的行政许可，该判决书引用了2005年的《食用农产品范围注释》的条款，认为中药材以及中药材饮片都属于食用农产品，中成药不属于食用农产品，铁皮石斛这种药用植物的鲜条和干条都可以归类为食用农产品。也就是说，涉案的铁皮石斛粉既不属于食品，也不属于药品，仅仅属于食用农产品。因此，市场监管部门对于食品是严格按照食品安全法来认定的。铁皮石斛等不属于药食两用一类的，但是"可以吃的喝的"东西就被归类到非食品原料中。而在食品中添加这些"可以吃的喝的"的非食品原料的行为，就被认定为添加食用农产品的行为。

因此，初级产品、初级加工是最难解释的义素。前述《食用农产品范围注释》中的水产综合利用初加工品——通过对食用价值较低的鱼类、虾类、贝类、藻类以及水产品加工下脚料等，进行压榨（分离）、浓缩、烘干、粉碎、冷冻、冷藏等加工处理制成的可食用的初制品。如鱼粉、鱼油、海藻胶、鱼鳞胶、鱼露（汁）、虾酱、鱼籽、鱼肝酱等，属于食用农产品。但是，这些东西无论如何都是常见的食品，像虾酱、鱼露，更是超市里常见的。所以，综合判断为宜。

（四）空心毒胶囊案与瘦肉精案

1. 空心毒胶囊案与食品

比较著名的刑事司法判例就是我国司法机关对于空心毒胶囊的态度，实际判决往往将该行为处断为生产销售有毒、有害食品罪。为什么生产、销售空心毒胶囊（含有毒有害重金属）的行为，与食品而不是药品这个构成要件发生了关系呢？笔者曾经分析：

把刑法的文理解释方法运用到生产空心"毒胶囊"、销售空心"毒胶囊"案件中，同样表明此前司法机关的罪名定性都存在不利于行为人的不正义的情形。根据构成要件，生产有毒、有害食品罪包括两种情形，一是在生产的食品中掺入有毒、有害的非食品原料，二是在销售的食品中掺入有毒、有害的非食品原料。而销售有毒、有害食品罪包括一种情形，就是销售明知掺有有毒、有害的非食品原料的食品。所以以上一共是三种情形。生产空心"毒胶囊"，既不是在生产的"食品"中掺入，也不是在销售的"食品"中掺入，所以不符合生产有毒、有害食品罪的构成要件。销售空心"毒胶囊"，既不是在销售的"食品"中掺入，也不是销售明知掺有有毒、有害的非食品原料的"食品"，所以不符合销售有毒、有害食品罪的构成要件。那么，本罪的构成要件行为本来是"在食品中掺入"，却被空心"毒胶囊"案件的司法者悄悄置换为了"生产可能被人食用的产品"；"销售（掺有有毒、有害的非食品原料的）食品"，却被空心"毒胶囊"案件的司法者悄悄置换为了"销售可能被人食用的产品"。本书认为，这些都是不合理的文理解释。这一局面的产生肯定与法条本身的表述技术息息相关，该法条适用的前提、预设的前提是"在生产食品或者销售食品中发生的犯罪行为"，而空心"毒胶囊"案件根本没有这一前提。所以，在严格的罪刑法定原则观照之下，以上案件判决就不符合刑法公平正义。[1]

上述判决者的思维路径是："可能被人食用的产品"就符合"食品"构成要件的语义。但是其实，"可能被人食用的产品"也许符合"食品"构成要件，还也许符合"药品"构成要件，也许还符合"药品辅料"构成要件、"保健品"构成要件、"野生动物"构成要件。强行把"可能被人食用的产品"解释为"食品"，是把二者的共同义素——食用——作为认定具有构成要件符合性的唯一理由。其实，要解释为"食品"，除了需要符合食用、食物这些义素之外，还必须符合别的义素如非医疗品。否则，包括医院里面的钡剂等可服用进入人体消化道的所有物质都会被解释为食品。

从汉字演变来看，食，是吃、吃饭的意思。《说文》曰：食，一米也。从

---

〔1〕 胡先锋：《刑法教学的宏旨与技术》，中国政法大学出版社 2016 年版，第 184~185 页。

皂从声。或说从皂也。凡食之属皆从食。〔1〕《玉篇》曰：食，饭食。《增韵》曰：食，肴馔也。又茹也，啖也。《释名》曰：食，殖也，所以自生殖也。〔2〕这个解释也很有启示性，也就是说，能够自己生长繁育的才是食品。空心毒胶囊显然是工业化的产物，不可能"自生殖"。也就是说，我们的食品，其最初来源只能是具有"自生殖"特点的东西，像上述《食用农产品范围注释》中所涉及的，植物类、畜牧类、渔业类的，才是真正意义上的食品或者食物。〔3〕放到嘴里的吃的喝的，有的是食品，有的是药品，有的是胶囊。

因此，"可能被人食用的产品"未必符合"食品"构成要件，"被人食用的产品""被人吃喝进去的产品"也未必符合"食品"构成要件。

在刑法学界的有关研究中，对于食品的界定是一个基础性的前提。广为关注的空心毒胶囊案件中，空心毒胶囊是不是食品，是不是食物？由于这个基础问题没有得到很深入的探讨、认定，导致适用罪名的时候缺乏说服力。有些著作收录"近年食品安全犯罪典型案例"的时候，引用法院判决认为："药用胶囊其本身不是药品，无治疗作用，随药品直接入口进入人体，亦可属食品范畴……被告人故意在生产、销售的胶囊中掺入有毒、有害的非食品原料，其行为已构成生产、销售有毒、有害食品罪……"。〔4〕但是该著作本身对法院的突然性的逻辑转换没有任何解释与论证，显然是全部接受了法院的说理。本书认为不妥。药用空心胶囊只是药品的容器、盛器，是按照药品而非食品来监管的，何以就"可属食品范畴"了呢？

2. 瘦肉精案与食品

自 2002 年 8 月 23 日起施行的《最高人民法院、最高人民检察院关于办

---

〔1〕（清）段玉裁撰：《说文解字注》，中华书局 2013 年版，第 220 页。

〔2〕（东汉）刘熙撰：《释名》卷第四·释饮食第十三，四部丛刊景明翻宋书棚本。

〔3〕其实还应包括微生物类。也就是说，植物类、动物类、微生物类，是食品的来源。这些，都是可以"自生殖"的。因为它们都属于生物，当然可以"自生殖"；反过来说，不属于生物的，当然不能"自生殖"。因此，追踪食品的最初来源，恐怕是判断其是否属于食品的重要线索与依据。从这个意义上看，新资源食品中的某些种类，恐怕不属于严格意义上的食品，而是化学、食品化学高度发达后的提炼品，并不具有"自生殖"的特点。例如，叶黄素酯，源自万寿菊花；嗜酸乳杆菌，源自乳品发酵剂；低聚木糖，源自小麦秸秆；透明质酸钠，源自马链球菌兽疫亚种；L-阿拉伯糖，源自玉米皮等植物秸秆；菊粉，源自菊苣根；等等。这为刑法解释带来更多的挑战。

〔4〕刘仁琦、舒洪水、姚剑：《危害食品安全犯罪程序精要与证据研究》，中国政法大学出版社 2016 年版，第 215 页。

理非法生产、销售、使用禁止在饲料和动物饮用水中使用的药品等刑事案件具体应用法律若干问题的解释》第3条规定："使用盐酸克仑特罗等禁止在饲料和动物饮用水中使用的药品或者含有该类药品的饲料养殖供人食用的动物，或者销售明知是使用该类药品或者含有该类药品的饲料养殖的供人食用的动物的，依照刑法第一百四十四条的规定，以生产、销售有毒、有害食品罪追究刑事责任。"即，供人食用的动物被该司法解释认定为食品，即便这些动物尚未经过加工。可见，司法解释视域中的食品，其外延大于1995年的《中华人民共和国食品卫生法》（以下简称为《食品卫生法》）所规定的食品。供人食用的东西，"吃的喝的东西"，食物，食品，这几个表述方式，应该是一致的。凡是入口的，凡是从人的消化道入口进去的东西，都是食品或者药品（口服药品）。口服，进嘴，吃的喝的，是一致的。

（五）各级分类

食品包括食用农业产品（即食用农产品）、食用工业产品。所以，食品不等于食用的工业产品。现在，长在工厂里的蔬菜（即设施农业产品）已经有了，人造肉、人造蛋也有了，工厂化产生的这些食物，应该称为食用工业产品而非食用农产品了。但是，一般而言，离开了食用农产品，食用工业产品是没有生产原料的。所以，食用农产品永远不会灭绝与消失，生产、产出这些肉、蛋、奶、蔬菜、粮食的人和职业永远不会灭绝与消失。虽然这会导致分类发生一点点异动，会导致刑法解释发生一点点小小的困难。

结合社会生活实际与历史经验，在形式逻辑上，食品的分类分型还可以多样化一些，这有利于深化我们的认知，有利于进行更适宜的刑法解释。例如，食用农产品包括食品用动物及其产品、食品用植物及其产品、食品用微生物及其产品；食品用动物包括食品用陆生动物、食品用水生动物。食品用植物包括食品用陆生植物、食品用水生植物；等等。还可以分为用于出售的食品和自己食用的食品；还可以分为经过加工制作的食品和未经加工制作的食品；还可以分为保健食品和非保健食品；还可以分为药食两用的食品和只能食用不能药用的食品；等等。

（六）加工与初级加工的意义

本书认为，食用农产品就是食用农业产品，就是在农业活动[1]中获得的

_____

〔1〕 这里指的是广义的农业活动，包括种植业、渔业、畜牧业、林业、草业等。

供人食用的产品。它是食用工业产品（食用工业品）的对称。因此，食品理应包括食用农业产品与食用工业产品[1]两大类。食品一词，从逻辑上、从历史上、从经验上，都理应是食用农产品的上义词。而食物与食品的区别关键在于加工与否。由于加工的含义极难确定，可能导致一个结果：最广义的食品就等于食物。

由于我国农业产业化的迅速发展，农产品加工业（包括食用农产品加工业）的发展也非常迅速。种植、养殖出来的初级农产品越来越多地会进行加工转化，食用农产品与食用农产品的加工产品越来越难以区分，也无必要进行区分。甚至，后者的比例已经远大于前者。例如以下新闻报道：

2021 年 10 月 29 日，《湖北省农业产业化暨农产品加工业发展"十四五"规划》（以下简称为《规划》）公布印发。当前，我省正在奋力建设农业产业强省。《规划》以打造十大重点农业产业链为抓手，以一二三产业融合发展为路径，提出到 2025 年，农产品加工业持续壮大，全省农产品加工业主营收入达到 1.8 万亿元，农产品加工业产值与农业总产值之比达到 2.8 : 1，主要农产品加工转化率达到 80%，省级农业产业化重点龙头企业达到 1000 家、国家级达到 100 家；产业化水平明显提高，打造 4 条综合产值超 500 亿元、6 条超千亿元重点产业链……[2]

地里种的蔬菜是食用农产品，而以此为原料烹饪而成的菜肴就是食品（也是食物）。这是目前的观念。而地里的萝卜洗洗就摆上餐桌出售、供游客食用，是食用农产品还是食品呢？"洗洗"也是一种极为简单的加工，但是这样的加工难道就是区分食用农产品与食品的关键点吗？显然不是，也不应该是。所以，没有太大必要区分食用农产品与食品。或者，应该在最大的外延上使用"食品"这个概念。

我国现行的《食品安全法》，把食用农产品排除出去，采取的是两个部门

---

〔1〕 有的法律法规使用的食品生产，指的是工业化的食品生产，是增加了区别义素（工业化）的一种限制解释。例如，2015 年 7 月 1 日修正的《食品生产企业安全生产监督管理暂行规定》第 2 条规定："食品生产企业的安全生产及其监督管理，适用本规定。农副产品从种植养殖环节进入批发、零售市场或者生产加工企业前的安全生产及其监督管理，不适用本规定。本规定所称食品生产企业，是指以农业、渔业、畜牧业、林业或者化学工业的产品、半成品为原料，通过工业化加工、制作，为人们提供食用或者饮用的物品的企业。"显然，这里的食品特指食用工业产品。

〔2〕 《到 2025 年 湖北农产品加工业主营收入达到 1.8 万亿元》，载 https://hb.ifeng.com/c/8BDziIUNCqF，最后访问日期：2022 年 11 月 6 日。

（农业农村部和食药监）分别管理、二元治理的模式。这个模式也影响了食品、食物两个概念的外延，一定程度上导致了刑法中的食品与《食品安全法》中食品的外延不一样。对此，需要深刻反省的，不仅是我国的立法质量，还有立法者的观念，以及部门法之间的协调、呼应。凡此种种，最终都会传导至刑法解释中来。远在农村土地里的一颗颗蔬菜、一穗穗稻谷，会让城里的刑法解释者们争论不休，只能说明刑法解释者需要不断贴近大地，而不能责怪蔬菜和稻谷生长的不是地方，不能责怪它们为什么不能长在工厂里。[1]

食品的词典义是"用于出售的经过加工制作的食物"，其难以解释新型的食品、食品供应方式。地里的哈密瓜被摘下来后，是食物，不是食品，因为还没加工制作。可是，到了小贩手里，切成一片片出售，就成了食品了？就是因为切了几刀，就成了食品了？显然，从食物到食品，期间的所谓"加工制作"的形态非常复杂，与其纠缠于"加工制作"或者其他行为，倒不如删除食品一词现有的部分义素，来扩张食品的外延，积极消除食物与食品的界限，才能更好地保障食品安全、食物安全。我们的食品安全，绝对不是仅仅因为加工制作环节或无良商贩出现了问题，而更主要的是因为我们对待食物的心态、观念出现了问题，市场监管出现了问题，二元行政管理体制人为地分割、割裂了本属一体的食物与食品。管住源头、管住流通、管住加工，甚至管住污染源，管住大气质量、水的质量，都是必要的，任何一个环节都需要全力监管，餐桌上的安全才可能真正实现。有毒镉大米，是食品，也是食物。它们开始长在地里的时候，我们的食品安全法益就受损害了，流入市场后更是如此。如果农户明知自己的土壤被重金属污染，仍然种植大米，这难道不应该被解释为生产有毒、有害食品罪吗？难道非要等到它进入市场了才能被解释为"食品"，处断为生产、销售有毒、有害食品罪吗？难道不经加工、直接出售含有重金属的稻谷的行为不属于生产、销售有毒、有害食品罪吗？

（七）义素分析

由于食品的外延经历了剧烈的历史变迁，更由于各部门的认定也不一致，食品，实际上存在着多个概念、多个外延，因此，义素分析也变得更复杂。

---

[1] 工厂化的栽培方式，逐渐模糊了农产品与工业品的界限，给刑法解释带来新的挑战。例如，工厂化出品的芽苗菜、无土栽培的黄瓜、食用菌等。

下面用义素分析法对该语义场试作分析〔1〕：

食品1［+吃的喝的］［+物质］［+源于农业］［+加工］

食品2［+吃的喝的］［+物质］［+源于工业］（［+源于农业］）（农业食品+工业食品）

食品3［+吃的喝的］［+物质］［+源于工业］（工业食品或者食品工业的产物）

食品4［+吃的喝的］［+物质］［+加工］［+出售］（现有词典义外延）

食品5［+吃的喝的］［+物质］（外延最大）（等于食物）〔2〕

食用农产品［+吃的喝的］［+物质］［+源于农业］［+食用］（［+药用］）

食用农产品之直接产品［+吃的喝的］［+物质］［+源于农业］［-加工］［+食用］（［+药用］）

食用农产品之初级产品［+吃的喝的］［+物质］［+源于农业］［+初级］［+加工］［+食用］（［+药用］）

食品原料［+吃的喝的］［+物质］［+源于工业］（［+源于农业］）［+辅助］

非食品原料［+吃的喝的］（［-吃的喝的］）［+物质］［+辅助］

食药物质〔3〕［+吃的喝的］［+物质］［+药用］［+食用］

药品［+吃的喝的］［+物质］［+药用］［-食用］

药品辅料［+吃的喝的］［+物质］［+药用］［+辅助］

---

〔1〕　［+吃的喝的］这一义素也可表述为［+供人食用］。

〔2〕　在生产、销售有毒有害食品罪与生产、销售不符合食品安全标准的食品罪中，食品也可能是不同的外延，是两个不同的概念。食品安全标准显然包括了食用农产品的安全标准，因此，后一个罪名中的食品的外延非常大。例如，如果种植的中药材中重金属含量超标，就属于"不符合安全标准的食品"，即便它一般属于食用农产品。需要注意的是，由于中药材中重金属超标并非农户"添加""掺入"所致，因此，不能处断为生产、销售有毒有害食品罪。

〔3〕　食药物质即药食两用物质。根据2021年国家卫健委颁布的《按照传统既是食品又是中药材的物质目录管理规定》，按照传统既是食品又是中药材的物质，简称为食药物质，指传统作为食品且列入《中华人民共和国药典》的物质。

食品相关产品[1] [−吃的喝的]（与食品相关）[+包装容器] 或者 [+洗涤剂、消毒剂] 或者 [+工具设备]

食物[2] [+吃的喝的] [+物质]

以上的食品 5，等于食物，外延最大；食品 4，是词典义的外延；食品 3，是食品安全法的词义外延，强调加工这一义素；食品 2，是食品 3 与食品 1 的集合体；食品 1，就是食用农产品。但是，由于食用农产品到底是否经过加工尚无定论，导致其他几个概念会发生外延的扩大或者缩小。也就是说，食用农产品是最基础的概念，牵一发而动全身。

需要说明的是，传统的中药，分为内服与外用两大类，并不都具有"吃的喝的"的义素。而现代意义的药品，也同样并不都具有"吃的喝的"的义素，例如静脉注射的药品。因此，如何分析、确定现代意义上的药品的义素，如何在药品概念的外延逐渐扩张背景下分析其义素，仍不是那么简单。本书初步认为，"进入人体的物质"等义素可作为考虑对象。另外，根据义位间的语义干涉，义位一旦进入句法和语义组合，会在语义网络中产生个性化的变异。[3] 吃与食物的组合最早，因为吃是把食物等放到嘴里经过咀嚼咽下去（包括吸、喝）。[4] 吃与药品的组合稍晚，因为吃药一般是不经过咀嚼的，这一义素就丢失、脱落了，于是，吃药的"吃"的义位就变异了。义素脱落导致义位外延扩大，即吃可以涵摄更多的事物，搭配更多的被支配对象。而吃与老本、吃与亏的组合则晚得多，因为这里的吃，已经完全没有嘴里、咀嚼、咽下去等义素了，义素丢失更多了。实际上，吃亏中的吃，不再是基本义，

---

〔1〕 根据 2022 年实施的《中华人民共和国进出口食品安全管理办法》（以下简称为《进出口食品管理办法》）的规定，进出口食品添加剂、食品相关产品的生产经营活动按照海关总署相关规定执行。而这是该规范经过修改的结果。根据 2012 年实施的《进出口食品安全管理办法》（已失效）的规定，进出口食品添加剂、食品相关产品、水果、食用活动物的安全管理依照有关规定执行。食品相关产品主要包括食品包装容器，与食品相关的洗涤剂、消毒剂等。根据 2023 年实施的《食品相关产品质量安全监督管理暂行办法》第 38 条的规定："本办法所称食品相关产品，是指用于食品的包装材料、容器、洗涤剂、消毒剂和用于食品生产经营的工具、设备。其中，消毒剂的质量安全监督管理按照有关规定执行。"

〔2〕 食物，词典义是可供食用的物质（多指自然生长的）。参见中国社会科学院语言研究所词典编辑室编：《现代汉语词典》，商务印书馆 2016 年版，第 1188 页。

〔3〕 王艾录：《语义干涉和义素脱落》，载《汉语学习》1994 年第 6 期。

〔4〕 中国社会科学院语言研究所词典编辑室编：《现代汉语词典》，商务印书馆 2012 年版，第 171 页。

而是基本义之外的义项了。刑法中涉及的吃，使用的是其基本义义项。

（八）结论

本书认为，现有"食品"的词典义的外延已经偏窄了一点。需要把其中的一个义素（经过加工制作）予以删除。没有经过加工制作的食物如食用农产品中的直接产品等，只要用于销售、进入流通环节，都是实质上的、本质上的食品，也符合一般公众的认知范围。这也许就是客观文义的最大射程。《食品安全法》中的食品，其外延是大于食品的词典义的。《食品安全法》规定：食品，指各种供人食用或者饮用的成品和原料以及按照传统既是食品又是中药材的物品，但是不包括以治疗为目的的物品。显然，这个定义中并没有"经过加工制作"这个义素，也没有"出售"这个义素。即，吃的、喝的东西就是食品。[1] 因此，食品与食物这两个概念应该不再区分为宜，以更大限度保护法益，也与社会观念保持一致，同时能够预防扩大解释。在我国，农业农村部门、市场监管部门分别主管食品产业链的前端与后端，从种植、养殖、收购、运输、仓储、加工，到销售、餐饮服务、餐饮外卖等，共同保障食品安全、食物安全，即吃的、喝的安全。无论是在哪个环节，任何人、任何组织都不允许违反总体的食品安全法律法规体系的规定。

新资源食品如各种益生菌，之所以被认定为"食品"，也是因为这些东西是"吃的喝的"，即进入口腔、进嘴的东西。假如按照现有"食品"的词典义，这些益生菌未必就符合"用于出售的加工制作的食物"，因为它们不可能被普通公众认定为食物，甚至连食物的原料、辅料都算不上（不能"自生殖"）。还有食品添加剂，其被认定为刑法中的食品，也是相同的逻辑。而吃的喝的东西，就是食物的词典义——可供食用的物质。[2]

《刑法》第 341 条第 3 款中的"以食用为目的"应该包括以药用为目的。药用包括内服与外用两大类。行为人虽然不是为了吃或者喝，但是以药用、保健、养生等为目的，非法猎捕、收购、运输、出售在野外环境自然生长繁殖的陆生野生动物的，一般应该解释为"以食用为目的"。似乎只有一种例

---

〔1〕　但在实际的监管中，相关部门并未严格依据该法执行，导致有一部分应该被市场监管部门监管的食品实际上由农业农村部监管。

〔2〕　中国社会科学院语言研究所词典编辑室编：《现代汉语词典》，商务印书馆 2016 年版，第 1188 页。

外，即以外用为目的的，不应解释为"以食用为目的"。当然，从刑事立法周延性角度来审视，《刑法》第341条第3款中这个目的犯的规定大大缩小了打击范围，加大了起诉机关的证明难度。本书认为，改为"以自用为目的"为宜，或者直接删掉"以食用为目的"更好。

因此，结论如下：

第一，食品安全法中的食品，其外延很接近食物的外延。食品的词典义，其外延小于食品安全法中食品的外延。食品安全法中的食品，包括了药食两用物质，大约100多种。食用农产品包括直接产品与初级产品。中药材属于直接产品，简单加工的中药饮片可能属于食用农产品中的初级产品，但是经过工业化加工后应属于药品。

第二，上述几个案件中，空心毒胶囊被解释为有毒有害食品，含有瘦肉精的食品被解释为有毒有害食品，在词典视域、食品安全法视域来看，这是错误的，是不合理的扩大解释。但是这种司法裁判中呈现出的刑法解释结论，又非常接近一般公众的法观念。因此，本书认为，从应然的视角来看，作为构成要件的食品，其外延应大于词典义中食品的外延，更是应远远大于食品安全法中的食品的外延，目的就是在已经符合一般公众预测可能性的前提下，最大限度保护公共安全法益，保护食品安全法益，也就是保护人的"吃喝"安全。民以食为天，以最大限度加以保护，完全合理。解释者应该以此基本观念作为立论、推论的依据，确定食品这一构成要件的外延。

第三，从食品这个例子可以看出，词典义也会存在不恰当的义素，这导致词典编纂者实际上在进行着缩小解释，无形中缩小了词语（构成要件）的外延，这给复杂的刑法解释带来更多的难题。如果完全信赖词典义的义素，就未必能够保证得到最适宜的刑法解释结论；而如果完全不信赖词典义的义素，刑法解释又无法获得最基本的认同，难以找到刑法解释的逻辑起点。因此，刑法解释只有结合各种事实、语用与逻辑，不拘泥于某种单一的解释方法，才能得到最佳的答案。

第四，在2007年发布的《国务院关于加强食品等产品安全监督管理的特别规定》中，已经呈现出对"吃的喝的东西"进行一体化监管的苗头。该规定第2条第1款内容为："本规定所称产品除食品外，还包括食用农产品、药品等与人体健康和生命安全有关的产品。"食品、食用农产品、药品三者的一体化监管一旦成为事实，它们共同的上位概念该如何定名更合适呢？是该规定中使用的"食品等产品"？还是"吃的喝的东西"？还是"食用品"？还是"人的食用品"？本书倾向于使用"食用品"或者"人的食用品"。

第五，根据我国卫生健康[1]语境下的认知，食品与药品并非互斥关系，因为还有一个药食两用物质（食药物质）的目录，从 1987 年开始至今，其数量不断增加，目前有 100 多种。人参、山药、金银花、当归、草果、姜黄、薤白、覆盆子等都在其中。在实际监管中，该目录内的品种，其产业链前端按照食用农产品监管，涉及的是种植环节的市场主体；其产业链后端则涉及市场监管部门与药品监管部门，涉及的是不同深度加工环节的市场主体。

第六，在多数场合中，刑事立法者的立法原意的探寻显然是无法使用主观解释方法的。立法原意的探寻只能使用其他的解释方法、解释规则、解释资源。例如，利用客观解释、文理解释、历史解释、体系解释等，来探寻各个罪名中的暴力的真实语义，并以此作为立法原意。但有时候，还需要依靠司法裁判、司法解释、指导性案例等来挖掘立法原意。换句话说，立法原意几乎不可能从其自身得到探寻。这已经足以说明，刑法主观解释在多数场合中，几乎毫无价值。构成要件的真实语义，几乎不可能利用刑法主观解释得到发掘。与此相关的是，所谓规范目的的探寻（目的解释），也不应该是靠揣测、臆测和推测来探寻立法者的真实意图，而只能使用其他的解释方法、解释规则、解释资源。

第七，应该扩张食品的外延至一般公众的认知范围，"用于出售的经过加工制作的食物"，应该改为"用于出售的食物"。由于自己食用的食物根本不

---

〔1〕　卫生与健康实质上是同一个法益。刑法中的危害公共卫生罪的本质是危害公共健康罪。根据研究，现代义的卫生一词，源自日语，进入近现代汉语的时间是 1883 年，其含义就是防止疾病，有益于健康。参见黄河清编著：《近现代汉语辞源（下册）》，上海辞书出版社 2020 年版，第 1560 页。目前，有的国家（地区）卫生主管机关名为健康局、保健福祉局、公共卫生署等。我国相应机关则曾经名为卫生部、卫计委、卫健委等。中华人民共和国国家卫生健康委员会的英文翻译中，也仅用了 health 一个词语来指称"卫生健康"。另据研究，卫生一词的娘家是中国古代汉语，梁启超解之为"以卫民生"，并认为：现代义的"卫生"一词，是在中—西—日三边语汇互动中形成的，走过了"中国古典词—传入日本—日本以之对译西方术语—传输回中国"这样一条跨国度、跨文化的旅程。"卫生"是"侨词来归"的事例，而这一"归侨"，已非出国前的原态，其气质、内涵皆带有外来新义。参见冯天瑜：《侨词来归与近代中日文化互动——以"卫生""物理""小说"为例》，载《武汉大学学报（哲学社会科学版）》2005 年第 1 期。

涉及侵害法益，因此，食品中的出售这一义素可以忽略。即，食品等于食物。而药品，就是药物。食品药品，就是食物药物。[1] 在这里，涉及植物病虫害的药物属于农药，涉及动物的属于兽药，二者不属于本语义场。本语义场涉及的都是人的食物和药物。

五、语境与新义素生成

语用学是语言学各分支中一个以语言意义为研究对象的新兴学科领域，是专门研究语言的理解和使用的学问。它研究在特定情景中的特定话语，研究如何通过语境来理解和使用语言。在众多的语用学定义中，有两个概念是十分基本的，一个是意义，另一个是语境。

从发展的观点看，语用学的崛起是语义研究的发展和延伸的结果，因此可以说语用学是一种对意义的研究。但语用学所研究的意义不同于形式语义学所研究的意义，它所研究的是语言在一定的语境中使用时所体现出来的具体意义。由此可知，语境对意义的作用在语用学研究中十分重要，语境是语用学的核心概念之一。语境包括交际的场合（时间、地点等）、交际的性质（话题）、交际的参与者（相互间的关系、对客观世界的认识和信念、过去的经验、当时的情绪等）、上下文。换言之，要判断某些具体的言语行为是否得体，须依据其使用的语境，离开了语境会使判断本身失真或失去意义。或者可以说，语境会提供动态的新义素，并参与到解释循环中去。

本书认为，在刑法解释学中，通常的社会观念、罪名所属类别、特定的法益、例外的规定、词汇的感情色彩、案件的特殊情境（特殊事实）、行为人实施行为的动机目的、解释者的特质等，都是语境。这些语境往往会提供、生成新的义素，并以新义素参与刑法的解释循环。刑法用语之间的龃龉、纠缠、厘定，通常离不开社会观念的参与和约定俗成的语言使用习惯。由于刑法用语的描述的有限性，仅靠刑法用语的评价并不能解决疑难案件，存在局限性的成文法规范及其语词必须结合不成文的社会规则、其他知识、解释者的理解等，共同参与刑法的解释循环。

而中国古代重要的训诂方法"据文证义"特别强调语境、语篇的作用，

---

[1] 这可以视为可能的口语词义说的尝试。

包括紧扣本句、结合邻文、联系成片语句、语境与词义等。[1] 这些都属于广义的体系解释。

（一）恶害的新义素

众所周知，胁迫是以恶害相通告，使他人产生心理上的恐惧。可见，胁迫的义素之一是恶害。而恶害的内涵、外延，以及判断标准、判断基准等，并不容易确定。

由胁迫、威胁、恐吓、敲诈、逼迫、强拿硬要（寻衅滋事罪中的构成要件）等组成的语义场，涉及的疑难争议案件颇多，也很有代表性。日本刑法学者认为，债权人在被认可的限度内实施的实力行为不属于恐吓行为。[2] 例如，消费者过度维权，狮子大开口向商家索赔，与敲诈勒索行为很难画等号。[3] 这是因为在我国目前的实际生活中，消费者普遍处于弱势地位且多存在权利容易被侵害的事实，因此案件一出，社会一般观念就有了倾向性态度，"过度维权"这个词语已经把该行为从敲诈勒索之中排除出去，无论是大陆法系认为该行为已经具有了该当性但是从违法性阶段加以排除，还是我国刑法直接排除其犯罪性的判断，路径、过程虽不完全一致，但是最终的结论都是一样的。如 2017 年 4 月，三聚氰胺受害者之父、死磕奶粉厂商的郭某终于被再审法院宣告无罪，曾经安在他身上的敲诈勒索罪罪名终于被证明是错误的："根据现有证据证明的事实评判，郭某的行为性质未超出民事纠纷的范畴，不能认定郭某构成敲诈勒索罪。"[4] 即郭某的行为仍然属于合法维权的限度内，而尚未进入值得刑法评价的领域。

以上例证之中，语境所提供的新义素是"维权"或者"合法维权"或者"过度维权"。这个新的义素参与了刑事司法的判断过程，并最终扭转了案件的最终裁判结果。我国古代刑法使用的敲诈勒索罪的新义素则是"事有因缘之类者非恐吓"。[5] 也就是，并非行为人寻衅滋事、无事生非，而是事出有

---

〔1〕 王政勋：《刑法解释的语言论研究》，商务印书馆 2016 年版，第 214 页。

〔2〕 ［日］野村稔：《刑法总论》，全理其、何力译，法律出版社 2001 年版，第 263 页。本书按：日本刑法的所谓"实力行为"包括暴力与胁迫两大类。

〔3〕 例如北京的黄某、周某"敲诈勒索"华硕电脑公司一案。

〔4〕 王晓芳、杨乔：《"结石宝宝"父亲敲诈勒索案改判无罪》，载《北京青年报》2017 年 4 月 8 日，第 A08 版。

〔5〕 《唐律疏议》贼盗·恐吓取人财物。

因（消费维权、债主索债等原因），甚至所谓的被害人存在过错在前，在这样特定的案件背景下，行为人（犯罪嫌疑人）发出的威胁、恐吓，因为并非行为人（犯罪嫌疑人）随意、任意所为，并未超过民事维权的界限，所以不具有构成要件符合性。

语境如要生成新义素，必须在解释循环中才能实现。案件事实中消费者的"肆意主张"是否符合构成要件——恶害，显然不能仅仅考察被通告人的心理反应，还要考察社会公众的心理反应、法律常识、舆论倾向。假如后者并不认为是"恶害"，那么，即便被通告人感到了心理上的恐惧，也需要审慎判断构成要件符合性。消费者的维权或者过度维权不属于恶害，是因为恶害的有无在这个实际案情中滋生出了新义素。新义素建立的前提是消费习惯、消费常识、朴素正义观等语境或语用。

法规范中的语境提供或生成隐性义素，是解释具体构成要件的时候必须予以依据的，也是不能超越的。这样的义素，具有限制、确定构成要件解释的范围的功能。例如，《刑法》第 374 条的接送不合格兵员罪，要求是"在征兵工作中"的接送（即征召新兵时的接送），而非"在退伍退役工作中"或者"在军事院校招生考试工作中"等的接送。

（二）寻衅滋事的新义素

刑法解释中，也有生成的新义素不够妥当的例子。

2013 年，《最高人民法院、最高人民检察院关于办理寻衅滋事刑事案件适用法律若干问题的解释》第 1 条规定：

行为人为寻求刺激、发泄情绪、逞强耍横等，无事生非，实施刑法第 293 条规定的行为的，应当认定为"寻衅滋事"。

行为人因日常生活中的偶发矛盾纠纷，借故生非，实施刑法第 293 条规定的行为的，应当认定为"寻衅滋事"，但矛盾系由被害人故意引发或者被害人对矛盾激化负有主要责任的除外。

行为人因婚恋、家庭、邻里、债务等纠纷，实施殴打、辱骂、恐吓他人或者损毁、占用他人财物等行为的，一般不认定为"寻衅滋事"，但经有关部门批评制止或者处理处罚后，继续实施前列行为，破坏社会秩序的除外。

第一，上述司法解释对寻衅滋事罪创造了新义素——借故生非。这实际上是扩大了本罪的成立范围，把本应具有"无事生非"义素的寻衅滋事罪扩大到了"借故生非"。本书认为，这是不太妥当的。尽管司法解释加上了"但矛盾系由被害人故意引发或者被害人对矛盾激化负有主要责任的除外"一句话，但是，其仍属不妥的司法解释。

第二，对照前述的恶害的新义素，本书认为，即便是所谓的"借故生非"，行为人也属于"事有因缘之类者"，不宜认定为寻衅滋事罪。"无事生非"与"借故生非"悬殊太大。前者是没事找事，而后者是借题发挥，本来有找事的由头与依据，例如得理不饶人、小题大做等，这在实际生活中很普遍，一般不算是恶劣、严重。因此，本书认为，该司法解释第1条第2款于法无据，应该删除。只是，在实践中，如果属于恶意缠访、越级上访等特殊行为，可以考虑解释为"无事生非"，处断为寻衅滋事罪，但是应该非常谨慎。[1]

第三，如果行为人借小矛盾生出大纠纷，借轻事端生出重侵害，则可以处断为"无事生非"，不属于"借故生非"。例如，无意的、轻微的地铁上的接触、碰撞、踩脚引发打闹、斗殴的，属于无事生非。本来只是涉及财产的事端（例如金额很少的早点摊、菜市场的纠纷），故意引发并升级为人身侵害等，行为人属于无事生非。所以，应该全面掌握矛盾的发展过程。

第四，被拆迁人因为房屋拆迁问题反复上访、消费者因为被销售者欺骗巨额索赔、结石宝宝之父因为孩子已经受到重大的人身侵害而索赔，都是基于重大法益、重大诉求得不到满足而实施的行为，制造事端的、有重大过错的是拆迁人、销售者、奶粉厂商，因此，行为人都不属于寻衅滋事。

第五，"借故生非"不是寻衅滋事。借故，不是主动去找，去滋，去寻。[2] 寻衅滋事，是主动找事。借故生非、寻衅滋事，二者存在较大的语义差别，是不同的生事理由，不能完全混同。

第六，滋事与肇事应该结合起来考察。交通肇事罪，是过失犯罪，但是

---

〔1〕 虽然越级上访是违反程序的，但是实体上仍然无害。我国是社会主义国家，人民利益至上。不能因为上访人越级上访就直接入罪。古代有直诉制度，就是为了最大限度解决纠纷，值得借鉴和继承。现有越级上访的性质，仍然值得反思。现有的上访制度的安排，主要出于秩序、效率层面的考量，不是最佳的制度设计，也就是说，某种条件下，以秩序和效率优先，会牺牲上访人实体的利益。为了尽量减少这样的局面出现，可以借鉴诉讼中的再审程序，予以补救。如果从罪刑法定主义原则的实质侧面来衡量，禁止越级上访的规定有违背刑法正义性（适正性）的嫌疑。

〔2〕 寻衅滋事的"寻"是典型的中古汉语词，到了现代汉语，被"找"历时替换。参见汪维辉：《常用词历时更替札记》，载《语言研究》1998年第2期。

违章是故意的。事故是因为违章所致，违章行为本身就是生事、滋事，违章导致交通事故就是在肇事。肇，始也。[1] 在先的违章行为、在先实施的漠视法规范的行为、在先实施的制造危险的行为，才是肇事行为。如果两个以上的违章行为相遇而导致事故，则都是肇事行为，都是滋事行为。同理，危险物品肇事罪的实行行为，一定是初始的违章行为，例如超载、无证驾驶、无证运输、违章上高速、违章进市区，等等。如果没有发生事故，也是肇，只是刑法不作评价而已；如果发生了事故，就入罪，刑法开始评价。

（三）遗弃罪的新义素

法规范中的语境是一种隐性义素。法规范中的语境对于具体的构成要件而言，提供了言说环境、言说领域、言说前提、言说框架。在言说环境、言说领域、言说前提、言说框架范围内，一个具体的构成要件无法摆脱自身天然带有的规定性和禀赋气质，这些实际上是语境"额外"提供的义素，是隐性义素。这往往可以限制对构成要件的任意扩大解释。

例如，《刑法》第 261 条遗弃罪的犯罪主体能否包括家庭法之外的特定行为人？"负有扶养义务"的保证人是不是可以扩展到养老院、福利院、托幼机构等的人员？本书认为：

第一，汉语中的"负有扶养义务"，指的是家庭法之内的人员履行此义务。这是比较明确的语境。至于养老院、福利院、托幼机构等之中的人员对于被看护人等的照料义务，源自合同法，是不会也不应被冠以"扶养义务"称谓的。

第二，基于《刑法》已在虐待罪罪名之后新增加虐待被看护人罪，所以也有必要在遗弃罪罪名之后新增加遗弃被看护人罪，以实现立法的周延，严密法网。

第三，婚姻家庭法作为遗弃罪解释的语境，或者，遗弃罪所属章节、侵

---

〔1〕 初、哉、首、基、肇、祖、元、胎、俶、落、权、舆，始也。释曰：皆初始之异名也。初者，《说文》云：从衣，从刀，裁衣之始也。哉者，古文作才。《说文》云：才，草木之初也。以声近借为裁始之哉。首者，头也，身之始也。基者，《说文》云：墙始筑也。肇者，《说文》作肁，始开也。祖者，宗庙之始也。元者，善之长也。长即始义。胎者，人成形之始也。俶者，动作之始也。落者，木叶陨坠之始也。权与者，天地之始也。天圆而地方，因名云。此皆造字之本意也。参见（北宋）邢昺撰：《尔雅疏》卷第一，四部丛刊续编景宋刻本。本书按：该语义场中的等义词，各自的区别义素（裁衣、盖房、动作、天地等）都随时间脱落，只剩下共同义素——开始。

害法益等事项，是特定的言说前提与言说框架，已经成为解释"扶养义务"这一构成要件的义素，是隐性义素。因此，"扶养义务"，指的是婚姻家庭法中的"扶养义务"，而非泛化之后的合同法之中的平等民事主体之间的所谓"扶养义务"——照料义务或者照护职责。

（四）《刑法》第 237 条侮辱的新义素

《刑法》第 237 条强制猥亵、侮辱罪中的侮辱。众所周知，"侮辱妇女"一词在刑法文本中的历史比较久，其特定含义已经深植于人们的法理念之中了，因此，该罪在 2015 年《中华人民共和国刑法修正案（九）》（以下简称为《刑法修正案（九）》修正后，"侮辱妇女"这一表述得以保留至今。但是其含义则始终争论不止。究其原因，仍与词典义息息相关。侮辱的词典义是对他人人格与名誉的损害，蒙受耻辱。[1] 在 1979 年刑法时期，只有强奸罪，没有猥亵罪，猥亵行为处断为流氓罪。那时，性自决权与人格权尚未彻底分离，因此，强制侮辱妇女的行为被解释为对妇女人格权的侵犯，是合理的，或者说有合理的成分。1997 年刑法虽然增加了强制猥亵罪，但是已经有超前的刑法观念认为，性自决权是仅次于生命权、健康权的重要法益，与泛泛的人格权应分离，侮辱妇女就是对妇女性自决权的严重侵害，是一种强制猥亵行为，是性的侮辱，不是名誉的侮辱。于是，得出的结论就是本罪中的侮辱等于猥亵。时至今日，大众的刑法观念也升级了，性自决权早已成为独立的刑法法益，因此在今天，本罪的"侮辱妇女"就仅限于对妇女性的侮辱，即对妇女性自决权的侮辱性的侵害。可见，即便承认"侮辱妇女"保留至今的合理性，也不得不对它进行缩小解释，增加"性方面的"这个区别义素，以限制本罪侮辱的外延。此外，本罪中的猥亵与侮辱组成的特定语境，以及本罪紧接着强奸罪的实际法条排列顺序，也指引解释者将其解释为"性方面的侮辱"。此时，区别义素的增加与生成，起到了缩小解释的效果，是稳妥的刑法解释。

本书认为，即便是今天，这个观念变迁及其相应的解释变迁仍未彻底完成。侮辱妇女，也经常被说成"凌辱妇女"。这些词语的使用者，无论是新闻媒体还是普通国民，有时候，其所指并非刑法语言中的猥亵，而是外延更大

---

〔1〕 中国社会科学院语言研究所词典编辑室编：《现代汉语词典》，商务印书馆 2012 年版，第 1382 页。

的包括猥亵在内的更广泛含义的那个"侮辱"。有趣的例证是，时至今日，对男性的猥亵一般是不会使用"侮辱男性"的。这也可以从侧面说明，"侮辱妇女"的规范含义（即猥亵）的确认、普及、认同，也许还需要更长的时间。

（五）新义素生成与被理解的意义

语义分类中，有一种分类是要表达的意义与被理解的意义。它们分别对应着刑法解释中的主观解释结论与客观解释结论，很有意义。当要表达的意义难以浮现、立法原意难以探寻的时候，被理解的意义就是客观文义了。

根据客观解释论探寻客观文义时，往往会产生启发性的新义素。所以，新义素的生成，实际上属于被理解的意义的外现，属于解释者独特认知、独有表达的外现。换个角度来看，是刑法解释从以立法者为中心，发展到以刑法文本为中心，再到以解释者为中心。这种变迁轨迹不仅存在于法学一个学科，也存在于文艺批评、解释学（诠释学）、言语交际学、哲学、逻辑学等学科。当然，绝对关注某一个中心是不可能得出最适宜的刑法解释的。新义素生成，仍然应该以文本意思（客观文义）为基石、为基本出发点，再结合立法原意、解释者理解的意义，三者兼顾，择其善者而从之。

例如，寻衅滋事罪是一种扰乱公共秩序的行为，妨害公务罪同样也是一种扰乱公共秩序的行为。扰乱、妨害、破坏、滋扰等行为，必然存在着共同义素，目前刑事立法者使用的是"扰乱公共秩序"这个共同义素而已，立法者通过章节标题的形式来明确扰乱、妨害、破坏、滋扰等行为之间的交叉地带与共同义素。至于从今日视角看，这种立法者所明示的交叉地带与共同义素是不是合理，则是需要不断斟酌的。例如，在"扰乱公共秩序罪"这一节之中，还有非法获取计算机信息系统数据罪等计算机犯罪的罪名，这几个罪名恐怕与当前一般人观念中的"扰乱公共秩序罪"相去甚远了，更接近"妨害信息安全"乃至"危害公共安全"的领域。所以，目前的"扰乱公共秩序罪"一节包括的组织、领导、参加黑社会性质组织罪等罪名，更应该考虑移到危害公共安全罪等章节中。可见，隐性义素（法益、语境等）是不是合理，可能需要立法者的观念实时更新。实然的法规范呈现出来的共同义素可以是明示的，可以是隐性的，但是都需要用语言来传达，都需要通过义素分析来明确。而应然的法规范中的隐性义素，也同样需要用语言来传达，都需要通过义素分析来明确。具体罪名、构成要件的所属章节中的核心词语、关键词语、指示性词语等成为隐性的义素，是需要挖掘、转换的，是动态的。例如，完全可以将竞驶型的危险驾驶罪，从实然的危害公共安全罪解释为一种应然的"扰乱公共秩序罪"；将严重的故意排污、故意制造噪声等行为，从实然的妨害社会管理秩序罪解释为一种应然的"扰乱公共秩序罪"。即便还没有立刻成为实然法规范，但是，解释者认为竞驶型的危险驾驶罪含有"扰乱公共秩序"这一义素也完全没有任何障碍。这是被理解的意义，与立法原意（要表达的意义）当然可以不尽一致。

　　被理解的意义，与解释者独特的义素分析息息相关。因此，两个不同的解释者，得到的被理解的意义是不同的。孰优孰劣，需要历史来检验，需要时间来"拷问"，需要实践来衡量，也需要得到语言的"评审"。前文中，介绍了不少学者独特的义素分析结果，这是他们生成的新义素，需要经过检验后判断其得失。

第六章　义素分析与词典义

第一节　词典义及其义素

一、词典义是文理解释的基本遵循

义素分析应该先以词典义给出的义素为基础。而进行刑法解释的时候，往往会在此基础上增加区别义素，也就是增加各种限定成分，以便获得合理的解释结论，发掘构成要件的真实所指和真实语义。因此，词典义及其义素不仅是文理解释的基本遵循，也是整个刑法解释的基本遵循。

（一）流氓

众所周知，流氓罪是 1979 年刑法的口袋罪。而其之所以成为口袋罪，则与其词典义密切相关。流氓的词典义有两个，一个是原指无业游民，后来指不务正业、为非作歹的人；一个是指调戏妇女等恶劣行为。[1] 显然，口袋罪的成因主要与第一个义项有关系，因为第二个义项"调戏妇女"的所指，相对而言还是比较清楚的——必须针对妇女而实施犯罪行为。而第一个义项"不务正业、为非作歹"，包括的行为就太多、太宽泛了。现行刑法中的聚众斗殴、寻衅滋事、强迫交易、非法持有枪支、强制猥亵、扰乱交通等行为当然都属于"为非作歹"的范围。我国台湾地区更是认为，开烟馆、开妓院、

---

[1]　中国社会科学院语言研究所词典编辑室编：《现代汉语词典》，商务印书馆 2012 年版，第832 页。本书按：现在，汉语已经几乎不使用"流氓"所含有的"无业游民"这一义项了。当前，刑法学界几乎都避免使用流氓一词进行刑法解释活动，这是一种历史性的进步。毕竟，"不务正业、为非作歹"完全没有罪刑法定主义所要求的明确性。

开赌场的，都是流氓，需要检肃。[1] 时至今日，即便刑法语境中早已不再使用"流氓"，但是对于普通公众来说，飙车竞速、放高利贷、恶性催讨债务、校园攉肥、网络造谣，无论哪一个似乎都可以被安上"流氓"。所以，流氓罪这一罪名不具有罪刑法定主义所要求的构成要件外延的明确性，被我们这个时代抛弃是理所当然的事情。

由此可见，当年刑法学界对于流氓罪的刑法解释主要是来自于词典义，词典义及其义素是刑法文理解释的基础。可以说，刑法中流氓罪的口袋属性，在词典义义素中就埋下了伏笔。

（二）枪支

枪支，词典义是枪的总称。而根据天津赵春华非法持有枪支一案的审理经验，在进行刑法解释的时候，刑事司法者会在枪支的词典义的基础上增加一个义素——枪口比动能≥1.8焦耳/平方厘米。也就是说，枪口比动能≥1.8焦耳/平方厘米的枪支才是刑事司法机关认为的枪支。这是2010年12月《公安部关于印发〈公安机关涉案枪支弹药性能鉴定工作规定〉的通知》所规定的：对不能发射制式弹药的非制式枪支，按照《枪支致伤力的法庭科学鉴定判据》（GA/T 718-2007）[2] 的规定，当所发射弹丸的枪口比动能≥1.8焦耳/平方厘米时，一律认定为枪支。可以预计的是，今后如果再增加新的区别义素，则会进一步缩小枪支的词典义的外延。

在死刑的执行方式之一枪决中，"枪"显然指的是以火药为动力的一类枪支，而绝对不是指以高压气体为动力的枪支。在我国司法实践中，也从未出现这样的枪决案例。相对于《枪支管理法》规定的枪支概念而言，对于这里的枪支的解释就产生了缩小解释的效果，即扩大内涵、增加内涵——以火药为动力。而在"钥匙扣枪支案"中的枪支的概念，显然是符合外延较大的枪

---

〔1〕 我国台湾地区"检肃流氓条例"规定的流氓包括：一是擅组、主持、操纵或参与破坏社会秩序、危害他人生命、身体、自由、财产之帮派、组合者。二是非法制造、贩卖、运输、持有或介绍买卖枪炮、弹药、爆裂物者。三是霸占地盘、敲诈勒索、强迫买卖、白吃白喝、要挟滋事、欺压善良或为其幕后操纵者。四是经营、操纵职业性赌场，私设娼馆，引诱或强逼良家妇女为娼，为赌场、娼馆之保镖或特殊为人逼讨债务者。五是品行恶劣或游荡无赖，有事实足认有破坏社会秩序或危害他人生命、身体、自由、财产之习惯者。

〔2〕 该规范性文件中规定了枪的定义——以火药、气体等为动力，利用管状器具发射弹丸，口径通常小于20毫米的各类身管射击武器。可见，口径通常小于20毫米也是刑法中枪的定量义素之一。

支概念的，即减少内涵、扩大外延。

因此，枪或者枪支，实际上存在着多个概念。

第一个，《枪支管理法》规定的枪支概念，是指以火药或者压缩气体等为动力，利用管状器具发射金属弹丸或者其他物质，足以致人伤亡或者丧失知觉的各种枪支。

第二个，执行死刑的枪支，或者军用枪支，是指以火药为动力的各种枪支。

第三个，《枪支致伤力的法庭科学鉴定判据》中的枪的定义，是以火药、气体等为动力，利用管状器具发射弹丸，口径通常小于 20mm 的各类身管射击武器。

第四个，词典义中的枪支，这是外延最大的。其余的枪支概念都是在此基础上增加各种区别义素而来的，外延都小于词典义。增加的区别义素包括：发射的物质，动力的来源，制式还是非制式，口径大小，枪口比动能大小，等等。

（三）黑社会

黑社会的词典义是，社会上进行犯罪活动及其他非法活动的各种有组织的黑暗势力。[1] 即，包括组织性、非法性 2 个义素，或者组织性、暴力性 2 个义素。[2]

而根据《刑法》的规定，黑社会是具有组织性、经济性、暴力性和控制性的非法的社会或非法的组织。[3] 那么，就是在词典义非法社会、非法组织（非法性、组织性）2 个义素的基础上，增加了经济性、暴力性和控制性 3 个区别义素，也就是一共 5 个义素。这一刑法规范语境下的解释，完全是以词典义给出的义素为基础的。在词典义的基础上，刑事立法者对经济性、暴力性和控制性这 3 个区别义素的增加，既能够限制刑法意义上黑社会的成立范

---

[1] 中国社会科学院语言研究所词典编辑室编：《现代汉语词典》，商务印书馆 2012 年版，第 531 页。

[2] 实际上，对于黑社会而言，暴力性与非法性是统一的、不可分割的。即，非法性体现为暴力性，暴力性征表出非法性。

[3] 《刑法》第 294 条。

围，又没有超越约定俗成的黑社会的词典义的涵摄范围。[1]

显然，黑社会的词典义外延，大于刑法语义给出的外延。也只有以词典义给出的义素为基础诞生的黑社会的新概念，才能受到广泛认同，这是刑法规范、刑法解释具有生命力的重要原因。[2] 如果解释者随意增加义素的数量，就必然会缩小黑社会的词典义的外延。

暴力性与非法性的关系，非常重要。这涉及黑社会究竟具有几个义素的问题。为非作恶、欺压、残害群众，只能通过广义的暴力来实现，这完全符合犯罪的规律与实践。正因如此，2018 年公布施行的《最高人民法院、最高人民检察院、公安部、司法部印发〈关于办理黑恶势力犯罪案件若干问题的指导意见〉的通知》中就明确指出：

黑社会性质组织实施的违法犯罪活动包括非暴力性的违法犯罪活动，但暴力或以暴力相威胁始终是黑社会性质组织实施违法犯罪活动的基本手段，并随时可能付诸实施。暴力、威胁色彩虽不明显，但实际是以组织的势力、影响和犯罪能力为依托，以暴力、威胁的现实可能性为基础，足以使他人产生恐惧、恐慌进而形成心理强制或者足以影响、限制人身自由、危及人身财产安全或者影响正常生产、工作、生活的手段，属于《刑法》第 294 条第 5 款第 3 项中的"其他手段"，包括但不限于所谓的"谈判""协商""调解"以及滋扰、纠缠、哄闹、聚众造势等手段。

因此，现行刑法中的黑社会性质的组织的义素包括两个，即组织性、暴力性。由于是暴力性质的组织，自然会衍生出控制性（影响力）与经济实力

---

[1]　如果将现行立法中的经济性义素去掉，黑社会的成立门槛会大大降低。立法者今后也许会根据形势发展这样操作。毕竟，距离词典义太远的现行立法，只是一时思维的产物而已。本书认为，黑社会的经济性、控制性都不应该是题中应有之义，应然的黑社会的义素应该只包括组织性、非法性和暴力性，不应含有经济性。同时，2000 年公布施行的《最高人民法院关于审理黑社会性质组织犯罪的案件具体应用法律若干问题的解释》中"通过贿赂、威胁等手段，引诱、逼迫国家工作人员参加黑社会性质组织活动，或者为其提供非法保护"这样的表述，在 2002 年公布施行的《全国人民代表大会常务委员会关于〈中华人民共和国刑法〉第二百九十四条第一款的解释》中没有得到认可。即，黑社会性质的组织没有"保护伞"这一义素。2011 年公布施行的《中华人民共和国刑法修正案（八）》（以下简称为《刑法修正案（八）》）也没有把"保护伞"明确作为黑社会的义素。本书预测，随着形势的变化，黑社会的几个义素可能还会发生改变。最大程度接近词典义的黑社会的法律含义，才是最合理的。

[2]　从这一角度来看，刑法解释做得好，能够为词典义的完善作出贡献。编纂词典绝不是闭门造车，必须要广泛搜求、萃集全社会各个领域、各个行业、各个学科的优秀解释成果。

（经济性）。其经济实力是犯罪组织的追求目标，也是犯罪组织发展壮大的物质基础，但是黑社会（或者黑社会性质的组织）本身并不具有这个特征。[1] 不能抓住这一点，认定黑社会就容易出现轻重失当的结果。相比而言。恶势力是组织化程度较低的违法犯罪组织，没有固定成员且人数较少，可能构成了犯罪，也可能尚未构成犯罪。[2]

上述例证说明，一般而言，刑法解释都是在词典义的框架内展开的，刑法解释给出的义素没有超越词典义的义素，词典义的外延往往是大于刑法语义外延的。

二、刑法解释不应从词典义逃逸

尊重、敬畏、遵循汉语词典义，就是尊重、敬畏、遵循无数代人努力的结果，也是尊重、敬畏、遵循约定俗成的社会语言环境，其本质就是尊重、敬畏、遵循中国的常识、常理、常情、常法，包括中国人、中国社会的基本价值、基本逻辑、基本知识、基本哲学。在这方面，刑法学者显然做得不够，有的时候，某些强行的、强硬的刑法解释与过于灵活的刑法解释甚至在误导读者，误导法官思维，误导社会公众。

现代汉语词典义是语义积累的结果，并不是凭空产生的东西。对于刑法解释者而言，词典义是开展刑法解释的基本参照，是无法回避的"集体智慧"。若试图绕开词典义，进行刑法解释，无异于揪着自己的头发离开地球。即便是引进域外刑法学的成果、名词、理论，也需要参照词典义，看看这些域外刑法学的成果、名词、理论能否为现代汉语所吸纳，能否转化为比较合适的、"比较舒服"的现代汉语的表述方式。

词典义也是与时俱进的事物。当词典义已经明显滞后于实际生活与实际观念的时候，词典义也需要及时更新。本书涉及的"食品"的词典义就是

---

[1] 黑社会，历经了漫长的历史发展，在普通公众那里已建构起基本形象，同时也建构起了相应的义素。这个基本形象被词典固定下来之后（形成词典义及其义素），黑社会的自身仍旧在继续发展。因此，某一个时间节点上，有权机关对它的解释与刻画是特定阶段的知识而已。时过境迁，有权机关的见解也在不断更新。换句话说，作为推理的基本概念而使用的黑社会，必须是具有固定内涵外延的词汇。但是，解释者总是在不断把应然的形象运用在自己的推理中，这就导致了推理不合逻辑，也容易造成推理的错误。黑社会的过去形象、当前形象、未来形象都参与了推理的过程。

[2] 朴宗根、吕江鸿：《"黑社会"与"恶势力"犯罪的刑法界定研究》，载《西北大学学报（哲学社会科学版）》2020 年第 3 期。

如此。

因此，必须遵循词典义及其义素。义素划分、义素分析应该先以词典义给出的义素为基础。任何一位刑法解释者无论如何解释，无论如何选择语料，其实都很难绕过词典义。以词典义的义素为基础，不是什么低级的事情，也不是什么丢人的事情。相反，假如真的遵照有学者所言的"单靠翻字典是不行的"[1]，真的不去重视词典义及其义素，那就是危险的事情了。

（一）暴力与强暴行为

例如，在解释"暴力"的时候，词典义为"侵犯他人人身、财产等权利的强暴行为"[2]。这给出了两个义素，一个是强暴行为，一个是侵犯他人人身、财产等权利（《现代汉语词典》2012 年版解释为"强制的力量；武力"）。只有在这两个义素的基础上进行刑法解释才具备广泛的社会基础，才符合文化传统和刑法传统。众所周知，抢夺罪主要是对物暴力，而强奸罪是对人暴力，刑法分则中的多个与暴力义素有关联的罪名，例如强迫吸毒罪、强迫交易罪，都并未脱离"暴力"的词典义。至于强暴行为又具备哪些义素，能否进一步拆分出更细微的合理的义素，与其外延大小的确定息息相关。换句话说，如果把强暴行为作为一个构成要件的话，这个构成要件的解释过程也就是其内涵、外延的确定过程。确定一个构成要件的外延所做的努力，就是在进行刑法解释。无论是同一个构成要件的语义确定，还是不同构成要件之间的语义关系，还是探讨外延泛化现象，其实质都属于刑法解释的范围。而只有在词典没有给出语义的义素的时候，解释者才能建构一个自己的义素结构和义素划分，而这个义素结构和义素划分是否合理，需要经过实践的检验后才知道。

（二）寻衅滋事与制造事端

寻衅滋事中的寻衅与滋事。寻衅，词典义是故意找事挑衅。[3] 义素包括故意、找事等。而挑衅，词典义是借端生事，企图引起冲突或战争。[4] 而滋

〔1〕 苏彩霞：《刑法解释的立场与方法》，法律出版社 2016 年版，第 108 页。

〔2〕 辞海编辑委员会编：《辞海》，上海辞书出版社 1980 年版，第 1404 页。

〔3〕 中国社会科学院语言研究所词典编辑室编：《现代汉语词典》，商务印书馆 2016 年版，第 1493 页。

〔4〕 中国社会科学院语言研究所词典编辑室编：《现代汉语词典》，商务印书馆 2016 年版，第 1301 页。

事，词典义是惹事；制造纠纷。[1] 由此可以清晰地看到，词典的循环解释，都离不开找事、惹事、生事、挑事、滋事等，离不开故意，离不开制造、引起等。从刑法学视角看待这一解释循环，可以得出结论，寻衅滋事无非就是——行为人故意制造事端的行为。所以，寻衅滋事，除了故意之外，重要的两个义素，一个是制造、引起，这指的是矛盾、纠纷、事端[2]的制造者、制造源头；一个是矛盾、纠纷、事端本身，也就是反复出现的关键词——事。这个"事"，特指的是矛盾、纠纷、事端、冲突等。那么，在判断寻衅滋事罪的时候，必须重视谁是事端的制造者，必须重视事端的性质与程度。消费者过度维权，但并非是事端的制造者。

所以，一般情况下，过度维权的消费者不构成寻衅滋事罪。同样，违法拆迁、不按政策拆迁、暴力拆迁等行为，是事端的制造源头，因此，被拆迁人的上访行为，一般情况下，也不应判定其行为构成寻衅滋事罪。

三、词典义对于符合性的价值

(一) 确定的词典义对于符合性的价值

符合性应该符合词典义，而符合词典义就是符合一般人的预测可能性以及符合约定俗成。符合性的判断，当然存在判断主体的问题。也就是说，由谁来判断一个具体犯罪的事实是否符合构成要件，法官等司法人员的判断应该建立在什么基础之上。法官判断、司法活动必然是建立在文义基础上的体系化的解释，而这肯定是离不开词典义的。早在 1996 年，陈金钊、尹绪洲发表《法律的文义解释与词典的使用——对美国司法过程中词典使用的述评》[3] 一文，便对词典义的使用进行了阐释，但是刑法学界似乎没有对词典义引起足够的重视，反倒还存在着鄙视词典义的现象。

在这个问题上，刑法学界的争论焦点，就是何为合理的扩大解释，何为不合理的扩大解释，二者的界限何在？有学者认为，当解释结论可以被一般

---

〔1〕 中国社会科学院语言研究所词典编辑室编：《现代汉语词典》，商务印书馆 2016 年版，第 1733 页。

〔2〕 事端，词典义就是纠纷。参见中国社会科学院语言研究所词典编辑室编：《现代汉语词典》，商务印书馆 2016 年版，第 1194 页。

〔3〕 陈金钊、尹绪洲：《法律的文义解释与词典的使用——对美国司法过程中词典使用的述评》，载《法商研究（中南政法学院学报）》1996 年第 3 期。

人接受时，就说明没有超出一般人预测可能性的范围；当一般人对某种解释结论大吃一惊时，则表明超出了一般人预测可能性的范围。[1] 对此，本书不敢苟同。谁是一般人？一般人是哪些人？当代中国，思想多元，观念迭新，所谓的主流人群是一般人，还是比例超过 51% 的中国公民是一般人？实际上，论者所谓的一般人往往指的是自己，是把自己认可的解释结论当成了一般人的解释结论，而把自己不认可的解释结论当成了"超出了一般人预测可能性的范围"的解释结论。其实，解释者自己并不能够、也不应该代表"一般人"。

的确，判断解释结论是否符合普通国民的预测可能性范围，"单靠翻字典是不行的"[2]。事实上，没有一个刑法解释者会幼稚到"单靠翻字典"来完成其刑法解释。然而，在进行刑法解释之前，如果解释者不翻字典、词典恐怕也是不行的，解释者跳过语词规则、客观文义等去追求所谓的刑事立法精神也是不行的。[3] 字典、词典的释义，当然是约定俗成的、具有广泛社会基础的一种释义，当然也就是一般人所认可的。

所以，构成要件符合性，其基准和基础应该是字典义、词典义，以及它们给出的全部义素。在绝大多数情形下，词典义与学者的释义是一致的。除去字数的多寡、表述角度的差异以及语料选择的差异外，二者不应该有太大的差异。任何创造性的天才解释，都不能无视词典义及其背后的社会基础，这也就是本书所言的"一般人"。

例如，在组织男对男的性服务是否构成组织卖淫罪这个案例的争论中，无论是肯定构成组织卖淫罪的人，还是否认构成组织卖淫罪的人，可能都认为自己是"一般人"，都认为自己能够代表"一般人"。或者，反过来，既有"一般人"肯定本案成罪，也有"一般人"否认本案成罪。显然，谁是"一般人"，这是不应该继续纠缠下去的一个问题。一般人的预测可能性，是一个伪命题。

词典义绝不是儿戏的产物，而是汉语智慧的高峰。尽管一般而言词典义会滞后于社会现实和犯罪升级，但这种滞后与相对保守也是其价值所在。本

---

〔1〕　张明楷：《刑法分则的解释原理》，中国人民大学出版社 2004 年版，第 19 页。

〔2〕　苏彩霞：《刑法解释的立场与方法》，法律出版社 2016 年版，第 108 页。

〔3〕　周永坤：《对"组织'男男卖淫案'"的法理分析》，载《法学》2005 年第 1 期。

书认为，一般而言，符合词典义就是符合一般人的预测可能性，舍此无他。语言是一种公器，语义中的词典义当然也是刑法解释者的公器。

同时，词典义也并非一律滞后于社会现实和犯罪升级。有的词典义具有的高度概括性，保证了词典义的超常生命力与超强适应性，可以解释各种类型的犯罪现象而不过时。例如，贩卖毒品罪的行为人为了卖出而先行买入毒品，即被抓获，此时，是否具有贩卖毒品罪的符合性？是否具有贩卖毒品罪实行行为的符合性？这是个艰难的刑法解释学问题。

为了全面了解此解释学问题，本书摘录了我国台湾地区的一篇研究文章，主要内容如下：

本文涉及"毒品危害防制条例"第4条，并涉及2个刑事判例，易言之，该二判例将"毒品危害防制条例"第4条所称之贩卖，解释为贩入或卖出，意即以营利为目的将鸦片购入或将鸦片卖出，有一于此，其犯罪即经完成；唯有认为贩卖应限于卖出。有判决表示不可以将贩卖解释为贩入（买进）或卖出，应仅限于销售卖出。其为了得出此一结论，透过文义解释、体系解释、历史解释之方式，以下简易介绍之：

1. 文义解释。文中指出：按刑罚规定之用语应以受规范者得以理解及可预见之标准解释之，始符合刑法解释之明确性要求，必能避免恣意入人民于罪。前条文构成要件中所称之贩一词，根据当前各版本辞典所载，或解为出售物品，或解为购入物品再转售，无论何者，所谓贩卖之核心意义均在出售，均非单指购入物品之行为。

2. 体系解释。文中指出：从"毒品危害防制条例"第4条本身之体系入手，该条第1项至第4项将贩卖毒品与制造、运输毒品之构成要件并列，并对该三种犯罪态样，科以相同之法定刑。由此推论，本条所指之贩卖毒品行为严重程度，应与制造及运输毒品相当。所谓制造毒品系将毒品从无至有，予以生产，进而得危害他人；而运输毒品系从一地运至他地，使毒品流通于他地，产生危害。基于同一法理，贩卖毒品罪，应处罚卖出毒品，因而产生毒品危害之行为，贩卖须如此解释，其严重程度始与上述制造与运输毒品之危害相当。

就"毒品危害防制条例"整体体系看，条例第5条及第14条第1项及第2项分别定有意图贩卖而持有毒品罪，意图贩卖而持有罂粟种子、古柯种子或大麻种子罪，如两条文所称贩卖一词之理解得单指购入，势必出现仅意图购入即持有毒品之不合理解释结果。基于同条例散见于不同条文之同一用词，应有同一内涵之体系解释，可见毒品条例第4条所称之贩卖，非得单指购入之行为。

另外"毒品危害防制条例"第4条第6项及第5条，分别有贩卖毒品未遂罪及意图贩卖而持有毒品罪；而就单纯购入而持有毒品之犯罪态样，条例于第11条亦有持有毒品罪之相应规范。亦即，立法者于衡量不同态样之毒品犯罪行为，及所欲维护法益之重要性、防止侵害之可能性及事后矫正行为人之必要性后，于条例第4条第1项至第4项、第6项、第5条及第11条，将贩卖毒品、持有毒品之行为，建构出贩卖毒品既遂、贩卖毒品未遂、意图贩卖而持有毒品及持有毒品四种不同犯罪态样之体系，并依行为人对该等犯罪所应负责任之程度，定其处罚。依据前规定所建构之体系，"毒品危害防制条例"第4条第1项至第4项所定之贩卖毒品既遂，解释上，应指销售卖出之行为已完成者而言，不包含单纯购入毒品之情形。

3. 历史解释。文中指出：就历史解释观点而言，于"毒品危害防制条例"之前颁布的"烟毒条例"，就贩卖、持有毒品之行为，即采区分贩卖毒品（或鸦片）、贩卖毒品（或鸦片）未遂、意图贩卖而持有毒品（或鸦片）及持有毒品（或鸦片）四类不同之罪名，并由重至轻制定相应法定刑度之立法模式。该条例其后虽经多次细部修正，但只有所确立之区别贩卖毒品及持有毒品犯罪态样条款，迄今皆未有变动。可见立法者有意将贩卖毒品及持有毒品之犯罪，予以细致化区分，自始至终，均无意将单纯购入毒品之行为，以贩卖毒品既遂论处。[1]

依据上述文献，结合刑法学的语言与逻辑，本书初步认为：

第一，我国现行刑法的贩卖毒品罪其实类似于拐卖妇女、儿童罪，其行为结构有二。其中一个实际上是一个短缩的二行为犯，或为单行为目的犯。即以出卖为目的的单行为犯，不需要实际卖出才构成该罪既遂。只要行为人基于出卖目的，实施了买入（贩入）毒品的行为，即为既遂。当然，在司法实践中，行为人出卖毒品之后案发，当然也属于既遂。拐卖、贩卖，都是以

---

[1] 《最新释字研究：释字第792号重点概述》，转引自吴耀宗：《贩卖毒品罪之着手——在释字第792号解释之后》，载《月旦法学教室》2020年第10期。

出卖为目的实施的犯罪行为，前者是以出卖为目的控制他人的行为，后者是以出卖为目的控制毒品的行为（可以是买入后的控制，也可以是捡拾后的控制，也可以是家传后的控制，也可以是受赠后的控制，等等）。显然，揣测立法的原意，立法者对于这两个重罪，设立了较早的既遂时间点，以及较为特殊的行为结构。特别是行为人基于出卖目的先行买入，再进行长途贩运，予以出售，在这种贩卖毒品罪最为典型的犯罪模式中，一旦在运输中案发或者在卖出前案发，岂能认定尚未卖出毒品的行为人是贩卖毒品罪未遂？虽然行为人基于出卖目的，但是也可以处断为竞合了运输毒品罪既遂。最终，处断为贩卖毒品罪既遂与运输毒品罪既遂，是合理的。以上我国台湾地区文献的文义解释、体系解释、历史解释方法的使用，都是错误的。

第二，基于以上分析与观念，1994 年，最高人民法院《关于适用〈全国人民代表大会常务委员会关于禁毒的决定〉的若干问题的解释》首次将贩卖毒品界定为"明知是毒品而非法销售或者以贩卖为目的而非法收买毒品的行为"。其后历次关于毒品犯罪的会议纪要均沿袭该定义。[1]

在我国台湾地区判例中，"贩卖一词，根据当前各版本辞典所载，或解为出售物品，或解为购入物品再转售"，显然，对于"贩卖"一词的语义分歧是相当大的。出售物品当然不等于购入物品再转售。前者的词典释义显然是不对的。

语义分歧导致对于构成要件语义的解释结论迥异。例如，有学者认为，"出于贩卖目的而非法收买毒品的，属于贩卖毒品的预备行为"[2]。这当然是不对的。因为"出于贩卖目的而非法收买毒品"已然是开始贩卖了，已经符合构成要件行为了，当然是贩卖毒品罪的实行行为而非其预备行为。该论者显然是把贩卖毒品等同于出卖毒品、售卖毒品、出售毒品，这是对贩卖语义的重大曲解。对此，有学者鲜明指出："因为贩卖毒品行为本身就包括贩与卖两种类型，所以实际卖出毒品和以卖出为目的的实际买入了毒品的行为，构成既遂。"[3]

〔1〕 张印：《贩卖毒品罪停止形态认定重构——以"买入即既遂"为考察对象》，载《贵州警察学院学报》2022 年第 5 期。
〔2〕 张明楷：《刑法学》，法律出版社 2011 年版，第 1007 页。
〔3〕 谢望原、赫兴旺主编：《刑法分论》，中国人民大学出版社 2016 年版，第 429 页。

第三，贩卖毒品罪行为人实施了购入毒品、运输毒品的行为，在尚未卖出之时案发的，处断为贩卖毒品罪的未遂、运输毒品罪的既遂，数罪并罚，似乎不够合理。[1] 因其最终目的是卖出，因此，其运输毒品罪的行为仍然是围绕着贩卖毒品罪而实施的。因此，应该处断为贩卖毒品罪的既遂为宜。或者处断为贩卖毒品罪与运输毒品罪的竞合犯。这也完全符合对于毒品犯罪严厉打击的刑事政策的需要。

第四，本书认为，有必要区分出卖毒品和贩卖毒品。单纯的出卖毒品行为不应处断为贩卖毒品罪，而应建立一个新的犯罪类型。或者，为了节约罪名资源，有必要建立一个上位罪名——出卖毒品罪或者出售毒品罪。这个罪名可以涵摄贩卖毒品罪（下位罪名）。进一步来说，出卖毒品罪其实是一个单行为犯。而现行刑法的贩卖毒品罪，也许是一个短缩的二行为犯（以出卖为目的或者以营利为目的的出卖毒品行为），也许是一个完整的二行为犯（复行为犯）——贩入行为、出卖行为的复合。

有学者认为：我国台湾地区的字典"学典"就直接将"贩卖"释义为"出售物品，获取利润"。正因为"贩卖"毒品是指出卖毒品，不要求先买入毒品再卖出毒品，所以，行为人出卖自己捡到的或者祖上留下的毒品的，才能以贩卖毒品罪追究刑事责任。综上所述，根据词义学，"贩卖"不含"买入"之意。[2] 这种对于贩卖的语义的判断，显然是对"贩"及其义素的无视，也是对我国台湾地区对于贩卖的字典解释未能穷尽的产物，自然是不够全面的。

第五，由于对贩卖毒品、贩毒等构成要件的客观解释与主观解释结论之间可能存在严重差异，因此，如何确定其真实语义，不是简单的事情。从体系解释而言，刑法文本中，有擅自出卖军队房地产罪，贩卖淫秽物品牟利罪，擅自出卖国有档案罪，出售公民个人信息罪，组织出卖人体器官罪，出售假币罪等。出售、出卖用得较多，而贩卖的使用场合较少。因此，必须尊重贩卖毒品等基于特定历史形成的文字表述，不能擅自将贩卖毒品解释为出卖毒

---

〔1〕 本书认为，构成运输毒品罪不应该要求具有贩卖的目的或者出卖的目的。假如行为人具有贩卖的目的或者出卖的目的而运输毒品，理应处断为贩卖毒品罪，或者处断为贩卖毒品罪与运输毒品罪的竞合犯。

〔2〕 李立众：《贩卖毒品罪中"买入毒品即既遂说"之反思》，载《华东政法大学学报》2020年第1期。

品。从毒品犯罪的规律而言，贩毒或者贩毒集团的犯罪特点，一般是低买高卖、贱买贵卖，以获得巨大利益。行为人出卖自己捡到的或者祖上留下的毒品的，以贩卖毒品罪追究刑事责任，并不意味着这是毒品犯罪的常态，也不可能拥有稳定的毒品货源，众所周知，贩卖毒品罪的危害性正在于其货源的源源不断（尤其是化学制毒的兴起），因此必须严厉打击基于出卖目的的购买行为、进货行为，这符合当前毒品犯罪的特征。不能以罕见的情形（出卖自己捡到的或者祖上留下的毒品）来解释贩卖毒品的真实语义。前文已经述及，我国应该设立一个出卖毒品罪或者出售毒品罪，这个罪名可以涵摄贩卖毒品罪（下位罪名），真正区分好两者。

第六，制造毒品罪的行为人实施出售毒品、出卖毒品的行为，应处断为制造毒品罪一罪，不应另行处断为贩卖毒品罪。因为，行为人并未贩入毒品，语义上不符合贩卖之意。同理，假如走私毒品罪的行为人具有为了出卖而买入毒品的事实，应处断为贩卖毒品罪既遂，或者走私毒品罪既遂，或者二罪名的竞合犯。而假如走私毒品罪的行为人并不具有买入或者意图卖出的事实，只能处断为走私毒品罪或者运输毒品罪，而不应处断为贩卖毒品罪。

（二）不确定的词典义对于符合性的价值

与此同时，词典义也当然存在着不确定性。而这种不确定性对于符合性判断而言，最终往往表现为外延的大小的不确定性。曾经有语义学者认为：一个约定俗成的词汇意义背离了词汇规则所确定的"理论上的"意义这一全部过程可以称为"石化"（我希望这个术语将使人联想到词条习惯形式的"固态化"以及往往伴随这一过程出现的外延意义的"收缩"）。[1] 也就是说，既存在伴随这一过程出现的外延意义的"收缩"，也存在当前时期我国的刑法解释者尤其偏好的扩张解释——外延的扩张。在收缩与扩张之间的取舍拿捏，在入罪与出罪之间的斟酌选择，其实就是对语义尤其是对词典义不确定性的确定。

例如，《刑法》第 299 条之一中的"英雄烈士"的外延。按照约定俗成的理解，"英雄烈士"的认定应该非常严肃，也非常严格，即："英雄烈士"的

---

〔1〕〔英〕杰弗里·N. 利奇：《语义学》，李瑞华等译，上海外语教育出版社 1987 年版，第 318~319 页。

外延不应该是泛泛意义上的，而应该是严格限定在一定范围内的。[1] 本书认为，"英雄烈士"应该等同于"英烈""烈士"，即"牺牲的英雄"，而不应是"英雄+烈士"。当然，构成要件"英雄烈士"的认定是非常困难的，立法者需要提供一个明确的清单，以便于刑事司法机关准确认定哪些人或者哪些群体属于"英雄烈士"。刑事司法判断不能简单依附于政治判断与官方判断，而应站在历史的高度，认定真正的、没有争议的"英雄烈士"。

本书认为，认定为"英雄烈士"，暂且应限定为：为了救灾抢险、抗疫抗震、战争维和、救人避险、保护他人生命财产等。曾经革命战争年代的英雄，如果去世的时候属于自然死亡，就不属于"为了正义的事业死去的人"，因为，他们并非因"英雄壮举"而死去。英雄烈士的认定，一定要与其死去的时候的行为紧密结合起来。换句话说，构成要件"英雄烈士"不是一种简单的名誉或荣誉上的认定，而是基于他们做出的"英雄行为"与"正义事业"。例如，普通的因公殉职或者在工作岗位上死亡，显然不能全部解释为符合构成要件"英雄烈士"。

根据《烈士褒扬条例》第8条，公民牺牲符合下列情形之一的，评定为烈士：①在依法查处违法犯罪行为、执行国家安全工作任务、执行反恐怖任务和处置突发事件中牺牲的；②抢险救灾或者其他为了抢救、保护国家财产、集体财产、公民生命财产牺牲的；③在执行外交任务或者国家派遣的对外援助、维持国际和平任务中牺牲的；④在执行武器装备科研试验任务中牺牲的；⑤其他牺牲情节特别突出，堪为楷模的。现役军人牺牲，预备役人员、民兵、民工以及其他人员因参战、参加军事演习和军事训练、执行军事勤务牺牲应当评定烈士的，依照《军人抚恤优待条例》的有关规定评定。

显然，根据这个法规范，新中国成立后去世的老一辈无产阶级革命家，都不应属于构成要件中的"英雄烈士"。对他们的侮辱诽谤，不构成《刑法》第299条之一规定的侵害英雄烈士名誉、荣誉罪。

2021年10月，有新闻报道称，原籍山东商河的于抗美援朝战争时期牺牲的烈士毕玉泉，因各种原因尚未获得烈士认定，因此，认定之前只能算是英

---

〔1〕　本书认为，新中国成立后去世的老一辈无产阶级革命家，不应属于构成要件中的"英雄烈士"。此外，将新中国成立后去世的老一辈无产阶级革命家解释为"英雄烈士"，还属于评价不足。也就是说，他们的历史地位应该比"英雄烈士"还要高。

雄或者牺牲的英雄，而不属构成要件的烈士。而经过媒体的关注后，目前，毕玉泉已经被收录进中华英烈网"烈士英名录"中了。

这里，需要进一步解释与阐发的是：

第一，对死去的普通人的侮辱，是否符合侮辱罪的构成要件，学界尚存争论。本书认为，为了周延立法，有必要新增罪名，以保护死去的人的名誉权。或者，在现行刑法的侮辱罪、诽谤罪基础上，进一步完善立法。而不能任由学界各说各话。

第二，行为人侮辱活着的英雄，是不是同时符合侮辱罪与侵害英雄烈士名誉荣誉罪、构成竞合犯？这里的关键问题就是，本罪的犯罪对象是否包括活着的英雄。活着的英雄显然不能定义为烈士。对"英雄烈士"的外延，有的解释为"英雄般的烈士"，有的解释为"英雄+烈士"。[1] 前者——"英雄般的烈士"——结论可取，但是添加了"英雄般的"义素，没有必要，因为烈士已经具有"英雄般的"义素。同时，解释为"英雄般的烈士"，语法上也说不通。[2] 后者则扩张了词典义，与前置法的《中华人民共和国英雄烈士保护法》（以下简称为《英雄烈士保护法》）的意旨明显不符。虽然该法没有定义"英雄烈士"，但是烈士明显指的是"牺牲的英雄"，而不是"英雄+烈士"。但是如果语法上看的话，英雄烈士又只能解释为并列关系的短语（而非合成词），即"英雄+烈士"，这当然是立法语言的失当所致的不合理结论。

第三，立法者之所以将《刑法》第299条之一没有仅仅表述为"侮辱"，而是使用了涵摄力更强的侵害英雄烈士名誉、荣誉这一表述方式，是因为对本罪的构成要件尚处于摸索之中，今后也许会再次修改构成要件。

第四，民政部等相关部门的烈士认定办法、认定标准与认定范围，可能今后还会进一步完善、修改。这对于构成要件英雄烈士的解释会有重要的影响。例如，只有《烈士褒扬条例》而没有"英雄褒扬条例"。只有公安部关于《见义勇为人员奖励和保障条例（草案公开征求意见稿）》，而没有"英雄奖励和保障条例"。这个角度很有意义，足以表明本罪中的英雄烈士仅仅指的是烈士。

---

〔1〕 周光权：《法秩序统一性的含义与刑法体系解释——以侵害英雄烈士名誉、荣誉罪为例》，载《华东政法大学学报》2022年第2期。

〔2〕 将"英雄烈士"解释为"英雄般的烈士"，完全是在制造错误的语法意义。

第五，英雄的外延大于烈士，是烈士的上义词。在同一条文中，上义词与下义词同时出现，会使得立法旨趣不够清晰——立法者是为了保护英雄背后的社会所珍视的正义价值，还是为了保护烈士所承载的正义价值，毕竟不完全一致。因为前者是一个上义词，所以，本书认为，英雄背后的社会所珍视的正义价值的范围是大于后者的。

同时，英雄的文义边界很不清晰，而烈士的文义边界相对清楚。英雄，蕴含着强烈的价值判断，其认定结果悬殊很大。烈士，虽然也蕴含着价值判断，但是，毕竟事实判断是前提，即，为正义事业牺牲的人。

第六，英雄包括活着的英雄与死去的英雄（牺牲的英雄）。死去的英雄（牺牲的英雄）也未必都属于烈士。所以，经一定程序认定的、符合一定标准的牺牲的英雄，才是烈士。比如，仗义执言、为民请命、一般意义上的因公殉职的人，虽然可能属于英雄，但是都不属于烈士。

第七，综上，对语义场中各个词汇的义素分析如下：

英雄［+人］［+活着的］（［-活着的］）［+正义行为］［+实施］［+勇敢］

烈士（英烈）［+人］［-活着的］［+正义行为］［+实施］［+勇敢］［+经一定程序认定］

侮辱罪的对象［+人］［+活着的］（［-活着的］）

活着的英雄［+人］［+活着的］［+正义行为］［+实施］［+勇敢］

死去的英雄［+人］［-活着的］［+正义行为］［+实施］［+勇敢］

广义的英雄烈士指的是"英雄+烈士"，实际上就是"活着的英雄+牺牲的英雄"。狭义的英雄烈士指的是烈士（英烈）。本罪中的英雄烈士指的是烈士（英烈）。

第二节　词典义义素的安定性与变动性

词典义及其义素一般是滞后于社会生活的，所以其天然具有安定性的特质。换句话说，词典义及其义素是对过去的社会实际的固化。即便不断收录新词、收录新义，也总是不能那么及时跟进社会发展实际的。而由于我国社会变迁加速进行，词典义及其义素对现在的社会实际的框定效果，则需要具体问题具体分析。而对于未来的社会实际的评价与描述，则一般不属于词典义及其义素的强项。

这当然只是基本的、粗疏的判断与观念而已。具体到某个刑法学的构成要件，则未必如此。以下，分词典义及其义素的安定性与变动性两个方面作语义阐发。

一、词典义及其义素的安定性

（一）区别义素的安定性

众所周知，任何一个学者给出的解释和义素，都难以彻底避开词典义及其义素。在任何时代，试图进行遗世独立的、纯粹个人化的刑法解释及获取相关结论几乎是不可能的。尤其是在进行实际的构成要件的刑法解释的时候，学者不应随意添加或者改变区别义素。假如随意对待词典义规定好了的义素，有可能得出不正确的刑法解释结论。

例如，对于猥亵的解释，无论怎样施展才华，学者们作出的解释都离不开"做下流动作"这个关键的词典义义素。至于"做下流动作"是针对女性还是男性，是有接触还是没有接触，都不重要。猥亵女性就是针对女性的猥亵，猥亵男性就是针对男性的猥亵，猥亵异性就是针对异性的猥亵，猥亵同性就是针对同性的猥亵。接触被害人做下流动作（抠、摸他人隐私部位等）是猥亵行为，不接触他人做下流动作（裸露下体等）也是猥亵行为。猥亵的词典义（做下流的动作）中，并没有性别这个区别义素，也没有接触性这个区别义素。[1] 可见，词典义的广泛适用性以及历经时间洗礼后的安定性，对于社会生活极大的概括性与涵摄性，值得刑法解释者来学习、尊奉、坚守。对于词典义，第一反应不应是质疑，而应是认同。刑法解释者、刑事立法者、刑法文本、刑法规范等都不要轻易、随意地增加构成要件的区别义素。

---

[1] 近年来，不法分子以互联网为媒介，打着"个性交友""童星招募"等幌子，通过诱骗、胁迫未成年人进行"裸聊"或发送"裸照""裸体视频"等方式进行"隔空"猥亵的违法犯罪行为有蔓延之势。"隔空"猥亵是性侵未成年人犯罪的新形态，区别于传统的身体接触方式，具有隐蔽性更强、危害更广的特点。这是 2019 年 12 月 20 日最高人民检察院举行的新闻发布会的内容。参见《从严惩处涉未成年人犯罪 加强未成年人司法保护》，载 https://www.spp.gov.cn/spp/zgrmjcyxwfbh/zgjjxcy-ccswcnrfzxwfbh/index.shtml，最后访问日期：2022 年 11 月 5 日。

（二）共同义素的安定性

本书认为，刑法构成要件词典义的义素所具有的超强安定性，来自于语义积累、汉语传承、公众认同。也来自一代代词典编纂者们的谨慎工作。在同一个义位之内的多个义项，都来自最初的词的本义，其余的义项则是本义的引申义、转注义、假借义，等等。发展到了刑法文本、刑法解释中之后，这些本义有的似乎是消失了，但其实仍然或深或浅地隐含在各种语义之中。无论刑法解释者们是否愿意承认，这都是语义的客观实际。

例如，在《刑法》第120条之三宣扬恐怖主义、极端主义、煽动实施恐怖活动罪中，如何解释与理解"通过讲授、发布信息等方式宣扬恐怖主义、极端主义"？

第一，本书认为，其他方式依然具有本条的符合性，如行为人采用直接穿着、佩戴宣扬恐怖主义、极端主义服饰、标志的方式的。行为人宣扬恐怖主义、极端主义的方式，既包括制作、散发各种文书、实物、牌匾，也包括讲授、发布，也包括穿着、佩戴，还包括念经、布道，以及建筑房屋、雕像、碑碣等。此处，对于列举事项的"向前看"与对于概括事项的"向后看"，二者需要互相观照，既要抽象把握宣扬恐怖主义、极端主义的实质，也要熟悉宣扬恐怖主义、极端主义的具体方式及其变化、升级。例如，行为人通过建设工程、建造房屋，以建筑物、户外造像甚至山体等为媒介，錾刻、摩崖、悬挂、张贴、发布有关图案、文字等来宣扬恐怖主义、极端主义的，同样具有该构成要件的符合性。行为人利用无线电等声光电磁热形式发布有关信息的，也同样具有构成要件符合性。

第二，制作、散发、讲授、发布、穿着、佩戴，包括出版、刊载、复制、发表、发行、传播、传递等，组建一个刑法语义场，其共同义素（上位概念）是传播信息、传送信息。即，宣扬的义素之一就是传播信息或者散播信息。[1] 宣扬的词典义是，广泛宣传，使大家知道。[2] 也就是说，"传"是传播、传扬、散布、推广、传递的意思。行为方式多样，行为人完全可以使用

---

〔1〕　宣，布也，明也，遍也，通也，缓也，散也。这些都是引申义。参见（清）段玉裁撰：《说文解字注》，中华书局2013年版，第698页。

〔2〕　中国社会科学院语言研究所词典编辑室编：《现代汉语词典》，商务印书馆2016年版，第1483页。

朗诵、演讲、戏剧、表演、歌唱、诵经、著述、建筑、雕像、佩戴等多种行为方式实施本罪构成要件的行为。

第三，从词语不同时期的意义流变来看，也能寻得刑法相关构成要件的语义踪迹。例如，《释名》：传，转也，人所止息而去，后人复来，转相传无常王也。[1] 传，转也，转移所在，执以为信也。[2] 传，传也，以传示后人也。[3]《正字通》：传，授也。续也。布也。又驿递曰传。训也。述也。解经曰传。又纪载事迹亦曰传。可见，传，外延逐渐泛化、引申到了驿递、解经、记载事迹等领域，但是其义位并无改变。

而据研究，"宣传"一词，源自1855年《遐迩贯珍》。李大钊在1919年、孙中山在1923年已经开始使用，现在则属于现代汉语基本词、常用词，解释为传播、宣扬。[4] 宣传与宣扬，在当前的语境中，显然一个褒义，一个贬义，这是语义中的附加意义，也是区别义素。宣传往往是用于正面事物的传播，而宣扬则用于反面事物的传播。刑法文本中是这样，其余的汉语文本中也是这样，这一点无须赘述。但是，二者的共同义素都是传播，即古汉语的"传"（布也），这是理性意义，也是共同义素。

第四，所以，词典义及其义素的超强安定性来自于汉语的语义积累、公众认同、语义传承。这就是共同义素的来源。语义积累的过程，也是语义约定俗成的过程、公众认同的过程、语义传承的过程。汉语语义及其义素的传承、继受，直接凝结在了刑法文本中，凝结在了构成要件中。我国的刑事立法者和解释者无论怎样选择汉语语料，无论选择什么样的汉语语料，都不可能逃离、回避语义积累、语义传承的宿命似的安排与限定。其实，把握住了汉语的本义、共同义素，就把握住了语义场中诸部件的共同点与类型化关键点。传播、传授、传统、流传、宣传、传扬等现代汉语词汇及其语义，显然是存在着基本的可以感知到的共同义素的，同时也能感知到各自的区别。该共同义素（传）参与了众多双音节词语的构词，并在这些新的词语中显示该共同义素。

〔1〕（东汉）刘熙撰：《释名》卷第五·释宫室第十七，四部丛刊景明翻宋书棚本。
〔2〕（东汉）刘熙撰：《释名》卷第六·释书契第十九，四部丛刊景明翻宋书棚本。
〔3〕（东汉）刘熙撰：《释名》卷第六·释典艺二十，四部丛刊景明翻宋书棚本。
〔4〕黄河清编著：《近现代汉语辞源（上册）》，上海辞书出版社2020年版，第341页。

二、词典义及其义素的变动性

随着时代与社会的发展、解释主体的增加、解释结果的并存、认知的深化、政策的需要、权威人物的命令，甚至随着一些难以言说的原因等，词典义也处在时刻变动之中。因此，词典义及其义素也不是一成不变的。权威的《现代汉语词典》也在不断修订，增收新义或者增补原有未收义。[1]

（一）词典义及其义素的变动性是基本规律

应该承认，词典义及其义素的变动性是基本规律。没有绝对不变的词典义及其义素。

例如，黑社会一词。

《现代汉语词典》迄今为止有 7 版。1978 年第 1 版没有收录该词。1983 年第 2 版没有收录该词。1996 年第 3 版首次收录该词，解释为——社会上暗中进行犯罪活动的各种黑暗势力，如反动帮会，流氓、盗窃集团，走私、贩毒团伙等。[2] 2002 年第 4 版解释为——社会上暗中进行犯罪活动的各种黑暗势力，[3] 删除了前一版本中的列举项。2005 年第 5 版解释为——社会上进行犯罪活动及其他非法活动的各种有组织的黑暗势力，如反动帮会，流氓、盗窃集团，走私、贩毒团伙等。[4] 2012 年第 6 版解释为——社会上进行犯罪活动及其他非法活动的各种有组织的黑暗势力，如反动帮会，流氓、盗窃集团，走私、贩毒团伙等。[5] 2016 年第 7 版解释为——社会上进行犯罪活动及其他非法活动的各种有组织的黑暗势力，如反动帮会，流氓、盗窃集团，走私、贩毒团伙等。[6] 第 5 版、第 6 版、第 7 版的解释完全一样。为了避免繁琐，

---

〔1〕　王伟：《〈现代汉语词典〉义项的增补》，载《辞书研究》2017 年第 5 期。

〔2〕　中国社会科学院语言研究所词典编辑室编：《现代汉语词典》，商务印书馆 1996 年版，第 515 页。

〔3〕　中国社会科学院语言研究所词典编辑室编：《现代汉语词典（汉英双语）》，外语教学与研究出版社 2002 年版，第 794 页。本书按：这一汉英双语版《现代汉语词典》依据的就是《现代汉语词典》2002 年的第 4 版。

〔4〕　中国社会科学院语言研究所词典编辑室编：《现代汉语词典》，商务印书馆 2005 年版，第 558 页。

〔5〕　中国社会科学院语言研究所词典编辑室编：《现代汉语词典》，商务印书馆 2012 年版，第 531 页。

〔6〕　中国社会科学院语言研究所词典编辑室编：《现代汉语词典》，商务印书馆 2016 年版，第 533 页。

我们仅比较第 4 版和第 5 版即可。

第一，第 4 版的义素"暗中"，在第 5 版消失了，删除这一个区别义素显然会使黑社会成立范围变大——暗中活动的和公开活动的非法组织，都可能是黑社会。

第二，第 4 版的义素"进行犯罪活动"，在第 5 版变为"进行犯罪活动及其他非法活动"，毫无疑问，增加"非法活动"使得黑社会的外延猛地变大了。

第三，"各种黑暗势力"变为"各种有组织的黑暗势力"，增加了"有组织"，会缩小黑社会的成立范围。可见，词典的解释让"黑社会"的外延忽大忽小，这只能表明词典编纂者的认知还在逐步发展、完善、成熟之中，对于"黑社会"的本质与特征的认知还在发展之中，因此"黑社会"的义素就不可能迅速固定下来。同样，刑法解释者、刑事立法者、社会公众对于什么是"黑社会"，也肯定会形成不完全一致的解释，给出的义素就不完全一致。[1]目前的词典义，确定了有组织、非法活动、黑暗势力三个义素，而这与目前刑法的规定——组织性、控制性、暴力性、经济性——显然并不完全一致。至少，词典义还没有明确指出目前黑社会的重要特征之一——经济性。这其实是好事，是词典义保守的价值所在。

第四，有鉴于此，一个概念的词典释义、词典义及其义素，实际上是全社会、全体国民集体贡献出来的，是全社会认知达成基本一致的结果。不仅如此，这个基本一致的结果可能也只是暂时地达成共识，肯定也会随情势变更而发生动态变化。

第五，由于很多刑法术语都源自近代日语，进入汉语之后，其语义仍在积累与融合的过程中，其义素当然也在积累、定型之中。例如，在非法经营罪这一个确定罪名的语言表述中，非法[2]、经营[3]，都源自日语。营业、构成、拘留、救治，这些词语同样都是源自日语。这些词语进入汉语体系之后（有的词语则是出口转内销），其语义逐渐被改造为汉语世界所需要的样

---

〔1〕 黑社会，词典释义剧烈变动发生在 2005 年版《现代汉语词典》。而刑法释义的剧烈变动发生在 2011 年《刑法修正案（八）》。

〔2〕 黄河清编著：《近现代汉语辞源（上册）》，上海辞书出版社 2020 年版，第 441 页。

〔3〕 黄河清编著：《近现代汉语辞源（上册）》，上海辞书出版社 2020 年版，第 829 页。

子，于是，其内涵、外延都发生改变了，并且其语义的积累仍在进行之中、没有停止。理性、客观地讲，由于此类术语进入汉语世界不过百年，其语义积累尚未完成，刑法学界的解诂、训释也处于反复尝试时期，因此，其内涵、外延的边界何在，也不是很清晰。什么是概念的外延？传统上认为，概念的外延是处于该概念之下的那些对象的集合。[1] 一个刑法概念例如经营，在它下面的那些对象的集合是多少、是多宽，涵摄范围是多大，可能文义是什么，都还在试错与摸索之中。绝对确定不变的语义与义素，都是不存在的。这就导致在司法实践中，由于语义积累不够或判断素材缺少，导致法官在符合性判断上、在入罪出罪之间经常失当，而语义问题以及语义发展问题也成为刑法解释的热点与难点。

第六，如今，政治团伙、权势集团、团团伙伙等名词，不应解释为黑社会。因为他们不是"黑暗势力"，不符合黑社会的"黑暗势力"这个义素。除非词义发生改变，义素加以增删，才能涵摄政治团伙、权势集团、团团伙伙等新词新语。

第七，1979 年刑法典没有黑社会。1990 年 3 月，全国政法工作会议明确提出，黑社会组织已在广东、海南、福建、湖南等省出现，并有由南向北、由沿海向内地发展之势。[2] 这一重要论断迅速反映到学界。改革开放后学术界最早研究黑社会性质的组织的时间，就是 1990 年年末。例如王光明、刘文凯《一个严峻的社会问题——对益阳地区 250 个带有黑社会性质帮会组织的调查》（载《社会》1990 年第 12 期）；刘庆荣、傅获生《黑社会及黑社会性犯罪团伙的基本特征》（载《公安论坛》1991 年第 1 期）。《黑社会势力在部分省市沉渣泛起》（载《公安论坛》1991 年第 2 期）；等等。此时，正在逐渐形成黑社会的词义，等待时机成熟，词义稳定，义素稳定，词典再予以收录。随着人们的认知逐步稳定，1996 年版《现代汉语词典》首次收录黑社会一词。1997 年刑法典迅速跟进，也首次将黑社会一词作为构成要件。本书认为，这个简短的回顾表明，语义及其义素的形成与社会现实之间的互动关系非常

---

〔1〕　M. 比尼、陈波、中户川孝治：《弗雷格，他的逻辑和他的哲学——迈克·比尼访谈录》，载《世界哲学》2010 年第 2 期。
〔2〕　李贤华：《近年来黑社会犯罪研究综述》，载《公安大学学报》1993 年第 1 期。

清晰。而且，黑社会的词义仍在演变。[1]

（二）词典义及其义素的变动性与构成要件的加减

本书认为，词典义义素的变动与构成要件的加减，不是一个问题，但是二者存在联系与互动。例如，有学者认为，构成要件及其要素的变更分为实质变更和形式变更（单纯形式上的变更）：

申言之，构成要件及其要素的变更可能存在实质性的变更和形式上的（更确切地说，是单纯的形式上的）变更，针对不同的情况，刑法规范的解释结论会有所不同：由于构成要件要素的增加、减少或变动，使得同一行为在刑法修正（修改）前后的评价发生变化的，这样的构成要件及其要素的变更就属于实质性的。反之，构成要件要素的增加、减少或变动，并不导致同一行为在刑法修正（修改）前后的评价发生变化，则这样的构成要件及其要素的变更就属于形式上的。形式上的变更，可以出于如下目的：将原来的构成要件要素分解、析出，形式上增加要素，以明确原来构成要件及其要素原本包含的内容（含义、性质、情状），满足司法认定明确化、清晰化的要求；删除原来的构成要件要素，以避免因为形式上要素的语义歧义性而引起解释混乱。实质性的变更，可以出于如下目的：原来的构成要件要素难以包容立法者认为应当处罚的、与通过原来构成要件要素解释可予以包含的行为具有同样危害性（及其程度）的类似行为，因而增加或者减少构成要件要素，以使某些行为犯罪化；原来的构成要件要素即使按照目的解释的要求进行解释，仍嫌处罚范围太广，因而有必要删除、修改构成要件要素，以使部分犯罪行为非犯罪化。[2]

这段文字的论述是值得肯定的，它抓住了构成要件（或构成要件要素）增减这个立法技术的关键。但是，构成要件（或构成要件要素）增减，实际上是语言问题与逻辑问题。假如能在此基础上，结合语言与逻辑的知识与视角，相信可以发现更多的有价值的内容，发现更为微观的语义世界。

---

〔1〕 恶势力，也是非法势力、黑暗势力。假如黑社会的词典义继续演变、扩张，完全有可能将刑法文本中的恶势力纳入其中，即黑恶势力、黑恶势力犯罪。黑社会的词典义继续演变、扩张的技术，就是删除区别义素，如删除黑社会一词现有的义素"有组织"。而这一义素也是刑法学者们聚焦的关键点。

〔2〕 肖中华：《构成要件的形式与实质变更及其合理解释——尤以〈刑法修正案（八）〉为例》，载《政治与法律》2011年第8期。

例如，前述猥亵的语义的例子，其涵摄范围就与义素的增减息息相关。不当增加猥亵一词的"接触性"义素，其涵摄范围会减小，容易造成犯罪事实从构成要件逃逸出去，缩小刑法的打击范围。

三、词典义及其义素的冲突性

应该认识到，由于各种不同的释义主体的存在，以及各种释义及其义素的不完全一致，不同语义之间的义素冲突是客观存在的。这使得面对具体的刑法构成要件的解释的时候，问题变得愈加复杂。这种冲突包括多种情形，既有同一词典内部的义素冲突，也有词典义与非词典义之间的义素冲突。义素冲突当然是现象层面的东西，而最适宜的刑法解释、最适宜的刑法义素，就是刑法解释学的终极目标与不懈追求。最适宜的刑法解释可以弥合义素冲突，可以抚平刑法解释中的各种毛刺。

（一）同一词典内部的冲突：恐怖与恐怖主义

同一词典内部的冲突是存在的。

例如，恐怖和恐怖主义两个词就存在着义素冲突。恐怖的词典义是，由于生命受到威胁或残害而恐惧。而恐怖主义的词典义则是，蓄意通过暴力手段（如制造爆炸事件、劫持飞机、绑架等），造成平民或非战斗人员伤亡与财产损失，以达到某种政治目的的行为和主张。[1] 显然，恐怖的词典义义素仅限于"生命"，而恐怖主义的词典义义素并不限于"生命"，还包括健康和财产。这就使得恐怖主义跳脱出其基础——恐怖。这当然是不合语言逻辑的。即，恐怖主义涵摄范围本来不应超出恐怖涵摄范围，但是词典义义素恰恰使得恐怖主义的外延超越了恐怖的外延。[2]

这是值得学术界深刻反思的地方。脱离了恐怖一词的基本内涵、基本外延来探讨恐怖主义，使得目前学界对于恐怖主义的界定，五花八门。虽然恐

---

〔1〕　中国社会科学院语言研究所词典编辑室编：《现代汉语词典》，商务印书馆 2016 年版，第 743 页。

〔2〕　导致这一现象的根本原因是，我们在选取表达"恐怖主义"这个概念的语言外壳时，使用了现成的"恐怖"一词，而这实际上并不能准确表达"恐怖主义"这个概念。今后可能会选取更合适的词语来表达"恐怖主义"这个概念。例如"威胁主义""威吓主义"等，或者以"极端主义"作为上义词，涵摄"恐怖主义"这个下义词。极端主义的当前典型是极右主义、反全球化，这是全球性的主要公害。

怖主义是我们这个时代面临的威胁，是世界各国面临的共同敌人，但是这难道就是我们肆意解释的理由吗？虽然恐怖主义是一个汉语新词，但是这难道就是我们肆意解释它的理由吗？严厉打击恐怖主义这一刑事政策的目的性难道就是随意解释其含义的理由吗？显然，问题比这要复杂得多，问题在于，目前我们还不能准确知道且也不能准确定位，什么才是真正的恐怖主义？什么才是心目中的恐怖主义？比较复杂的是，每个人、每个国家、每个政府心目中的恐怖主义，实际上是不一样的。

本书认为，恐怖与恐怖主义的词典义的共同义素应该是暴力或者暴力手段。[1] 而区别义素则分别是关于生命的暴力，关于生命、健康和财产的暴力。

恐怖主义犯罪的共同义素是暴力，区别义素包括两个：一个是关于生命、健康和财产的暴力（以区别于恐怖），一个是政治目的或者宗教目的（以区别于普通暴力犯罪）。解释者选取义素的不同，会导致该罪名所属犯罪类别不同，法益也就不同。例如，如果选取恐怖主义犯罪中的暴力这一义素，会将其归类为暴力犯罪；如果选取恐怖主义犯罪中的政治目的或宗教目的这一义素，会将其归类为危害国家安全犯罪；如果选取恐怖主义犯罪中的生命、健康和财产的暴力这一义素，会将其归类为危害公共安全犯罪。现行《刑法》的安排就是如此——在危害公共安全罪一章中，设置了若干个有关恐怖主义犯罪的罪名。显然，今后修改《刑法》的时候，如果对于恐怖主义犯罪的观念发生改变，该类犯罪的罪名所属章节就会发生相应的变化。

恐怖与恐怖主义的义素冲突，实际上是我们这个时代以及这个时代特定的语言实态的一个缩影。归根结底，是观念迭代后试图逃离语言桎梏的一种内在冲动。崭新的时代需要崭新的观念，崭新的观念需要崭新的语言体系。但是，永远具有保守倾向和滞后效应的语言体系及其义素，总是跟不上观念与时代的脚步。于是，冲突与义素冲突就形成了。

（二）词典义与非词典义的冲突：战时

词典的释义会随着时代发展和认知发展而改变，也会始终贯彻词典编纂者意图，植入其个人色彩。那么，词典义义素也会如此。可以说，从总的趋

---

　　[1]　无论什么时代，犯罪中的暴力始终是一个极端重要、非常高频的义素。在侵犯人身的犯罪、侵犯财产的犯罪、危害公共安全的犯罪、扰乱社会秩序的犯罪中，概莫能外。

势来看，义素动态变化是一种必然的现象，除非别有用心或者故意混淆视听。

例如，战时，词典义是战争时期。[1] 战争，词典义是民族与民族之间、国家与国家之间、阶级与阶级之间或政治集团与政治集团之间的武装斗争。[2] 而对比词典义，刑法中的战时，其义素则有很大的不同。根据《刑法》第451条的规定，除了"国家宣布进入战争状态"这一战时的典型含义之外，部队受领作战任务时、部队遭敌突然袭击时、部队执行戒严任务时、部队处置突发性暴力事件时等四种情形，也属于战时。显然，这四种情形都与词典义不一致。可以预测的趋势是，今后，部队或者武装力量在执行任何任务时都可能会被规定为战时，以便严肃军纪，提升战斗力，实现部队的设立目的与设置宗旨。例如，部队执行抢险救灾任务护航任务、演习任务、反恐任务时，均可能被规定为战时。

这种冲突与本书反复强调的观点是有一点矛盾的。即，同一构成要件的词典义义素往往是少于其刑法构成要件语义的。这样，词典义的涵摄范围一般是大于刑法语义的。可是，战时这个例子也表明，立法者出于各种考量因素，将刑法语义外延设置成为大于词典义，可以说是不顾词典义，不顾约定俗成。这当然与刑法的拟制规定息息相关。战时的词典义之外的四种情形，实际上就是一种法律拟制。

（三）词典义与司法解释义之间的冲突：环境

由于司法解释的主体也具有释义的权力，因此司法解释义及其义素与词典义义素之间的冲突也是不可能完全消弭的。尽管二者的差距有时候极为微妙。例如，环境一词。

《中华人民共和国环境保护法》（以下简称为《环境保护法》）第2条规定："本法所称环境，是指影响人类生存和发展的各种天然的和经过人工改造的自然因素的总体，包括大气、水、海洋、土地、矿藏、森林、草原、湿地、野生生物、自然遗迹、人文遗迹、自然保护区、风景名胜区、城市和乡村等。"而在2021年最高人民检察院第29批指导性案例——贵州省榕江县人民

---

[1]　中国社会科学院语言研究所词典编辑室编：《现代汉语词典》，商务印书馆2012年版，第1638页。

[2]　中国社会科学院语言研究所词典编辑室编：《现代汉语词典》，商务印书馆2012年版，第1638页。

检察院督促保护传统村落行政公益诉讼案——中，认定传统村落属于环境保护法中"环境"的外延。

本书认为，这是对《环境保护法》中"环境"义素的不当抓取。因为，"本法所称环境，是指影响人类生存和发展的各种天然的和经过人工改造的自然因素的总体"中的"自然因素"是关键义素之一。"环境""环境保护"等词语的词典义中，"自然""自然环境"也都是义素之一。[1] 另外，现行《刑法》的相关章节、有关罪名中（第 338 条~第 346 条），也没有涉及传统村落保护的任何内容，破坏环境保护的罪名涉及农用地、土壤、水体、大气、动植物、矿产资源等较为狭隘和比较传统的内容。[2] 因此，最高人民检察院第 29 批指导性案例对"环境"的解释有明显扩大解释的倾向，这有一些超前，当然不够妥当。

当然，从长远而言，对"环境"进行扩大解释也许是一个正确的发展方向，刑事立法对外延扩张后的"环境"进行保护也符合正确的发展方向。但是，罪刑法定的严格要求也限制了立法者们随意扩大解释的冲动。只有当立法者对于环境保护的新社会观念得到确认后，只有当反映这个新的社会观念的特定语言成为约定俗成的东西，扩大解释才能与罪刑法定之间和睦相处，才能得到广泛的认同而不是引起语言混乱。

---

〔1〕 环境保护：有关防止自然环境恶化，改善环境使之适于人类劳动和生活的工作。参见中国社会科学院语言研究所词典编辑室编：《现代汉语词典》，商务印书馆 2012 年版，第 565 页。

〔2〕 今后，刑法在设置新罪名的时候，可以考虑启动对相关法益的保护。例如，传统村落、传统生活方式、特色林木，甚至特色山体、山色，特色道路，特色饮食习惯，特色服装，特色语言，甚者特定基因，等等。

第七章 义素运行

义素运行，指的是刑法解释中的义素运行。刑法解释中的义素运行、义素增减，[1] 可谓牵一发而动全身。这是刑法解释的微观地带，也是刑法解释的关键部分。刑法解释者在进行解释实践的时候，出于各种理由和原因，进行义素增加、变换、移用、脱落、逆反以及色彩义素的附加等义素变化，从而导致义位变化。[2]

观察我国刑法解释活动中的义素运行、义素增减现象，既是一个评价各个解释者的刑法解释水平高低的重要尺度，也是极为重要的微观语义视角。义素运行主要表现为义素增减，是一种刑事立法、刑事司法、刑法解释的重要技术与技巧，也是判断、评价刑法推理合乎逻辑与否的语言视角。应该说，义素增减既有好的效应，也可能产生负面的效应。考察我国刑法解释，不可能不顾及义素运行这个视角，也不可能离开义素增减这个重要工具。

实际上，学者们的刑法解释都或多或少与义素运行有关，但是这个视角此前并未受到足够的重视。学界往往是从扩大解释、缩小解释、目的解释、实质解释、形式解释等解释方法的角度来评价刑法解释的是非、得失、功过、对错、好坏的，但在这背后，其实总是有着义素运行、义素增减的时隐时现。

本书初涉义素运行、义素增减、义素变换，因此只进行相对简单的分类介绍。大致分为义素增加、义素减少两方面。在此基础上，还涉及合理的义素增减与随意的义素增减。而随意的义素增减是为本书所否定的，是不合理

---

〔1〕 义素增减可以产生新词，例如飞船，不再具有船（水上交通工具）的"水上"这个义素，"水上"义素脱落。参见王艾录：《语义干涉和义素脱落》，载《汉语学习》1994 年第 6 期。义素脱落，就是义素减少。

〔2〕 王占馥：《特定语境中的义位变化》，载《江西社会科学》2006 年第 1 期。

的。在本章之中，尝试着从义素运行、义素增减角度，对两种刑法观与解释限度学说进行简要的分析评价。

根据本书的基本观念，基本结论是：增加义素会缩小构成要件涵摄力，缩小外延，产生缩小解释的效果。反之，减少义素会增强构成要件涵摄力，扩大外延，达到扩大解释的效果。这也是符合义素脱落的效应的——义位内涵缩小、义位外延扩大。[1] 义素脱落是词义脱落、语义脱落的一种，是语义学的基本现象。但是，如果刑法解释者在刑法解释中，人为脱落义素，擅自变迁词义，提前于词典义而动，以达到预设的解释目的或政策要求，就是操纵语义。这肯定是不妥的。

第一节 增加义素

增加义素包括：随意增加区别义素、随意增加共同义素、合理增加区别义素、合理增加共同义素。本节重点是以随意增加区别义素为例，介绍刑法解释中的义素运行。

一、随意增加区别义素

在进行文理解释的时候，如果刑法解释者随意增加构成要件语义的区别义素，就会不当缩小构成要件的外延，导致解释结论明显错误或者自相矛盾，也会导致司法裁判适用罪名失当。随意增加区别义素的现象，是当前刑法解释中比较突出的语义问题与语义错误，其难以被发现、被感知，这是刑法解释者应该着力避免的。

（一）随意增加脱逃的区别义素

脱逃，现代汉语的词典义是脱身逃走。[2] 有论者认为，脱逃罪，是指依法被关押的罪犯、被告人、犯罪嫌疑人从被关押的处所逃逸的行为。[3] 而这一解释恰恰与该论者本人的其他解释产生了明显的自相矛盾：所谓脱逃，是

---

〔1〕 王艾录：《语义干涉和义素脱落》，载《汉语学习》1994 年第 6 期。

〔2〕 中国社会科学院语言研究所词典编辑室编：《现代汉语词典》，商务印书馆 2016 年版，第 1337 页。

〔3〕 高铭暄、马克昌主编：《刑法学》，北京大学出版社、高等教育出版社 2016 年版，第 562 页。

指行为人实施了逃离羁押场所或摆脱监押人员控制的逃逸行为。[1] 自相矛盾产生的原因，是由于该论者在前一个定义中，增加了一个本不应该增加的义素——处所。不当增加的这个义素，导致脱逃这个概念的外延大大缩小了，也与刑法规范的明文规定相抵触——《刑法》第316条第1款规定的是"依法被关押的罪犯、被告人、犯罪嫌疑人脱逃的"，法条并不要求行为人必须从特定场所或者论者所增加的从"被关押的处所"逃逸。犯罪行为人从哪里脱逃，在所不论，都构成脱逃罪：从有形的羁押场所逃逸也罢，从无形的羁押场所（即人民警察或人民武装警察或监察官或法警等的羁押、控制、留置下[2]）逃逸也罢，显然都属于脱逃，都具有"逃逸"这一构成要件符合性，都构成现行《刑法》中的脱逃罪。应该说，现行的刑法规范对于脱逃的解释和定义是合理的，与词典义也是协调的，它对词典义的义素增加是适度的：脱逃一词的词典义是脱身逃走，刑法规范的解释是依法被关押的罪犯、被告人、犯罪嫌疑人脱逃。后者是在前者基础上增加一些刑法特有的区别义素而产生的。另外，脱逃，口语则表达为"（犯人）跑了"。

这也从另一个侧面证明，脱逃罪已经具有高度的抽象性与涵摄性，具有犯罪类型的高度稳定性，试图随意增加区别义素对之进行个人化的解释与定义，风险很大，容易犯错，而且特别容易犯低级错误。

这里，有必要顺便解释、辨析一下有形的羁押场所与无形的羁押场所这一表述。

无形的羁押场所这个说法，显然是为了与"有形的羁押场所"保持汉语语词的对称而产生的。因此，无形的羁押场所虽然可以为我们所理解，但是未必符合汉语的表述习惯。虽然有形、无形似乎是合乎逻辑的语词，但是严格说来，羁押场所都是有形的，不可能有无形的羁押场所。因此，本书认为，以"无形的羁押场所"来指称人民警察或人民武装警察等的羁押与控制，不是最佳的解决办法。被羁押者，是被人实施了羁押，还是被一个场所实施了

〔1〕 高铭暄、马克昌主编：《刑法学》，北京大学出版社、高等教育出版社2016年版，第562页。
〔2〕 羁押权属于刑事诉讼中的刑事强制措施。由于多个职能部门都拥有事实上的羁押权，因此，脱逃罪的成立范围有扩大的趋势。例如，涉嫌危险驾驶罪的醉驾司机在交警看管下，去医院接受抽血检查时逃跑的，也可能构成本罪。但是从罪数来看，一般只会处断为危险驾驶罪，而不会以危险驾驶罪与脱逃罪数罪并罚。

羁押？本书认为，本质上都不是。被羁押者，实际上是被国家的羁押权所羁押的。这种羁押权有时体现为人实施的羁押与控制，有时则体现为电网、高墙、囚车、手铐、脚镣等的羁押与控制。因此，倒不如改为有形空间或场所的羁押、无形空间或场所的羁押。将语言表述稍稍调整一下，就会更符合事物的本质属性与外在类型。

同时，根据《监察法》采取的留置措施，本质上是不是一种羁押？被留置者能否成为脱逃罪的犯罪主体？这个问题需要尽早予以澄清与明确，绝对不能在国家统一司法体制下再生变数和例外。本书的态度一贯是明确的，即根据《监察法》采取的留置措施，本质上是一种羁押。被留置者能成为脱逃罪的犯罪主体。监察法要尽早与相关立法保持一致，不能搞法外监察、留置，也不能搞统一刑事司法制度之外的监察、留置。

（二）随意增加交通运输的区别义素

《刑法》第133条中的构成要件"交通运输"的外延，有的学者解释为"交通管理范围内"，这是对交通肇事罪成立范围进行的时空的限制。[1] 本书认为，这一解释是错误的。原因在于，解释者实际上是在随意增加区别义素。该解释者实际上是把构成要件"交通运输"分型为两种：一种是"交通管理范围内"的"交通运输"，一种是"交通管理范围外"的"交通运输"，并把后一种从本罪的成立范围中排除出去。把构成要件"交通运输"限制解释为"交通管理范围内的交通运输"，增加了一个区别义素——"交通管理范围内"。这当然是不对的。因为，即便是有所谓的"交通管理范围外"的"交通运输"，它也是"交通运输"。也就是说，无论是否属于公安交管部门的管理范围内，其行为都是交通运输的性质。像路政、运管部门对于交通运输的管理，同样属于交通运输管理的性质。事实上，我国的交通运输管理包括由公安机关实施的管理以及由交通运输机关实施的管理两种。交通运输部实际上就是交通运输管理部。随意增加区别义素"交通管理范围内"，导致在厂区、校区、小区内发生的交通肇事、交通事故，无法适用交通肇事罪。这与一般人的法感觉相违背，当然极不合理。

（三）随意增加猥亵的区别义素

不同学者对"猥亵"含义的解释，之所以存在差别，也与义素有直接的

---

〔1〕 李希慧主编：《刑法各论》，中国人民大学出版社2012年版，第64页。

关联。周光权认为猥亵是接触性的下流动作，是"行为人的身体与被害人的身体直接发生接触"[1]。而张明楷则认为是"针对妇女实施的具有性的意义侵害妇女的性的决定权的行为"[2]。显然，后者的外延远远大于前者。本书认为，前者的解释增加了"接触性"这一义素，是对猥亵的外延的缩小，是不准确的，也与犯罪事实不符。特别值得重视的是，猥亵的词典义是"做下流的动作"[3]，也并无"接触性"这一区别义素。显然，词典义能够保证猥亵的真实语义、涵摄范围与事实上的犯罪现象相一致，既不会造成因为随意增加区别义素产生的打击犯罪不够全面的现象，也不会造成语言与事物（概念）的脱节。

在对构成要件语义进行义素分析的时候，不应该随意添加修饰语，也就是不应该随意增加区别义素。解释者应该准确界定和解释中心词的内涵、外延，不可以随意添加个人化的修饰成分。因为，随意添加个人化的修饰成分，既可能是一种真的创新，也可能沦为破坏常识的伪创新。

其实，对于猥亵进行解释的时候，添加不合理区别义素的学者并非一人。例如，有解释者也认为"猥亵是接触性的下流行为"[4]，根据其个人化的理解添加了"接触性"这一义素，而实际上这样的添加导致刑法解释的实际效果并不好——大大缩小了"猥亵"的外延，大大缩小了"猥亵"这一构成要件符合性的范围，容易造成刑法打击范围的缩小。因为，现实中较为常见的露出阴部等非接触性的下流动作、下流行为，同样是一般人观念中的猥亵行为。作为中心词的"下流动作"与作为修饰语的"接触性"之间的匹配程度，决定着构成要件解释的效果与科学性。假如把"猥亵是接触性的下流动作"换成"猥亵是反社会性的下流动作"或者"猥亵是不被容许的下流动作"等，用"反社会性""不被容许的""违反公序良俗""侵害个人私密权益"等其他修饰语，换掉现有的修饰语"接触性"，是否会更好一点，值得刑

〔1〕　周光权：《刑法各论》，中国人民大学出版社2016年版，第37页。
〔2〕　张明楷：《刑法学》，法律出版社2011年版，第785页。
〔3〕　中国社会科学院语言研究所词典编辑室编：《现代汉语词典》，商务印书馆2016年版，第1366页。
〔4〕　蒋熙辉：《刑法解释限度论》，载《法学研究》2005年第4期。本书按：该论文认为，猥亵的词源是日本。但是今天中国刑法中的猥亵的语义还是不是日本早期的猥亵的语义，本身需要证明。即便日本早期猥亵的语义是接触性的下流行为，也不等于我国今天的猥亵仍旧是接触性的下流行为。语义还存在着历时的变化。

法学界进一步深入研究。随意添加一个构成要件的定义项中的修饰语，也就是随意增加一个区别义素，这会导致语义外延不当缩小，导致刑法打击范围变窄、构成要件涵摄力下降。

（四）随意增加颠覆的区别义素

随意增加区别义素导致了不合理的缩小解释，它与合理的缩小解释是不同的性质。例如，2020年6月14日，针对香港大学法律学院公法讲座教授谬称"涉及武力才算颠覆"的言论，梁振英发文驳斥。梁振英认为：有武力元素的颠覆是内战，不必上法庭，举世皆然。事件起因是：港大教授在一个节目中谈到"港区国安法"，他认为"港区国安法"条文应列明分裂国家或颠覆政权是涉及武力或鼓吹武力，行为的严重性是足以达至分裂国家的政治目的。梁振英则表示，港大教授在电台节目中宣称"分裂国家及颠覆政权罪，必须有武力或鼓吹武力的元素，行为的严重性是足以达到分裂国家的政治目的"，而有武力元素的颠覆是内战，不必上法庭，举世皆然。[1]

本书认为，对此问题的解释，是可以从义素增加角度来推理和断定的。颠覆，词典义是采取阴谋手段从内部推翻合法的政府。[2] 可见，"颠覆"并无"武力"这一区别义素，有武力元素的所谓颠覆实际上不再是颠覆，而是公然推翻、武装政变了，即梁振英认为的"有武力元素的颠覆是内战"。所以，本书认为，在这个涉及"港区国安法"具体问题的解释上面，梁振英的批评是正确的。

（五）随意增加公共交通工具的区别义素

刑事司法解释把公共交通工具解释为中大型公共交通工具，就是随意增加区别义素"中大型"，使得公共交通工具这一构成要件，悄悄变为了中大型公共交通工具。司法解释认为，公共交通工具不包括小型出租车。[3] 该司法

---

〔1〕《港大教授称"涉及武力才算颠覆" 梁振英驳斥：那是内战》，载 https://news.ifeng.com/c/7xJtWjeB70R，最后访问日期：2022年11月7日。

〔2〕 中国社会科学院语言研究所词典编辑室编：《现代汉语词典》，商务印书馆2016年版，第290页。

〔3〕 2005年6月8日发布并实施的最高人民法院《关于审理抢劫、抢夺刑事案件的意见》认为："在公共交通工具上抢劫"主要是指在从事旅客运输的各种公共汽车、大、中型出租车、火车、船只、飞机等正在运营中的机动公共交通工具上对旅客、司售、乘务人员实施的抢劫。在未运营中的大、中型公共交通工具上针对司售、乘务人员抢劫的，或者在小型出租车上抢劫的，不属于"在公共交通工具上抢劫"。

解释随意增加了公共交通工具的区别义素——中大型或者大中型，采取的是一种缩小解释方法，并不妥当。理由如下：

第一，从普通用语的习惯以及社会实际出发，小型出租车肯定是属于公共交通工具的。刑事司法解释者之所以将其排除出去，自然有一定理由。不过，万一出现了抢劫行为人对乘客和司机一起实施抢劫的案例，这个司法解释将面临尴尬局面。所以，本书的逻辑是，还是要尊重语言习惯和社会实际，把公共交通工具解释为包括小型出租车在内，涵摄各级各类的公共交通工具。一般的抢劫出租车案件，是抢劫司机一个人，所以，处断的时候，即使法定刑升格，也不宜升格过多。而如果出现上述对乘客和司机一起实施抢劫的案子，则应该升格更多一点才较为合理。

第二，小型出租车被司法解释排除出去，理由也许是：与抢劫"大、中型出租车"相比，抢劫小型出租车的危害性较小。其实，立法者之所以规定这一法定刑升格事项，也许是因为与私家车、船相比，公共交通工具更容易被侵害，以及更容易造成更大的公共危险等，而可能不是因为抢劫小型出租车的社会危害性较小。假如真的如此，小型出租车就不宜被排除在构成要件之外。

例如，在公共交通工具上抢劫，是抢劫罪法定刑升格的事项之一。"在公共交通工具上抢劫"，未必要求行为人登上该交通工具，所以，"在公共交通工具上抢劫"等价于"抢劫公共交通工具"，也就是"抢劫公共交通工具上的财物"。也就是说，作为动词"抢劫"的状语的"在公共交通工具上"应该转化为"抢劫"的宾语"公共交通工具"来理解。假如出现了行为人"在公共交通工具下抢劫"，不登上火车、汽车、飞机、船只，但是确实是以公共交通工具作为犯罪对象的，也应该解释为"在公共交通工具上抢劫"。同理，"抢劫金融机构"，也应该解释为"在金融机构抢劫"。

第三，"在公共交通工具上抢劫"，可能会覆盖大多数刑事犯罪案件，但是未必能够绝对周延。例如，犯罪人驾驶直升机、悬停在客运轮船上方进行抢劫，并不登临船只。犯罪行为人在高速公路上逼停大客车后并不登临大客车，只是在车下、车外实施抢劫行为，这些行为都只能而且应该解释为"在公共交通工具上抢劫"，但是行为人很显然并未"上"公共交通工具。刑法语言的局限性由此可见一斑。[1]

所以，"在公共交通工具上抢劫"应该解释为"抢劫公共交通工具上的财物"或者"抢劫公共交通工具"。"在公共交通工具上"既不是犯罪地点（这会缩小打击范围，无法打击公共交通工具"之下""之外"的抢劫行为），公共交通工具也不是犯罪对象（这不但与犯罪对象的概念不符，而且行为人不是为了公共交通工具本身的财产属性而来）。

2000年发布施行的《最高人民法院关于审理抢劫案件具体应用法律若干问题的解释》第2条规定，刑法第263条第2项规定的"在公共交通工具上抢劫"，既包括在从事旅客运输的各种公共汽车，大、中型出租车，火车，船只，飞机等正在运营中的机动公共交通工具上对旅客、司售、乘务人员实施的抢劫，也包括对运行途中的机动公共交通工具加以拦截后，对公共交通工具上的人员实施的抢劫。这个解释把"运营中"和"运行途中"两类机动公共交通工具都解释到构成要件中去，明显属于缩小解释。与此同时，它把货运类别的机动公共交通工具排除在构成要件之外，同样明显属于缩小解释。可见，立法原意与客观文义都被刑事司法解释主观塑造。这一塑造就是通过随意增加区别义素来实现的。"运营中"和"运行途中""客运"，都是主观上随意增加的区别义素。

第四，把公共交通工具解释为中大型公共交通工具，是增加区别义素（中大型）的结果，导致该构成要件外延被不当缩小了。这种司法解释其实是一种主观类型的解释，既不考察立法原意（这也是主观解释），也不考虑客观文义、可能文义。应该说，该司法解释的"前理解"是错误的。如果以此作为起点，继续进行刑法解释，必然产生目的性限缩的效应，总之是不妥当的。

（六）随意增加破坏的区别义素

在最高人民法院指导案例145号张竣杰等非法控制计算机信息系统案中，引用的法院生效裁判认为：

被告人张竣杰、彭玲珑、祝东、姜宇豪共同违反国家规定，对我国境内

---

[1] 实际的案例是，犯罪人糯康在湄公河水域尾随、追截我国船只，其劫持船只行为的着手和抢劫行为的着手都发生在被害船只之下、之外，射击行为在被害船只之下、之外就已开始了，登临被害船只之后，进一步实施了更为恶劣的杀人行为和抢劫行为。当然，此案中的被害船只是商船，不属于公共交通工具。

计算机信息系统实施非法控制，情节特别严重，其行为均已构成非法控制计算机信息系统罪，且系共同犯罪。南京市鼓楼区人民检察院指控被告人张竣杰、彭玲珑、祝东、姜宇豪实施侵犯计算机信息系统犯罪的事实清楚，证据确实、充分，但以破坏计算机信息系统罪予以指控不当。经查，被告人张竣杰、彭玲珑、祝东、姜宇豪虽对目标服务器的数据实施了修改、增加的侵犯行为，但未造成该信息系统功能实质性的破坏，或不能正常运行，也未对该信息系统内有价值的数据进行增加、删改，其行为不属于破坏计算机信息系统犯罪中的对计算机信息系统中存储、处理或者传输的数据进行删除、修改、增加的行为，应认定为非法控制计算机信息系统罪。[1]

该二审法院裁判将刑事立法者规定的破坏这一构成要件解释为"实质性"破坏，认为如果认定行为人构成第286条破坏计算机信息系统罪，须具有"实质性"破坏。本书认为，这一解释的语言逻辑是错误的，从语义层面上看，其是随意增加了区别义素——"实质性"，使得破坏计算机信息系统罪的打击范围，骤然缩小了。

在本案中，基本案情是：

自2017年7月开始，被告人张竣杰、彭玲珑、祝东、姜宇豪经事先共谋，为赚取赌博网站广告费用，在马来西亚吉隆坡市租住的Trillion公寓B幢902室内，相互配合，对存在防护漏洞的目标服务器进行检索、筛查后，向目标服务器植入木马程序（后门程序）进行控制，再使用"菜刀"等软件链接该木马程序，获取目标服务器后台浏览、增加、删除、修改等操作权限，将添加了赌博关键字并设置自动跳转功能的静态网页上传至目标服务器，提高赌博网站广告被搜索引擎命中的几率。截至2017年9月底，被告人张竣杰、彭玲珑、祝东、姜宇豪链接被植入木马程序的目标服务器共计113台，其中部分网站服务器还被植入了含有赌博关键词的广告网页。后公安机关将被告人张竣杰、彭玲珑、祝东、姜宇豪抓获到案。[2]

根据上述案例，行为人的行为是不是所谓的"实质性"破坏是难以解释

---

[1]《指导案例145号 张竣杰等非法控制计算机信息系统案》，载 https://www.chinacourt.org/article/detail/2021/01/id/5712882.shtml，最后访问日期：2022年8月15日。

[2]《指导案例145号 张竣杰等非法控制计算机信息系统案》，载 https://www.chinacourt.org/article/detail/2021/01/id/5712882.shtml，最后访问日期：2022年8月15日。

的，但是，解释为"破坏"是毫无疑问的。因为，其行为使得目标服务器被植入木马程序，部分网站服务器还被植入了含有赌博关键词的广告网页，这些服务器已经无法按其设计初衷运行，这当然是被破坏了。所以，此要件不一定必须导致被害计算机信息系统彻底无法运行才符合破坏这一构成要件，也不一定必须导致被害计算机信息系统"实质性"地无法运行才符合破坏这一构成要件。哪怕是导致其偶尔的、局部的、部分的、小规模的无法运行或者运行不符合设计初衷，都是破坏，都应符合构成要件的客观文义。正因如此，连前述引用的指导案例本身也出现了前后矛盾的表述——"虽对目标服务器的数据实施了修改、增加的侵犯行为，但未……也未对该信息系统内有价值的数据进行增加、删改，其行为不属于破坏计算机信息系统犯罪中的对计算机信息系统中存储、处理或者传输的数据进行删除、修改、增加的行为……"试问：行为人是否实施了"数据增删"行为？

这里，需要顺便说明的，有以下几点：

第一，本书认为，当对"破坏"进行广义的解释的时候，非法控制计算机信息系统的行为也属于《刑法》第286条所规定的破坏计算机信息系统罪。尽管立法者的立法意图是想严格界分第285条第2款中的非法控制计算机信息系统罪与第286条破坏计算机信息系统罪，但是，二者的汉语语义可能存在重叠交叉的部分。尤其是破坏一词的解释弹性极大。

第二，指导案例145号裁判要点认为："通过植入木马程序的方式，非法获取网站服务器的控制权限，进而通过修改、增加计算机信息系统数据，向相关计算机信息系统上传网页链接代码的，应当认定为刑法第285条第2款'采用其他技术手段'非法控制计算机信息系统的行为。"我们从《刑法》第285条条文的语法角度来看，"采用其他技术手段"并非修饰"对该计算机信息系统实施非法控制"，而是修饰"获取该计算机信息系统中存储、处理或者传输的数据"。[1] 因此，指导案例145号裁判要点当然是错误的。行为人非法控制计算机信息系统当然会采用某种手段，至于是什么手段，立法者并未列举。而且指导案例145号裁判要点的表述是完全不符合汉语语法的解读的。

---

[1] 采取手段、获取数据，这是两个动宾支配关系的连用。同时，前一个动宾支配关系（采取手段），整体上是修饰"获取该计算机信息系统中存储、处理或者传输的数据"，所以，整体上是这一个状中关系。

第三，在最高人民法院的几个有关指导案例中，行为人都存在先非法控制计算机信息系统、后实施破坏计算机信息系统的事实。例如，在最高人民法院指导案例 102 号——付宣豪、黄子超破坏计算机信息系统案中，行为人通过采取技术手段已经非法控制了被害人的计算机信息系统，非法控制本身就是一种干扰、一种破坏。因此，生效裁判认为：

本案中，被告人付宣豪、黄子超实施的是流量劫持中的"DNS 劫持"。DNS 是域名系统的英文首字母缩写，作用是提供域名解析服务。"DNS 劫持"通过修改域名解析，使对特定域名的访问由原 IP 地址转入到篡改后的指定 IP 地址，导致用户无法访问原 IP 地址对应的网站或者访问虚假网站，从而实现窃取资料或者破坏网站原有正常服务的目的。2 名被告人使用恶意代码修改互联网用户路由器的 DNS 设置，将用户访问"2345.com"等导航网站的流量劫持到其设置的"5w.com"导航网站，并将获取的互联网用户流量出售，显然是对网络用户的计算机信息系统功能进行破坏，造成计算机信息系统不能正常运行，符合破坏计算机信息系统罪的客观行为要件。[1]

可惜，上述裁判并未指明行为人实施的非法控制计算机信息系统的事实，也未指明该行为的性质，更未辨析非法控制与破坏之间的关系，尤其是语义关系。

在最高人民法院指导案例 104 号——李森、何利民、张锋勃等人破坏计算机信息系统案中，非法控制本身就是一种干扰、一种破坏。生效裁判认为：

空气采样器是环境空气质量监测系统的重要组成部分。PM10、PM2.5 监测数据是环境空气综合污染指数评估中最重要的两项指标。被告人用棉纱堵塞采样器的采样孔或拆卸采样器的行为，必然造成采样器内部气流场的改变，造成监测数据失真，影响对环境空气质量的正确评估，属于对计算机信息系统功能进行干扰，造成计算机信息系统不能正常运行的行为。[2]

同样，行为人的行为实际上是对空气采样器的非法控制，进而达到了对环境监测系统的干扰和破坏，即指导案例所言的"自动监测数据多次出现异

〔1〕《最高人民法院关于发布第 20 批指导性案例的通知》，载 http：//gongbao.court.gov.cn/Details/fd33e76142bf3ada6cabe0b81dc6d9.html，最后访问日期：2022 年 5 月 7 日。
〔2〕《最高人民法院发布第 20 批指导性案例》，载 http：//www.rmfyb.com/paper/html/2018-12/26/content_147371.htm，最后访问日期：2022 年 5 月 7 日。

常，多个时间段内监测数据严重失真，影响了国家环境空气质量自动监测系统正常运行"。也就是说，行为人"用棉纱堵塞采样器的采样孔或拆卸采样器的行为"，是一种非法控制计算机信息系统的行为，同时也是破坏计算机信息系统的行为。

第四，在危害计算机信息系统安全的案件中，从语义角度来看，非法侵入、非法控制、非法干扰都是破坏的不同样态。有必要对相关的几个罪名进行整合，以便语言逻辑上更加周延，能够更好地打击犯罪，更顺畅地解释构成要件。由于破坏一词天然的具有极度宽泛的文义射程，导致破坏计算机信息系统罪、破坏生产经营罪、破坏交通工具罪等罪名特别容易走向无序的扩大解释，都可能异化为口袋罪。

第五，现有的打击计算机犯罪的刑法规范与罪名，实际上是源自一些行政法律法规。例如，《全国人民代表大会常务委员会关于维护互联网安全的决定》第 1 条明确，为了保障互联网的运行安全，对有下列行为之一，构成犯罪的，依照刑法有关规定追究刑事责任：①侵入国家事务、国防建设、尖端科学技术领域的计算机信息系统；②故意制作、传播计算机病毒等破坏性程序，攻击计算机系统及通信网络，致使计算机系统及通信网络遭受损害；③违反国家规定，擅自中断计算机网络或者通信服务，造成计算机网络或者通信系统不能正常运行。

如《计算机信息网络国际联网安全保护管理办法》第 6 条规定，任何单位和个人不得从事下列危害计算机信息网络安全的活动：①未经允许，进入计算机信息网络或者使用计算机信息网络资源的；②未经允许，对计算机信息网络功能进行删除、修改或者增加的；③未经允许，对计算机信息网络中存储、处理或者传输的数据和应用程序进行删除、修改或者增加的；④故意制作、传播计算机病毒等破坏性程序的；⑤其他危害计算机信息网络安全的。

虽然几个现有的刑法罪名是源自一些行政法律法规，但是并不周延且漏洞很多，缺乏罪名资源的整体设计与统一布局。例如，虽然刑法设置了提供侵入、非法控制计算机信息系统程序、工具罪，却忽略了提供破坏计算机信息系统程序、工具行为的规制问题；又如，虽然设置了若干罪名，但是，对于擅自中断计算机网络或者通信服务、造成计算机网络或者通信系统不能正常运行行为的规制，却付之阙如；等等。

因此，如何在宏观上设置尽量少的罪名，达到尽量大的打击效果，实际上也是一个语言语义问题。对计算机信息系统和网络安全的危害打击，理想化地来看，立法应该设置一个"危害计算机信息系统与网络安全罪"。但是，这不是犯罪类型，缺乏罪刑法定原则所要求的明确性。那么，很有必要进一步整合、抽象现有罪名。

第六，随意增加破坏的区别义素"实质性"，将破坏计算机信息系统罪解释为"实质性"破坏计算机信息系统罪，是对客观文义的无视。

二、随意增加共同义素

随意增加共同义素，有时也会导致构成要件涵摄范围缩小。

（一）汽车、拖拉机与交通工具

大型拖拉机是不是交通工具？一直以来，主流学者们的回答是肯定的，并将大型拖拉机解释为汽车。但是，《刑法》第116条破坏交通工具罪中的汽车还有一个重要义素——交通工具。拖拉机，无论是农业拖拉机还是工业拖拉机，都不能算是严格意义上的交通工具。因此，从严格意义上判断，破坏任何类型的大型拖拉机，虽然危及了公共安全，但却不是对交通工具的破坏。那么，问题出在哪里呢？显然，《刑法》第116条本身并无关于"交通工具"的表述，是最高人民法院确定罪名时增加了"交通工具"这一共同义素，也是一个上位概念。因此，最高人民法院将该条文的罪名确定为破坏交通工具罪，就会使得法律条文的涵摄范围缩小。

所以本书认为，《刑法》第116条的罪名不应被确定为破坏交通工具罪，不应增加"交通工具"这一共同义素。无论是作为交通工具，还是作为作业工具、军事装备，该条文中的火车、汽车、电车、船只、航空器都具有很大的涵摄力。假如将条文中的内容只限制为交通工具，实际上会缩小该条的打击范围。而最高人民法院的这一确定罪名，似乎从未受到质疑。从随意增加共同义素的角度，问题似乎有了明确的答案。

早期有学者认为，"如果破坏用作交通运输的大型拖拉机，足以危害公共安全的，应以破坏交通工具罪论处"[1]。应该说，如果大型拖拉机的的确确

---

〔1〕　赵秉志、吴振兴主编：《刑法学通论》，高等教育出版社1993年版，第538页。

具有交通运输、交通工具的义素，那么，将其解释为汽车也是有道理的。毕竟，国际汽车工委会给汽车的定义就是：4个或者4个以上轮，有自身动力而且非轨道运输的均属于汽车。所以根据我国的国标，我国一部分拖拉机的的确确属于汽车，但是履带式的拖拉机等则不属于汽车。因此，拖拉机与汽车具有交叉关系，交叉的部分有：4个或者4个以上轮、有自身动力、非轨道运输。虽然大型拖拉机一般用作作业工具，而非用作交通运输工具，但是其客观上是可以临时承担起交通运输工具的任务的。破坏交通工具罪中的汽车的共同义素，可能是最高人民法院确定罪名认为的"交通工具"，也可能是本书所认为的"有自身动力的机械"或者"动力机械"（这就包含了拖拉机、矿车、叉车、过山车[1]等传统观念里并不属于汽车的事物）。最高人民法院的确定罪名（《刑法》第116条）中随意增加的重要的共同义素——交通工具，会导致一系列刑法解释问题。或者说，随意增加一个未经证明的共同义素——交通工具，会导致一系列刑法解释问题。众所周知，学界关于拖拉机与汽车的争论至今也没有平息。应该说，即便拖拉机偶尔作为交通工具使用，它也不属于完全意义上的交通工具。汽车种类很多，未必都属于交通工具。因此，最高人民法院的确定罪名（《刑法》第116条）中增加的重要的共同义素——交通工具，可能是学界争论不休的根源。

汽车可能是交通工具，也可能是作业工具，还可能是别的属性的工具。大型拖拉机一般是作业工具，也能临时用作交通工具。但是，为其随意增加"交通工具"共同义素，将其断然限定为交通工具，会造成构成要件涵摄范围缩小。

这里再一次说明，客观的法律条文，有它的客观文义、可能文义。有时候，文义的可能性还非常强，文义射程还非常远。假如以普通观念去理解客观文字、定性文字，未必是思维周密的。当法条没有规定概括性规定的时候，对其中的列举项的属性与归类要特别谨慎。

（二）兴奋剂与毒品

由于法条的增删或者法条文字的改变，导致刑法典章节标题与其下设条

---

〔1〕 过山车是一种游乐设施，但是当其被作为一种特定的运送游客的设施的时候，被解释为交通工具，也无刑法解释学上的障碍。也就是说，过山车不是汽车，但是属于游乐场中使用的交通运输工具。矿车本属于作业工具，但是也承担着载人的任务，但不能因为其有载人的功能就认定其为交通工具。

文条款不匹配的尴尬、不良现象产生。从共同义素的视角而言，可以理解为在章节标题中随意增加了不适当的共同义素。例如，《刑法》第355条之一妨害兴奋剂管理罪属于妨害社会管理秩序罪一章中的走私、贩卖、运输、制造毒品罪一节。众所周知，兴奋剂不是刑法中的毒品。为兴奋剂赋予毒品这个共同义素，是不符合逻辑的。

（三）非国家工作人员受贿罪与妨害对公司、企业的管理秩序罪

众所周知，在以龚某某受贿案为代表的第一次足坛反黑案后，原来的商业受贿罪改为了非国家工作人员受贿罪。第二次足坛反黑案期间，陆某等足球裁判、运动员都被处断为非国家工作人员受贿罪。即，妨害对公司、企业的管理秩序罪，实际上已经扩张为了妨害对公司、企业、其他单位的管理秩序罪。这里的其他单位，主要是事业单位。非国家工作人员受贿罪，包括公司中的非国家工作人员受贿罪、企业中的非国家工作人员受贿罪、其他单位中的非国家工作人员受贿罪。

从共同义素的角度来看，该节标题中的"对公司、企业的管理秩序"作为涵摄该节全部罪名的共同义素，是不够全面的，也导致该节的涵摄范围缩小。或者，要坚持使用这个标题的话，《刑法》第163条、第164条涉及的三个罪名，都应该移除。像《刑法》第164条中的对外国公职人员、国际公共组织官员行贿罪，不但与"对公司、企业的管理秩序"毫无关系，而且与"对公司、企业、其他单位的管理秩序"也毫无关系。

三、合理增加共同义素

合理增加共同义素，可以清晰地概括出各种列举项的同一属性，便于在共同义素的框架内形成准确的刑法解释，便于"向前看"与"向后看"的互相观照，也能够为社会公众形成预测可能性提供一定的指引方向。尤其是，概括项与列举项可以构建各种语义场，例如分类义场、枝干义场等。这为语义场内构成要件真实语义的解释提供了基本的义素，也为同类解释规则的贯彻提供了基本的方向。

需要说明的是，虽说是"合理增加共同义素"，实际上该共同义素不一定是"添加"进去的，而是语义场及其组成部分本身蕴含的。因此，在找到更准确的表述方式之前，暂且使用"合理增加共同义素"，也是退而求其次的

做法。

（一）中介组织的虚假证明文件

《刑法》第 229 条提供虚假证明文件罪中的虚假证明文件，明确指的是中介组织的虚假证明文件。法条列举了资产评估证明文件、验资证明文件、会计证明文件、法律服务证明文件、环评证明文件，等等。但是，确定罪名有所疏漏的是，使用了提供虚假证明文件罪而非"中介组织提供虚假证明文件罪"。众所周知，国家机关等也会提供各种证明文件。但是，本罪的犯罪对象中的共同义素被限定为中介组织的虚假证明文件。这就为法条列举项之外的证明文件的符合性提供了一个重要的指引。即，必须是中介组织出具的虚假证明文件，才具有符合性。企事业单位出具的、国家机关出具的、人民团体出具的虚假证明文件，都不具有构成要件符合性。例如，社区（城市居委会）、医院、妇联等出具的证明文件，都不具有符合性。教授出具推荐信，或者以个人名义出具证明，证明某个学生当过班干部，符合研究生复试中成绩加分的条件，实际上该学生并未当过班干部。这些都不属于中介组织的虚假证明文件，不具有符合性。

需要注意的是，我国的中介组织的外延其实很不容易厘定，这是经济转轨、社会转型时期、机构改革时期的必然现象，但也给构成要件符合性的判断带来很多疑难之处。

（二）会道门、邪教组织、迷信

《刑法》第 300 条组织、利用会道门、邪教组织、利用迷信破坏法律实施罪中，法条列举的事项是会道门、邪教组织、迷信，但是缺乏整合三者的概括项，即，三者的共同义素是什么并不清楚。

会道门，亦称道会门、会门道、帮会道门等，是指以宗教异端信仰为特征的民间秘密结社组织，因多以会、道、门命名而简称会道门。新中国成立初期，会道门中少数自行瓦解，多数继续活动，有的被敌对势力控制成为反对新生政权的力量。中华人民共和国建立后，便将其统称为"会道门"。20 世纪 80 年代以后新产生的邪教，则直接称之为"邪教"。不论哪种称谓，指的都是那些以惑众、乱世和夺权为宗旨的邪恶说教和组织。所以，会道门在性质上属于邪教，它们都具备邪教的六大特征，即：教主崇拜、精神控制、编造邪说、敛钱图财、秘密结社、危害社会。迷信是非理性的、没有科学基础的信仰。

可见，三者的共同义素是不正确的信仰，或者非理性的信仰。会道门、邪教组织更是组织化的高级阶段的邪恶说教，其危害性远大于一般的迷信。但是，如何整合三者，刑法也罢，语言也罢，一时之间，似乎还找不到合适的概括项。求诸古籍，神，信也。[1] 迷，昧也。[2] 昧，蒙昧、愚昧。昧，晦也。[3] 神，天神，引出万物者也。[4] 现代汉语中的"神"，词典义是迷信的人所认为的天地万物的创造者和统治者。[5] 可见，令人盲目信仰，不合科学规律，不加辨别地以为绝对正确的神灵，是会道门、邪教组织、迷信的共同点。以"神，信也"为论据，找到会道门、邪教、迷信三者的共同义素，即非法、神灵。需要指明的是，会道门、邪教、迷信的"神，信也"是非法的，而宗教的"神，信也"是合法的。一个是非法信仰神灵，一个是合法信仰神灵，也就是本书前文所说的正教-异端、正教-外道。宏观上看，这是一个反对义场——信仰神灵语义场。在此宏观语义场之内，还有外道（异端）与其下的会道门、邪教、迷信等组成的枝干义场。

（三）监管机构的监管人员

监察委的出现与运行，使得《刑法》第248条虐待被监管人罪中的监管机构的监管人员的外延变得不确定。该罪中的列举项是监狱、拘留所、看守所，概括项是监管机构。新的被评价事实（监察委留置场所）一旦出现，显然无法解释为列举项，而只能尽量解释为概括项——监管机构。根据《刑法》总则的规定，司法工作人员包括侦查、检察、审判、监管四种。它们的共同义素是行使国家司法权的工作人员，而监察委人员开展职务犯罪调查的时候，当然属于司法工作人员。因此，其工作人员所负有的监察（即侦查）、监管

---

〔1〕"神农，神者，信也，农者，浓也。始作耒耜，教民耕种，美其衣食，德浓厚若神，故为神农也。"（东汉）应劭撰：《风俗通义》皇霸第一·三皇，四部丛刊景元本。本书按：摩西十诫中"不得信仰我之外的第二个神"，信、神互训，也是此意。

〔2〕"今王室大坏，九州幅裂，乱靡有定，生民无几。私惧后进，益以迷昧，聊以不才，举尔所知，方以类聚，凡一十卷，谓之《风俗通义》。言通于流俗之过谬，而事该之于义理也。"参见（东汉）应劭撰：《风俗通义》大德新刊校正风俗通义序，四部丛刊景元本。

〔3〕（南宋）吕祖谦撰：《礼记要义》吕氏家塾读诗记卷第八·郑，四部丛刊续编景宋本。

〔4〕（清）段玉裁撰：《说文解字注》，中华书局2013年版，第3页。

〔5〕中国社会科学院语言研究所词典编辑室编：《现代汉语词典》，商务印书馆1978年版，第1009页。

（如对留置对象的看管相当于看守所的看守）职能当然属于司法工作职能。

所以，虐待被监管人罪中的监管一词应选择词典义为宜，词典义是监视管理；监督管理。[1] 本书认为选择监视管理更为合适。即，列举项与概括项互相参照之后，浮现出来的共同义素是司法工作中负责监视管理的人，其属于监管机构的监管人员。负责监视管理的人便包括了法条中的列举项，和新的监管机构、监管人员，这是解释者所增加的共同义素。

特别要注意的是，刑讯逼供罪与虐待被监管人罪的竞合可能。监察委进行职务犯罪调查的人员，可能构成刑讯逼供罪。当他们在留置场所临时负责留置人员的看护、监视、管理的时候，可能构成虐待被监管人罪。而当他们在留置场所临时负责留置人员的看护、监视、管理，并且同时进行讯问、调查的时候，可能同时构成虐待被监管人罪与刑讯逼供罪。

第二节　删除义素

删除义素，是刑法解释中比较常见的义素运行方式。包括随意删除区别义素、合理删除区别义素。而与分类不当、类型化不当有关的时候，删除共同义素就是不合理的；反之，则是合理的。本节涉及的是删除区别义素，不涉及删除共同义素。

一、随意删除区别义素

进行文理解释的时候，如果解释者随意删除词典义中的区别义素，或者随意删除公认的区别义素，而仅保留语义场中的共同义素，就会产生不合理扩大解释的影响。如果删除区别义素不当，那么扩大解释就是错误的、越界的、不合理的，特别容易异化为违背罪刑法定主义的类推解释。区别义素的功能，就是区隔不同事物。删除区别义素，区隔不同事物的功能当然也就丧失了，符合性判断也容易扩大范围。

（一）随意删除卖淫的区别义素"女性对男性"

在江苏南京的李某某组织同性卖淫案中，案件的具体事实是组织男性对

---

[1]　中国社会科学院语言研究所词典编辑室编：《现代汉语词典》，商务印书馆 2012 年版，第 629 页。

男性提供性服务、性交易。刑法学界对此种情况是否构成卖淫的争论始终未停止。基本观点分为两派：一派主张不构成犯罪（或者构成的是聚众淫乱罪），一派主张构成组织卖淫罪。此争论的关键点就是对于卖淫的解释。

对卖淫进行解释时，希望把同性之间性交易行为[1]也涵摄进去的、采取扩大解释的论者，会对卖淫的词典义进行扩张，扩张为性服务、性交易。其语义实质是将词典义中的"女性对男性"或者"妇女出卖肉体"[2]这一区别义素予以删除，仅保留性服务、性交易、出卖肉体等共同义素。

有学者的论述就很典型：就组织卖淫罪的刑法规定而言，刑法并没有将同性之间的卖淫"除斥"在外，那么其作为属概念自然包括"同性卖淫"这个种概念。虽然"同性卖淫"是"异性卖淫"之后才出现的社会现象，但卖淫早以其自身的"质"而为"同性卖淫"准备了外延空间。[3] 该论者的逻辑错误就是，把卖淫错误地定性为"同性卖淫"的上位概念、属概念，并以此作为演绎法中的大前提，进行刑法的推理，其结论当然是错误的。因为，词典义中的卖淫并非属概念、上义词，同性卖淫当然也不是卖淫的下义词。卖淫，实际上是异性卖淫（女性对男性），同性卖淫与卖淫是并列关系。

由于逻辑错误与语义错误同时存在，相关学者的解释无端扩大了卖淫的涵摄范围。其刑法解释中的义素运行错误的根源，就是随意删除语义中的区别义素——女性对男性。

（二）随意删除湖上水禽的区别义素"湖上"和"水"

如果刑法解释者删除区别义素，仅保留语义场中的共同义素，希望借此达到扩大解释的目的以保护法益的，要特别慎重。例如，在日本刑法史上，大审院1934年把行为人捕获的3只山鸟（湖岸陆鸟）解释为"湖上水禽"，进而处断为非法狩猎犯罪，就遭到后世学者的批判。[4] 这是因为"湖上水禽"中的区别义素"湖上"和"水"是其区别于"山鸟"的重要事实和义

---

〔1〕　性交易至少包括：男性对男性、男性对女性、女性对男性、女性对女性、男性对中性、中性对男性、女性对中性、中性对女性、中性对中性等九种情形。极端情形下，还可能包括更多的性交易类型。

〔2〕　中国社会科学院语言研究所词典编辑室编：《现代汉语词典（汉英双语）》，外语教学与研究出版社2002年版，第1296页。

〔3〕　马荣春：《警醒刑法学中的过度类型化思维》，载《法律科学（西北政法大学学报）》2012年第2期。

〔4〕　陈朴生、洪福增：《刑法总则》，五南图书出版公司1982年版，第10~11页。

素，不能随意删除。正因如此，日本刑法学家曾根威彦就曾经指出："对于现代社会给我们提出的现代课题，虽说刑法理论不能袖手旁观，但是，将立法的缺陷转嫁给被告人承担，随便用解释论的方法对其进行弥补，反而会引起更大的问题。"[1]

当然，本书认为，曾根威彦这一经典论断还没有深入到语义内部和义素层面，也没有回答为什么不能"随便用解释论的方法对立法缺陷进行弥补"。实际上，使用解释论的方法弥补立法缺陷会受到很多要素的制约和限定，其中之一就是语言要素、词义要素、义素要素等的制约和限定。假如一个刑法解释者（无论是权威还是刑事被告人）还不能抚平刑法语言与刑法推演中出现的各种语义毛刺，那么，使用解释论的方法弥补立法缺陷就无疑是痴人说梦。如果不顾汉语言的限定、牵绊，一个刑法的解释者硬要根据自己的喜好解释一个构成要件，是反逻辑、反语言、反语义、反义素的。

（三）随意删除诬告陷害罪中的区别义素"他人"

自我诬告行为是否构成诬告陷害罪？有学者认为不构成。[2] 对此结论，本书是赞同的，但理由略有不同。

本书认为，自我诬告行为，是自己诬告自己，所以并不符合诬告陷害中具有的"他人"要素，不具有使"他人"受到刑事追究的目的这个构成要件。既然不具有第一阶层判断的符合性，何来第二阶层判断的违法性？在日本刑法中，诬告陷害罪属于妨害司法活动的犯罪，自我诬告行为虽然扰乱了司法机关的正常秩序，但是因其不具有上述符合性，也不可能论以该罪。因此，无论本罪名侵害什么法益，自我诬告行为都不具有构成要件符合性，也都必然不可能具有违法性。那么，他人的人身权利、司法机关的正常秩序等法益，对于构成要件就不具有解释机能。认为法益对于构成要件具有解释机能的观点，实际上是将侵害法益（违法性的本质）这个价值判断提前介入到了符合性判断的阶段，逻辑上是紊乱的。更进一步说，构成要件符合性阶段的判断，不应涉及法益。假如把法益混入了符合性阶段的判断，认为法益具

---

〔1〕 ［日］曾根威彦：《刑法学基础》，黎宏译，法律出版社2005年版，第18页。

〔2〕 张明楷：《刑法学》，法律出版社2011年版，第806页。

有解释机能，会不当增加区别义素。[1]

综上所述，符合性是违法性的前提，构成要件的语义与构成要件的义素对于各种刑法观是具有明确的制约作用的。无论坚持何种刑法观，假如在符合性判断阶段，没有结合语义与义素等文理解释要素进行扎实的语义解释，便回答犯罪事实是否具有构成要件符合性，就很可能把后续阶段的判断有意或者无意地提前介入到符合性判断阶段中来。无论侵害了什么样的法益，自我诬告行为之所以不可能构成诬告陷害罪，是因为自我诬告行为不符合"诬告陷害他人以达到使他人受到刑事追究"的情形。诬告的词典义是"无中生有地控告别人有犯罪事实"[2]。无论是刑法释义中的他人，还是词典义中的别人，诬告天然含有的这一个义素的实际存在，足以使符合性的判断结果只能是——自我诬告行为不具有诬告陷害罪的符合性，不具有全部义素的符合性，仅此一点就够了。符合性判断中的这些事实性的要素，尽管有的指向了他人的人身权利（他人），有的指向了司法机关的正常秩序（诬告陷害）——这是诬告陷害罪侵害的法益存在争议的根源——但是这些争议并不会干扰构成要件符合性的判断，也不应该干扰事实性要素中的语义与义素的判断。

二、合理删除区别义素

与随意删除区别义素相对，合理删除区别义素却是值得借鉴的立法技术、解释技术、语义方法。以下简要分析一下删除违反进出境动植物检疫法的规定中的"进出境"。在全国首例妨害动植物防疫、检疫刑事案件中，被告人姜某某犯妨害动植物检疫罪，被判处有期徒刑 6 个月。案情如下：

2012 年 3 月 7 日，重庆市南川区森防站接群众举报，有一批可能含有松材线虫的松木门条，从松材线虫病疫区涪陵区非法调运至南川区太平场镇侨欣花园项目工地。区森林公安局、森防站迅速赶往现场，对疫木实施了取样

---

[1]　诬告陷害罪的解释问题，仍有深化解释的空间。本书认为，法益一般不应该具有解释论机能，因为假如有此机能，势必增减义素，那么，解释结论就未必合理。本书关于新义素的生成的内容，认为法益等特定语境会生成新义素，并以此新义素参与解释循环。二者不是一个问题。

[2]　中国社会科学院语言研究所词典编辑室编：《现代汉语词典》，商务印书馆 2016 年版，第 1380 页。

和封存，及时制作了案件调查笔录，经初步检测，样品中确实含有松材线虫。3月13日，市森防站执法人员再次前往现场抽取涉案木材样品，为案件办理提供检测、鉴定等相关技术支撑。经形态学镜检和提取线虫 DNA 进行实时荧光 PCR 分子检测，确认涉案疫木含有大量松材线虫病活体。经重庆市森防站和南川区林业局会商，确定由南川区森林公安报请南川区公安局以刑事案件立案侦办。南川区公安局于4月25日批准该案作为刑事案件立案侦查。经侦查，南川区森林公安查清了案件基本事实，锁定了犯罪嫌疑人姜某某。由于姜某某拒绝配合公安机关的调查，南川区公安局果断对其实施网上追逃。5月2日，姜某某投案自首。6月7日，南川区检察院依照《刑法》第337条妨害动植物防疫、检疫罪中的"有引起重大动植物疫情危险，情节严重的"情形对姜某某正式批捕。8月8日，南川区检察院依法向南川区法院提起公诉。法院审理认为，被告人姜某某违反有关动植物检疫的国家规定，在未办理植物检疫手续的情况下，将带有松材线虫活体及传播媒介松褐天牛幼虫活体，且带疫比例高达62.5%的松材门条卖至马尾松树林区内，有引起重大动植物疫情危险，情节严重，其行为构成妨害动植物检疫罪。8月10日，法院判决被告人姜某某犯妨害动植物检疫罪，判处有期徒刑6个月，并处罚金人民币2000元（已缴纳）；没收在案赃物（材积为15.512立方米的松材门条），予以销毁。[1]

《刑法》第337条妨害动植物防疫、检疫罪经过了《中华人民共和国刑法修正案（七）》（以下简称为《刑法修正案（七）》）的修改。将原有的构成要件"违反进出境动植物检疫法"中的"进出境"删除，改为"违反有关动植物防疫、检疫的国家规定"。而"进出境"是"进出境动植物检疫法"的区别义素。区别义素被删除后，构成要件涵摄范围更大，可以更好地保护法益。换句话说，动植物检疫包括进出境动植物检疫和仅限在国内的动植物检疫两大类。原有的构成要件只打击第一类，修改之后，打击范围包括第一类和第二类，也就是全部关于动植物检疫的犯罪行为。这无疑是一个成功的修改。这样的修改例子还有：删除《刑法》第345条第3款中的以牟利为目的、在林区等。

---

〔1〕《重庆市检疫执法典型案例介绍》，载 http://www.bdpc.orgcn/quarantine/typicalCase/4028949e58e29b940158f194c5150030.html，最后访问日期：2022年10月30日。

第三节 刑法观中的义素运行

从语义、义素角度来看，义素对于实质刑法观和形式刑法观都具有制约的效果与功能。对于实质刑法观不合理的扩大解释而言，义素的视角能够限制、识破其任意增加义项、随意删减区别义素、对下位概念外延的不当扩张等几种"高明"的解释技巧。而对于形式刑法观的解释而言，义素能够纠正其随意增加区别义素、对概念外延的不当缩小等几种语义错误，纠正其对汉语语义外延的习惯性缩小倾向。对各种刑法观及其论据进行臧否，进一步彰显了义素分析的客观价值，同时也拓展了义素分析的驰骋空间，有助于更理性地分析判断各种刑法学说、观点所可能存在的瑕疵。

本书并不打算全面评析两种刑法观的得失利弊，也不认为刑法学界的学术争论已经达到了流派之争的阶段。此处研究秉持务实的立场，有什么瑕疵就指明是什么瑕疵，有什么错误就指出是什么错误。需要指出的是，虽然有学者并未将自己划入某一刑法观之中，但是从其文字也能作出大致判断。

一、形式刑法观的语言逻辑错误

形式刑法观，是《中国实质刑法观批判》一书的作者所主张的。虽然他认为，以"形式刑法观"来定名自己的观点、体系并不合适，但是一时之间也找不到更好的术语，因此只是暂且使用。《中国实质刑法观批判》一书，2009年出版了第1版，2017年出版了第2版。[1] 在这部著作中，作者使用了一些例子，这些例子便是本书的研究对象。

（一）偷越国（边）境

持有合法证件掩盖非法目的的偷越国（边）境行为，是不是构成偷越国（边）境罪？实质刑法观的批判者（即形式刑法观）认为，偷渡一般指偷越国（边）境后滞留不归，并被所在国确认为是非法居留的情况。[2] 而偷渡的

---

〔1〕 该著作两个版本的内容有很大不同，第1版中很多内容在第2版中消失了。甚至可以认为，这不是同一著作。
〔2〕 邓子滨：《中国实质刑法观批判》，法律出版社2009年版，第134页。

词典义是——现多指偷越国境[1]。可见，偷渡与偷越国（边）境是一回事，只是俗称和书面称呼的区别而已。两相比较，可以发现，该形式刑法观的论者对偷渡的词典义的义素悄悄进行了增加，增加了两个义素，一个是"滞留不归"，一个是"被所在国确认为是非法居留"，这自然会缩小"偷渡"的涵摄范围。而根据词典义，偷渡并无这两个义素。换句话说，行为人偷越国（边）境后，没有滞留不归，而是主动返回，依然还是偷渡行为，依然还是符合偷渡的词典义，也完全构成本罪。可见，从义素视角来看，实质刑法观的批判者对于偷渡与偷越国（边）境的区分是不妥的。由于使用的具体论据不合适，所以在这一点上，该论者的举例难以实现对实质刑法观的批判。

需要指出的是，在该论者所著的《中国实质刑法观批判》（2017 年第 2 版）中，已经找不到这个例证了，也许是发现这个例证并不合适。顺便指出，在《中国实质刑法观批判》（2017 年第 2 版）中，删除了第 1 版中"实质刑法的主要强点"一章，大约 30 页，占全书总篇幅的 10%。本书认为，这恐怕是作者已经认识到了之前对于实质刑法观的一些批评是不妥的。

（二）邮寄危险物质

邮寄危险物质的行为被解释为运输危险物质罪，这是不是实质解释或者实质刑法观的体现？本书的回答是否定的。形式刑法观的论者据此批评实质刑法观，属于论据不当。

在交通运输、邮寄二者之中，运输是上位概念，交通运输与邮政的共同义素就是运输。从表面上看，二者没有任何联系。但是，将用语替代一下，二者的深层联系与语义重合就显现出来了。邮政又称运邮[2]、驿运[3]、邮传[4]、邮运等，所以邮政本质上是一种运输，具有运输（从一地到另一地）义素。况且，我国交通运输部下设 3 个最重要的交通运输部门，一个是国家铁路局，一个是中国民航总局，一个是国家邮政局，这足以表明，邮政是交通运输的下位概念。交通运输与邮政的共同义素就是运输、运，有了这个基

---

[1] 中国社会科学院语言研究所词典编辑室编：《现代汉语词典》，商务印书馆 2012 年版，第 1311 页。

[2] 1937 年，颁布《邮局自备运邮汽车通行各省市公路办法》，1948 年修正。

[3] 1941 年，颁布《特种考试驿运业务人员考试规则》。

[4] 1914 年，颁布《交通部邮传局职制》，管理全国电政、邮政、航政及其他关于附带业务事项。

础，就可以建立起二者的内在联系。古代汉语中，有所谓"步递为邮，马递为驿"[1]。可见，交通运输中的客运和货运都是一种传递，而邮政就是一种传递、运输、运送，但是习惯上称之为寄递。可见，交通运输与邮政或者邮寄，二者是存在共同义素的——传、递。递，传送、传递，《康熙字典》引《增韵》，递，传递，驿递也。可见，传、递同义。

所以，批判实质刑法观的学者，"根据自己对实质刑法的理解来筛选"。[2] 其实，形式刑法观主张者自己选出来的例子也同样不够严谨。因为从语义学角度来看，把邮寄解释为运输或者利用不知情的人帮助自己运输，并没有什么太大的不妥，反而是基本的解释方法，与实质刑法观并无天然的联系。邮寄一词，最迟在康熙年间就已开始使用，[3] 1857 年之后则成为使用频繁的近代汉语词汇。[4] 而运输一词，则要晚得多，是 20 世纪初期引进过来的日语词汇。[5] 沿用至今的邮寄一词的语义，是完全可以为运输的语义所涵摄的。

可见，由于使用的论据不合适、不典型，所以在邮寄的解释上，该论者对实质刑法观的否定、批评、质疑并没有很强的说服力。

（三）暴力取证

被害人是不是证人？实质刑法观的批评者认为，将被害人解释为证人，是不合理的扩大解释，应该由立法填补的漏洞。[6] 那么，事实是否如此呢？证人，其词典义有两个义项（同一义位的两个概念），一个是法律上指除当事人外能对案件提供证据的人，一个是对某种事情提供证明的人。[7] 可见，前一个义项的外延小于后一个义项，但属于同一义位。那么，在进行刑法解释的时候，可否选用后一个义项从而增强"证人"的涵摄范围呢？可否通过义项选择这一途径去扩张证人的外延从而打击对被害人暴力取证的犯罪行为呢？

---

〔1〕 （清）沈之奇撰：《大清律辑注（上册）》，法律出版社 2000 年版，第 518 页。

〔2〕 邓子滨：《中国实质刑法观批判》，法律出版社 2009 年版，第 51 页。

〔3〕 （清）沈之奇撰：《大清律辑注（上册）》，法律出版社 2000 年版，蒋陈锡叙中，有"而以其灯窗所述《律例注解》一帙邮寄于余"。

〔4〕 黄河清编著：《近现代汉语辞源（下册）》，上海辞书出版社 2020 年版，第 1835 页。

〔5〕 黄河清编著：《近现代汉语辞源（下册）》，上海辞书出版社 2020 年版，第 1882 页。

〔6〕 邓子滨：《中国实质刑法观批判》，法律出版社 2009 年版，第 164 页以下。

〔7〕 中国社会科学院语言研究所词典编辑室编：《现代汉语词典》，商务印书馆 2012 年版，第 1663 页。

本书的回答是肯定的，至少，这不违背约定俗成的现代汉语的词典义。而且，两个义项中的前者的义素是多于后者的，或者说，前者是后者增加区别义素后产生的。

还需注意，即便是选用第一个义项，即"法律上指除当事人外能对案件提供证据的人"，刑事诉讼中的被害人并非当事人（只有控方和行为人才是当事人），被害人是第一个义项中的证人。所以，无论是选择哪一个义项，暴力取证罪都可以适用于对被害人的情形，是符合词典义的。因此，将被害人解释为证人，算不上扩大解释，也不属于不合理的扩大解释。

刑事诉讼法规定的证人与词典义的证人之间客观存在不一致，就不能完全以刑事诉讼法为判断正确与否的基准。此时，词典义更能代表"公众认同"，更具有预测可能性。将对于被害人的暴力取证行为，定性为暴力取证罪，完全是合理的，不属于扩大解释，通过文理解释就能完成这段论证。

也就是说，将对于被害人的暴力取证行为定性为暴力取证罪，恰恰属于形式化刑法解释，而非实质刑法观。不能因为实质刑法观举了这么一个例子，就认为实质刑法观又在进行扩张解释。例子本身不属于任何阵营和任何学派。在这一点上，对于实质刑法观的批评似乎也是找错了方向，打错了部位。

综上所述，学界对实质刑法观的不当批评，在语义上和义素上，常常表现为随意增加区别义素、对概念外延的不当缩小、义项选择错误等语义错误。这其实只需多翻翻词典、字书就能够解决了。应该说，形式刑法观对实质刑法观的批判，仍旧停留在观念层面，而没有深入到刑法技术层面。形式刑法观的语义瑕疵与逻辑错误是明显的，在语义、文义、文义范围等方面，其展开的批评没有深入地触及实质刑法观的角角落落，反倒由于自身的技术操作失误与语言逻辑错误，产生了不少错误的批评。

（四）飞机是空中汽车

有形式刑法观的论者试图把飞机解释为空中汽车[1]。就是把待判断案件事实（飞机）归入自以为的一个上位构成要件（汽车），那么，飞机就是汽车的一类了。在该论者个人的观念里，汽车分型为陆地汽车和空中汽车，那么，飞机（空中汽车）自然就是可以解释为汽车的。这一语言逻辑当然很不

---

[1] 邓子滨：《中国实质刑法观批判》，法律出版社 2017 年版，第 292 页。

合理，因为，汽车不可能分型为陆地汽车与空中汽车，飞机也根本不是什么空中汽车，"飞机是空中汽车"只是一种形象的比喻而不是事物本来的性质。其实，在他们的思维里，要么是悄悄地把"飞机是空中汽车"换成了"飞机是机动交通工具"，要么是错误地把"飞机是空中汽车"这个比喻当成了进行推理的小前提。[1] 从义素的微观角度分析，汽车的义素包括在道路上行驶、通常有4个轮子[2]等，而飞机不具备这些义素，自然不属于汽车，当然也不能解释为汽车，更不是什么空中汽车。

因此，这个例证表明形式刑法观论者与实质刑法观论者犯了相同的语言逻辑错误，即把下义词偷换为上义词来认定符合性，这也会产生不合理的扩大解释。

（五）从事公务与单位性质

有学者认为，典型的国家工作人员，是指国家机关中从事公务的人员。不仅要求其行为属性，而且要求其单位属性。[3] 论者在这一段落的论述是为了证明扩大解释沦为了类推解释。最高检的一系列司法解释呈现出一贯的扩大解释倾向。[4] 而实际上，典型的国家工作人员之外（即国家机关中的国家工作人员），还有不典型的国家工作人员。二者的合集，就是国家工作人员——从事公务的人员，这是上义词。因此，国家工作人员并不要求其单位属性。委派人员、依照法律从事公务的人员，都是《刑法》第93条中明确认定的国家工作人员。显然，该论者的逻辑存在问题。

那么，该论者以龚某某受贿案为例，认为判决将足球裁判解释为从事公务的人员，是一种类推解释，是错误的，希望以此论证自己的观点——黑哨事件带动了一批有扩大解释倾向的司法解释的出台。[5] 这个案例本身没有问题，本书也认为该案的判决是错误的。但是，一批有扩大解释倾向的司法解释的出台，并不一定就都沦为了人见人恨的类推解释。例如，论者举例，对

〔1〕 这一演绎法的顺序是：大前提——汽车可以分型为陆地汽车和空中汽车。小前提——飞机是空中汽车。结论——飞机是汽车。实际上，大前提、小前提都是错的，结论当然也是错的。而飞机是空中汽车明显是建立在一个比喻句的基础上的命题，是伪命题而非真命题，根本不能作为小前提。
〔2〕 中国社会科学院语言研究所词典编辑室编：《现代汉语词典》，商务印书馆2016年版，第1034页。
〔3〕 邓子滨：《中国实质刑法观批判》，法律出版社2009年版，第139页。
〔4〕 邓子滨：《中国实质刑法观批判》，法律出版社2009年版，第137~140页。
〔5〕 邓子滨：《中国实质刑法观批判》，法律出版社2009年版，第137页。

于公布施行的 2001 年《最高人民检察院关于工人等非监管机关在编监管人员私放在押人员和失职致使在押人员行为脱逃行为适用法律问题的解释》，论者认为该解释"私放之罪勉强可也，失职之罪绝对不可"〔1〕，意思是，工人等监管机关非在编监管人员〔2〕私放在押人员的，可以构成私放在押人员罪。工人等监管机关非在编监管人员失职致使在押人员脱逃的，绝对不可构成失职致使在押人员脱逃罪。这个逻辑就奇怪了，都是非在编监管人员，为什么可以构成私放在押人员罪，却不能构成失职致使在押人员脱逃罪？两罪名的区别在于一个故意，一个过失，犯罪主体是没有区别的。显然，该论者的国家工作人员的认定标准并未一以贯之，"私放之罪勉强可也，失职之罪绝对不可"的结论到底是如何得出的，也令人摸不着头脑。

二、实质刑法观的语言逻辑错误

虽然形式刑法观在语义上出了不少问题，但这并不是说，实质刑法观的解释都是符合词典义，或都是符合约定俗成的汉语语义的。与形式刑法观几乎相反，实质刑法观的语言逻辑错误主要是对下位概念的不当扩张。而对下位概念的不当扩张这一日益泛滥的"解释技巧"和"灵活解释"，刑法解释学界当然需要高度警惕，不应该随意"跨界"，不应该随意脱离汉语的语词形式进行不合理的刑法解释。进一步而言，就是不能脱离词语的义素。

由于类推解释与扩大解释的区别之一就是"类推解释是将所要解释的概念提升到更上位的概念作出的解释"〔3〕，因此，实质刑法观论者对下位概念外延的不当扩张，本质上属于类推解释。以下举例说明。

（一）毁坏财物

例如，朱某某故意毁坏财物一案。朱某某为了泄私愤，侵入他人股票交易账户，高买低卖，致使他人财产损失一案中，〔4〕法院将其行为定性为故意毁坏财物罪。这个判定是对毁坏财物罪的实质解释，是不妥的。但是本书的

---

〔1〕 邓子滨：《中国实质刑法观批判》，法律出版社 2009 年版，第 139 页。
〔2〕 "工人等非监管机关在编监管人员"，实际上的意思是"工人等监管机关非在编监管人员"。"非"的位置不对，应该纠正。这是表达语法意义的时候，文字安排出了问题。"非"，修饰"在编监管人员"，而不是修饰"监管机关"。
〔3〕 张明楷：《罪刑法定与刑法解释》，北京大学出版社 2009 年版，第 119 页。
〔4〕 邓子滨：《中国实质刑法观批判》，法律出版社 2009 年版，第 144 页。

切入点与该论者（形式刑法观论者）不同。

第一，股票虽然是财产，但是不能称为财物。财产是一个上位概念，而财物是一个下位概念。财物，词典义是钱财和物资。[1] 同时，侵犯财产罪的侵犯，涵摄力大于毁坏，也是上位概念。所以，毁坏财物不能说成是"毁坏财产"。在侵犯财产罪一章之中，既有对作为上义词的财产的侵犯，如盗窃罪等，也有对作为下义词的财物的侵犯，如故意毁坏财物罪等。

第二，进一步来看，目前我国宏观经济和微观经济中流行的词汇，是"资产"一词。在进行统计的时候，经常使用家庭总资产、个人资产、固定资产、流动资产、土地资产、实物资产、资产经营、资产管理等词语，可见，"资产"这个词汇明显具有更大的涵摄性，财产、财物等词汇都是其下位概念。"资产"这个词汇明显正在经历着外延的扩张过程，甚至出现数据资产[2]、文化资产、生态资产等，在这些新型的概念与表述下，信息与资产、文化与财富、生态与价值、环境与交易等之间的界限开始模糊。不仅如此，在资产观念泛化趋势的支配下，各行各业都在"重估"自己的"资产"和"总价值"，在"绿水青山就是金山银山"等新型思想观念和认知的引导下，自然资源行业、环境生态行业尤其如此，例如：2020 年 8 月 1 日，记者在内蒙古大兴安岭生态系统服务价值评估新闻发布会上获悉，内蒙古大兴安岭林区森林与湿地生态系统服务功能总价值为每年 6160 亿元。此次评估核算以 2018 年为基准年。评估结果显示，内蒙古大兴安岭林区森林、湿地生态系统服务功能总价值量分别为 5298.82 亿元、860.92 亿元。其中，"绿色水库"总价值为每年 1646.94 亿元，"绿色碳库"总价值为每年 1071.75 亿元，"净化环境氧吧库"总价值为每年 1024.98 亿元，"生物多样性基因库"总价值为每年 1246.95 亿元。[3] 如碳排放权的可交易性，使得其也成为资产。各行各业新闻中呈现出来的资产外延逐渐扩张的趋势，对于刑法解释学来说，意味着

---

〔1〕 中国社会科学院语言研究所词典编辑室编：《现代汉语词典》，商务印书馆 2012 年版，第118 页。

〔2〕 参见《携号转网障碍重重？专家：主要是利益分割问题》，载 https://finance.sina.com.cn/chanjing/cyxw/2019-11-20/doc-iihnzhfz0431053.shtml，最后访问日期：2023 年 8 月 24 日，北京邮电大学教授认为个人信息属于"数据资产"。

〔3〕《内蒙古大兴安岭评估森林湿地价值》，载 http://www.greentimes.com/green/news/dzbh/sd-bh/content/2020-08/10/content_460651.htm，最后访问日期：2022 年 5 月 7 日。

如果想对侵犯财产罪的打击范围进行合理扩大，"资产"一词可能是个不错的选择，而传统的"财产"一词可能会被刑法解释者舍弃。当各行各业都可以被量化为价格和价值的时候，财产犯罪的外延将大大扩张。[1] 但是，在刑法语言尚未随时代而动、做出改变之前，侵犯财产罪显然还不能涵摄所有的侵犯资产的行为，诸如占用土地、占用他人房屋、偷开他人汽车或者挖掘机等行为，一般不属于侵犯财产罪。

第三，目前故意毁坏财物罪的犯罪对象只能限于实体的物。上述朱某某一案，应该处断为非法侵入计算机信息系统罪，同时被害人通过刑事附带民事诉讼来获得民事求偿即可。朱某某一案或者解释为盗窃罪，没有必要非要强硬地解释为故意毁坏财物罪。

第四，从形式逻辑的视角来看，一个犯罪事实符合下位概念或者下位犯罪类型，肯定符合涵摄力更强的上位概念或者上位犯罪类型。但是反过来就不对了。所以，朱某某一案的犯罪事实肯定符合涵摄力更强的上位概念或者上位犯罪类型——侵犯财产（乃至侵犯资产），却不一定符合下位概念或者下位犯罪类型——毁坏财物。解释论未必能够解决本案的入罪问题，只能期待立法的修改或者完善。在汉语体系面前，任何刑法解释者都应心存敬畏，不可肆意地强硬而为。

第五，在国际条约语境下，资产与财产是等价性的概念，这种开放务实的法律观念值得借鉴。例如，已经于2005年生效的《联合国反腐败公约》中的"财产"系指各种资产，不论是物质的还是非物质的、动产还是不动产、有形的还是无形的，以及是否具备证明对这种资产的产权或者权益的法律文件或者文书。[2] 当然，这个概念的外延是否还会继续扩张到涵摄生态资产、环境资产、个人信息资产、数据资产等，尚值得继续关注。

（二）同性性交易与卖淫

本书前文曾经对此问题有所涉及，态度也是明确的：同性性服务、性交易行为还不宜解释为卖淫，组织同性性服务、性交易不应该定性为组织卖

---

〔1〕 例如，污染环境的犯罪，可以直接计算出行为人损坏环境的价值数额，按照故意毁坏财物罪处断即可。当然，这势必进一步解构法益观念以及既成的现行《刑法》分则的犯罪分类格局。

〔2〕《〈联合国反腐败公约〉》，载 https://www.un.org/zh/issues/anti-corruption/uncac_text.shtml，最后访问日期：2022年10月30日。

淫罪。

进行文理解释的时候，如果解释者随意删除词典义中的区别义素，仅保留语义场中的共同义素，就会产生不合理扩大解释的效应。如果删除区别义素不当，则扩大解释就是错误的，容易异化为类推解释。对卖淫的解释，希望把同性之间性交易行为也涵摄进去的、采取扩大解释的论者，会对卖淫的词典义进行扩张，将其扩张为性服务、性交易。其语义实质是把词典义中的"女性对男性"或者"妇女出卖肉体"[1] 这一区别义素删除，仅保留性服务、性交易、出卖肉体这一共同义素。论者认为：就组织卖淫罪的刑法规定而言，刑法并没有将同性之间的卖淫"除斥"在外，那么其作为属概念自然包括"同性卖淫"这个种概念。虽然"同性卖淫"是"异性卖淫"之后才出现的社会现象，但卖淫早以其自身的"质"而为"同性卖淫"准备了外延空间。[2] 这一段论述的逻辑错误就是，把卖淫作为所谓的"同性卖淫"的上位概念、属概念，以此为演绎法中的大前提或者小前提，再进行刑法的推理，其结论当然是错误的。

从卖淫的客观文义而言，同性性交易行为不属于卖淫，不符合卖淫这一构成要件，当然不应受到刑法分则中有关罪名如组织卖淫罪等的评价。

目的解释是一种重要的刑法解释方法，分为目的性扩张与目的性限缩两大类。由于目的解释属于主观解释的一种，不可避免地会出现目的解释与语义解释、文理解释的冲突。尤其是采用目的性扩张解释的时候，解释者必然要扩大相关构成要件的外延，以达到自己的解释目的和解释任务，实现自己的解释主张。认为立法者设置组织卖淫罪的目的是打击一切组织进行性交易的行为，然后以此作为一个逻辑起点，对"卖淫"进行扩大解释，认为"卖淫"包括所有的性交易而不是词典和社会公众认为的仅仅是女性对男性的性交易。显然，对于"卖淫"的解释，就出现了目的解释与语义解释、文理解释的冲突，而且是不可调和的冲突。

本书认为，很多实际案件情形中的目的解释都属于实质解释，其本质是

---

〔1〕　中国社会科学院语言研究所词典编辑室编：《现代汉语词典（汉英双语）》，外语教学与研究出版社 2002 年版，第 1296 页。

〔2〕　马荣春：《警醒刑法学中的过度类型化思维》，载《法律科学（西北政法大学学报）》2012年第 2 期。

不合理的扩大解释。当目的解释与语义解释、文理解释出现冲突的时候，需要非常谨慎，应该优先选用文理解释而不是目的解释的结论。因为，目的解释只是一种主观解释，这种主观解释往往难以有明确的依据，更多的是解释者的个人理解和个人揣测，立法者是不是真的有这样的目的，是难以证实的。因此，语义解释、文理解释的优先，既是构成要件解释结论可预测性的要求，也是对没有明确依据的主观解释（包括目的解释）的否定。

因此，实质刑法观倾向于选择上位构成要件，或者说，总是有意无意地按照上位构成要件进行思维与推理，把待判断案件事实归入一个上位构成要件，会产生扩张解释的效果，也会将构成要件的可能文义扩大到更大的范围。在语义上，实质刑法观为了追求所谓的"实质解释"，势必把刑法性质待判断的案件事实归入更上位的构成要件的类型和类别，这就是在更大外延上思考构成要件的符合性，在更大外延上重新定义构成要件。这种所谓的"实质解释"，容易坠入概念的外延扩张的圈套中。于是，类型化的思考就异化为"更大类型的思考"，小类的符合性变成了大类的符合性。即把男性对男性提供的性服务、性交易（刑法性质待判断的案件事实）归入"卖淫"（构成要件），这一定是在更大外延上重新定义了"卖淫"这个概念。于是便存在两个卖淫概念，但此卖淫不是彼卖淫。

（三）抗拒逮捕与抗拒抓捕

1979 年刑法第 153 条"犯盗窃、诈骗、抢夺罪，为窝藏赃物、抗拒逮捕或者毁灭罪证而当场使用暴力或者以暴力相威胁的"，到了 1997 年刑法，就被改为了"犯盗窃、诈骗、抢夺罪，为窝藏赃物、抗拒抓捕或者毁灭罪证而当场使用暴力或者以暴力相威胁的"。一个是"抗拒逮捕"，一个是"抗拒抓捕"，显然，后者是上义词，前者是下义词，"抗拒抓捕"完全可以涵摄"抗拒逮捕"。抗拒抓捕包括抗拒警察的抓捕、抗拒见义勇为者的抓捕、抗拒一般群众的抓捕，等等；而抗拒逮捕，仅仅指的是抗拒警察的抓捕。从口语使用习惯而言，逮捕指的是特定主体发出的动作，是专有词；而抓捕是普通用语，是通用词。

汉语词汇史的研究也表明，在《汉书》中，"逮"的施事格是司法官吏，是该语义场中的专用词。而"捕"的施事格包括司法官吏、军人、普通人等，范围更大，是该语义场中的通用词。逮、捕、收、执四个义位代表了秦汉时期"抓捕"语义场的主要义位。[1] 发展到魏晋南北朝，该语义场又增加了摄、拘、录、捉、擒等义位。[2]

立法修改后，明显增强了法条与构成要件的涵摄力，严密了法网。从形式逻辑与语义关系角度分析，修改后的表述都更加合理。不过，有学者并非是从 1979 年刑法文字不够严谨的角度进行批评的，而是认为"在法律规定有缺陷时，可以忽视语言可能的意义""文义与正义发生严重背离时，文义是解释的出发点，正义是追求的最终目标"，从而得出一个结论——实质解释补位原则。[3] 应该说，该论者无视"抗拒逮捕"的客观语义，不区分逮捕与抓捕的细微界限，直接把"抗拒逮捕"扩张为"抗拒抓捕"，不但不批评早期刑事立法语言的滞后与疏漏，反而试图以不顾真实语义的实质解释补位来得到自己心中的正义，把下位概念"抗拒逮捕"解释为上位概念"抗拒抓捕"，并名之曰"实质解释论"。这是很危险的刑法观念，也是危及罪刑法定原则的，因为罪刑法定原则的基石之一就是立法语言的明确性与构成要件语义的明确性。可见，该解释者实际上是已经先预设了一个解释的目标，根据这个目标，再来对立法存在疏漏的构成要件进行强硬的扩张解释。但是，由于解释的目标与实际的刑法文字（包括其客观文义）之间的鸿沟如此明显，所以，即使是采取强硬的扩张解释也无法令人信服。

特别要注意的是，抓捕的抓，东汉时期的《说文》尚未收录。以"抓"检索"识典古籍"语料库，秦汉以前的文献只见到不典型的一条（《庄子》，也作"搔"）。西汉枚乘《上书谏吴王》始见"抓"。而表示逮捕义的"抓"，大致始见于明代《儒林外史》之"抓"，单用。[4] 至于"抓捕"连用，则应该更晚。[5] 1979 年刑法没有使用"抓捕"一词，而是使用"逮

---

〔1〕 李娟：《〈汉书〉"抓捕"语义场研究》，载《三峡论坛（三峡文学·理论版）》2017 年第 6 期。本书按：该文将该"抓捕"语义场分析为动作、施事格、受事格、受事处所、结果、使用范围六个义素。

〔2〕 姜黎黎：《中古汉语"逮捕"概念场动词词义演变研究》，载《古汉语研究》2014 年第 1 期。本书按：该文认为，擒、捕的受事格由渔猎的动物扩展到罪犯，是在隐喻机制作用下衍生出的逮捕义这一新义。很有启发。

〔3〕 吴林生：《罪刑法定视野下实质解释论之倡导》，载《中国刑事法杂志》2009 年第 7 期。

〔4〕《古代汉语词典》编写组：《古代汉语词典》，商务印书馆 1998 年版，第 2000 页。

〔5〕 黄河清编著的《近现代汉语辞源》中并无"抓捕"一词。1978 年版《现代汉语词典》也没有收录"抓捕"一词。

捕"。可见，与逮、捕相比，"抓捕"一词大致是现代汉语晚期的词汇，应该在 1979 年以后才进入现代汉语语料库。[1] 而"逮捕"成为汉语词，始于 1889 年。[2] 1907 年《大清刑律草案》、1910 年《修正刑律草案》等皆为"图免逮捕"。[3]

根据以上简单的汉语词汇史梳理，本书有理由认为，抗拒抓捕的施事格的范围明显大于抗拒逮捕，因此，抗拒抓捕是一个上义词。这样解释也是完全符合 1997 刑法正当防卫制度的立法宗旨的。

除此之外，抗拒抓捕取代抗拒逮捕，恐怕也是词语竞争的结果，并且符合汉语历时替换的原因之一——更强的口语性。这样的例子还有很多，例如，"怕"对"惧"的历时替换；[4] 上古汉语词——求、索，被中古汉语词——寻、觅替代，中古汉语词——寻、觅又被现代汉语口语词"找"替代；[5] 至清代中叶"饿"完成对"饥"的历时替换；[6] 等等。

（四）野生动物

对于野生动物的内涵外延，刑法学界经历了较为复杂的变迁。2022 年修订的《中华人民共和国野生动物保护法》（以下简称为《野生动物保护法》）第 2 条规定："在中华人民共和国领域及管辖的其他海域，从事野生动物保护及相关活动，适用本法。本法规定保护的野生动物，是指珍贵、濒危的陆生、水生野生动物和有重要生态、科学、社会价值的陆生野生动物。本法规定的野生动物及其制品，是指野生动物的整体（含卵、蛋）、部分及衍生物。珍贵、濒危的水生野生动物以外的其他水生野生动物的保护，适用《中华人民共和国渔业法》等有关法律的规定。"

---

[1] 2022 年 11 月 22 日，在 BCC 语料库"古汉语"之下检索"抓捕"，只得到一条结果，还是满文翻译而来的汉语。《满文老档》："十四日，大贝勒、阿敏贝勒率自蒙古兀鲁特前来之诸贝勒，并每牛录白巴牙喇五人启程前往广宁迤西之锦州、义州，抓捕为蒙古人运粮之人。"

[2] 黄河清编著：《近现代汉语辞源（上册）》，上海辞书出版社 2020 年版，第 263 页。

[3] 高汉成主编：《〈大清新刑律〉立法资料汇编》，社会科学文献出版社 2013 年版，第 168、575 页。

[4] 刘志芳：《汉语史中"怕"对"惧"的历时替换》，载《河南科技学院学报》2015 年第 9 期。

[5] 汪维辉：《常用词历时更替札记》，载《语言研究》1998 年第 2 期。

[6] 殷晓杰等：《"饥""饿"历时替换考》，载《浙江师范大学学报（社会科学版）》2018 年第 1 期。

由于野生动物的保护必然涉及其栖息地，因此，《野生动物保护法》中有专门的条款涉及"栖息地保护"。例如，第12条规定，国务院野生动物保护主管部门应当会同国务院有关部门，根据野生动物及其栖息地状况的调查、监测和评估结果，确定并发布野生动物重要栖息地名录。省级以上人民政府依法将野生动物重要栖息地划入国家公园、自然保护区等自然保护地，保护、恢复和改善野生动物生存环境。对不具备划定相关自然保护地条件的，县级以上人民政府可以采取划定禁猎（渔）区、规定禁猎（渔）期等措施予以保护。禁止或者限制在相关自然保护区域内引入外来物种、营造单一纯林、过量施洒农药等人为干扰、威胁野生动物生息繁衍的行为。自然保护地依照有关法律法规的规定划定和管理，野生动物保护主管部门依法加强对野生动物及其栖息地的保护。

可见，如果不涉及"栖息地保护"，即便是珍贵濒危野生动物，也不属于或也不应该解释为"野生动物"。例如，人工繁育、人工驯养的物种。《野生动物保护法》中的人工繁育国家重点保护野生动物名录等表述，表明了野生动物分为两类，一类是人工繁育国家重点保护野生动物，一类是非人工繁育国家重点保护野生动物（即纯粹野生的野外种群）。

2000年《最高人民法院关于审理破坏野生动物资源刑事案件具体应用法律若干问题的解释》（以下简称为《2000年野生动物犯罪解释》）（已失效）第1条规定，刑法第341条第1款规定的"珍贵、濒危野生动物"，包括列入国家重点保护野生动物名录的国家一、二级保护野生动物、列入《濒危野生动植物种国际贸易公约》附录一、附录二的野生动物以及驯养繁殖的上述物种。该条文明确野生动物包括了"驯养繁殖的上述物种"。

此后，广东深圳鹦鹉案、河南禹州赫尔曼陆龟案等刑事案件持续引发社会争议，争议的原因是《2000年野生动物犯罪解释》将人工驯养繁殖的保护物种解释为"珍贵濒危野生动物"，呈现出与社会实践相脱节的趋势，导致了司法标准与公共认知、行业标准之间的裂痕。[1] 这些案件都涉及人工繁育野生动物。因此，《2000年野生动物犯罪解释》不得不发生重大转向。

自2022年4月9日起施行的《最高人民法院、最高人民检察院关于办理

---

〔1〕《对话"深圳鹦鹉案"当事人王鹏：新司法解释出台，我们的"牺牲"也算有了意义》，载 https://www.sohu.com/a/540293107_116237，最后访问日期：2022年4月22日。

破坏野生动物资源刑事案件适用法律若干问题的解释》（以下简称为《2022年野生动物犯罪解释》）第4条规定，刑法第341条第1款规定的"国家重点保护的珍贵、濒危野生动物"包括：①列入《国家重点保护野生动物名录》的野生动物；②经国务院野生动物保护主管部门核准按照国家重点保护的野生动物管理的野生动物。一般不再包括"驯养繁殖的上述物种"。第13条规定，实施该解释规定的相关行为，在认定是否构成犯罪以及裁量刑罚时，应当考虑涉案动物是否系人工繁育、物种的濒危程度、野外存活状况、人工繁育情况、是否列入人工繁育国家重点保护野生动物名录，行为手段、对野生动物资源的损害程度，以及对野生动物及其制品的认知程度等情节，综合评估社会危害性，准确认定是否构成犯罪，妥当裁量刑罚，确保罪责刑相适应；根据该解释的规定定罪量刑明显过重的，可以根据案件的事实、情节和社会危害程度，依法作出妥当处理。涉案动物系人工繁育，具有下列情形之一的，对所涉案件一般不作为犯罪处理；需要追究刑事责任的，应当依法从宽处理：①列入人工繁育国家重点保护野生动物名录的；②人工繁育技术成熟、已成规模，作为宠物买卖、运输的。该条款明确指出，涉案动物系人工繁育，符合规定情形的，对所涉案件一般不作为犯罪处理。

整个法律法规的变化历程，实质上就是野生动物的外延变化问题，即人工繁育的野生动物是不是属于构成要件中的"野生动物"？野生一词，其词典义是"在自然环境生长"。也就是说，人工繁育的物种不具备这个义素，自然不属于"野生"动物。也就是说，即便一个物种登上了保护名录，但是，其生长已经属于人工繁育了，就不应属于野生动物保护法的保护范围了。纯粹的野外种群的野生动物才是真正的野生动物。

由于《野生动物保护法》屡经修订[1]，背后的野生动物保护的法观念也在变迁之中。

第一，对于野生动物物种与野生动物种群开始进行区分。早期的野生动物保护，侧重于保护物种，包括该物种的野外种群和人工种群。而经过多年保护，人工种群数量稳步增加。除了少数物种之外，人工种群的珍贵性逐渐下降。因此，新的司法解释适应了这样的社会变化，将人工种群基本排除出

---

〔1〕《野生动物保护法》自1988年通过以来，历经2004年、2009年、2018年三次修正和2016年、2022年两次修订。

去了。2018 年 10 月 9 日，农业农村部公布《濒危野生动植物种国际贸易公约附录水生物种核准为国家重点保护野生动物名录》，规定对《濒危野生动植物种国际贸易公约》附录水生物种按照被核准的国家重点保护动物级别进行国内管理。需要注意的是，该名录对美洲大鲵（美国）等约 70 个物种暂缓核准，对暹罗鳄等 100 余个物种仅核准野外种群。

但是早期并非如此。例如，2014 年关于走私的司法解释[1]第 10 条和《2000 年野生动物犯罪解释》[2] 第 1 条均明确将"驯养繁殖的动物（物种）"列入"珍贵动物""珍贵、濒危野生动物"的范围，从而形成了人工繁育动物犯罪的司法规则。于是，对于野生动物的外延问题，刑法学界形成对立的两派观点。

有论者认为，司法解释关于人工繁育动物的司法规则"在探寻刑法规范的真实含义和客观意义时进行了目的性扩张解释，不适当地扩大了刑法的打击范围"。更有论者认为，司法解释的规定是"超出行政法规范的'扩张解释'"。有论者持更为彻底的主张，提出"立足法教义学，人工驯养繁殖的动物不属于刑法中的'珍贵、濒危野生动物'"。[3]

根据《国家重点保护野生动物名录》，貉、梅花鹿、马鹿等 63 种国家重点保护的野生动物"仅限野外种群"，即人工繁育的上述动物不作为国家重点保护的野生动物管理，不属于国家重点保护的野生动物的范畴。

由于人工繁育动物的情况十分复杂，诸如大熊猫、东北虎之类的动物，人工繁育品种无疑不能排除在外。即使是主张"珍贵动物""珍贵、濒危野生动物"不能包括所有人工繁育动物在内的论者，也多认为不能将所有人工繁育动物排除在外。

第二，有学者认为，从刑法适用来看，无论涉案动物是否列入人工繁育国家重点保护野生动物名录，如果在定罪量刑时完全不区分是野外种群还是人工繁育种群，而一律适用完全相同的定罪量刑标准，并不妥当，更不符合

---

〔1〕 2014 年《最高人民法院、最高人民检察院关于办理走私刑事案件适用法律若干问题的解释》。

〔2〕 2000 年《最高人民法院关于审理破坏野生动物资源刑事案件具体应用法律若干问题的解释》（已失效）。

〔3〕 喻海松：《动物犯罪司法规则体系的革新——以新近相关立法调整为契机》，载《中国刑事法杂志》2021 年第 6 期。

社会公众的一般认知。例如，就"深圳鹦鹉案"而言，按照《2000 年野生动物犯罪解释》，10 只相关鹦鹉就应当在 10 年以上有期徒刑的幅度内量刑。毫无疑问，不对涉案鹦鹉系人工繁育动物的情形作特殊考虑，裁判结果实难获得公众认同。[1]

第三，列入《有重要生态、科学、社会价值的陆生野生动物名录（征求意见稿）》的动物，属于"三有"保护野生动物，虽不属于珍贵濒危野生动物，但是也属于刑法的保护范围。

第四，与 1989 年《国家重点保护野生动物名录》相比，2021 年《国家重点保护野生动物名录》新增 517 种（类）野生动物，明显扩大了野生动物保护范围。

第五，2020 年《刑法修正案（十一）》增设的非法猎捕、收购、运输、出售陆生野生动物罪中的犯罪对象，应该仅限于"在野外环境自然生长繁殖的"陆生野生动物，即野外种群。

第六，人工种群与野外种群也会存在互相转化的现象。当人工种群放归野外，会逐渐成为野外种群；而野外种群经过驯化，会逐渐成为人工种群。因此，刑法中的野生动物、野生动物资源、在野外环境自然生长繁殖的陆生野生动物、国家重点保护的野生动物等，实际上是几个不同的构成要件。立法者到底是倾向于野外种群的保护，还是倾向于所有种群之中的物种的保护，不可一概而论，学者们应深入分析具体物种的种群数量、人工繁育的难度、人工种群的现状等，综合判断。但是，刑法中的野生动物、野生动物资源，逻辑上似乎是涵盖了两类种群的，似乎是上义词。而在野外环境自然生长繁殖的陆生野生动物，则是其下义词。

第七，早期的野生动物保护法律法规并未从义素层面对"野生"进行解释。例如，《野生动物保护法》《中华人民共和国水生野生动物保护实施条例》（以下简称为《水生野生动物保护条例》）等。《水生野生动物保护条例》第 2 条规定，本条例所称水生野生动物，是指珍贵、濒危的水生野生动物；所称水生野生动物产品，是指珍贵、濒危的水生野生动物的任何部分及其衍生物。

---

〔1〕 喻海松：《动物犯罪司法规则体系的革新——以新近相关立法调整为契机》，载《中国刑事法杂志》2021 年第 6 期。

　　《2000 年野生动物犯罪解释》按物种界定是否为"珍贵、濒危野生动物",即只要属于受保护的物种,即使运输、出售的相关动物是驯养繁殖的,同样会被认定为犯罪。这导致在司法实践中出现了不少有争议的判决。而《2022 年野生动物犯罪解释》,明确了涉及部分人工繁育动物的案件不作为犯罪处理。这是呼应现实,对野生动物保护刑事司法作出的重大调整。但是,《2022 年野生动物犯罪解释》仍旧没有对"野生动物"的义素作出明确解释。这可能为今后的争议留下隐患。本书认为,人工圈养、人工繁育、驯养繁殖的野生动物物种,应该解释为不属于野生动物为宜。因为,这些物种实际上没有"在野外生长",当然不是"野生"。这也完全符合词典义。

三、简单的结论

(一) 刑法实质化是存在的

　　刑法实质化思潮或者实质刑法观的内容与体系究竟是什么?简单地说,刑法实质化思潮或者实质刑法观是一种突破语言形式制约、突破传统刑法原理制约、突破文义边界的框定制约等的解释观,在此观念引领下,再从刑法学体系的各个部分予以具体贯彻、发散。实质刑法观,是人为架构出来的学术主张、学术体系,其科学性与实用性都有待时间的检验。[1] 例如,有学者认为,扩张的正犯,其思想源头是对 19 世纪过分从自然科学、实证主义的角度来理解刑法概念的一种反动,[2] 虽流行于 20 世纪 30 年代的德国刑法学界,但是既与德国现行法律规定不相容,也为多数德国学说所排斥。[3]

　　本书不打算体系性地对之加以分析、批评和阐述,也不想卷入所谓的学派之争或者学术论战,这不符合本书的研究方向。此处只想分析、品评双方的论据和语义,希望以此为契机,部分解构所谓的刑法实质化或者刑法形式化、所谓的实质刑法观或者形式刑法观。或者,给双方的再次出发、继续论

---

　　〔1〕　实质刑法、风险社会、预防刑法等的背后,是整个社会激进的立法观、效率优先的治理观、异常主动的犯罪干预观、刑事政策背后的能动观在主导犯罪评价。归根结底到刑法机能上,就是保护法益与保障人权的平衡。在无法平衡的时候,优先的是前者还是后者。这样的思潮,在土壤合适的时候,会走上历史舞台;在基础消失的时候,会走下历史舞台。

　　〔2〕　[日] 西原春夫:《犯罪实行行为论》,戴波、江溯译,北京大学出版社 2006 年版,第 232 页。

　　〔3〕　许玉秀:《当代刑法思潮》,中国民主法制出版社 2005 年版,第 570~571 页。

辩、不断完善提供一点资料、论据、角度。

有学者认为:"预防目的支配下的刑法体系,在违法论趋于实质化之后,其余部分也开始或早或晚地受到实质化思潮的波及。首先,是构成要件的判断日趋实质化,无论是构成要件行为(或实行行为)理论还是因果关系理论,都出现向实质化方向发展的趋势。"[1] "当前的刑法理论接受犯罪事实支配理论。在作为犯中,关键不在于有无正犯的意志,或者是否实施构成要件行为,而是实质上在整个犯罪过程中是否处于核心的角色。"[2] 还有学者认为:"黑哨事件带动了一批有扩大解释倾向的司法解释的出台……现有的扩大解释都是以疑难情形下的入罪处置为依归的。"[3]

因而,宏大的、体系化的实质刑法,是以风险社会、预防犯罪为宏观上的言说背景,以入罪处置、扩大解释为主要效应的。据此,本书认为,刑法实质化的确是存在的,尤其是在某些局部和领域还比较明显的情况下,在具体构成要件解释中,不顾语言形式制约的实质化倾向尤为明显。而实质刑法观与构成要件的判断日趋实质化,是上下位的关系。即,符合性判断日趋实质化,是实质刑法观的一个具体表现。除此之外,实质刑法观还有其他很多表现,例如前述的正犯认定的标准。在义素层面和义素视角下也能发现,刑法实质化往往表现为扩大解释甚至类推解释。根据以上撷取的几例刑法解释,已经可以管中窥豹了。

(二)两种刑法观对立的基础是不牢靠的

两种刑法观的对立,其实并没有那么严重。至少,从本书看来,它们都出现过语义错误、义素错误,在义素运行这个隐秘的地带中,无论何种刑法观,都应谨慎而行。将不同刑法观的宏大争论引导至义素微观运行,无疑是有价值的。

例如,刑法学界关于"毁坏"词义的争论,其实也完全可以归结为义素的删除。司法实践中,侵入他人股票账户高买低卖致他人损失的行为,之所

---

〔1〕 劳东燕:《风险社会中的刑法:社会转型与刑法理论的变迁》,北京大学出版社 2015 年版,第 53 页。

〔2〕 劳东燕:《风险社会中的刑法:社会转型与刑法理论的变迁》,北京大学出版社 2015 年版,第 53 页。

〔3〕 邓子滨:《中国实质刑法观批判》,法律出版社 2009 年版,第 137 页。

以不属于毁坏，是因为"以结果特征反证行为特征是违反逻辑的"[1]；混杂不同铜制纽扣，导致他人财产效用降低的行为，之所以不属于毁坏，是因为"只要将其分离开来，并不改变纽扣的物理和化学性质，也不影响其使用"[2]。从义素视角而言，所谓的行为特征、结构特征，都是该罪名或者该构成要件的义素，实质解释论认为只需要具备结果特征即符合全部义素、具有符合性，而形式解释论则认为需要同时具备结果特征与行为特征才属于符合全部义素。

本书认为，形式解释论在这个问题上是科学的，是符合语义常识与公众观念的。混杂不同铜制纽扣之后，纽扣并没有坏，它们还毫发无损地躺在案发现场。这是一种破坏行为，但不是毁坏行为；这是一种破坏生产的行为，但不是毁坏财物的行为；这是一种符合上位构成要件破坏的行为，但不是符合下位构成要件毁坏的行为。

需要注意的是，某个构成要件是否具有行为特征这个义素，除了列举方式之外，刑事法规范一般采取的是概括的方式，但并未明示。因而，行为特征这个义素的挖掘，需要得到普遍认可才可以。例如，故意毁坏财物罪中，"采取毁坏财物的方法"其实并非"毁坏"的义素，也并非其行为特征，论者的义素挖掘结果是不妥的。[3] 本书认为，毁坏的义素，仍然离不开"缺也""器破"[4]这个古老认知。

（三）简单的结论

第一，两种刑法观的对立，没有那么严重。有时候，双方都会进行缩小解释，也都会进行扩大解释。

第二，两种刑法观对立的基础，尤其是语言基础、义素基础方面，同样也是不牢靠的。也就是说，对立是在宏观层面、价值层面、功能层面展开的，而在微观的语义层面、义素层面，其对立则基本混同了，或者说，双方都无意涉足这个坚实的、微观的、细节的论战阵地。

第三，两种刑法观都存在合理观点和论据，也都存在不合理观点和论据。

[1] 陈兴良：《形式解释论的再宣示》，载《中国法学》2010年第4期。
[2] 邓子滨：《中国实质刑法观批判》，法律出版社2017年版，第163页。
[3] 参见陈兴良：《形式解释论的再宣示》，载《中国法学》2010年第4期。
[4] （清）段玉裁撰：《说文解字注》，中华书局2013年版，第698页。

即，形式刑法观与实质刑法观都还有待完善，它们之间尚未形成真正意义上的学派之争。或者说，二者都还不是真正意义上的学派。

第四，本书坚持在合理语义解释基础上的体系解释，因此，本书学术主张的基础部分应该是尊重构成要件语词形式、汉语语义及其义素，这可以算是形式解释。而特殊时候、特殊场合、特殊构成要件则需要兼采历史解释结论、主观解释结论、体系解释结论、常识常理常情等的有价值部分，从而得出最适宜的刑法解释结论。

第四节　解释限度与文义边界中的义素运行

一、刑法解释限度学说

刑法解释限度问题是我国刑法解释的剧烈争讼之地。它是罪与非罪、此罪与彼罪这一传统刑法命题的新的表达，也是新的视角。刑法解释限度，指的是在构成要件的解释中，其外延可以扩大到何种地步、何种边界，其客观文义能够具有多远射程、涵摄范围可以有多大。超过该限度即为不合理的扩大解释，是违背罪刑法定与严格解释的。

（一）解释限度学说概述

有学者认为，刑法解释限度，是指刑法文义解释所不能超越的、法律文本（刑法文本）所限定的文义界限和程度，以确保刑法解释对象和解释结论的合法性（限度）。[1] 这种解释存在严重的逻辑疏漏，它将刑法解释限度仅仅限定为刑法文义解释所不能超越的界限和程度，那么，其他解释方法就没有界限和程度问题了吗？这显然是难以自洽的。任何解释方法得出的结论都存在是否超限的问题，例如，作为论理解释的扩大解释，肯定存在解释结论是否超限的问题。该论者自己在论述婚内有无强奸罪成立空间的时候，也使用了历史解释、刑事政策解释的方法来探讨解释是否超限。

刑法解释限度主要是与文理解释、扩大解释、客观解释等相关。至于刑法解释限度与缩小解释的内在联系，由于不是当前刑法解释的主流，遂本章

---

　　〔1〕　魏东：《刑法解释限度的理论构建：从价值优化论回归合法限度论》，载《西南政法大学学报》2022 年第 1 期。

基本不会涉及。应该说，刑法解释限度问题的提出，是文理解释、扩大解释、客观解释等研究领域的深化，同时，也是类推适用的一种排除规则。本书认为，对解释限度问题的研究有利于刑法解释向纵深、微观发展。

从语义学的角度来看，刑法解释限度，其实就是构成要件的文义边界。即构成要件的文义界限就是解释限度的极限，是刑法解释可到达的最远地方。由于构成要件文义或者构成要件语义存在着明确与不明确两大类情形，导致了刑法解释限度相应存在着两大类情形，一类情形是没有弹性、没有模糊地带的语义，例如定量义素、杀人的人等。另一类则是有弹性、有模糊地带的语义，例如寻衅滋事罪中的起哄闹事、催收非法债务罪中的高利贷、高空抛物罪中的高空、行贿罪中的不正当利益，等等。[1]

目前，我国的刑法学界即便是在没有弹性、没有模糊地带这一类的解释中，也存在着解释不统一的现象，即构成要件明明具有非常确定的文义边界，也有学者强行进行语义外延的扩展与扩张，采用扩大解释，以便达成该刑法解释者的预设目标。这当然是错误的解释。在客观解释论中，客观文义常常指的就是这一类没有弹性的解释。反过来说，只有在存在着非常确定的文义边界的情况下，客观解释才能比较顺利地进行下去，否则，客观解释结论无由产生。

而对于本身就有弹性、有模糊地带的文义，学界的争论与探讨更为热烈，实务界也是如此。应该说，对于后一类构成要件的研究更加重要和复杂一些，也对刑事立法的语言安排、词汇选定、立法技术等方面提出了更高的要求。在这一类并不存在非常确定的文义边界的情况下，由于何为客观文义难以确定，显然，客观解释就比较难以顺利进行。

刑法解释限度问题其实有两个思考的方向，一个方向是上述出罪方向的解释限度，这是限制文义边界的肆意外扩的方向，其以防止类推解释、防止侵犯人权的观念为基石。另一个方向则是入罪方向的解释限度，这背后是对文义边界积极外扩的思想观念，强调的是灵活解释、激进的等价性判断，其以推动扩大解释、突破语言形式的观念为基石。显然，两个方向的刑法解释限度，是不可能在同一条边界相遇的。双方都试图侵入对方的领地，以维护

---

〔1〕 语义中没有弹性的构成要件大致对应着记叙性的构成要件要素，语义中有一定弹性的构成要件大致对应着规范性的构成要件要素。当然，语义有没有弹性，是相对的。

自身的刑法价值观与刑法机能观。应该说，根据矛盾律，双方不可能都是科学的观点和方向。

另外，有的学者使用解释限度的时候，直接指向的是罪刑法定主义："刑法司法解释的限度是罪刑法定原则。"[1] 应该说，本书并不会在如此宏观的层面来言说具有强烈微观属性的刑法解释限度问题。况且，罪刑法定原则是整个刑法的基本原则，任何刑法解释都应受到罪刑法定原则及其具体内容的制约。但罪刑法定原则缺乏可操作性，可能并不适合用在解释限度理论中。

刑法解释限度范畴所欲解决的"真问题"是什么？一种是传统观点，认为刑法解释限度就是解释（扩张解释）与类推之间的界限，所欲解决的问题是刑法解释的合法限度（即"合法限度论"、狭义说）；另一种是新近观点，认为刑法解释的限度既包括解释与类推之间的界限，也包括合理的扩张解释与不合理的扩张解释之间的界分，应在"合法+合理"两个层次上来论述这一问题，所欲解决的问题既有合法限度问题也有合理限度问题（即"价值优化论"、广义说）。[2] 本书认为，无论是扩大解释与类推解释的界限，还是合理的扩张解释与不合理的扩张解释之间的界限，都是解决同一个问题，即涵摄与符合的问题。因为，解释限度合法与否，本身并没有判断标准，实际上只存在解释限度是否合理的问题。而且，不合理的扩大解释本身就是违背最高意义的法的。因此，本书并不打算区分两种观点。

（二）解释限度学说介评

以下，对刑法解释限度学说进行简单介评。

第一，有学者总结认为，刑法解释限度理论（或学说）大致包括以下五种：其一，可能的口语词义说。[3] 其二，文义边界说。其三，文义的模糊地带说。其四，不违背预测可能性说。其五，最相类似的类推解释说。[4] 也有

---

[1] 王琪：《刑事司法解释的限度——以奸淫幼女司法解释为视角》，载陈兴良主编：《中国刑事司法解释检讨——以奸淫幼女司法解释为视角》，中国检察出版社2003年版，第215页。

[2] 魏东：《刑法解释限度的理论构建：从价值优化论回归合法限度论》，载《西南政法大学学报》2022年第1期。

[3] 例如，口语中的"抢东西"，与抢劫、抢夺、聚众哄抢、打砸抢、抢走公私财物等的关系。口语中的"到人家里"，与入户、入室、侵入住宅等的关系。口语中的"强偷""贼"，与抢劫罪、盗窃罪的关系。

[4] ［日］关哲夫：《论禁止类推解释与刑法解释的界限》，王充译，载陈兴良主编：《刑事法评论·第20卷》，北京大学出版社2007年版，第367页。

学者总结，在扩张解释之限度问题上大体有如下主张：其一，刑法条文所可能具有的含义说。其二，法律条文逻辑含义许可范围说。其三，具有解释对象核心属性说。其四，国民预测可能性说。其五，合法、合理标准说。[1] 以上 10 种学说，分别是：可能的口语词义说，文义边界说，文义的模糊地带说，不违背预测可能性说，最相类似的类推解释说，刑法条文所可能具有的含义说，法律条文逻辑含义许可范围说，具有解释对象核心属性说，国民预测可能性说，合法、合理标准说。

显然，几位学者的总结并不完全一致。

国民预测可能性说与不违背预测可能性说是一致的，只是文字表述略有差异。国民预测可能性说与不违背预测可能性说是进行文义解释的时候必须考量的制约因素，是解释的底线，古今皆然，因而尚不能成为一种充分意义上的学说。考诸古代刑法史，严密法网是立法者的基本诉求。唐律规定："奴婢、部曲，身系于主。主被人杀，侵害极深。其有受财私和，知杀不告，金科虽无节制，亦须比附论刑。岂为在律无条，遂使独为侥幸。然奴婢、部曲，法为主隐，其有私和不告，得罪并同子孙。"[2] 但是，即便如此，进行刑法类推解释（比附）的时候必须合乎"礼"，否则民众难以信服和接受。[3] 历史学者认为，前述律条源出自《礼记·曲礼》"父之仇，弗与共戴天；兄弟之仇，不反兵；交友之仇，不同国"。[4] 可见，该律条规定的比附、类推适用——奴婢部曲，有私和不告，得罪并同子孙——有深厚的国民认同基础。

合法、合理标准说，显然比较笼统抽象，同样属于刑法解释应坚持的基本底线，甚至比国民预测可能性说与不违背预测可能性说更为含糊、笼统，因此，其也不足以成为一种独立的刑法解释学说。合法、合理标准说，可谓放之四海而皆准的大道理，专业程度、精细程度显然不够。

最相类似的类推解释说，则尤为不妥。众所周知，类推解释是严格禁止的解释方法，最相类似一词已是被摒弃了的刑法历史语言遗迹。所以，即便

〔1〕 陈志军：《论刑法扩张解释的根据与限度》，载《政治与法律》2005 年第 6 期。吴丙新：《扩张解释与类推解释之界分——近代法治的一个美丽谎言》，载《当代法学》2008 年第 6 期。

〔2〕 《唐律疏议》贼盗·亲属为人杀私和，参见刘俊文撰：《唐律疏议笺解（下册）》，中华书局 1996 年版，第 1289 页以下。

〔3〕 刘剑鸣：《〈唐律疏议〉目的解释研究》，湘潭大学 2020 年硕士学位论文。

〔4〕 刘俊文撰：《唐律疏议笺解（下册）》，中华书局 1996 年版，第 1291 页。

表述为最相类似的类推解释说，也是不合适的。况且，类似不等于同类，只有同类才具有符合性，类似不具有符合性。非要把类似、最相类似认定为具有符合性，显然是类推为具有符合性，这是不被允许的。1979年刑法第79条规定："本法分则没有明文规定的犯罪，可以比照本法分则最相类似的条文定罪判刑，但是应当报请最高人民法院核准。"1997年刑法已经明确废除了这一类推解释的规定。因此，这个学说不再适合今天的刑法解释活动。

第二，可能文义或者可能的口语词义说，强调的是语义的可能性，大致算是同一种学说，但文字表述方式同样有点差异。而有学者认为，法律条文逻辑含义许可范围说、具有解释对象核心属性说，是刑法条文所可能具有的含义说的不同角度的具体化而已。[1] 所以，这些都属于可能文义说的范围。

可能的口语词义说、可能文义说等2种学说，涉及的是刑法解释学问题的核心。而文义的模糊地带说、最相类似的类推解释说、法律条文逻辑含义许可范围说、具有解释对象核心属性说、刑法条文所可能具有的含义说等5种学说，是可能的口语词义说、可能文义说的变相提法而已。刑法条文所可能具有的含义说，有学者表述为"刑法条文所可能具有的最宽含义"，即语义划分为"核心意思+边缘含义"。[2] 以上这7种学说，大多强调"可能""许可范围""模糊""类似"等语义弹性，属于一个大类学说，都属于可能文义说的范围。

与可能的口语词义说紧密相关的，是可能文义说。可能文义或者构成要件的可能文义这一表述，被我国刑法学界使用是在2000年前后。1995年，李希慧《论刑法的文理解释方法》[3] 一文发表，这可能是刑法学界第一篇有关文义解释的论文了。1996年，陈金钊、尹绪洲《法律的文义解释与词典的使用——对美国司法过程中词典使用的述评》[4] 一文发表。2001年，致远《文义解释法之基本认识》[5]《文义解释法的具体应用规则》[6] 两篇论文发

---

〔1〕 陈志军：《论刑法扩张解释的根据与限度》，载《政治与法律》2005年第6期。

〔2〕 陈志军：《论刑法扩张解释的根据与限度》，载《政治与法律》2005年第6期。

〔3〕 李希慧：《论刑法的文理解释方法》，载《中央检察官管理学院学报》1995年第1期。

〔4〕 陈金钊、尹绪洲：《法律的文义解释与词典的使用——对美国司法过程中词典使用的述评》，载《法商研究（中南政法学院学报）》1996年第3期。

〔5〕 致远：《文义解释法之基本认识》，载《法律适用（国家法官学院学报）》2001年第8期。

〔6〕 致远：《文义解释法的具体应用规则》，载《法律适用（国家法官学院学报）》2001年第9期。

表，在国内较早地提出或引进了字面含义、黄金规则、通常含义、技术术语含义、第一眼解释规则、同类规则等文理解释的术语。2002年，时延安发表了《论刑法规范的文义解释》[1] 一文。2005年，陈金钊发表《文义解释：法律方法的优位选择》[2] 一文。2006年，倪业群发表《刑法文义解释方法的位阶及其运用》[3] 一文，等等。此外，关于类推解释、禁止类推等的刑法学论文，也与可能文义、可能的文义射程等具有紧密联系，也应该作为同一类刑法学文献予以看待和重视。例如，2021年，任跃进的《"文字可能的含义"：扩张解释与类推解释界分范式研究——基于德日比较视角展开》[4] 一文。著作方面，2002年出版的张明楷《刑法的基本立场》[5] 一书中已经开始频繁使用可能文义这一表述了。

本书认为，可能文义（或者文字可能的含义）这一刑法解释学术语的功能是：如果一个具体构成要件可能文义能够成立、说得通，那么就可以涵摄犯罪事实或者生活事实，其解释就不是类推解释，而是合理的扩大解释。反之，如果一个具体构成要件的可能文义不能够成立、说不通，则构成要件就不可以涵摄犯罪事实或者生活事实，其解释就成了类推解释，是不被允许的，也是违背罪刑法定主义的。但是，什么是可能文义？其判断标准是什么？多大的可能才是可能文义的可能？毕竟，可能性有高有低，难以精确衡量。

特别要注意的是，虽然可能的口语词义说失之暧昧和边界不清，但在特定场合下，其仍具有独特的解释价值。它具有指引解释方向的功能，符合一般公众的认知习惯，可以区分相似语料的细微差异，巩固体系解释的衡平功能。当构成要件明显具有普通用语属性的时候，可能的口语词义说的结论比较符合国民预测可能性。

第三，虽然提出可能文义说的确为刑法解释学提供了某一途径，为区分类推解释和扩大解释提供了一个标准，但是，这个标准仍旧是模糊的、暧昧的、过

---

〔1〕　时延安：《论刑法规范的文义解释》，载《法学家》2002年第6期。

〔2〕　陈金钊：《文义解释：法律方法的优位选择》，载《文史哲》2005年第6期。

〔3〕　倪业群：《刑法文义解释方法的位阶及其运用》，载《广西师范大学学报（哲学社会科学版）》2006年第2期。

〔4〕　任跃进：《"文字可能的含义"：扩张解释与类推解释界分范式研究——基于德日比较视角展开》，载《河北法学》2021年第3期。

〔5〕　张明楷：《刑法的基本立场》，中国法制出版社2002年版。

于主观的。有时候，面对同一个实际的构成要件，不同解释者会得出完全相反的可能文义。例如，把淫秽录像、电影、电视片等解释为"淫画"，有学者认为是类推解释，因为"淫画"的可能文义无论如何不包括淫秽录像、电影、电视片等。[1] 而有学者却认为，"淫画的本来含义是指一切静止的或活动的淫秽画面，因此，将淫秽的影片、录像等影像制品解释包括在淫画范围内，并没有超出淫画这一用语的可能含义，即不超出法律文义的'射程'"[2]。显然，可能文义说容易失之暧昧和主观。那么，"淫画"的"画"究竟包不包括活动的画面呢？实际上，"画"的义素包括用笔或者类似笔的东西、图形等，[3]所以，淫秽录像、电影、电视片等所谓动态的画、活动的画，其实不是"画"（因为没有笔这个义素），因此，本书也认为，"淫画"的可能文义无论如何不包括淫秽录像、电影、电视片等。主张"淫画的本来含义是指一切静止的或活动的淫秽画面"的学者，实际上是把"画"这个概念悄悄地、偷偷地扩张为包括静态的画与动态的画在内的一个新的概念，这个概念实际上没有坚守"画"的义素，这才导致动画、动图、影片、录像、电视片等也成了"画"。

第四，语言的意义既有确定性的一面，也有高度抽象性的一面。在构成要件的语言具有确定性的时候，实际上是不具备扩大解释的空间的，强行扩大解释，只会导致类推适用。而在构成要件的语言具有抽象性的时候，虽然为扩大解释提供了一点点狭窄的空间，但是其实供刑法解释者腾挪辗转的这个空间也不是随意就可以被利用起来的，它要受到诸多因素的制约。[4]

例如，破坏生产经营的可能文义是什么？寻衅滋事的可能文义是什么？客观地讲，每个人的想象空间都不一致，每个法官所认为的边界都可能有远

---

[1] 冯军：《论刑法解释的边界和路径——以扩张解释与类推适用的区分为中心》，载《法学家》2012年第1期。刘明祥：《论刑法学中的类推解释》，载《法学家》2008年第2期。

[2] 陈正云、曾毅、邓宇琼：《论罪刑法定原则对刑法解释的制约》，载《政法论坛》2001年第4期。

[3] 中国社会科学院语言研究所词典编辑室编：《现代汉语词典》，商务印书馆2012年版，第561页。

[4] 有学者认为，广义的文义解释包括体系解释、语法解释、合宪解释、当然解释等。这就意味着，刑法文义解释的制约因素有很多，例如解释是否合乎语法，解释是否合乎体系。参见陈金钊：《文义解释：法律方法的优位选择》，载《文史哲》2005年第6期。本书认为，对文义解释无须扩张其外延，但它的确是最基本的、最高频的、最重要的刑法解释方法。

有近。道路管理部门频繁改变道路指示标线、时速限定指示标志，是不是寻衅滋事？托运垃圾的环卫车故意污损车辆号牌甚至摘掉号牌，是不是寻衅滋事？某车主长期恶意加塞，强行并线，是不是寻衅滋事？某车主长期变道不打转向灯，是不是寻衅滋事？商家故意夸大其词、误导消费者是不是寻衅滋事？某警车驾驶员驶离某市某广场某个治安卡点后，为图省事，违法左转、长期逆行100米左右再掉头，是不是一种执法犯法、寻衅滋事的行为？动物饲养者长期违法养犬是不是一种知法犯法、寻衅滋事的行为？在本书看来，这些都是不遵守公序良俗、职业道德、商业规则、交通法规的寻衅滋事行为。而本书的这一"最广义的可能文义"观点，会导致寻衅滋事罪与越来越多的罪名发生竞合现象，从而使得竞合论也变得更复杂了。应该承认，在当代中国，无事生非、漠视法规的行为屡见不鲜，这一社会生活事实会为寻衅滋事罪的可能文义的外延扩张奠定大样本的社会事实基础，会为本罪口袋化提供犯罪事实的基础。

第五，可能文义说尚需进一步研究其合理性。或者，需要进一步明确可能文义的具体含义以及具体标准。多大的可能才是可能文义？可能的底线在哪里？刑法解释禁止超越文义与刑法解释禁止超越可能文义，[1] 这两个命题表面上不同，而实际上是相同的。本书认为，显然，一个可能文义不可能、也不允许拥有无限可能，日本刑法学中的"刑法用语的可能意义"[2] 也仍然是且必须是有限度的。这就意味着，刑法解释者的发挥空间其实是很有限、很受限的。即便天纵奇才，也绝不可能、绝不应该把贪污解释为寻衅滋事，把强奸解释为颠覆国家政权。词典义、刑法原理、形式逻辑、语义场等本书主张的几个原则，都是限制可能文义外延的基本规则。遗憾的是，在有的学者那里，似乎可能文义说为自己的扩大解释找到了一根无限扩大的救命稻草。其实，无节制地、无底线地扩大构成要件文义的边界，最终只会使刑法解释异化为类推解释，刑法解释者可能会最终沦为罪刑法定主义的损害者，沦为刑事司法正义的戕害者。但是，杀人却可能被解释为颠覆国家政权罪，例如暗杀国家元首、军队领袖、政党领袖等。这其实已经使得杀人的可能文义拥有了极强的外展性、外扩性。

〔1〕　蒋熙辉：《刑法解释限度论》，载《法学研究》2005年第4期。
〔2〕　蒋熙辉：《刑法解释限度论》，载《法学研究》2005年第4期。

第六，可能文义还与不合理的引申义有密切关联。例如，理，意思是治玉，这是其本义。其引申义（也是现代汉语常用义）为管理、办理，以及整理、使整齐。[1] 现代汉语对"理"的使用，场合极为宽泛。具体的，如理发、理财、理气（中医术语）等。抽象的，如理乱、处理、理赔、治理、理解等。但是，这种引申显然有约定俗成的成分，如果不顾约定俗成、生造、乱用，以达到解释者预期的目的，强硬地使其具有本不具有的可能文义，则不合理，属于对可能文义的无限扩张。例如，清洁手部、整理指甲等行为，总不能使用"理手""理甲"吧？护理皮肤，也不能使用"理肤"吧？仍应该遵从语言习惯，使用护手、美甲、护肤或者洁肤为宜。

不合理的引申义、生造的引申义，之所以不是科学的可能文义，是因为违背了引申的规则与种类。词内引申分为常规引申、修辞引申两种类型，常规引申又包括相似引申、相关引申、相容引申、逻辑引申。修辞引申又包括比喻引申、借代引申、移觉引申、双关引申、委婉引申、象征引申。[2]

第七，可能文义的解释学功能。可能文义的解释学功能，包括对符合性的影响、对竞合论的影响、对共同犯罪的影响、对违法性的影响，等等。本来，刑法学中的文义的符合、文义的竞合，指的都是客观文义。但是，由于可能文义概念的提出、传播与运用，必然导致可能文义的符合代替文义的符合、可能文义的竞合代替文义的竞合，这实际上有可能彻底颠覆刑法学的既有体系和既有知识，其连锁效应是难以估量的。换句话说，以可能文义的符合代替文义的符合之后，原本不具有符合性的案件、构成要件可能就具有了符合性，这势必会大大增加犯罪数量与入罪数量，罪刑法定原则势必面临着巨大挑战。

如国家工作人员、司法工作人员、战时、重要信息、发行等的可能文义问题；注意规定与拟制规定所造成的文义之间的差异，本来的构成要件与以某某论的构成要件所造成的文义之间的差异，等等。这些无一例外都聚焦于文义的核心意义与可能意义，也聚焦于构成要件的本来意义与引申意义。刑法学者总是习惯于走在约定俗成的语义之前，不断僭越约定俗成的语义的规

---

〔1〕 中国社会科学院语言研究所词典编辑室编：《现代汉语词典》，商务印书馆 2016 年版，第 799 页。

〔2〕 魏慧萍：《汉语词义发展演变研究》，内蒙古人民出版社 2005 年版，第 201 页以下。

矩与"势力范围",来实现入罪的目的。而且,这种趋势已经发展到了刑事司法实践之中,对法官和检察官的影响非常明显。枯守罪刑法定主义的终极关怀的刑法解释者,似乎已经是这个时代的弃儿,是保守的同类,是出世的隐者。

第八,极端的、不受限的可能文义说的本质,就是类推解释。与可能的口语词义说一样,极端的、不受限的可能文义说也无法将解释循环顺利进行下去。与此类似的学说是"可能的最宽含义说"[1]。这三个学说的"可能",既没有标准,也没有边界,主观性极强,任意入罪的危险是不言自明的。客观文义与可能文义不是一个东西。有刑法学者认为,超越可能文义就是不合理的扩大解释,就是类推解释了。[2]但该学者并未提出可能文义的判断标准与操作守则,当然,这在刑法文理解释研究的早期阶段是可以理解的。本书进一步认为,不仅超越可能文义就是不合理的扩大解释,即便在所谓的可能文义之内也可能构成不合理的扩大解释。

第九,总的来看,以上各种解释限度的观点中,哪种主张更具有说服力、生命力,现在还不好断言。但是,汉语语义中义素的介入,可能会帮助我们换个角度来断定各个理论的优劣高下。以上主张之中,与语义、含义有关的居多数,可见,多数刑法学者已经认识到,扩大解释及其限度问题,归根结底离不开语义问题,离不开文义,这自然是正确的学术直觉。但是,有90%的学说聚焦于可能、模糊地带、边缘地带等,事实上无法划出语义边界,因而都没有解决问题。

(三)文义边界说之提倡

文义一定是有边界的。

本书认为,比起大类的可能文义说(含7种具体学说),文义边界说是更合适的学说。文义边界说,即文义射程说、客观文义说,指的是文义的涵摄范围或者文义射程。它拒绝模糊地带、边缘地带,拒绝可能,明确提出了边界、范围或射程。这些就是解释限度,因为面对具体案件的时候,就是要解释者明确回答模糊地带、边缘地带的归属,就是要回答模糊地带、边缘地带是否具有构成要件符合性。本书倾向于文义边界说的提法。具体理由如下:

---

[1] 陈志军:《论刑法扩张解释的根据与限度》,载《政治与法律》2005年第6期。
[2] 时延安:《论刑法规范的文义解释》,载《法学家》2002年第6期。

第一，文义边界，是刑法解释与汉语语义结合后的产物，是具有扎实的汉语语言基石的。例如，非法捕捞的解释边界，能否涵摄不用任何捕捞工具徒手在干旱的鄱阳湖底"捡鱼"的行为?[1] 捕捞，词典义是捕捉和打捞（水生动植物）。[2] 即，捕捞并不要求使用工具，解释者也就不能为捕捞一词随意添加工具或者使用工具等义素。因此，非法捕捞罪就可以涵摄由于天气异常干旱而出现的上述新型的徒手"捡鱼"非法捕捞行为。刑法解释与该词语语义结合后，构成要件的解释边界、构成要件的文义边界就很清晰了。

第二，文义边界，其解释的可能性与空间范围比较大。因为文义边界理论主要是基于客观解释论，客观解释论重视客观文义，客观文义以词典义为基本依据，而词典义义素相对刑法专业解释而言，其义素少，所以能够实现较强的涵摄力。

第三，文义边界，有时候还具有刑法解释中定量的功能。这是非常重要的学说品质。但需要注意的是，定量的实现有赖于主管机关或者权威标准的认定，不可能通过约定俗成来实现。例如醉驾，其文义边界就是血液中的乙醇浓度大于等于 80 毫克/100 毫升。

第四，文义边界，能够区分扩大解释的限度问题，或者，能够解决合理的扩大解释与不合理的扩大解释的判断问题。换句话说，不符合文义边界的刑法解释，就是不合理的扩大解释；符合文义边界的刑法解释，就是合理的解释。从形式逻辑上看，概念的外延就是构成要件的文义边界。这是刑法学、逻辑学与语义学的内在一致性。

例如，强奸罪、强制猥亵侮辱罪中的胁迫，由于事涉性自决权这一重大的人身法益，因此，这两个罪名中的胁迫的文义边界被限定为"达到使其反抗变得显著困难的程度"[3] 的恶害，即以当场杀死、杀伤为内容的恶害。而敲诈勒索罪，事涉财产法益，相对而言比较次要，因此，该罪中的威胁（或者胁迫）的文义边界则大得多，至少包括以损害名誉、揭发隐私、降低薪酬、

---

〔1〕《鄱阳湖干旱：村民开车进湖，疯狂捡鱼，网友痛批，到底是好是坏?》，载 https://www.toutiao.com/article/7151686724950131215/，最后访问日期：2023 年 8 月 24 日。

〔2〕 中国社会科学院语言研究所词典编辑室编：《现代汉语词典》，商务印书馆 2012 年版，第104 页。

〔3〕 ［日］大塚仁：《刑法概说（各论）》，冯军译，中国人民大学出版社 2003 年版，第 109 页。本书按：这是日本学界通说与判例主张。

调换岗位、妨害晋升、不当场实施的各种程度的暴力等为内容的恶害。也就是说，把握住了两类胁迫的特点，也就把握住了两类胁迫的文义边界，也就是两个胁迫概念的外延。再结合司法实践的经验、法官的法理念、社会的一般观念等，就可知道，具体案件中的极其轻微的胁迫就不可能构成抢劫罪、强奸罪、强制猥亵侮辱罪等重大犯罪，只能构成敲诈勒索罪、强迫交易罪、寻衅滋事罪、催收非法债务罪等罪质较轻的犯罪。

又如，行为人违反交通运输管理法规，导致在小区、校园、厂区内发生交通事故，致他人死亡，是否符合交通肇事罪的构成要件这一问题。根据文义边界说，也很容易得出肯定结论。2012 年 7 月 15 日晚，行为人程某未环视车辆（驾驶规范）即启动车辆，轧死了醉卧其车之下的柏某某，上海市虹口区交警支队进行了事故认定，虹口区法院判决行为人构成过失致人死亡罪。[1] 本书认为，该案符合交通肇事罪。根据文义边界说，该案完全符合《刑法》第 133 条全部构成要件，得出交通肇事罪的结论尚处于该罪的文义射程之内。因此，本案属于过失致死罪与交通肇事罪的竞合犯。进一步来说，该案中的事故现场、交通警察、交通事故责任认定、违反交规、致人死亡等是语义场中的内容，这些内容足以清晰划定构成要件的文义边界，交通肇事罪足以涵摄该案件的全部事实。从系统意义角度看，这是一起交通事故，而不是狭义的生产作业事故[2]，也不是铁路运营事故、飞行安全事故。

第五，文义边界说，扎根于客观解释、客观文义，是它们的进一步解说与发展。在不违背主观解释、立法原意的前提下，凡是位于文义边界之内的解释结论，都是合理的。例如，洗钱罪中的构成要件"贪污贿赂犯罪"的文义边界，是仅限于刑法分则第八章贪污贿赂罪的罪名，还是应该包括其他章节中的贪污贿赂犯罪罪名呢？本书认为，其应该包括其他章节中的贪污贿赂犯罪罪名，例如《刑法》第 163 条、第 164 条等罪名。因为，"贪污贿赂犯罪"显然是一大类罪名的合称，其文义边界应不限于第八章，而且，作出上述解释也并不违背立法原意，即不违背主观解释的结论。总的来看，行为人

---

〔1〕 袁文峰：《论法规目的的司法审查——从〈道路交通安全法〉第 22 条的适用展开》，载《行政法学研究》2015 年第 2 期。

〔2〕 广义的生产作业事故，包括了刑法中的所有业务过失致死伤罪，如交通肇事罪、重大责任事故罪、医疗事故罪，等等。

实施其他章节的贪污贿赂犯罪之后，进行洗钱的，认定洗钱罪为宜。需要指出的是，由于立法沿革的原因，现行《刑法》的第八章的罪名，今后可能会增加，以便统一打击包括商业贿赂犯罪、职务侵占犯罪在内的所有的贪污贿赂犯罪。[1]

第六，比起可能文义说的暧昧与不可操作，客观文义说、文义边界说至少有个边界。只是因为学说初创，文义边界的标准还有待研究与深化。至少在词典义范围内、定量义素范围内，文义边界是确定的、清晰的。在定性义素范围内，文义边界不应突破义素所指称的范围与边界，超出即为任意解释、不合理的扩大解释，有侵犯人权之虞。例如，组织卖淫罪中卖淫的边界，应该以卖淫的义素为限，即以女性对男性出卖肉体为限。也就是说，客观文义的边界是受到义素制约的。

第七，文义解释具有严格的优先性。它是探求刑法语言最明显、最自然、最常用的含义。[2]至少，最明显、最常用的含义，都具有比较明确的文义边界。而最自然的含义，则不容易判断。另外，由于各种释义主体的客观存在、刑法语言日益专业化、新型犯罪的增加、语言天然具有模糊性而非精确性[3]，文义边界的判断实际上越来越困难。

第八，20世纪70年代，我国台湾地区就有学者认为，"原则上刑法解释仅限于法条字义所及之范围，任何构成要件要素所表示之意义，只能在法条字义所及之范围内加以解释，超出此一范围，即为应加禁止之类推解释"[4]。这可能是较早触及客观解释以及文义边界的文献。因此，在汉语刑法圈内，这一学说起源较早，也可谓是已经形成了一定的优良传统，越界即属于被禁

---

〔1〕 这是2022年10月5日在文泰楼107教室上课的内容。众所周知，我国刑法中贪污犯罪的形象建构过程并不顺利，法条修改历经多年，建构之后被解构，然后再次建构。这导致非国家工作人员利用职务便利实施的贪污行为逐渐被定性为职务侵占罪，但在一般的社会观念中，这类行为仍属于贪污，符合贪污的词典义——利用职务上的便利非法取得财物。应该说，刑法概念的建构努力远离了约定俗成的语言含义、社会观念、集体记忆与公共知识，导致了多个贪污罪的形象同时出现在社会生活中，制造了不应该的社会冲突与生活波折。从刑事立法史来看，这样的对约定俗成具有逃逸性、远离性的立法，应该竭力避免。贪污的词典义，参见中国社会科学院语言研究所词典编辑室编：《现代汉语词典》，商务印书馆2012年版，第1259页。

〔2〕 倪业群：《刑法文义解释方法的位阶及其运用》，载《广西师范大学学报（哲学社会科学版）》2006年第2期。

〔3〕 王政勋：《刑法解释的语言论研究》，商务印书馆2016年版，第78页。

〔4〕 林山田：《刑法特论（上册）》，三民书局1978年版，第15页。

止。文义边界可谓是汉语刑法学术圈的公共知识与基本共识。在区分罪与非罪、此罪与彼罪、此构成要件与彼构成要件、此义素与彼义素等多个场合中，文义边界都具有广泛的适用性。本书也在竭力坚持文义的边界、义素的边界、解释的限度。例如，黑社会的文义边界、卖淫的文义边界、危险物质的文义边界、野生动物的文义边界、破坏计算机信息系统的文义边界、恶意透支的文义边界、寻衅滋事的文义边界、看护照护的文义边界、被监管人的文义边界，等等。

第九，特别需要注意的是，汉语语义不是静止的，而是随时变化的。刑法中的汉语语义也是如此。因此，文义边界也罢，可能的口语词义说也罢，都不可能是有绝对清晰的分割线的——线内没有超越解释限度而线外就一定是超限的——而是应该随着时间流变、社会变迁、语义变化、义素变化、语境变化、舆论转向、突发事件等，相应发生变化。这既是刑法解释的难点，也是汉语语义的魅力。例如，即便是在第一类情形（没有弹性、没有模糊地带）的语义中，如果词典义发生变化或者立法文本发生变化，也会导致原有的文义边界发生变化。当然，这一切的背后是人的认知与思维发生改变的结果。

第十，解释限度或曰解释边界，应该求诸语义、逻辑、体系三个维度。解释限度的语义学要义实际上是文义边界。而文义边界的微观地带肯定是要归结到义素的。如果出现频繁的强硬解释，要么是解释者对于构成要件的义素分析一开始就错了，要么是在义素运行之中随意增删或者随意偷换（以便能达到刑法解释者自己解释之前就已经预设的结论），要么是由于各种原因导致的奇葩性的解释。

解释限度的逻辑学要义实际上是概念的外延。例如，财产犯罪中对人暴力的认定，应该确定暴力的程度，也就是暴力的外延。当被限定为"反抗显著困难"程度的暴力时，成立抢劫罪；当被限定为"反抗并非显著困难"程度的暴力时，成立敲诈勒索罪或者抢夺罪。构成要件外延之处即解释边界，这一点是不能回避的。

解释限度的整体性要义是重视体系解释的衡平功能。单一视角的刑法解释，虽有机锋频出的颖异，也容易遭致解释结论偏颇的质疑。因此，迫切需要整体性、综合性、全面性、体系性的进行刑法解释。

因此，解释限度的研究应该在文义边界、概念外延、体系解释三个维度之内进行深化，这三个维度是解释限度研究的落脚点。这个问题解决了，扩大解释的合理与否也就很好判断了，即合理的扩大解释应该是符合文义边界与概念外延的，应该是在体系解释整体的制约之下的。而不合理的扩大解释应该就是不符合文义边界与概念外延的，也是不顾及体系解释整体制约的。同时，这三个维度也能解决口袋罪的口袋大小这个难题——不符合文义边界与概念外延的口袋就是违背罪刑法定主义的，不顾及、不重视体系解释的衡平功能的解释往往易形成口袋罪。

无论如何，在刑法解释中，文义一定是有边界的，概念一定是有外延的，体系性地打磨圆转一定是可以抹平过于偏颇的解释棱角的。无论刑法解释者能否找到、感知到、表达出那个边界、外延，边界、外延始终在其所在，体系限制始终是一张无形巨网，用其所用。

（四）文义边界说之阐发

1. 文义边界止于义素

进行构成要件的解释时，若有此义素，则解释没有超过文义边界。例如，醉酒驾驶超标电动自行车的，解释为危险驾驶罪，并未越界。是因为，超标电动自行车具有机动车的全部义素。至于是否悬挂机动车号牌，在所不论。换句话说，即便没有悬挂机动车号牌，超标电动自行车也属于机动车，不违背其词典义。

进行构成要件的解释时，若无此义素，则解释已经超过文义边界。例如，猥亵没有接触性这个义素，那么，认为强制猥亵、侮辱罪必须是接触性的性犯罪，就越界了，这是不合理的缩小解释。又如，假冒军警抢劫，假冒没有"真的充当真的"这个义素，那么，强行将军警人员实施抢劫解释为假冒军警抢劫，就越界了，这是不合理的扩大解释。

2. 文义边界的强大功能

由于解释限度、扩大解释、类推解释、竞合论、符合性、此罪彼罪、罪与非罪等刑法热点议题最终都聚焦于语义及其义素等，因此，文义边界具有强大功能。

第一，竞合论中文义边界的功能。在竞合的场合，犯罪事实同时符合几个构成要件，那么，同时解释为符合几个构成要件，都没有超过文义边界。

例如，投放危险物质罪与污染环境罪的竞合。[1] 排放、倾倒、处置与投放的位移动词属性的完全重合，三种危险物质的完全重合，都支持想象竞合犯的证成。

第二，逻辑推演中文义边界的功能。逻辑推演只能依赖概念，而且必须是内涵外延固定的概念。那么，文义边界模糊的概念，上下义模糊的概念，进入逻辑推演，势必无法避免有意无意地偷换，导致逻辑推演错误。

第三，类推解释中文义边界的功能。必须明确的是，类推解释都是超过文义边界的。反之亦然。如将盐酸解释为化学武器是类推解释，是因为盐酸不符合我国刑法文本中武器的义素，它只符合凶器的义素。如将国内足球联赛中的足球裁判解释为从事公务的人员是类推解释，是因为足球裁判的执裁业务活动不具有公共属性，不具有公权力属性。这是文义边界在符合性判断时的功能。在刑法文本尚未至善的实景下，文义边界更具有罪刑法定主义的意义和价值。

第四，文义边界与合理扩大解释并不矛盾。在坚持构成要件义素的前提下，文义边界与合理扩大解释并不矛盾。也就是说，文义边界不是天然的缩小解释。例如，容留吸毒罪中的容留的文义边界。根据词典义，容有容纳、收留、允许等多个义项。[2] 根据客观文义，将容留解释为允许甚至同意，都不能算是类推解释。容留并不完全等于收留，收留是主动的接收[3]。如果将容留解释为收留、接收，无疑意味着容留者必须是场所管理人或者场所控制人，必须是主动的。这是缩小解释。如果将容留解释为容纳、允许、同意，也不违背文义边界，不属于类推解释，而属于合理的扩大解释，甚至不算扩大解释。因此，场所的共同控制人（即同居共住人）允许、同意其他的共同控制人吸毒的，具有容留吸毒罪的符合性。例如，房主出租房屋后，发现承租人吸毒的，不构成本罪是错误的[4]，应认为属于容留吸毒罪，因为这是场

[1] 张明楷：《刑法学》，法律出版社2011年版，第995~996页。

[2] 中国社会科学院语言研究所词典编辑室编：《现代汉语词典》，商务印书馆2012年版，第1100页。

[3] 中国社会科学院语言研究所词典编辑室编：《现代汉语词典》，商务印书馆2012年版，第1194页。

[4] 张明楷：《刑法学》，法律出版社2011年版，第1019页。本书按：张明楷《刑法学》2003年版，未涉及该问题。

所共同控制人（即同居共住人）允许、同意其他的共同控制人吸毒的情形。

有学者从实证角度对容留吸毒罪的有罪案例与无罪案例进行样本分析，得出司法实践"提供行为的扩大化""场所范围的宽泛化""容留主体的选择化""特定关系人容留行为差别化""特定关系人相互容留无罪的裁判趋势"等定罪规则，论证扎实。[1] 但是，该论点具有两个逻辑起点上的瑕疵，一个是将"提供场所"作为逻辑起点[2]，一个是未进行任何客观文义的探讨，忽视了文理解释。本书认为，"特定关系人相互容留无罪的裁判趋势"未必是正确的，在有关行为爆发式增长的背景下，这一趋势可能与有意减少与控制本罪的入罪数量、节约司法资源、减少服刑人数等理念有关。[3]

二、文义边界实例

下文以盐酸等社会事实是否可以解释为刑法的构成要件为例，对于文义边界、解释限度问题进一步予以阐发。

（一）盐酸与化学武器

本书认为，可能的口语词义说与可能文义说，本质上是相同的学说。可能的口语词义说，强调的是"口语词义"而不是"词义"，显然，"口语词义"比"词义"更具有语义的不确定性和语义边界的模糊性，前者的外延可能比后者还要宽泛。盐酸是化学武器，是可能的口语词义说的著名例证之一。盐酸是不是化学武器，这个问题不仅很有趣，同时也是一个严肃的扩大解释问题。

---

〔1〕 叶小琴：《容留他人吸毒行为定罪规则的实证研究》，载《法学》2019年第12期。

〔2〕 "提供场所"，源自1994年最高人民法院印发《关于执行〈全国人民代表大会常务委员会关于禁毒的决定〉的若干问题的解释》的通知（已失效）。2012年《最高人民检察院、公安部关于印发〈最高人民检察院、公安部关于公安机关管辖的刑事案件立案追诉标准的规定（三）〉的通知》第11条。

〔3〕 刑法属于法学，法学与法律实践也不得不考虑经济问题。国家的司法资源很紧张，包括整个环节的司法工作人员投入、设备投入、资金投入、监狱拘留所等场所投入、羁押力量的投入、犯罪人复归社会的成本，等等。提高追诉标准，尤其是在发案率较高的罪名上提高追诉标准，可以节约开支，无疑是务实的、明智的选择。当然，法律的最高价值是正义而非效率。但是，当二者确实存在冲突的时候，如何权衡，不仅是当代的难题，也是历史的难题。像提高醉驾型危险驾驶罪的入罪标准（有学者建议，将乙醇含量从80毫克/100毫升血液，提高到100毫克~120毫克/100毫升血液），就是一个出于法经济学的建议。

有论者认为，"承认盐酸是武器的解释并没有过限"。[1] 这个刑法解释学问题来自德国刑法。但是，本书认为，在汉语语境中，"盐酸是武器"这个结论得出的过程是错误的。根据论者所言，本书归纳出德国联邦最高法院的论证逻辑大致是：大前提——口语中承认化学武器的概念。小前提——盐酸是危险的化学品。结论——所以盐酸是武器、是化学武器。

化学武器一词，其词典义是利用毒剂大规模杀伤破坏的武器，包括毒剂和施放毒剂的各种武器弹药。[2] 可见，化学武器的义素包括毒剂、施放毒剂的各种武器弹药两个。毒剂仅仅是化学武器的基础部件，是化学武器的一部分而已。也就是说，仅有毒剂是不可能被称为化学武器的，也根本达不到化学武器的"规格"。更何况，盐酸是不是毒剂，这个问题本身就需要繁琐解释和漫长论证，所以这个命题也应该存疑。在《危险化学品目录（2018 版）》中，盐酸的序号是 2507。从普通人的社会生活经验来看，盐酸的危险特性类别属于腐蚀性而非毒性（至少本书是这样认识的）。在《国家危险废物名录（2021 版）》中，废物类别中的"HW34 废酸"，其危险特性主要是腐蚀性（corrosivity，C）。这也能够进一步说明，普通人的社会生活经验与专门机构的认定大体上是一致的。所以，本书认为，盐酸是危险物品，但是很难说盐酸就是一种毒剂。这里的普通人，实际上指的是受过高中以上正规学校教育的、有基本化学常识的中国人而已，要是没有这个限定，如不知晓常用常见化学品基本性质的、文化程度较低的、年龄相对偏大的、社会经验相对匮乏的人群，就未必是这里的"普通人"。

因此，可能的口语词义说作为德国刑法的主流学说，[3] 其是不是经得起每一个具体构成要件的检验和推敲，值得商榷。至少，即便口语中承认化学武器的概念，也很难得出"盐酸是武器"或者"盐酸是化学武器"的结论。否则，就是把刑法解释当成儿戏。

把盐酸解释为化学武器，与化学武器的常见类别也不吻合。化学武器使

---

〔1〕 龚振军：《刑法解释限度理论的反思性解读与认定模式探究》，法律出版社 2016 年版，第 67 页。

〔2〕 中国社会科学院语言研究所词典编辑室编：《现代汉语词典》，商务印书馆 2012 年版，第 560 页。

〔3〕 龚振军：《刑法解释限度理论的反思性解读与认定模式探究》，法律出版社 2016 年版，第 67 页。

用的毒剂有氯气、光气、双光气、氯化苦、二苯氯肿、氢氰酸、芥子气等四十余种，并无盐酸（氯化氢）。毒剂又称化学毒剂、化学战剂、军用毒剂，是军事行动中以毒害作用杀伤人畜的化学物质。它是化学武器的基础，对化学武器的性能和使用方式起着决定作用。外军装备的毒剂主要有 6 类 14 种。按化学毒剂的毒害作用，把化学武器分为 6 类：神经性毒剂、糜烂性毒剂、全身中毒性毒剂、失能性毒剂、刺激性毒剂、窒息性毒剂。神经性毒剂为有机膦酸酯类衍生物，分为 G 类和 V 类神经毒，主要代表物有：塔崩（Tabum，二甲胺基氰膦酸乙酯）、沙林（Sarin，甲氟膦酸异丙酯）、梭曼（Soman，甲氟膦酸特己酯）、维埃克斯（VX，S-（2-二异丙基氨乙基）-甲基硫代磷酸乙酯）。糜烂性毒剂的主要代表物是芥子气、氮芥和路易斯气。失能性毒剂是一类暂时使人的思维和运动机能发生障碍从而丧失战斗力的化学毒剂，主要代表物是 1962 年美国研制的毕兹（BZ）——（二苯基羟乙酸-3-奎宁环酯）。刺激性毒剂是一类刺激眼睛和上呼吸道的毒剂，按毒性作用分为催泪性和喷嚏性毒剂两类。催泪性毒剂主要有苯氯乙酮（CN）、西阿尔（CR）、氰澳甲苯、催泪瓦斯等。喷嚏性毒剂主要有亚当氏气。西埃斯（CS）是既有催泪性又有喷嚏性的新毒剂。全身中毒性毒剂是一类破坏人体组织细胞氧化功能，引起组织急性缺氧的毒剂，主要代表物有氢氰酸、氰气等。窒息性毒剂又称肺损伤剂，是指损害呼吸器官、引起急性中毒性肺水肿而造成窒息的一类毒剂，其代表物有光气、氯气、双光气、氯化氢等。

进一步地讲，所谓的"口语词义"到底是什么，仍是需要解释、论证和阐发的。例如，口语词义是以什么语义作为基准？是以法官个人所理解的语义作为基准，还是以词典义作为基准？口语语义与书面语义的距离是多大？显然，相比书面语义，口语语义更加模糊，也更加难以确定。不仅如此，由于方言和方言区的客观原因，现代汉语的内部差异是非常大的，这就使得"口语词义"的确定难上加难。

众所周知，现代汉语中并没有"口语词义"或者"口语语义"这样的表述，所有的词义、语义都指的是书面语的语义。只有语音记录而无法写为书面语的口语（特别是方言和少数民族语言等），由于没有文字的呈现，可能连词典义都没有。[1] 所以，"口语词义"这个概念到底是误译还是以讹传讹，都需要甄别、辨正。所以，本书认为，借鉴德国刑法的可能的口语词义说作为我国刑法解释限度的理论，是轻率的。

综上所述，如果把盐酸解释为武器，会导致武器一词本身失去特有的外延，进而解构武器一词本身。把盐酸解释为武器的解释者，实际上是"悄悄地"把盐酸解释为凶器或者犯罪工具了。这样的解释是对武器外延的不适当的扩大，是得不到公众认同的，也与我们身处其中的汉语语料体系与汉语习惯用法等格格不入。因此，在现代汉语中，如果把盐酸解释为武器或者攻击性武器[2]，实际上就是让武器或者攻击性武器这些构成要件"悄悄地"侵入了危险的工具、凶器或者犯罪工具等概念的涵摄范围，所以是不合理的扩大解释，其实质是类推解释，是偷换概念。

况且，德国刑法等外国刑法中的武器是不是等价于中国刑法中的武器，也需要明确。[3] 把武器的外延扩大至极其危险的工具（包括盐酸等），虽然能够更好地保护法益，但至少不是特别严谨的选择。把武器的外延泛化为极其危险的工具（包括盐酸等），对于约定俗成的语言和语词，也许是一场灾难。[4] 如果刑法解释者通过摧毁汉语语言的外壳，以实现所谓的"实质解释"，就一定是得不偿失的。

所以，可能的口语词义说不应该成为我国刑法解释限度的理论基础。我国刑法解释限度的理论基础只能是书面语的语义，只能在书面语的语义内部去寻找解释限度的具体解决方案。例如，为亲友非法牟利罪中的亲友，作为

---

〔1〕 当然，已经出版或正在编纂的少数民族语言与现代汉语、方言与现代汉语互为解释的词典中，会给出少数民族语言或者方言的词典义。我国各个方言区的各种词典如《北京方言词典》，以及《汉傣词典》《维汉词典》《土汉词典》《布依汉词典》《汉嘉戎词典》等，虽然也会给出词典义，但是这些词典义仍然是以现代汉语书面语来记录或者对应的。

〔2〕 龚振军：《刑法解释限度理论的反思性解读与认定模式探究》，法律出版社2016年版，第46页。本书按：如果从弹簧刀属于德国刑法的"攻击性武器"来推理，"攻击性武器"实为"凶器""危险性工具"的代名词，与现代汉语中的"武器"不是一回事。本人无法确定，"攻击性武器"这个翻译，到底是翻译者本人的问题，还是德语与汉语两种语言仅仅就"武器"而言，本就不是一种完全一致的观念。毕竟，语义积累是具有强烈的民族性和历史性的。

〔3〕 据新闻报道，2022年10月28日，42岁男子大卫·德帕普使用"致命性武器"（一把锤子）袭击美众议院议长佩洛希的丈夫。这里的武器，显然不是我国刑法语境中的武器，只是凶器。

〔4〕 武器的口语意义就是枪、炮、弹药等。例如，1943年《陕甘宁边区自卫武器登记给照暂行条例》中，自卫武器指的是步枪、马枪、驳壳枪、手枪、手提机关枪、炸弹、土枪、土炮、猎枪。

书面语，其词典义是亲戚朋友。[1] 而行为人的情妇、情夫可否解释为亲友呢？将行为人的情妇、情夫解释为亲友，是不是可能的口语词义？谁也无法说清楚。

本书认为，盐酸是不是武器这个问题，实际上至少有三次思维的转变和跃进，刑法解释者头脑中共有三个"武器"概念。第一个头脑中的"武器"概念，实际上是军事上的，是最狭义的，此时，盐酸当然不是武器，不是军火。这个外延显然是建立在刑法文本语义场中的，这个语义场包括弹药、枪支、武器、爆炸物、导弹等。第二个头脑中的"武器"概念，实际上是"凶器"的同义语，此时盐酸当然是武器。第三个头脑中的"武器"概念，实际上是外延经过极度泛化与扩展后的"泛指进行斗争的工具"[2]，此时，盐酸是武器。这三次外延的变化，实际上已经能够说明问题了。一个普通的汉语词汇，在共时的汉语语境中（刑法解释的时候），会具有不同的含义，实际上已经悄悄地变成多个"武器"概念。由于刑法解释者一般不会去翻阅词典来进行刑法解释工作，所以，不同的解释者往往会根据自己的经验和认知来赋予"武器"独有的含义，这自然会造成理解的偏差、解释的偏差。所以，不同的解释者，对于盐酸是不是武器，会给出不同的答案。显然，武器一词的义项之一"泛指进行斗争的工具"，其外延已经扩张到了非物质领域，例如思想武器、理论武器、精神武器等。这当然是刑法解释所不能允许的任意扩张，刑法解释也不应该这样危险地扩张。因为这样无节制地扩张下去，最终只有一个可以预料的结果——任意解释和人权危机。

顺便指出的是，不知什么原因，国内有学者将该命题改为"盐酸是不是武器"。显然，"盐酸是不是武器"与"盐酸是不是化学武器"是完全不同的命题，这是翻译的错误还是以讹传讹，尚难确定。此外，"盐酸是不是危险的器具"与"盐酸是不是武器"也是完全不同的命题。[3]

本书认为，在汉语语境与刑法文本体系之内，盐酸既不是武器，也不是

〔1〕 中国社会科学院语言研究所词典编辑室编：《现代汉语词典》，商务印书馆2016年版，第1058页。
〔2〕 中国社会科学院语言研究所词典编辑室编：《现代汉语词典》，商务印书馆2016年版，第1391页。
〔3〕 吴林生：《罪刑法定视野下实质解释论之倡导》，载《中国刑事法杂志》2009年第7期。

化学武器，只能解释为危险的器具，或者解释为腐蚀性的危险物品。但是不能将其解释为投放危险物质罪中的危险物质，因为该罪名中的危险物质只包括特定的三个类别——毒害性、放射性、传染病病原体，而盐酸不属于这三类。

综上所述，文义边界的微观层面，其实就是义素边界。化学武器具有毒剂和施放毒剂的各种武器弹药两个义素，而盐酸不具备其中任何一个义素。因此，盐酸不属于化学武器。另外，武器的观念形象、内涵外延、上下义关系等都已经根深蒂固，这既具有历史语料的支撑，也有现实案例的配伍、呼应，解释者对之进行"新的"解释，毫无必要，徒增惑乱。

（二）业务与生产经营

有学者的扩大解释实际上是多个扩大同时进行，如其对破坏生产经营罪的解释：可以将生产经营的范围扩大解释为业务；破坏并不仅限于对生产资料的物理毁损，只要造成他人的业务无法开展并由此导致整体财产损失即可；有必要将"由于泄愤报复或者其他个人目的"解释为一种消极的动机，而非积极的动机。[1]

本书认为，生产经营是"生产+经营"，不仅包括第一产业、第二产业，也理应包括第三产业。但是，把生产经营扩大解释为业务，却不是简单的事情。即便坚持客观解释，这也不是简单的事情，需要突破的障碍包括：

第一，破坏生产经营罪并不是"破坏业务罪"。即便某人在主观上预想——"生产+经营＝业务"，也需要进行严密论证。假如论证后发现，"生产+经营＝业务"，那还需要"将生产经营的范围扩大解释为业务"吗？

第二，破坏生产经营罪显然有刑法史立法沿革与特定知识背景作背书。比如该罪具有的侵犯财产法益的特点，比如采用了破坏机器设备等生产资料的手段等。也就是说，该罪的涵摄范围本来是很狭窄的，指的是采用特定手段破坏生产经营的犯罪类型，而非任何破坏生产经营的犯罪行为。

第三，业务的词典义是，个人的或某个机构的专业工作。[2] 从逻辑上来

---

〔1〕　李世阳：《互联网时代破坏生产经营罪的新解释——以南京"反向炒信案"为素材》，载《华东政法大学学报》2018年第1期。

〔2〕　中国社会科学院语言研究所词典编辑室编：《现代汉语词典》，商务印书馆2016年版，第1529页。

看，业务包括生产性质的业务，经营性质的业务；公共机构、慈善机构、个人的业务，甚至包括教育、科研、医疗等业务。假如把生产经营扩大解释为业务，本罪就成了"破坏业务罪"，那么，破坏教育、科研、医疗等业务的行为是否构成破坏生产经营罪呢？例如，故意破坏医院的电路、水路，导致医院无法正常从事诊疗活动，是否构成破坏生产经营罪呢？故意阻挠教师正常上课，是否构成破坏生产经营罪呢？故意扰乱交警执法，是否构成本罪呢？显然，业务是上位概念，而生产经营是其下位概念，把下位概念解释为上位概念，试图扩张概念的外延，是一种非常危险的做法。这实际上是偷换了概念，是实质刑法观所常用的。有学者的观点恰恰相反，认为生产经营是上位概念，可以包容"业务"，[1] 并举出论据"一次性的活动也可能是经营"，但不是业务。本书认为，业务一词、经营一词，肯定不能从生活层面进行解释。在我国的语境下，一次性的活动不能成为经营，破坏他人一次性的活动的不应该定性为破坏生产经营罪。不过也很难想象，有人会为了一次性的活动购买机器设备、耕畜等生产资料，因为这不经济，违反经济学常理。

第四，生产经营的本质，是一种商业性质的行为。而业务，既包括商业性质的，也包括非商业性质的。商业性质的业务，主要就是生产经营，如运输业务、加工业务、制造业务、商贸业务、管理咨询业务、律师的法律服务业务等都属于生产或者经营。而非商业性质的业务，例如教学业务、医疗业务甚至国家机关的行政业务等，一般不应该解释为生产经营。当然，随着经济发展，教育培训机构的普及，民营医院的普及，营利性质的、商业性质的教育教学行为、医疗行为也的的确确是客观存在的事实。此时应该将此种教学业务、医疗业务解释为生产经营、非法经营中的"经营"。

第五，总的来看，将生产经营这一下位概念解释为业务这一上位概念，属于不合理的扩大解释，可能有违立法原意，还可能超越了破坏生产经营罪自身的涵摄范围，是实质刑法观所惯用的解释技术，是错误的。

综上所述，文义边界的微观层面，其实就是义素边界。业务，词典义是

---

〔1〕 高艳东：《批量恶意注册账号的处理——破坏生产经营罪包括妨害业务行为》，载蒋惠岭主编：《网络刑事司法热点问题研究》，人民法院出版社 2016 年版，第 54 页。

个人的或某个机构的专业工作。[1] 生产经营是业务的下义词而已，虽然具备了业务的全部义素，但是作为上义词的业务却不可能具备作为下义词的生产经营的全部义素。

（三）证人（包括被害人）与罪证

为作解释，此处引用 2013 年全国统一司法考试案例分析题（摘录部分）：甲与余某有一面之交，知其孤身一人。某日凌晨，甲携匕首到余家盗窃，物色一段时间后，未发现可盗财物。此时，熟睡中的余某偶然大动作翻身，且口中念念有词。甲怕被余某认出，用匕首刺死余某，仓皇逃离。（案例 1）

参考答案是：甲携带凶器盗窃、入户盗窃，应当成立盗窃罪。如暴力行为不是作为压制财物占有人反抗的手段而使用的，只能视情况单独定罪。在盗窃过程中，为窝藏赃物、抗拒抓捕、毁灭罪证而使用暴力的，才能定抢劫罪。甲并非出于上述目的，因而不应认定为抢劫罪。在本案中，被害人并未发现罪犯的盗窃行为，并未反抗；甲也未在杀害被害人后再取得财物，故对甲的行为应以盗窃罪和故意杀人罪并罚，不能对甲定抢劫罪。

本书认为不妥。理由如下：

第一，完全可以将"毁灭罪证"进行扩大解释，将当场杀死、杀伤被害人的暴力行为解释为"毁灭罪证"。罪证，指犯罪的证据，包括人证、物证。而被害人属于证人的一种。行为人"怕被发现"，就是怕被被害人看见自己的盗窃犯罪行为而案发，其实施暴力的目的仍是"脱免犯罪"，即从犯罪中脱身免罪。本案中，行为人杀死事主，符合"脱免犯罪"的情形。应该说，抗拒抓捕是"脱免犯罪"的一个类型。而在罪证上动脑筋、在目击证人上动脑筋，也能实现从犯罪中脱身免罪的目的。同样，在赃物上动脑筋，也能实现从犯罪中脱身免罪的目的。

第二，同案应该同判。以下案例属于事后抢劫：

1998 年全国律师资格考试真题：李某深夜潜入本单位财务室，意图盗窃保险柜中的财物。李某用尽了各种方法，也未能将保险柜打开，感到十分沮丧。正要离开时，恰逢保安巡逻至此。保安发现财务室的门虚掩，立即进去

---

[1] 中国社会科学院语言研究所词典编辑室编：《现代汉语词典》，商务印书馆 2012 年版，第 1519 页。

查看，与李某撞个正着。李某用撬棍将保安打昏后逃走。回到家中后，李某害怕保安醒来后认出自己，就拿了一把匕首，欲将保安杀死灭口。刚刚返回单位大门，即被接到报案赶来的公安人员抓获。（案例2）

参考答案是：应当认定为抢劫行为。犯盗窃、诈骗、抢夺罪，为窝藏赃物、抗拒抓捕或者毁灭证据而当场使用暴力或者以暴力相威胁的，以抢劫罪论处。李某构成抢劫罪（既遂）与故意杀人罪（预备），数罪并罚。[1]

该案之所以属于事后抢劫，也是由于李某为抗拒抓捕当场使用暴力。但是，将之解释为毁灭罪证当场使用暴力也无障碍。

第三，案例1的参考答案中，"如暴力行为不是作为压制财物占有人反抗的手段而使用的"，没有考虑全部情形。例如，行为人的暴力行为是为了压制见义勇为而实施的，仍然成立事后抢劫。

第四，《刑事诉讼法》第50条规定：可以用于证明案件事实的材料，都是证据。证据包括：①物证；②书证；③证人证言；④被害人陈述[2]；⑤犯罪嫌疑人、被告人供述和辩解；⑥鉴定意见；⑦勘验、检查、辨认、侦查实验等笔录；⑧视听资料、电子数据。证据必须经过查证属实，才能作为定案的根据。

证人证言与被害人陈述，都属于下义词，其共同上义词是"证明案件事实的发言材料"，当然可以解释为犯罪证据，当然不允许进行毁灭。

第五，罪证的解释限度。知晓案情的被害人，对于行为人来说，是从犯罪中脱身免罪的重要阻碍。同样，行为人自己被抓捕、行为人的赃物被起获，也是其从犯罪中脱身免罪的重要阻碍。三者应该等量齐观。正因如此，行为

---

〔1〕 该题全部答案如下：①李某的盗窃未遂，根据犯罪是否实施终了为标准，属于未实施终了的未遂；根据实际上能否构成既遂为标准，属于能犯的未遂。②李某盗窃未遂后将保安员打昏的行为应当定性为抢劫罪。犯盗窃罪为抗拒抓捕而当场使用暴力，以抢劫罪定罪处罚。③其故意杀人罪属于犯罪预备。④对李某应当以抢劫罪和故意杀人罪（预备）数罪并罚定罪处罚。本书按：此答案有几个瑕疵。其一，没有明确指出抢劫罪的犯罪形态。其二，其盗窃属于实行终了而未遂。其三，本案构成的是抢劫罪和故意杀人罪，没有盗窃罪，因此，根本不涉及盗窃罪未遂。其四，如果根据司法解释，其抢劫罪是既遂。如果根据学理，其抢劫罪是未遂，因为没有取得他人财产。

〔2〕 被害人陈述也称为"证词"，例如，国际幸存者基金会提供的卢旺达大屠杀"幸存者证词"，就是幸存的被害人的陈述。参见《1994年对卢旺达境内图西人实施的灭绝种族罪 外联方案与联合国》，载 https：//www.un.org/zh/preventgenocide/rwanda/survivor-testimonies.shtml，最后访问日期：2022年11月8日。

人会千方百计的湮灭罪证、防护赃物、抗拒抓捕，以实现之前的盗窃、诈骗、抢夺的"预期成果"。这是犯罪的规律，进行刑法解释应该充分考虑犯罪规律和社会实际，而不能太过于机械。前述参考答案，"甲并非出于上述目的""被害人并未发现罪犯的盗窃行为"，并不妨碍他实施暴力。换句话说，如果被害人发现了行为人，行为人使用暴力是为了灭口。而如果被害人尚未发现行为人的时候，行为人使用暴力同样也是为了灭口，而且这样的灭口比起被发现后再灭口，犯罪成本更低。被害人的存在、目击，对于行为人而言，性质是完全一样的。

第六，意大利刑法典对于事后抢劫的规定是"为确保自己或其他人占有被窃取的物品""为使自己或其他人不受处罚"[1]。"为确保自己或其他人占有被窃取的物品"相当于为窝藏赃物。"为使自己或其他人不受处罚"则相当于为抗拒抓捕、为毁灭罪证的集合，即前文中的"脱免"。甚至，"为使自己或其他人不受处罚"外延更大。"怕被发现"即"为不受处罚"，因为被发现就会被处罚。日本刑法典的表述是"为防止财物的返还""为逃避逮捕或者隐灭罪迹"[2]，可资借鉴。

第七，抗拒抓捕与毁灭罪证有竞合的可能。当被害人实施抓捕的时候，被害人是目击证人，行为人实施杀人行为抗拒抓捕即毁灭罪证，可以被解释为毁灭犯罪证据。当见义勇为者实施抓捕的时候，见义勇为者是目击证人，行为人实施杀人行为抗拒抓捕即毁灭罪证，也可以被解释为毁灭犯罪证据。

第八，被害人是否"发觉"[3]，不影响抢劫罪的成立。在事前型抢劫罪中，行为人在被害人发觉之前实施暴力、取得财物的，当然构成抢劫罪既遂。没有取得，就是抢劫罪未遂。同理，在事后型抢劫罪中，行为人在被害人发觉之前实施暴力、取得财物的，当然构成抢劫罪既遂。没有取得，就是抢劫罪未遂。因此，案例1中，行为人在被害人发觉之前实施暴力、没有取得财物的，当然构成抢劫罪未遂。

被害人是否"发觉"，不影响抢劫罪的成立。而行为人担心被发觉、被发现而使用暴力的，可以解释为"为毁灭罪证"，属于事后型抢劫罪。

---

〔1〕《最新意大利刑法典》，黄风译注，法律出版社 2007 年版，第 225 页。

〔2〕《日本刑法典》，张明楷译，法律出版社 2006 年版，第 89 页。

〔3〕《唐律疏议》贼盗·强盗。

第九，词典义中外延最大的那个义项是语词的张力、弹性、概念的极限，是可能文义的极限与边界。证人一词，其词典义的最大外延[1]明显大于《刑事诉讼法》中词义的外延。此时，对证人一词的解释结论就可以进行合理扩张，一直扩张到其词典义的第二个义项——对事情提供证明的人。[2] 即对事情提供证明的任何人，这就包括了被害人、行为人自己，未必有完全陈述能力的小孩、残疾人、精神病人，坏人甚至敌人，等等。证人一词的第二个义项就是对证人这个构成要件进行扩大解释的极限和限度，即文义边界。进一步讲，文义边界的微观层面，其实就是义素边界。

---

[1] 证人，法律上指除当事人外能对案件提供证据的人；对某种事情提供证明的人。参见中国社会科学院语言研究所词典编辑室编：《现代汉语词典》，商务印书馆 2012 年版，第 1663 页。中国社会科学院语言研究所词典编辑室编：《现代汉语词典》，商务印书馆 2016 年版，第 1673 页。

[2] 有学者认为，证人是本域术语。其在《现代汉语词典》中的第一个义项是法律义位，第二个义项是普通义位。第二个义位是第一个义位的引申。参见王东海、王丽英：《立法规范化、科学化视角下的法律术语分类研究》，载《语言文字应用》2010 年第 3 期。

荏苒之思（代后记）

宝剑孤横星动，铁笛一声云裂。

2019 年 9 月，《构成要件真实语义研究——刑法解释发微》交稿后，仍觉意犹未尽，遂定下《刑法语义学》的写作计划。也曾经向家人解释过，何为"胡先锋刑法语义学"。一时间，颇有拳打脚踢峨眉崆峒的意气。然而，世事变幻，父亲去世。我放弃了宏大的《刑法语义学》，转而缩小研究范围，撰写《义素分析与刑法解释转型》一书。2021 年暑假前后，收到初稿的评审意见，毁者有之，誉者更有之。

是非以不辩为解脱。

死亡才是解脱。

1960 年，40 岁的郁百福成为遍地饿殍的一员，他是我的外祖父。我母亲当时 12 岁。母亲这一生，不停念叨着死亡和饥饿，念叨树皮、绊根草、人舍不得吃却被老鼠偷吃的农村碗柜里的半瓢麸皮。我的亲人们，除了在荏苒光阴中飘零一世，就是于无声处求一丝生存。作为一个刑法学者，我深知什么是珍贵的法益，什么是宪法性价值。正因如此，我课堂上念念叨叨的、啰啰嗦嗦的，除了自由就是人权，除了真理就是善良，除了逻辑就是语言，除了法治就是规范。

本书是我的第六卷著作，是在《解构与重构：刑法分则类型化研究》《构成要件真实语义研究——刑法解释发微》后的深化。自己建构的刑法语义世界初成，但刑法语义学研究道阻且长。不仅需要承古代律学之精髓，瞰语义演变之川流，还应开现代刑法解释之新域。囿于无经费、无助手、无桌椅、无前景的"四无"现实，真的很难做到无征不信。冷板凳坐十年，屁股受不了，所以只坐了三年。

对刑法解释进行语义分析、义素分析，是朴素的研究。朴素自有其独特的价值，清代的朴学，就很朴素，也是中国传统学问的顶峰。刑法解释学，同样是朴素的学问。而如果不忘"六经皆史""以诗证史""据文证义"乃至"解释皆文"等朴素思想，并有一代代朴素学者的接力，刑法解释学会达到顶峰的。

曾几何时，刑法哲学、实质刑法、风险社会风骚一时。曾几何时，初入学界的学人随热点弄潮逐浪，谋得声名后，换个地方再打一枪。如今又纷纷搞起了刑法教义学。博综众家孤行百代者，何处？

2022年10月18日。五点起床，走到车边，连忙加上秋裤，真的有些寒意。七点半，东升的太阳投掷在西边的大理石墙壁上，反射出的光正刺中我的老花眼。在日影树影身影下，仿佛有一株大蓟（Cirsium spicatum）。道边的戴眼镜的年轻研究生，穿着暗格毛衫，提着电脑包，脚步略显沉重，走向文澴楼。我还在想着昨晚未解决的入户与入室的义素问题。教师休息室进来一位老师，其香也，霸道，诡谲。我夺路而出，呼吸自由的空气。文泰楼107我开始上课，细雨轻尘，桂花香里，大声鞞鞳。10月29日，早晨8点41分，我走过蛇山南坡。马路对面是首义校区几百米长的蓝色铁皮围挡。看着这些具有强烈暗示意味的怪东西，禁不住黯然泪下。俗世厌倦了忍辱和不辩，也习惯了忍辱和不辩。月光并不皎洁，特别适合肝肠寸断。忽明忽暗的时代氛围里，夹杂着忽明忽暗的人性。穿行在汉语森林里，世象黑白格外分明。有学生留校了，为升迁，与其上司闹出绯闻，但还是升迁了。有学者被举报了，但隔一年，还是晋升了。

伫立杜英树下，常有遗世独立的心境，有夺路而逃的冲动。可是，星光照耀启迪，世间温暖言语，我却又无法摆脱这中国风土，不得不风中逆行，虽千万人吾往矣。光明无量，暗影重重。即便萧瑟如蓼花开落，也要在漫长生涯里纯粹赤诚。风起朔漠，云飞连城，寒潮来了。我穿上父亲的毛衫，想他快乐安宁的旧时光。

  感谢两位学生为我作序。蒋筱悦是 2012 级本科生，四川九寨沟人。靳益群是 2020 级本科生，天津河西人。有了他们，我的所谓大学执教生涯才有了意义。这意义深植于象牙塔中每一款哀伤与美丽，深植于石板路上每一刹足音与剪影，深植于师生间每一个解构与重构。

胡先锋

2022 年 11 月 28 日初稿

2023 年 9 月 10 日定稿